한민족 해외동포의 현주소

당사자와 일본 연구자의 목소리

아사쿠라 도시오 · 오타 심페이 엮음

학연문화사

한민족 해외동포의 현주소 - 당사자와 일본 연구자의 목소리-

2012년 7월 10일 초판 1쇄 발행

엮은이 | 아사쿠라 도시오 · 오타 심페이
펴낸이 | 권혁재

펴낸곳 | 학연문화사
출판등록 | 1998년 2월 26일 제2-501호
주소 | 서울특별시 금천구 가산동 371-28 우림라이온스밸리 B동 712호
전화 | 02-2026-0541~4
팩스 | 02-2026-0547
이메일 | hak7891@chol.com
홈페이지 | www.hakyoun.co.kr

책값은 뒤표지에 있습니다.
잘못된 책은 바꾸어 드립니다.

ISBN 978-89-5508-281-4 93300

차례

들어가며 · 아사쿠라 도시오(朝倉敏夫) _ 5

총론

제1장 일본에서 본 해외 코리안 · 아사쿠라 도시오(朝倉敏夫) _ 11

제2장 한민족 해외동포의 네트워크와 커뮤니티 형성 · 하야시 후미키(林史樹) _ 29

|제1부| 중국

제1장 중국 조선족의 현황 · 안성호 _ 63

제2장 중국 조선족의 네트워크 구성형태에 대한 고찰-전통적인 삶의 형식에서
의 탈피와 연속- · 박승권 _ 89

제3장 한인유학생 사회와 사회' 들-길림대 한인유학생 사회의 사례를 중심으로-
· 최선화 _ 105

제4장 중조국경에서 본 탈북자 문제 · 한경욱 _ 119

|제2부| 일본

제1장 변화하는 재일 코리안-한일 관계의 변화와 세계화 속에서-
· 오카다 히로키(岡田浩樹) _ 141

제2장 재일 코리안 연구의 동향과 과제 · 시마무라 다카노리(島村恭則) _ 165

제3장 해외 코리안 커뮤니티의 역할 · 김광민 _ 175

|제3부| 사할린 · 연해주

제1장 연해주 지역에서 고투하는 다국적 · 다문화 한인들 · 이애리아 _ 187

제2장 사할린의 한민족 해외동포 · 남혜경 _ 211

제3장 영주귀국이 사할린 한인 사회에 미친 영향 · 임 엘비라 _ 233

제4장 러시아 고려인의 역사와 민족 간 교류 · 전광근 _ 243

|제4부| 베트남 · 호주

제1장 베트남 한국 이민 실태 · 이희승 _ 251

제2장 호주 한인사회의 네트워크-시드니 한인사회를 중심으로- · 조양훈 _ 261

제3장 창업을 중심으로 본 글로컬한 한인사회-호주, 베트남, 미국의 사례 비교-
· 가와카미 사치코(河上幸子) _ 277

|제5부| 한국

제1장 한국에서의 해외 한인 연구동향 · 고정자 _ 293

제2장 조사자가 찾아왔다-시점의 전환과 지식의 재귀성에 관한 메모-
· 오타 심페이(太田心平) _ 311

나오며 · 오타 심페이(太田心平) _ 337

저자 프로필 _ 340

들어가며

아사쿠라 도시오(朝倉敏夫)

나는 문화인류학자로서 한국사회를 평생 연구해 왔다. 한국어를 배우려고 처음 한국에 건너간 것이 1979년이다. 이듬해인 1980년부터 전남대학교에서 수학하였으며, 한일 가족제도의 비교연구를 위해 한국의 다도해지역인 신안군 도초도에서 조사를 실시하였다. 그 후 1988년, 일본국립민족학박물관에 자리를 잡은 후 한국 사회 전반에 대한 연구를 진행해 왔다.

한편 1994년부터 3년간 연변, 요녕성, 흑룡강성 및 중국 동북 3성에 거주하는 조선족에 관한 공동연구에 참가하게 된 것을 계기로 해외에 거주하는 한국인들에 관심을 두게 되었으며, 그로부터 해외 코리안 연구에 첫발을 내딛게 되었다.

2000년에는 워싱턴에서 재미 코리안을 조사한 적이 있으며, 그 길로 로스앤젤레스까지 다녀오기도 했다. 2003년부터는 일본 문부과학성 과학연구보조금을 신청, 여러 나라 및 지역의 해외 코리안을 대상으로 하는 차세대 연구자들의 힘을 빌려, 본격적으로 공동연구를 시작했다. 또한 같은 해, 한인 이주 100주년을 맞이한 하와이 호놀룰루에 다녀온 것을 시작으로 중국 북경, 오스트레일리아의 시드니, 태국의 방콕, 베트남의 호찌민 등을 방문하였으며, 지금은 러시아 사할린에서 조사를 계속하고 있다. 이 책은 이러한 공동연구 동료들과 조사과정에서 알게 된 현지 분들의 협력으로 빛을 보게 되었다.

30년 전 한국의 한 섬에서 시작된 나의 한국 연구가 지금은 세계 각지를 대상으로 연구지역이 확대되고 있다. 30년 전에 배운 한국어가 해외 코리안 연구에 쓸모 있는 것이 기쁘기만 하다. 다만 어디를 가도 현지 요리가 아닌 한국 요리를 맛보게 된다는 괴로움이 있긴 하지만 말이다.

이러한 이야기를 일본인에게 하면, 대부분 한국인이 세계 각지에 퍼져 있는 것을 몰랐다고 말한다. 더군다나 그 수가 700만 명에 달한다는 데에 다들 놀라움을 표한다. 곧 이어서 일본인인 당신이 왜 해외 코리안에 대해 연구하느냐고 질문한다. 그때 나는 문화인류학 분야에서 이민연구의 일환이라는 학술적 의미와 함께 다음과 같이 답한다.

첫째로, 해외이민 및 해외거주라는 측면에서, 일본과 대조적인 한국을 연구하는 것이 일본을 더욱 깊이 이해할 수 있는 계기가 되기 때문이다. 현재 일본은 폐색, 정체의 분위기가 만연해 있으며 해외유학을 가는 학생들도 감소하고 있다. 기업에서도 해외주재를 기피하는 사원이 늘어나고 있다고 한다. 이러한 일본 젊은 층의 내향적 성향을 탈피하기 위해서는 한국에서 배울 점이 많다고 생각한다.

또한 예전에는 일본에서도 하와이, 브라질로 이민을 갔지만, 이미 과거완료형의 일이 되었다. 반면 한국에서는 현재진행형으로 이민이 이루어지고 있다. 세계 각지에 차이나타운과 함께 코리안타운이 생겨나고 있는 것이다. 샌프란시스코와 로스앤젤레스의 재팬타운은 이미 코리안타운이 점유해 나가고 있다. 화교에 이어 '한교'가 세계에서 활약 중이라고 할 수 있다. 중국과 한국, 일본은 어떻게 다른 것일까? 2011년에 타계한 SF작가 고마쓰 사쿄(小松左京)는 1973년에 간행한 『일본 침몰』에서 '일본인은 일본 열도를 떠나서도 일본인일 수 있을까'라는 일본인론적 과제를 제시하고 있다. 그것은 해외이민, 해외거주라는 시점에서 일본인론과 맞닿는 과제이기도 하다.

두 번째는 해외 한인의 존재가 결코 일본과 무관하지 않다는 점이다. 해외 한인 중 특히 동아시아에 분포하는 해외 한인, 즉 중국의 조선족, 중앙아시아의 고려인, 그리고 사할린의 한인 등 대다수가 일본의 식민시기에 이주하였다. 그 중에는 지금도 일본어를 기억하고 있는 이들도 적지 않다. 그들의 인생에서 일본은 무엇이었을까? 우리 일본인들은 일본 역사를 생각하는 데 있어서 이 점을 알아둘 필요가 있다.

세 번째는, 한국인과는 다른 관점에서 해외 코리안을 조망할 수 있다는 점이다. '훈수초단' 이라는 말이 있다. 무엇인가를 직접 하는 사람보다 옆에서 보고 있는 사람이 더 멀리 볼 수 있으며 좋은 방법을 생각해 낸다는 의미이다. 또한 해외 코리안 당사자가 목소리를 내고자 할 때에도, 한국인이 아니라 제3자인 일본인이 청자가 되면, 전하고 싶은 이야기가 달라질 수도 있다.

이러한 세 가지 이유가 왜 일본인의 시각에서 행해진 연구물이 한국에서 출판되는지에 대한, 한국 독자 여러분의 궁금함에 답이 될 것이다. 소금 체계적인 '훈수초단론' 의 일종으로서 이 책을 읽어 주었으면 한다.

나의 글에서는 일본에서 일반적으로 통용되는 '해외 코리안' 이라는 용어를 사용하고 있다. 그 영어 번역어로는 Overseas Korean 혹은 Koreans Abroad가 적당할 것이다. 한편 이 책의 제목으로는 '한민족 해외동포' 라는 용어를 사용했다. 이는 한국어에서는 '해외 코리안' 이라는 용어가 한국어와 영어가 통합된 말이며, 민족성이 희박하다는 이유로 일반적으로 사용되지 않고 있기 때문이다. 한국어에 '해외동포', '재외 한인' 이라는 용어가 있지만, 일본인의 입장에서 '동포' 라는 표현에 위화감을 느꼈기 때문에 사용하지 않았다. 또한 '한인' 이라는 표현은 전쟁 전에 일본에 건너온 올드커머(old comer)와 구분지어 전후에 건너온 뉴커머(new comer)를 가리키는 경우가 많으므로 사용하지 않았다.

이 책에서 '한민족 해외동포' 내지 '해외 코리안' 은 제2차 세계대전 전에 해외로 이주한 사람들뿐만 아니라 현재의 유학생, 나아가서는 탈북자까지를 아우르는 개념으로, 해외에 거주하는 한반도 출신자들을 포괄적으로 지칭함을 일러두고자 한다.

이 책의 내용은 일본에 있어서 동아시아를 중심으로 한 해외 코리안 연구의 현주소와 함께 현지의 생생한 목소리를 듣고자 기획된 것이다. 이 글의 필자들은 국적도 관점도 다르다. 따라서 여기에 실린 글의 내용은 필자들 개인의 의견임을 밝혀둔다. 하지만 편집 책임은 나에게 있다.

총 론

제1장 _ 일본에서 본 해외 코리안

아사쿠라 도시오(朝倉敏夫)

1. 머리말

이 책에서는 해외 코리안 연구가 이주국, 지역 및 한국에서 어떻게 이뤄져 왔는지를 개관하겠다. 여기서는 일본에서 이뤄진 해외 코리안 연구의 전반적 동향을 살피겠지만, 논문을 일일이 언급하기에는 지면이 부족하다. 따라서 지금까지 일본에서 출간된 대표적 연구물을 살펴보면서 해외 코리안에 대한 관심이 어떻게 생겨나 심화되어 왔는지를 밝혀보고자 한다. 아울러 본서의 일본 필진이 진행해온 연구를 소개함으로써 해외 코리안에 대한 일본 문화인류학적 연구를 간략히 보여주겠다.[1]

2. 해외 코리안 전반

'해외 코리안', 즉 해외에 거주하는 코리안이라고 하면 많은 일본인은 재

---

[1] 덧붙여 이 책에서 고정자(高正子)가 집필한 한국의 해외 한인연구 동향은 『재외한인학회총서 1』로, 윤인진(외 다수)이 저술한 『재외한인 연구의 동향과 과제』(북코리아, 2011)로 출간되었으므로 참조할 수 있다.

일 코리안을 떠올리지 않을까? 세계 각지에 한국인이 있다는 사실 또한 거의 알려져 있지 않았다. 지금도 그리 알려져 있지 않다고 봐도 무방하다. 이러한 가운데 해외 코리안의 존재를 일반 일본 대중에게 알린 최초의 책은 논픽션 작가 노무라 수수무(野村進)의 『코리안 세계의 여행』[2]일 것이다.

28만 부가 팔린 베스트셀러 논픽션인 이 책은 3부로 구성되어 있다. 제1부 '코리안이란 누구인가'에서 조총련 등 재일 코리안의 세계를 다루고, 제2부 '코리안 세계의 여행'에서는 제2차 세계대전 후 세계 여러 나라의 해외 코리안의 삶과 발자취를 추적하며, 제3부 '코리안 끝과 시작'에서는 재일 코리안에 초점을 맞추어 일본사회의 실태를 다른 각도에서 조명한다. 특히 제2부 '코리안 세계의 여행'에서는 로스앤젤레스, 호찌민(옛 사이공), 서울, 제주도에서의 취재를 바탕으로 일본 내 코리안 사회를 지구상의 맥락에서 바라본다. 이로써 지금까지 일본사회 안에서만 조망해온 재일 코리안을 해외 코리안이라는 넓은 범주 안에서 접근하게 되었다.

물론 이전에도 해외 코리안 현황을 다룬 책들이 있었다. 재일 코리안 논픽션 작가 고찬유(高賛侑)가 편집장으로 있는 격월간지 《미래(未来)》의 편집부가 편찬한 『재외 조선민족을 생각한다: 미국·구소련·중국·일본으로부터 보고』[3]는 1993년 《미래》 발간 50호를 기념한 국제심포지엄 '국제화시대의 정체성과 '공생' 재외조선민족을 생각한다'의 대부분을 발췌하여 간행한 것이다. 편집자에 따르면 이는 "재외 조선민족을 주제로 다룬 심포지엄으로는 일본에서 처음 하는 시도"였다. 1990년대 중반에 이르러 일본인이 해외 코리안의 존재를 인식하게 되었다고 보인다. 덧붙이자면 야마모토 마사후미(山本将文)가 한반도, 일본, 중국, 시베리아, 사할린, 카자흐스탄에 살고 있는 한민족을 취재한 사진 르포다큐 『조선민족』[4]을 간행하여 해외 코리안의 모습을 사진으로 보여주었다.

---

2) 『コリアン世界の旅』, 講談社, 1996.
3) 『在外朝鮮民族を考える―アメリカ―・旧ソ連・中国・日本からの報告』, 東方書店, 1994.
4) 『朝鮮民族』, 新潮社, 1998.

2000년대에는 해외 코리안을 개관한 책 두 권이 발간된다. 민단의 교토본부단장과 중앙본부고문을 역임한 하병욱(河炳旭)의 『제4의 선택 한국계 일본인: 세계 600만 한민족의 살아가는 모습과 국적』[5]과 조선대학교 교수인 박삼석(朴三石)의 『해외 코리안: 파워의 원천을 찾다』[6]가 그것이다. 2000년대 중반에는 하라지리 히데키(原尻英樹)가 편저한 『세계의 코리안』이 간행되어 해외 코리안을 특집으로 다루었다.[7] 편집자는 '필요한 것으로 보이는 자타이해 외 자기이해'라는 서문에서 "이 특집을 읽으면 '한류'와 '반한류'라는 눈앞의 이야기로부터 시작하여 코리안 세계를 조망해보고, 근현대사를 재고하여 현대에 있어서 '코리안'의 의미에 대해 생각하고, 마지막으로 전근대에 있어서 '코리안'과 '일본인'의 연결성을 확인함으로써, 우리들은 타자이해와 동시에 자기이해를 시도해보며 새로운 '우리'에 관해 재인식할 수 있을 것이다"라고 하였다. 여기에서 일본인의 관심이 높은 '한류'를 매개로, 한국뿐 아니라 그 주변에까지 관심을 넓힘으로써 일본을 재고하는 기회로 삼으려는 편집자의 의도를 읽어낼 수 있다.

이 외에 일반 독자의 눈에 띄는 경우는 적지만 필자를 포함해 이 책의 일본 연구자들이 수행한 연구[8] 「특집 해외 코리안은 어떻게 살고 있는가」[9]와 국립민족학박물관의 공동연구 "한국사회: 글로벌화의 제국면"의 성과보고서인 아사쿠라 도시오·오카다 히로키(朝倉敏夫·岡田浩樹) 편저의 『글로벌화와 한국사회: 그 안과 밖』[10]이 있다.[11]

---

5) 『第四の選択 韓国系日本人―世界六百万韓民族の生き様と国籍』, 文芸社, 2001.

6) 『海外コリアン―パワーの源泉に迫る』, 中央公論社, 2002.

7) 『世界のコリアン』, 『アジア遊学』92, 勉誠出版, 2006.

8) 문부과학성 과학연구보조금을 지원받은 공동연구로 "글로벌 시대에 있어서 해외 코리안의 이주사회에서 적응과 갈등"의 중간보고로 간행된 것임.

9) 「特集 海外コリアンはどう暮らす」, 『民博通信』118, 2007.

10) 『グローバル化と韓国社会―その内と外』(『国立民族学博物館調査報告書』69), 2007.

11) 전자에서는 아사쿠라 도시오의 「세계의 해외 코리안(世界の海外コリアン)」, 하야시 후미키의 「해외 코리안의 네트워크(海外コリアンのネットワーク)」, 시마무라 다카노리의 「재일 코리안 단지의 삶(在日コリアン団地の暮らし)」, 오카다 히로키의 「'동화'

이상에서 보듯이, 일본에서 해외 코리안 전반을 다룬 선행 연구물은 아직
손꼽을 수 있을 정도이지만 1990년대 중반부터 서서히 '해외 코리안'의 존
재가 일본인 사이에서 인식되어 온 듯하다.

3. 일본

일본에서 재일 코리안 연구는 방대한 축적을 이뤘다. 지금까지 연구사는
시마무라 다카노리(島村恭則)가 『〈살아가는 방법〉의 민속지: 조선계 주민 집주
지역의 민속학적 연구』[12]에서 간결하게 정리하였으므로 이 장에서는 다루지
않는다. 여기서는 모든 재일 코리안의 목소리를 대표하지는 않지만 일본사
회에서 재일 코리안의 입장을 대변하는 몇 권의 책을 소개해보고자 한다.

그 하나가 김양기(金両基)의 『한국인인가 일본인인가: 지금이야말로 재일동
포문화의 창조를』[13]이다. 재일 코리안 2세로서 한일비교문화론을 전개해온
저자는 재일 코리안 3세, 4세의 젊은 세대에게 새로운 정체성의 창조, 즉 '제

도 아니고 '고립'도 아니고: 재일 한인이 지원하는 일본어교육('同化'でもなく゛'孤
立'でもなく―在日コリアンによる日本語教育支援)」, 이애리아의 「카자흐스탄의 고려
인과 한국인(カザフスタンの高麗人と韓国人)」이 게재되었고, 후자에서는 시마무라 다
카노리의 「인력시장과 한반도계 주민: 후쿠오카・치쿠고우 사례를 중심으로(寄せ場と
朝鮮半島系住民―福岡・築港の事例を中心に)」, 오카다 히로키의 「'다문화공생'과 민
족 정체의 선택: 지진 재해 후 아시아타운구상과 나가타 마당 사례를 통해('多文化共
生'とエスニックマイノリティの選択―震災後のアジアタウン構想と長田マダンの事
例を通して)」, 한경욱의 「북조선 인구유출과 중국조선족의 미래: 탈북자문제를 중심
으로(北朝鮮の人口流出と中国朝鮮族の未来―脱北者問題を中心として)」, 이애리아의
「연해주 한인 사회에서 본 것(沿海州コリアンコミュニティーの現状にみるもの)」, 하
야시 후미키의 「세계화 시대의 조선계이민의 통합: '한인'의 환원과 침투(グローバル
化時代における朝鮮系移民の統合―'韓人'のすりかえと浸透)」, 아사쿠라 도시오의
「'한인록'의 세계('韓人録'の世界)」 등의 논문이 게재되었다.
12) 『〈生きる方法〉の民俗誌―朝鮮系住民集住地域の民俗学的研究』, 関西学院大学出版会,
2010.
13) 『韓国人か日本人か―今こそ在日同胞文化の創造を』, サイマル出版会, 1986.

14 | 한민족 해외동포의 현주소

3의 눈'을 소리 높여 역설한다. '제3의 눈'이란 혈연적 한국과 지연적 일본
의 이중귀속자인 재일 코리안 2세이기에, 한국과 일본을 복합적으로 볼 수
있는 눈을 말한다.

두 번째는 교 노부코(姜信子)의 『지극히 일반적인 재일한국인(ごく普通の在日
韓国人)』[14]이다. "일본인도 아니다. 한반도에 살고 있는 한국인과 같지도 않
다. 내게 있어 재일 한국인이란 확실히 새로운 종류의 인간이다. 일본이라는
문화와 풍토 아래서 조선민족의 피를 가진 내가 피차별 체험이라는 촉매로
인해 '재일 코리안'이 되었다. 나라는 재일 코리안은 한국인으로도 일본인
으로도 수렴되지 않는다. 일본인을 향해 싸움을 걸지도 않는다. 한반도를
시야에서 벗어버리지도 않는다. 그렇게 일본에서 일본인과 함께 산다. 한국
인이 될 수 없는 '재일 코리안'으로서, 보통의 어조로, 통하는 말을 찾아서
일본인에게 말을 건다"라고 말한 재일 코리안 3세인 필자는 대학 졸업 후 취
직, 결혼, 출산을 경험하면서 '국적'을 이유로 여러 장애에 부딪히지만 '민
족'과 '국적'이라는 틀을 넘어서 자유롭게 "진짜 보통으로 살고 싶다"면서
재일 코리안과 일본인에게 앞으로 살아갈 방법을 묻고 있다.

세 번째 책은 김찬정(金賛汀)의 『재일이라는 감동: 침로는 '공생'』[15]이다.
교토에서 재어난 재일 코리안 2세이자 저널리스트로서 일본에서 살아온 저
자는 "일본은 정주의 땅"이라고 선언하고 나아가 중앙아시아, 중국 연변, 미
국 등에 흩어진 동포를 소개한다. 재일 코리안은 더 이상 일본의 임시 거주
자가 아니라는 전제를 세워 이미 4대째에 이른 코리안에게 자긍심을 가진
'공생'의 삶을 제언한다. 그의 정의에 따르면 '공생'이란 "그 정주국에서 민
족적 제 권리를 얻고, 정주국의 문화·사회·경제·정치의 발전에 기여할
의무를 함께 지며 그 권리를 주장할 수 있는 삶의 방식"이다.

이상에서 언급한 세 권의 책은 이른바 일반 재일 코리안의 목소리를 대변

---

14) 『ごく普通の在日韓国人』, 朝日新聞社, 1987.
15) 『在日という感動—針路は「共生」』, 三五館, 1994.

하지는 않는다. 오히려 이 엘리트·지식인들의 '재일동포문화의 창조', '진짜 보통의 재일 코리안', '공생'의 목소리는 일반 재일 코리안의 현실 생활에서는 실현되지 않았기에 언술될 수 있었을지도 모른다.

이 세 권의 책에 덧붙여 국제고려학회 일본지부에서 펴낸『재일 코리안 사전』[16]도 소개하겠다. 이 책의 편집위원회에는 고정자(高正子)의 이름이 올라 있다. 편집위원회를 대표하여 박일(朴一)은 글머리에서 다음과 같이 말하고 있다. "이 사전이 출판된 2010년은 '한일병합'으로부터 100년째 되는 해이다. 이 해는 또 식민지 수탈에 의해 생활기반을 잃고 생활의 방편을 구하러 일본에 건너 온 재일 코리안이 일본에서 살게 된 지 100년을 맞이한 상징적인 해이기도 하다. 이 100년간에 재일 코리안을 둘러싼 환경도, 재일 코리안에 대한 일본인의 이미지도 크게 변화해 왔다. ……그렇다 하더라도 재일 코리안이 일본에서 살아가기 시작한 지 1세기가 경과하고 그만큼 재일 코리안에 대한 관심이 높아지고 연구자가 증가하고 있음에도 아직 재일 코리안이 일본에서 바르게 이해되고 있다고는 말하기 어려운 현실이 존재한다." 이것이 2010년의 재일 코리안의 현주소일 것이다.

4. 중국

중국 조선족에 대한 연구동향은 고베대학에서 2007년도에 박사학위를 취득한 안성호(安成浩)가「조선족촌락의 '생성'과 '해체': 세계화 안에서 조선족사회의 동태(朝鮮族村落の'生成'と'解体 ─グローバル化の中の朝鮮族社会の動態)」라는 논문에서 정리하였다. 이 논문과 일부 중복되나, 일본에서 출간된 중국 조선족에 관한 책들을 소개함으로써 일본에서의 중국 조선족에 대한 관심의 추이를 살펴보겠다.

---

16)『在日コリアン辞典』, 明石書店, 2010.

중국 조선족의 존재는 안성호도 지적하듯이, 1980년대 중반 일본에 알려지기 시작하였다. 작가이자 좌익 운동가이기도 한 오다 마코토(小田実)가 1987년에 간행한 『중국체감대관』[17]에 조선족 관련 기술이 자주 등장한다. 같은 해에 조선족자치주 개설 집필반에 따른 『중국의 조선족』[18]이 오무라 마수오(大村益男)의 번역으로 간행되었다. 1988년에는 김찬정이 쓴 『히노마루와 붉은 별: 중국대륙의 조선족을 찾아서』,[19] 1989년에는 야마모토 마사후미가 쓴 『중국의 조선족』[20]이라는 사진 르포다큐와 오무라 마수오가 번역하고 엮은 『시카고 복만: 중국 조선족 단편소설편』[21]이 간행되었다.

1992년 한중 국교 수립 후 일본에서도 중국 조선족에 대한 관심이 생겨서, 관련 서적이 연이어 출판되었다. 예를 들면 1993년에는 도미타 가즈아키(富田和明)의 『두만강으로 흐른다: 중국 조선족자치주·연길 하숙 일기』,[22] 1994년에는 『김덕순 옛이야기집: 중국 조선족 민간고사집』,[23] 1995년에는 오에 시노부(大江志乃夫)의 『만주역사기행』,[24] 1996년에는 다카사키 소지(高崎宗司)의 『중국조선족: 역사·생활·문화·민족교육』[25]과 오타 사토시(太田襞)의 『중국조선족을 보고: 한 공관주사의 여행일기』,[26] 1998년에는 중국조선족청년학회가 편찬한 『녹취채록 중국 조선족 생활사』,[27] 다케노 아키라(舘野晳)가 번역한 김재국(金在国)의 『일본인을 위한 한국인과 중국인: 중국에 사는 조선족 작가의 고백』,[28] 중국조선족 출신의 김문학(金文学)이 쓴 『벌거벗은 삼국

---

17) 『中国体感大観』, 筑摩書房, 1987.
18) 『中国の朝鮮族』, むくげの会, 1987.
19) 『日の丸と赤い星—中国大陸の朝鮮族を訪ねて』, 情報センター出版局 1988.
20) 『中国の朝鮮族』, 東方出版, 1989.
21) 『シカゴ福万—中国朝鮮族短編小説編』, 高麗書林, 1989.
22) 『豆満江に流る—中国朝鮮族自治州・延吉下宿日記』, 第三書館, 1993.
23) 『金徳順昔話集—中国朝鮮族民間故事集』, 三弥井書店, 1994.
24) 『満州歴史紀行』, 立風書房, 1995.
25) 『中国朝鮮族—歴史・生活・文化・民族教育』, 明石書店, 1996.
26) 『中国朝鮮族を見て—公館主事の旅日記』, 日本図書刊行会, 1996.
27) 『聞き書き中国朝鮮族生活誌』, 社会評論社, 1998.
28) 『日本人のための韓国人と中国人—中国に暮らす朝鮮族作家の告白』, 三五館, 1998.

지: 일・중・한 비교문화론』,[29] 1999년에 유효종(劉孝鐘)과 중국조선족을읽는 회가 편역한『서울 바람 대륙 바람: 개혁・개방정책 아래 중국조선족 실화소설』[30] 등이 있다.

2000년을 전후로 학술서들이 간행되었다. 역사경제학 연구로서 쓰루시마 세쓰레이(鶴嶋雪嶺)의『중국조선족의 연구』,[31] 필자도 분담 집필한 책으로 중국동북부조선족민속문화조사단(대표: 다케다 아키라(竹田旦))이 쓴『중국 동북부 조선족의 민속문화』,[32] 사사키 마모루(佐々木衛)・방진주(方鎭珠)가 편저한『중국조선족의 이주・가족・에스니시티(ethnicity)』,[33] 사쿠라이 다쓰히코(櫻井龍彦)가 편저한『동북아시아 조선민족의 다각적 연구』[34] 등을 들 수 있다. 문화인류학연구로서는 이 책의 집필자 중 한 사람인 한경욱(韓景旭)의『한국・조선계 중국인＝조선족』[35]이 있다. 10년간의 현지조사를 바탕으로 조선족의 실태를 밝힌 이 책에는 부록으로 중국조선족 3세로서 저자의 생활사가 들어 있다.

동북 3성의 농촌에서 생활해온 중국조선족은 1990년대부터 중국 국내의 도시로 이주하거나 보다 나은 삶의 토대를 마련하고자 한국으로 이주해왔다. 이들은 세계화 추세 속에 중국 대도시 및 세계 각지로의 진출에 박차를 가해왔다. 이들은 일본으로도 이주를 하고 있는데, 유학 및 직장 문제로 일본으로 온 중국조선족 젊은 연구자들은 1999년에 '중국조선족연구회'를 발족하였다. 이 연구회가 편찬한『조선족의 글로벌한 이동과 국제 네트워크』[36]는 '글로빌화・시역화와 조선족네트워크', '중국에서의 조선족의 역사・사회

---

29)『裸の三国志―日・中・韓比較文化論』, 東方出版, 1998.
30)『ソウルパラム 大陸パラム―改革・開放政策下の中国朝鮮族実話小説』, 新幹社, 1999.
31)『中国朝鮮族の研究』, 関西大学出版部, 1997.
32)『中国東北部朝鮮族の民俗文化』, 第一書房, 1999.
33)『中国朝鮮族の移住・家族・エスニシティ』, 東方書店, 2001.
34)『東北アジア朝鮮民族の多角的研究』, ユニテ, 2004.
35)『韓国・朝鮮系中国人＝朝鮮族』, 中国書店, 2001.
36)『朝鮮族のグローバルな移動と国際ネットワーク』, アジア経済文化研究所, 2006.

와 경세', '민족교육과 아이덴티티'라는 주제와 함께 '해외에서 조선족의 역동성이라는 주제로 일본, 한국, 러시아, 아메리카 등지에 진출한 조선족의 글로벌한 활동과 국제적 네트워크 형성에 초점을 맞춘 저서이다. 이 책에서는 7편의 논문이 실려있는데 그 중에는 이 책의 집필자인 이애리아(李愛俐娥)가 쓴 '러시아 연해주 지역에 있어서 중국조선족의 현황'이 있다.

또 재일한국인으로 국제관계론을 전공한 권향숙(權香淑)은『이동하는 조선족: 에스닉 마이너리티의 자기통치』[37]에서 1990년대 이후 일본이라는 시공간에 초점을 두고 조선족의 일본 이동을 다루고 있다.

그 외에도 연변조선족자치주를 중심으로 중국 동북지방의 조선족 이주와 정착의 역사를 취재해 도다 이쿠코(戸田郁子)가 쓴『중국 조선속으로 산나: 만주의 기억』[38]이 2011년 출간되었다. 이 책은 채록을 중심으로 기억에 새겨있는 일본의 죄과부터 조선족 아이들의 미래까지를 묘사한 심금을 울리는 에세이집이다.

5. 사할린

일본 통치 당시 가라후토(樺太)라고 불렸던 사할린에는 일본인의 전후 귀환만 고심했지 한국인의 귀환에는 최소한의 배려도 없었던 일본 정부가 현지에 방치한 4만여 조선인이 남았다. 이 사할린 잔류 코리안 문제를 1970년 중반에 출간된『조선인 강제연행공동노동의 기록』[39]이 정리한 이후로 드문드문 고발성 보고서가 나왔지만 대부분 일본인은 그 존재를 거의 모르고 있었다. 사할린에 남게 된 코리안의 상황을 일본인에게 알린 것은, 사할린 태생의 재일 한국인 작가 이회성(李恢成)이다. 1972년에『다듬이질하는 여자(砧をう

---

37)『移動する朝鮮族―エスニック・マイノリティの自己統治』, 彩流社, 2011.
38)『中国朝鮮族を生きる―満州の記憶』, 岩波書店, 2011.
39)『朝鮮人強制連行共同労働の記録』, 現代史出版会.

つ女)』로 재일 외국인으로서는 처음으로 아쿠타가와상(芥川賞)을 수상한 그는 1981년에 일본사회당 홋카이도 본부 주최의 제12차 사할린 성묘단을 실은 소우야마루(宗谷丸)에 동승하여 사할린을 방문했다. 당시의 회상과 역사적 사실을 엮은 것이『사할린 여행』40)이다.

그 후 사할린 잔류 조선인 문제는 그들의 귀환운동에 종사해온 국제법학자 오누마 야수아키(大沼保昭)가 그 귀환운동의 역사를 중심으로 1992년에『사할린 기민: 전후 책임의 점경』41)을 출간한 것을 시작으로, 1994년에 논픽션 작가 쓰노다 후사코(角田房子)가『슬픔의 섬 사할린: 전후책임의 배경』42)으로 세상에 질문을 던지면서 일본인의 관심을 불러일으키게 되었다.『민비암살: 조선왕조 말기의 국모(閔妃暗殺－朝鮮王朝末期の国母)』, 우장춘(禹長春) 박사를 다룬『우리 조국: 우박사 운명의 씨앗(わが祖国: 禹博士の運命の種)』등의 작품으로도 잘 알려진 쓰노다 후사코는 이 책에서 "사할린의 역사를 쓴다는 것은 일본인인 나에게는 매우 괴로운 일이다. 그러나 역사의 진실을 알지 못한 채로는 반성도 사죄도 나올 수 없다는 믿음으로 이 책을 완성했다"고 적고 있다.

쓰노다 후사코의 견해에 문화인류학자 최길성(崔吉城)도 동감하였다. 최길성은 사할린 코리안의 모국으로의 영주귀국이 화제가 된 1999년에 처음 사할린을 방문하였다. 이 후 2002년과 2003년에 일본 문부성 과학연구비 보조금으로 진행한 공동연구 '러시아 사할린에 있어서 일본식민지 유산과 조선인에 관한 긴급조사연구'를 수행하며, '일본 식민지정책에 따라 사할린에 이주당한 사람들과 그 과정 및 정착의 문화변용'에 대하여 고찰하고 그 결과를『화태 조선인의 비극』43)으로 간행하였다.

사할린에 관한 문화인류학적 연구로서는 홋카이도 개척기념관이 문부성 과학연구비 보조금으로 진행한 공동연구로서, 2004년도부터 2006년도까지

---

40)『サハリンへの旅』, 講談社, 1983.
41)『サハリン棄民―戦後責任の点景』, 中央公論社, 1992.
42)『悲しみの島サハリン―戦後責任の背景』, 新潮社, 1994.
43)『樺太朝鮮人の悲劇』, 第一書房, 2007.

'재사할린 조선민족의 이문화 접촉과 문화변용에 관한 기초적 연구'를, 2009년도부터 2011년도까지 '일본점령기 가라후토 이민문화의 민속학적 연구'를 진행하였다. 필자도 그 공동연구자로서 사할린 코리안의 생활문화에 관한 조사를 수행했다.

그 밖에도 일본인이 쓴 제2차 세계대전 전에 대한 회상기와 사할린 여행기 등에서도 사할린 코리안이 언급되기는 했지만 사할린 코리안을 정면으로 다룬 책으로는 1990년에 사할린 잔류조선인 박형주(朴亨柱)가 자신들의 역사를 보고한 『사할린에서의 리포트: 팽개쳐진 조선인의 역사와 증언』[44]을 시작으로, 2001년에 신문기자 나가 사토루(奈賀悟)가 사할린에서 생활하는 조선족 여성의 일생을 엮은 『일본과 일본인에 깊은 관세가 있는 바비 다냐의 이야기』,[45] 2008년에 사할린에서 살았던 이병율(李炳律)이 엮은 자서전 『사할린에 살던 조선인: 디아스포라 · 나의 회상기』,[46] 2010년에 보도사진작가 가타야마 미치오(片山通夫)가 사할린 잔류 조선인의 한 사람인 정태식(鄭泰植)의 가족 역사를 엮은 『어느 사할린 잔류조선인의 생애』[47] 등이 간행되어 있다.

6. 중앙아시아

중앙아시아, 구 소련의 코리안에 관해서는 1998년에 『카레이스키: 구소련의 고려인』[48]이 간행되었다. 1995년에 한국에서 간행된 한국의 시인이자 작가인 정동주(鄭棟柱)의 『카레이스끼 또 하나의 민족사』(우리문학사)를 고찬유가 번역하였다. 원서는 전 6부 460쪽의 대작이지만, 중요한 부분을 발췌 재구성

---

44) 『サハリンからのレポート―棄てられた朝鮮人の歴史と証言』, 御茶の水書房, 1990.
45) 『日本と日本人に深い関係があるババ・ターニャの物語』, 文藝春秋, 2001.
46) 『サハリンに生きた朝鮮人―ディアスポラ・私の回想記』, 北海道新聞社, 2008.
47) 『あるサハリン残留朝鮮人の生涯』, 凱風社, 2010.
48) 『カレンスキー―旧ソ連の高麗人』, 東方出版, 1998.

하였다. 일본에서는 거의 알려지지 않은 고려인의 실태에 접근하는 데 지나치게 상세한 내용은 오히려 이해를 어렵게 한다는 판단에서였다.

일본인의 관심을 끌면서 고려인의 모습을 묘사한 책으로 교 노부코(姜信子)가 쓴 『추방된 고려인』[49]을 들고 싶다. 1937년 스탈린에 의해 머나먼 중앙아시아 땅으로 추방된 20만 명의 '한민족=고려인'. 국가라는 망상에 번뇌하는 유랑민은 '아름다운 자연(天然の美)'이라는 일본의 근대 멜로디를 지금도 노래하면서 자신들의 백 년 기억을 엮어내고 있다.

학술서로서는 이애리아(李愛俐娥)가 쓴 『중앙아시아 소수민족 사회의 변모: 카자흐스탄의 조선인을 중심으로』[50]가 있다. 독립과 시장경제체제로의 이행이라는 새로운 사회환경에 놓인 카자흐스탄 코리안사회에 대하여 그 역사적 형성과 전개 과정을 고찰한 책이다.

7. 미국과 남아메리카

일본에서 재미 코리안에 대한 관심은 1980년대에 시작되었다고 볼 수 있다. 그러나 그 관심은 재미 코리안의 본질보다는 이민족사회로서의 미국에 있었다. 예를 들어 문예·영화평론가 요모타 이누히코(四方田犬彦)가 1987년부터 1년간 뉴욕에 체재하면서 많은 아시아계 사람들을 만난 체험을 32편의 에세이로 엮어낸 『뉴욕보다 낯선』[51]에서는 코리안이 묘사되어 있다. 일본인인 필자 요모타를 한국인으로 오인하여 누군가가 '여보세요'라고 말을 걸어왔다는 일화도 등장한다. 이전에는 미국에서 한국인이 일본인으로 혼동되었다는데, 이제는 그 인식이 역전되었던 것이다.

1970년대부터 1980년대에 걸쳐서 한국에서 미국으로의 이민이 비약적으

---

49) 『追放の高麗人』, 石風社, 2002.
50) 『中央アジア少数民族社会の変貌―カザフスタンの朝鮮人を中心に』, 昭和堂, 2002.
51) 『ストレンジャー・ザン・ニューヨーク』, 朝日新聞社, 1989.

로 증가하였다. 산업화의 진전으로 빈부 격차가 커지고, 군사정권이 지속되던 모국에서 삶의 희망을 잃은 이들이 대거 '아메리칸 드림'을 꿈꾸며 태평양을 건넜다. 그 희망이 현실이 아닌 그저 꿈일 뿐이었다고 묘사한 배창호의 영화「깊고 푸른 밤」이 1985년에 개봉되었다. 일본에서도 그제야 한국영화가 소개되기 시작하여 그해 도쿄에서 열린 아시아태평양영화제에서 이 작품이 그랑프리를 받았다. 이렇게 책과 영화를 통해서 일본인들도 많은 한국인이 미국으로 이민했다는 사실을 알게 되었다.

재미 코리안의 존재를 충격적으로 각인시킨 계기는 1992년 로스앤젤레스 폭동이다. 폭동이 코리안타운에까지 이르렀다고 신문과 텔레비전이 보도하였다. 이 사건을 계기로 고찬유는『미국 · 코리안타운: 마이니리디 속의 재미 코리안』52)이라는 기록문학을 쓰게 된다.

문화인류학에서도 재미 코리안은 처음에는 미국의 민족집단연구 중 일부로 다뤄졌다. 1982년 아야베 쓰네오(綾部恒雄)가 편저한『미국 민족문화의 연구』53)에서 마루야마 고이치(丸山孝一)가 쓴「일본계 및 한국계 이민사회에서 문화의 지속성과 변용과정: 시카고지구의 사례연구」라는 논문에서 다루어지고 있다. 그리고 1992년 아야베 쓰네오가 편저한『미국의 민족』54) 중 다게자와 야수코(竹沢泰子)의「태평양에 놓는 다리: 일본 · 중국 · 한국계 문화」에서 재미 코리안을 소개하고 있다.

재미 코리안 자체를 연구주제로 삼은 사람은 하라지리 히데키(原尻英樹)이며, 그는『코리아타운의 민족지: 하와이 · LA · 이쿠노』,55)「하와이의 코리안: 이승만에서 전략적 적응으로의 과정」56)이라는 책과 논문을 내놓았다. 또한 마쓰모토 세이이치(松本誠一)는 1995년부터 1년간 캐나다 몬트리올에 체재하

---

52)『アメリカ · コリアタウン―マイノリティの中の在米コリアン』, 社会評論社, 1993.

53)『アメリカ民族文化の研究』, 弘文堂, 1982.

54)『アメリカの民族』, 弘文堂, 1992.

55)『コリアタウンの民族誌―ハワイ · LA · 生野』, ちくま書房, 2000.

56)「ハワイのコリアン: 李承晩から戦略的適応への過程」,『ハワイ研究への招待』, 関西学院大学出版会, 2004: 265-274.

면서 「몬트리올의 한인 묘비명」,[57] 「몬트리올의 한인교회 (I) , (II)」[58]를 발표
하였다.

번역서로서는 고전혜성(高全惠星)이 감수한 『디아스포라로서의 코리안(ディ
アスポラとしてのコリアン)』[59]이 있다. 이 책은 미국 이스트록연구소가 코리안이
다수 거주하는 일본, 미국, 중국, 중앙아시아 4개국 및 지역을 중심 주제로 삼
아 연속특집으로 발행한 《Korean and Korean American Studies Bulletin》에
2000년부터 2001년까지 게재한 논문을 번역해 실은 것이다.

필자인 가와카미 사치코(河上幸子)는 박사논문 「재미 코리안의 샌프란시스
코 니혼마치: 멀티컬추럴 에스닉타운」에서 재미 한인을 중심으로 한 재미 아
시아계 소수민족이 샌프란시스코 니혼마치를 거점으로 어떻게 생활을 영위
하는지에 대한 검토를 토대로, 미국에서 재팬 타운이라고 불리는 도시구획
이 일본계 상업공간으로서 구축되어가는 과정을 밝히고 있다.

남미 코리안을 다룬 책은 발견하지 못했다. 논문 형식으로는 재일 코리안 3
세인 전숙미(全淑美)가 쓴 「일본식민지시대에 계약이민으로 브라질로 이주한
조선인 일가」,[60] 「식민지기 조선의 브라질 조선인이민: 이주의 경위와 이주가
실현된 그 요인」[61]이 발표되었다. 문화인류학 관계로는 모리 고이치(森幸一)가
쓴 「특집 멀고도 가까운 브라질」[62]에 ‘"일본인거리"에서 "동양거리"로 변모
하는 상파울루의 리베르다데 지구’ 라는 글에서 일본계인과의 관계에서 코리

---

57) 「モントリオールの韓人墓碑名」, 『アジア・アフリカ文化研究所研究年報』34: 59-80,
   1999.
58) 「モントリオールの韓人教会(I),(II)」, 『アジア・アフリカ文化研究所研究年報』 35: 56-70,
   2000, 36: 51-59, 2001.
59) 『ディアスポラとしてのコリアン』, 新幹社, 2007.
60) 「日本植民地時代に契約移民としてブラジルへ移住した朝鮮人一家」, 『東アジア研究』
   46: 93-106, 2006.
61) 「植民地期朝鮮のブラジル朝鮮人移民―移民の経緯と移住が実現したその要因」, 『朝
   鮮学報』 215: 91-128, 2010.
62) 「『日本人街』から『東洋街』へ変貌するサンパウロのリベルダーデ地区」, 『をちこち(国
   際交流基金)』 22: 33-37, 2008.

안을 언급하고 있지만 그 외에는 필자의 좁은 소견에서는 알지 못하겠다.

8. 그 밖의 지역

동남아시아의 코리안에 대한 조사와 연구 역시 거의 손이 닿지 않아 미진하지만 마쓰모토 세이이치(松本誠一)가 「동남아시아의 코리안사회사: 태국·인도네시아·미얀마·싱가포르·베트남」[63]이라는 글에서 정리하고 있다. 대만에 대해서도 「대만 한인 연구노트」[64]를 발표하였다. 그 외 도사 마사키(土佐昌樹)가 「미얀마의 한류」를, 고이게 마코토(小池誠)가 「인노네시아의 한류」라는 칼럼을, 이시다 사에코(石田佐惠子)(공저)가 펴낸 『포스트 한류의 미디어 사회학』[65]에 실린 「각국의 한류」 등을 들 수 있다.

또한 음식문화의 견지에서 오세아니아 등의 해외 코리안에 관한 연구 결과는 가와이 도시미쓰(河合利光)가 편저한 『먹거리를 통한 타문화 이해』에 하야시 후미키(林史樹)가 「글로벌화한 한국식 중화요리: 재현지화하는 먹거리」라는 글에서 하와이 호놀룰루, 피지, 시드니, 도쿄, 타이베이의 한국식 중화요리의 사례를 소개하고 있다.[66]

맺음말

일본에서의 해외 코리안 연구를 개관하자면 다음과 같이 말할 수 있다. 첫

---

63) 「東南アジアの韓人社会略史―タイ·インドネシア·ミャンマー·シンガポール·ベトナム」, 『東洋大学学術フロンティア報告書 2006』: 101-113, 2007.

64) 「台湾韓人研究ノート」, 『白山人類学』 14: 103-132, 2011.

65) 『ポスト韓流のメディア社会学』, ミネルヴァ書房, 2007.

66) 「グローバル化した韓国式中華料理―再現地化する食」, 河合利光編著, 『食からの異文化理解』, 時潮社, 2006: 91-111.

째, 그 움직임이 재일 코리안으로부터 시작되었다. 재일 코리안에게는 자신들의 정체성을 확립하고 상대화하기 위해서 해외 코리안들을 알 필요가 있었기 때문일 것이다. 둘째, 작가의 발언력이 일본인에게 재일 코리안을 알려왔다. 필력을 갖춘 작가가 해외 코리안을 그려냄으로써 신문, 잡지의 평론에서까지 그 내용을 다루고 많은 일본인의 관심을 불러일으킨 것이다. 셋째 문화인류학 분야에서는 아직도 본격적으로 해외 코리안을 다루는 연구자가 적다. 최길성, 하라지리 히데키, 마쓰모토 세이이치 외에 이 책의 집필에 참여한 연구자들밖에 손꼽을 이가 없다. 앞으로는 일본사회에서 다문화공생에 관심을 가진 문화인류학자가 많아지고 있으므로 그러한 흐름에서 해외 코리안 연구자가 늘어나리라 예상되며 한국에서 온 유학생을 필두로 해당 국가·지역 출신의 토착 인류학자도 배출될 것이 틀림없다.

이러한 흐름 안에서 지금까지 이 책의 집필자들은 많은 한국 인류학자와 교류하고 재외코리안학회와도 연대해왔는데, 앞으로의 해외 코리안 연구에서 더욱 한일 공동연구를 진전시킬 필요가 있다. 이 책의 '들어가며'에서 "훈수초단(타자의 눈)"이라고 썼지만 한국인의 연구와 일본인의 연구에는 차이가 있는데 이를 보완적으로 조합하면 더욱 폭넓고 깊은 연구가 산출될 것이다.

한국인의 해외 코리안 연구에서는 '동포', 즉 같은 민족이라는 의식이 강하여 처한 조건과 상황에 다른데도 '같을 것이다. 같아야 한다'라는 선입견을 앞세워 사칫 '위로부터의 시선'을 취하기도 한다. 게다가 조사에 임할 때 현장 사람들의 여러 가지 목소리를 듣는 것이 아니라 엘리트와 지식인의 목소리에만 귀를 기울이는 경향이 있는 듯하다. 그것은 "시작이 반이다"라는 옛말대로 처음에 이론적인 가설을 세우지만 시간을 들인 현지조사로 그것을 검증하지 않은 채 성급하게 결론을 내리는 것으로 이어지기 쉽다. 이에 비해 일본인의 연구는 "천리 길도 한 걸음"이라고 하는 것처럼 실증적인 면은 있으나 시간만 들이고 결론을 내지 못하고 끝내버리는 경우조차 있다. 어느 쪽이든 일장일단이 있으나 그것을 딛고 한일 양국 연구자가 공동연구를 진행하고, 이에 현지 연구자까지 가세한다면 더 탁월한 성과를 낼 수 있음에 틀림없다.

게다가 해외 코리안은 전술한 중국조선족처럼 역동적인 이동을 하고 있다. 필자가 현지에서 만난 코리안에게 들은 바로는 중국에서 살다가 베트남으로 왔다가 캄보디아로 건너간 사람도 있고, 재미 코리안 중에는 한국에서 직접 미국으로 건너오지 않고 남미와 유럽, 일본 등지에서 생활을 하고 온 사람들도 있다. 이렇게 이동한 사람들을 매개로 해외 코리안은 세계적 네트워크를 형성하고 있는 것이다.

이 책의 해외 코리안 연구는 동아시아를 중심으로 하여 동남아시아, 오세아니아에 그 지역을 한정했지만 앞으로는 남북아메리카, 유럽 등 세세 각지에 있는 해외 코리안에게도 눈을 돌리게 될 것이다. 이를 위해서는 해외 코리안 연구자들의 세계적 네트워크도 구축해 가야 하겠다. 이 책은 그 첫발이 될 것으로 기대하고 있다.

제2장 _ 한민족 해외동포의 네트워크와 커뮤니티 형성

하야시 후미키(林史樹)

1. 머리말

외교통상부에 따르면 2011년 현재 세계에 약 726만 9천 명의 해외 코리안 (해외동포)이 살고 있다. 일본의 초기 해외 이민이나 그 후예를 일계인(日系人)이라고 하는데, 해외일계인협회에 의하면 일본인 해외이주자가 약 250만 명, 여기에 일본 외무성(外務省)이 파악하는 약 76만 명의 장기체류자를 더하여도 330만 명 안팎이니 해외 코리안 수의 반에도 못 미친다. 게다가 일본 인구는 한국의 약 2.7배나 많다는 점을 고려하면, 해외이주는 일본보다도 약 6배 많은 셈이다. 이처럼 일계인의 상황과 비교하면, 해외 코리안 수가 얼마나 많은지를 알 수 있다.

높은 해외이주율의 이유로는 인접국의 침략을 받는 등 한국의 정치불안이 컸다는 것과 경제적 불안정을 들 수 있다. 그러나 한국 외교통상부의 「해외이주 통계」를 보면(표 1), 식민지에서 해방된 지 25년 이상 지난 1973년부터 (1985년 제외) 1988년까지 연간 3만 명을 넘는 이주자가 15년이나 지속적으로, 어떤 해에는 4만 6천 명도 나간 것을 생각하면, 수난의 역사만으로는 설명되지 않는다. 즉 한국사회가 원래 유동성이 높은 사회였다는 점(嶋 1998, 林 2008, 仲川 2011)과 관계가 깊다는 것이다.

해외 코리안에 관한 연구 성과는 한국에서 많이 나와 있지만(하야시2007c), 초기에는 식민지하의 역경과 민족독립운동이라는 논조로 나온 성과가 많다. 1960~70년대에는 이민 정책에 대한 보고서도 많았지만, 1980년대까지는 어디까지나 해외동포 '문제'로서 연구가 진행되었다. 이광규(1984) 등은 인류학적 관점에서 이민생활에 중점을 두고 연구를 해왔지만, 이 관점의 연구는 아직 많지 않다. 이광규의 성과도 포함해서 1990년대 전반까지는 국가적인 연구프로젝트 보고서가 눈에 띈다. 1990년대에 들어서 국제 심포지엄을 바탕으로 한국 정신문화연구원에서 논문집 4권이 간행되어, 각 지역 해외동포의 일상생활에도 관심이 나타나기 시작했다. 그래도 아직 독립운동 참여, 이민사회에서의 역경과 차별, 한국인으로서의 정체성 유지, 민족교육 실천 등이 중심이어서 이민연구라기보다, 어디까지나 해외동포 '문제'의 연구가 진행되어왔다.

연구경향에 변화가 보이는 시점이 1990년대 중반이다. 통일원이 발간한 『세계의 한민족』(1996년)이나 국립민속박물관의 『한인동포의 생활문화』시리즈(1996~2005년) 등 민족의식의 유지보다 생활 자체에 초점을 맞춘 연구성과가 나왔다. 재외한인학회에 의한 학회지 『재외한인연구』창간호는 1990년에 나왔지만 학회지의 각 특집이나 각 논문을 봐도, 점차 이민연구 쪽으로 변화를 보여준다. 해외 코리안을 이민연구의 관점에서 다루기 시작한 성과물은 대체로 2000년대 이후 등장하는데, 그 대표적 성과로는 윤인진의 『코리안디아스포라』(2004년) 등을 들 수 있다. 그러나 이런 선행연구는 아직 국가나 지역의 틀에 제한된 경향이 있다고 할 수 있다.

지역 틀에 따른 이민연구도 중요하지만, 현황은 이민을 해당 지역 내에서만 한정시켜 논하는 경향을 조장해온 듯하다. 즉, 이주자는 훨씬 다양하고 역동적인 움직임을 보여주고 있는데 반해 마치 국가나 지역의 틀 내에서만 생활해온 것처럼 소개되었다. 이민 조사에서 초기 이민과 최근의 이민 사이의 뚜렷한 격차를 많이 지적하는데, 이를 단순히 세대격차로 파악하는 경향이 강하다. 이는 이민자 간에도 이주 동기나 이주지에 대한 생각과 기대에 차이가 있음을 놓치게 한다. 즉, 이주 목적에 의해 사람의 유동을 분석하는 연구가 지금까지 적었다고 생각된다.

이 논문에서는, 이주목적에 의한 유형으로 해외 코리안을 상정하고, 그것이 그들의 이주전략이나 네트워크에 끼친 변화를 밝혀보고자 한다. 오늘도 여전히 큰 프로젝트에 의한 연구는, 특히 국가기관 산하조직에 의한 연구만큼은 '한국'이라는 국가의 틀에서 자유롭기 어려운 상황에 있는 듯하다. 그 배경으로는, 국가나 지역의 틀에 구속되기 쉬운 한국사회의 분위기도 있을 것이다. 이 논문은 그것들에 속박되지 않고, 단순한 이민으로서 해외 코리안을 조망할 수 있는 입장에 있다는 점에서 의의를 찾을 수 있을 것이다.

2. 해외 코리안의 개요과 선행 연구에서 볼 수 있는 유형

우선, 해외 코리안의 개요를 확인하겠다. 700만 명 이상이라고 하는 해외동포 가운데 다수를 차지하는 국가는 중국(약 270만 5천 명), 미국(약 217만 7천 명), 일본(약 90만 5천 명), CIS(약 53만 6천 명)이다. 그리고 최근 이민 동향 변화에 따라 해외동포수가 많은 곳은 캐나다(약 23만 1천 명), 호주(약 13만 2천 명) 등 다문화주의국가, 그리고 필리핀(약 9만 7천 명), 베트남(약 8만 4천 명), 브라질(약 5만 1천 명), 영국(약 4만 7천 명), 인도네시아(약 3만 6천 명), 독일(약 3만 2천 명), 뉴질랜드(약 2만 8천 명) 등의 순이다. 이들을 지역적으로 묶어 보면 ① 중국, ② 북미, ③ 일본, ④ 구소련, ⑤ 오세아니아, ⑥ 남미, ⑦ 동남아시아, ⑧ 유럽이다. 지금까지 해외 코리안은 지역별로 논하는 경향이 강했다. 예를 들면, 앞서 소개한 『세계의 한민족』(전10권)에서는 각각 중국, 북미, 일본, 구소련, 중남미, 유럽, 아시아·태평양, 중동·아프리카 지역으로 분류했다. 또 10년에 걸쳐 국립민속박물관에서 간행된 『한인동포의 생활문화』 시리즈(전10권)는 지린(吉林), 랴오닝(遼寧), 헤이룽장(黑龍江), 우즈베키스탄, 카자흐스탄, 사할린·연해주, 간사이(關西: 일본), 하와이, 멕시코, 간토(關東: 일본)로 구성된다. 중국이나 일본이라는 지역 범위가 크면 보다 작은 지역단위로 설정할 뿐이며 결국 기본적으로는 지역단위별로 이민을 파악하려고 한 것을 알 수 있다.

1990년대쯤부터 여러 호칭으로 불리던 한인을 지역에 한인을 붙이는 방식으로 변경시켰다. 즉 재미 코리안, 중국 조선족, 재일 한국·조선인, 러시아 고려인 등의 호칭을 각각 재미 한인, 재중 한인, 재일 한인, 재러 한인이라고 부르게 된 것이다(하야시2006: 98). 그러나 이런 새로운 호칭들이 나와도 해외 코리안을 지역의 틀 아래 설정하려고 하는 경향에는 변함이 없었다. 다만 '한인'이라는 단어를 사용함으로써 해외 코리안을 한국으로 편입하려고 하는 정치적인 효과가 기대될 뿐이라고도 할 수 있어(하야시2006; 2007a), 각 지역에 따른 이주자의 묶음이 크게 해체될 일은 없었다.

이런 경향은 해외 코리안을 당시 많이 거론된 '디아스포라'라는 개념으로 파악하려고 노력한『코리안디아스포라』에서도 보인다. 이 노력은 중국의 조선족, 독립국가연합의 고려인, 재일 한인, 재미 한인, 캐나다의 한인이라는 장을 세웠다. 그 이외에도 최근의 경향으로서 각지에서 이민 50주년이나 100주년 등을 맞이하고 있기 때문에『미국 한인 이민 100년사』(2004년)나『멕시코 한인 이민 100년사』(2006년),『호주 한인 50년사』(2008년) 등이 간행되고 있다. 이들 각 지역의 한인회나 지식인을 중심으로 간행된 기념지들은 해외 코리안의 이민을 지역별로 나누어 설정하는 경향을 더욱 촉진한다고 할 수 있다.

한편「해외이주통계」의 통계는 흥미로운 사실을 시사한다.〔표 3〕에서 보듯이 1962년 이후 이주지의 대부분은 미국이었다. 그 다음 많은 지역으로는 캐나다, 남미, 유럽을 들 수 있지만, 미국이 이민자 대부분을 수용하고 있다. 먼저 장기간에 걸친 미국 이민자의 대다수가 같은 목적을 공유했었는지에 대한 의문이 생긴다. 또 미국, 캐나다 외에 단독국가로서 호주나 뉴질랜드가 나와 있다.[1] 각 지역 이주자 수의 변동을 보면, 미국 이주자가 감소함에 따라

---

1) 실제로 해외 코리안의 이민수를 봤을 때, 더욱 많은 이주자가 사는 지역도 있지만, 이 통

캐나다 이주자가 증가하고, 호주 이주자 수가 감소함에 따라 뉴질랜드 이주자가 증가했다. 즉, 여기서 항상 이주자가 대체지역을 찾아서 이주함을 알 수 있다. 또 남미 이주자는 이주자수가 주기를 띠고 증가하므로, 이주자들의 이주목적이 일정하지 않았으리라 추측된다. 이주에는 다양한 목적이 배경에 있음을 지적할 수 있다.

위에서 든 국가에서도, 예를 들면 미국 등은 농업노동자 이주지에서 자유경쟁 사회를 염두로 한 사업의 성공, 아메리칸 드림을 좇는 이주지가 되었다. 그러나 미국은 최근에는 기술자를 수용하는 경향을 보이는 등 국가 측에서도 이민 수용에 전환을 도모해왔다. 국가체제에서도 다문화주의나 다문화교육을 추진하는 국가라는 이미지가 강하여, 캐나다나 호주와 함께 교육목적으로 이주를 바라는 사람들이 많다. 러시아 극동지역은 한반도에서 지리적으로 가까워서 일본의 식민지화에 저항하여 피난하거나 활로를 도모한 이주지였지만, 1931년 이후에는 강제이주가 행하여졌다. 식민지시기에 피난지였던 중국의 경우, 오늘날에는 베트남이나 인도네시아 등과 함께 급속한 경제발전이 이루어져서 시장확대가 기대되는 이주지, 벤처 창업의 목표로 삼는 이주지로 인식되었다.

이주자의 이동형태는 복잡한데, 멕시코 이민의 경우 많은 이주자가 멕시코에서 쿠바로 재이주(再移住)했다. 독일로 갔던 광부나 간호사는 또 다른 유럽국가나 북미, 멀리는 호주까지 재이주하기도 했다. 같은 국가 안에서도 미국 같은 경우는 하와이에서 미국 본토로, 브라질 등에서는 내륙 농장에서 상파울루와 같은 대도시에 이동했다.[2] 이주자의 시점에서 보았을 때 한곳에 머무는 것이 아니라 그들의 목적에 맞추어 전략적으로 이주를 거듭한다. 또 캐나다나 피지, 뉴질랜드 등은 미국이나 호주를 최종 이주지로 삼은 사람들

계의 분류는, 남미, 유럽, 아시아 기타가 되었다. 또, 아시아 이민의 수가 아주 적은 것은, 이주수속을 해서 출국하지 않는 자가 많기 때문이라고 할 수 있다.
2) 한국이민사박물관의 안내판 '브라질 한인사'에 의하면, 1963년부터 1966년 사이의 브라질 이주자 1,300여 명 가운데 90%가 도시로 이주했다.

이 직접 거기에 이주하지 못했을 때, 경유지로 택하는 경우도 있다. 즉, 캐나다 같은 이주지도, 캐나다를 최종목적지로 삼는 사람이 있지만, 직접 미국에 이주할 수 없어서, 경유지로 캐나다를 택하는 사람도 있다. 이주지에서의 생활이 기대에 못 미쳐서 한국으로 귀국(유턴)하는 사람들도 적지 않다.

이상과 같이 지역별로 이민을 바라보는 것은 유익한 측면이 있는 반면 이민연구의 시점에서 보았을 때 각 지역에도 다양한 목적을 가진 이주자가 섞여 있기 때문에 이주자 개개인에게 초점을 맞춘 연구, 즉 이주자 시점에서의 연구가 필요하다.

이주동기에 의해 이주지 국가나 지역은 당연히 변한다. 그들의 유동은 결코 한 국가에 머무르지 않는다. 이민에서 이주지는 여행 감각이나 패션 감각으로 선택하는 곳이 아니다. 진지한 싸움이다. 이처럼 이민 목적이 다양화되고 국가 간 재이주 역시 증가추세에 있기에 국가 단위로서만 이민상황을 파악하려고 한다면 개개인의 움직임을 설명하는 데 놓치는 부분이 있을 것이다.

3. 해외 코리안의 유형화

이상 문제점을 밝히기 위해 먼저 지금까지의 이주를 목적별로 재정리하는 작업부터 한다. 해외 코리안의 역사를 순서대로 볼 때 첫째로 거론된 것이 국정불안으로 인해 도망가거나 새로운 활로를 찾아내기 위해서 이동한, 만주 지역이나 연해주 지역으로의 이주라고 볼 있지만 역사순서를 따라 이하 10개 그룹으로 나눌 수 있다.

각자 ① 도피형, ② 도전형, ③ 정책형, ④ 결혼형, ⑤ 강제형, ⑥ 입양형, ⑦ 출장형, ⑧ 경유형, ⑨ 여생형, ⑩ 교육형의 순이다.

최근 한반도에서 이주가 시작된 시기로 조선 시대 말기를 드는 경우가 많다. 1860년대에 조선에서 한발이 심했던 데다가, 러시아에서도 청나라와 1858년에 아이훈조약(愛琿條約)이 체결되면서 불모지였던 연해주에 노동력이 필요할 시기에 이주한 사람들을 시조로 본다(이광규1997: 18). 이렇게 한반도에서 천재나 인재에 의해 생활이 어려워서 압록강이나 두만강을 건너가서 연해주에 이주한 형태를, 이 논문에서는 도피형으로 부른다. 그 후에는 정치운동(독립운동) 등을 목적으로 한 이주, 최근에는 북한에서의 망명 등도 그 자리에 머무를 수 없다는 의미에서 도피형에 분류한다. 물론 이 유형화는 서로 겹치는 부분이 있기는 한다. 하지만 그중에서도 개인적인 요인보다도 주위나 환경적 요인으로, 크게는 정치적 입장에서 나라를 탈출할 수밖에 없는 이주형태를 말한다. 도피형의 이주지로서는 지리적으로 가까운, 국경을 맞대고 있는 러시아나 중국을 꼽을 수 있다. 제주도에서 일어난 4·3사건 때에는 일본에도 많은 사람이 도망해 왔다. 많지는 않으나 이들은 한국전쟁 때도 일계이민에 섞여서 아르헨티나나 브라질로 이주하기도 했다.[3) 또 한반도 전체를 보면 오늘의 탈북자도 도피형이라고 할 수 있다.

1880년대부터 중국으로의 이주가 시작되는데, 이는 빈곤에서 벗어나기 위해서가 아니라 한반도보다 넓은 땅을 소유하기 위한 이주이다(이광규1997: 18). 즉, 현재 최소한의 생활영위가 가능하더라도, 보다 여유 있게 살고 싶다는 희망하에 이주하는 형태다. 이 형태를 여기서는 도전형이라고 부른다. 도전형도 도피형과 구별하기 어렵지만, 인재나 천재의 발생 탓에 생존을 위해 택한 불가피한 상황이 아니라 도전형은 어디까지나 당사자의 자의적 판단에 따라 선택한 경향이 크다고 할 수 있다. 도전형은 시대를 불문하고 많이 발생한다. 1997년의 외환위기 전후에도 사업기회를 찾아서 많은 사람이 해외로 이주했다.

도전형에서 흥미로운 것은 도피형이나 정책형으로 한 번 이주한 사람이

---

3) 전쟁 여파로 일본인에게 섞여서 이주한 자 중에는 일본군에 종군한 조선인 군인도 있다. 특히 동남아의 경우 일본군과 함께 전쟁터에 간 후 귀국하지 않은 자가 현지에 정착한 것이 시작이며, 그 후 기술자가 들어갔다. 한편 1970년대 중반이 되어서 베트남전쟁 참가자가 거기에 합류했다. 또, 그들 가운데 현지에 정착하지 않고 호주 등지로 재이주하는 경우도 많이 있다고 한다(한경구 1996: 87, 181-182; 이광규 1996: 151-152).

[표 1] 이주자 총수

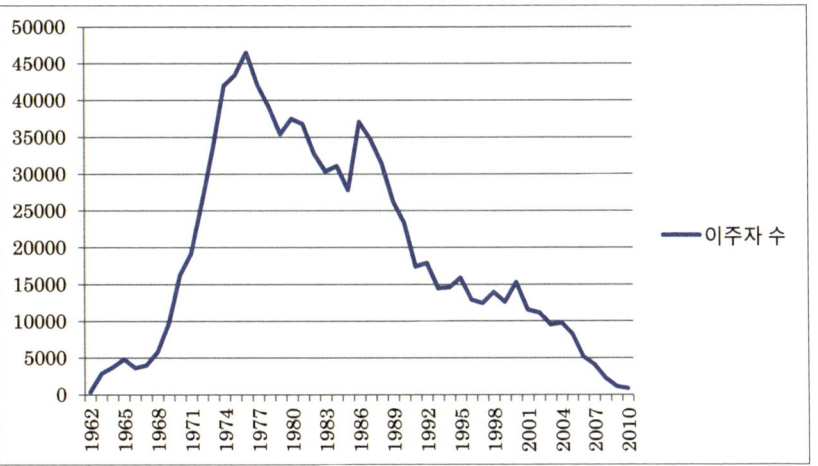

※한국외교통상부「해외이주통계」로부터 작성
※여기에 나오는 외교통상부 자료는 해외이주신고자 현황이고, 요새 많아지고 있는 현지이주신고자는 포함되어 있지 않다. 2002년도 이후 현지이주신고자를 포함한 자료도 나와 있는데, 양자를 합치면 2002년 이후 현재까지 이주자수는 매년 2만 명을 넘어선다.

[표 2] 이주목적별 이주자 수

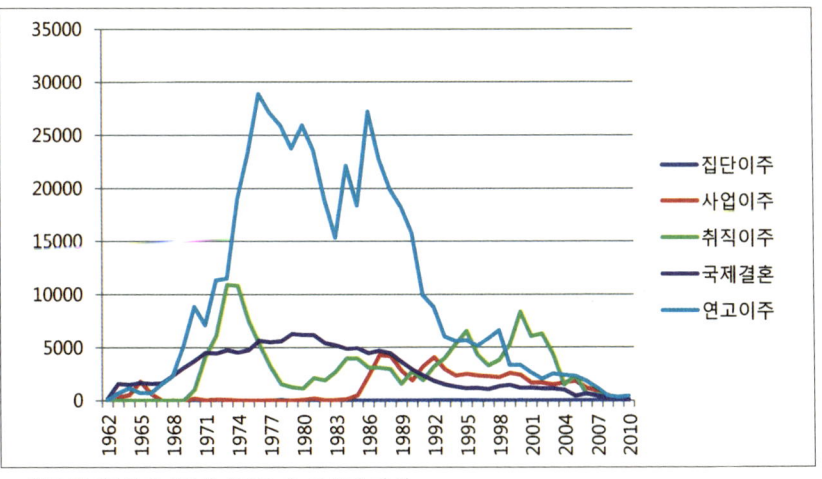

※한국외교통상부「해외이주통계」로부터 작성

〔표 3〕 이주지역별 이주자 수

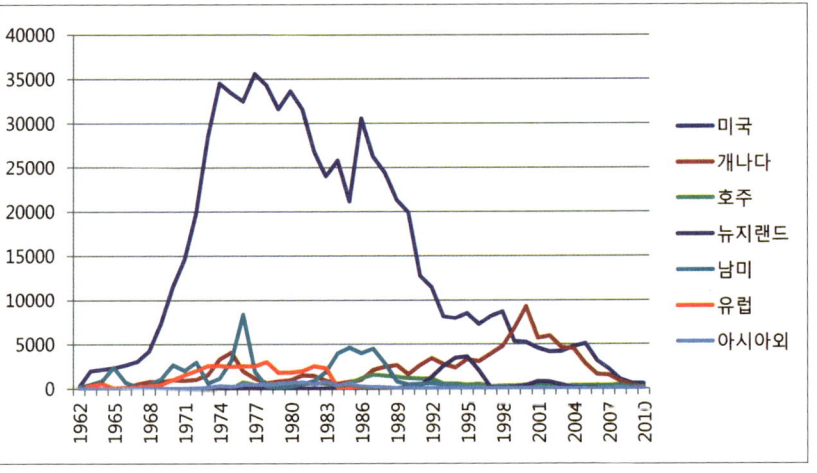

※한국외교통상부「해외이주통계」로부터 작성

〔표 4〕 미국을 제외한 이주지역별 이주자 수

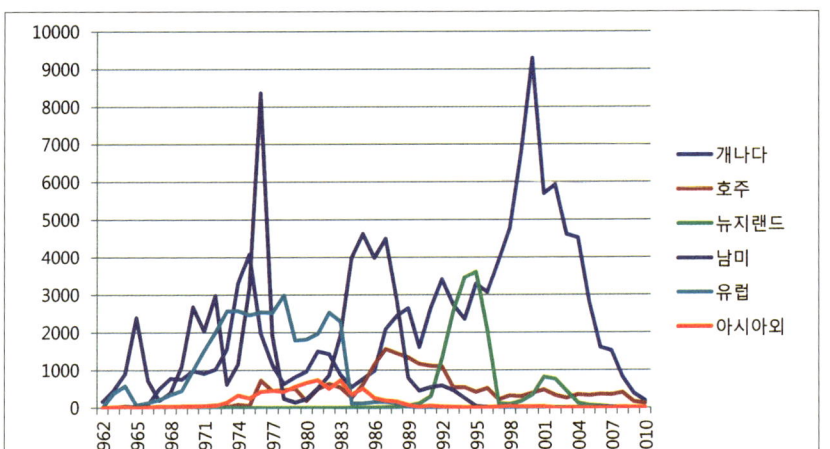

※한국외교통상부「해외이주통계」로부터 작성

한민족 해외동포의 네트워크와 커뮤니티 형성 | 37

또 다른 기회를 찾아 재이주하는 점이다. 멕시코 이주자는 1913년부터 유카탄 반도를 떠나서 다른 지역으로 이주하기 시작했고, 1921년 3월에는 멕시코에 이주한 한국인 노동자 가운데 300명이 쿠바로 재이주를 했다(전경수 1996a: 45-46).[4] 또 독일이나 남미에 간 이주자가 다시 캐나다에 이주하기도 했다. 그리고 1976년에 호주정부가 사면령을 내리고, 관광비자로 입국한 노동자에게 영주권을 주면서 호주 이주가 가속화되었다고 한다.[5] 그 후 중동(이란, 이라크, 사우디아라비아)뿐만 아니라, 남미로도 한국계 이민이 몰려 들었다(전경수1996b: 31). 이처럼 이주지가 시대마다 다양하게 변화하고 있다. 초기에는 중국이나 일본, 북미, 오세아니아, 최근에는 시장을 확대한 중국 그리고 동남아 등에 많이 이주했다. 이주자 수에 차이는 있어도, 이주 자체가 전 지구적 규모로 행하여지고 있다고 본다.

1900년대 들어서 하와이, 미국 본토나 멕시코 등으로의 이민이 시작되었다. 수용국의 농장노동력 부족을 보충하기 위한 것이지만, 당시 이민은 조선왕조가 국가정책으로서 장려하고 이민자를 모집했기에 정책형으로 구분한다. 물론 응모자의 대부분이 빈곤한 생활에서 탈출하고 싶어했다면 도전형이라고도 할 수 있겠지만, 국가정책이었기 때문에 안도감을 느껴, 그것을 믿고 이주가 이루어졌다고도 할 수 있으므로 도전형과 구별한다. 이 형태에는 1960년대 독일에 파견된 광부나 간호사, 브라질이나 아르헨티나 등의 플랜테이션 농장과의 계약이주가 보이지만, 1960년대 이후의 정책형 이주는 대부분 남미로의 이주였다.[6] 또한 1970년대에 중동에서 일어난 건설 러시로

---

4) 한국이민사박물관 직원에 의하면, 멕시코 이민의 경우 일본인이 중개했다고 하는데, 사기 비슷하게 데리고 갔다고 한다. 이주지에서는 에네켄(용설란)을 수확하고, 운반하는 작업을 했는데 먼저 보증금을 받았기 때문에 4년의 계약기간은 거의 강제노동이었다. 그 후 에네켄 농장과의 계약은 끝났지만 조국이 일본에 병합되어 돌아갈 나라가 없어져 쿠바로 이주한 자도 있다.

5) 호주에서는 경제가 활성화하고 노동력 부족으로 정부가 비자 요건을 완화했지만(한경구 1996: 221), 베트남전쟁 종결 시기와 겹쳐서 종전 후 호주로 간 이주자도 많았다.

6) 한국이민사박물관의 안내판 '산업화·세계화 속의 이민'에 의하면 1962년에 브라질, 1964년에 볼리비아, 1965년에 파라과이·아르헨티나, 1969년에 칠레, 1972년에 우루과

기업을 통해서 사람들을 보낸 것도 국가가 외화 획득을 위해 적극 장려했기 때문에 정책형 이주로 분류된다. 중동 파견은 1970년대가 시작이며, 1975년부터 중동 각국에 진출한 노동자도 1979년 말에는 약 8만 명에 달했다고 한다(전경수1996b: 31). 이주지로는 미국이나 중남미, 독일, 중동 등의 지역을 들수 있다.

정책형으로 나간 초기 이주노동자는 대다수가 남자였기에 배우자가 필요했다. 이에 사진을 통해 결혼상대를 선택했는데, 결혼을 위해 하와이 등지로 건너간 '사진신부'가 있었다. 이렇게 결혼에 의한 해외이주를 결혼형으로 분류한다. 다만, 멕시코에서의 이민생활이 가혹하다는 현지정보를 미리 들어왔기에 여자들도 멕시코로는 시집가려고 하지 않았다. 일본에서도 1920년대에 사진신부가 많았지만, 한국 이민사박물관에 의하면 한국의 사진신부는 1910년부터 1924년 동안 700여 명이나 되었다. 이 여성들도 어떤 의미로서는 빈곤에서 탈출하기 위해 상대가 누구든지 상관없이 결혼이라는 방법으로 이주를 도모했다는 점에서는 도전형이라고도 할 수 있다. 초기의 결혼형은 사진신부, 주한미군 군인과의 국제결혼으로 크게 나뉘지만 이주지는 모두 미국이었다. 최근에 결혼형은 구미나 일본 등 경제력이 있는 선진국으로의 이주가 많고, 세계화 추세에 따라 이주지가 다양해졌다고 할 수 있다. 결혼형 이주는 압도적으로 여자에게 많이 해당되지만 남자가 국제 결혼해서 해외로 이주해 나간 경우도 있다.

전쟁 시기에는 일본 국내의 노동력 부족 때문에 식민지였던 한반도에서 노동력을 이동시켜 탄광이나 토목업에 종사시켰다. 또 1937년에 소련의 스탈린 정권은 러시아 극동지역에 사는 조선인을 대일전쟁 시에 간첩이 될 수 있다고 해서, 불모지였던 중앙아시아에 열차로 강제 집단이주시켰다. 이처럼 강제성이 있는 이주를 여기서는 강제형으로 부른다. 강제형의 이주에는 주로 러시아의 중앙아시아로의 이주, 사할린과 일본 본토로의 이주가 속한다.

이, 1974년에 페루로의 이주가 시작되었다.

한국은 세계에서 유수한 해외입양 배출국이며 최근에는 해외입양 수가 감소했지만, 2000년대 전반만 해도 세계 4위의 배출국이었다.[7] 1954년에 시작된 해외입양은 2005년까지만 해도 약15만 7천 명에 이르는 데도 불구하고 지금까지 해외 코리안 연구의 주제로는 다뤄지지 않았다. 그들을 민족집단으로 보았을 때는 코리안이며, 실제로 해외 코리안의 조직 '한인회'에 적극 들어간 사람도 있다(홍현수 2007: 14). 개인마다 의식은 다르지만 해외 코리안의 틀로 상정할 필요가 있어[8] 이들을 입양형으로 분류한다. 뿌리를 찾아서 방문하거나 일시적인 정착을 하는 사람도 적지 않다. 2004년에는 '2004세계 한인입양대회: 다 함께'가 열렸다. 해외 입양으로는 미국 외에 프랑스, 덴마크, 스웨덴, 노르웨이, 네덜란드, 벨기에 등 북유럽과 중유럽의 국가들이 대다수를 차지한다.

다음은 출장형으로 분류될 수 있는 이주자를 소개한다. 여기에는 크게 주재원과 선교사를 포함한다. 모두 단기적인 이주이며, 원래 이주지에서의 영주를 생각한 이주가 아니었다. 먼저 주재원의 경우, 현대그룹의 현대건설에 의하면 1965년에 해외 진출을 한 한국 최초의 해외기업이라고 한다.[9] 현대건설이 해외에 진출함으로써 주재원이 처음 생겨났다고 한다. 그래도 1960년대는 주재원이 많지 않았고 한국을 대표하는 대기업인 삼성이나 LG가 지리적으로 가까운 일본이나 세계 중심인 미국에서 현지법인을 둔 시기를 보면,[10] 대체로 1970년대 후반부터 해외주재원이 증가했다고 추측된다. 한편

---

7) 예를 들면 『주간 조선』(2004년 8월 12일호)은 중국, 러시아, 과테말라에 이어 많은 국가라고 소개한다.
8) 홍현수(2007: 15)도 해외 코리안을 다룰 때 해외입양의 존재를 무시해서는 안 된다고 지적한다.
9) 현대그룹 홈페이지에 의하면 "1965년 현대건설, 국내 최초에 해외 진출"이라고 하지만, LG 홈페이지에도 1965년 케냐에 출장소, 도쿄 사무소를 설치했다고 나와 있어 현대건설이 반드시 최초였는지는 단정하지 못한다. 단 1960년대가 한국 기업의 해외 진출 초창기인 것은 타당하다고 생각된다.
10) 삼성과 LG의 홈페이지에 의하면 일본 법인인 일본삼성과 LG재팬(럭키금성 재팬)은 1975년과 1980년, 삼성 미국 현지법인은 1978년에 설립했다.

40 | 한민족 해외동포의 현주소

아사쿠라 도시오(朝倉敏夫)(2007: 5)에 의하면 한국인에 의한 해외선교는 1979년에 시작해 현재 160개국에 1만 3천 명을 보내고 있다고 한다. 이 중 상당수가 한국 국내에서 목사로 자리 잡지 못하여 기회를 찾아 해외에 포교하러 나간다고 생각하면, 선교사는 도전형에 가깝다고도 할 수 있다.[11] 주재원들의 이주지는 미국과 유럽 외에 전 세계가 된다. 시장이 커진 중국권이나 동남아에 진출한 경우도 많다. 선교사의 경우도 전 세계가 이주지이지만 주로 비서구 여러 나라가 중심이 된다. 어쩌면 세계 규모의 이주가 이 형태에서 볼 수 있다. 또한 특수기술 보유자들의 파견이라고 생각하면 의사단 파견도 이 그룹에 포함될 수 있다.

여기서 특수한 형태로서 도전형 이주와 관련해 경유형이라는 분류를 더하고 싶다. 특히 미국 등지에 이주가 증가하면서 수용국 측에서 이주에 관한 규제가 강해졌다. 1990년대 후반 만에도 미국 이주는 기술자 이외에 어렵다는 인식이 강했다. 그래서 직접 미국에 가지 않고 캐나다 등 미국과 가깝고 인적왕래가 많은 국가에 일단 이주한 다음에, 거기서 체류자격을 얻고 나서 다시 미국 등 최종목적지에 이주할 방법을 찾았다. 이주제한에 대해서는 호주를 조사했을 때에도, 정부가 이민을 많이 안 받게 되어서 뉴질랜드에 가는 사람이 증가했다는 이야기를 많이 들었다. 뉴질랜드에서는 1987년에 이민법을 시행했다. 1991년 11월부터는 서양인을 우선으로 했던 이민정책에서 벗어나 인종이나 국가, 성별의 구별을 폐지했기 때문에 많은 이민자들이 호주로 유입되었다(한경구 1996: 264). 또 뉴질랜드의 시민권자는 호주에 이주해도 시민권을 유지할 수 있었기 때문에 많은 사람이 먼저 뉴질랜드로 이주했다고 한다. 호주 이주가 감소함과 동시에 1991년경부터 뉴질랜드 이주가 급증했다(표 4). 경유형의 이주지로서는 캐나다나 피지, 뉴질랜드를 들 수 있다. 최종목표가 될 땅에 지리적으로 가깝고, 이주하기 쉬운 국가가 경유형으로

---

11) 히데무라(1999: 101)에 의하면 물론 순수한 선교와 함께 해외 선교차 해외 이주를 많이 하는 요인이 되었다.

서 선택되는 경우가 많았다.

1980년대 중반부터 이주형태가 점차 달라졌다. 적어도 통계를 보면 1980년대 후반부터 급격히 해외이주자가 줄었다. 국내 경기와 연관지어 보자면 한국사회에서 중류의식을 갖게 된 시기가 1980년대부터이며, 사회가 경제적 여유를 느끼기 시작해서 이민이 줄었다고도 할 수 있다. 게다가 1989년에 한국에서 해외여행이 자유화되었다. 그 당시는 아직 북한 침공에 대한 위협과 한국사회에 폐색감을 느껴서 여생을 해외에서 보내려는 해외 이주자들이 나온다. 이런 이민을 투자 이민이라고 부르기도 하지만 여기서는 여생형으로 분류한다. 그들 중에는 막대한 자금을 이주지에 옮기고, 거기서 새롭게 사업을 시작하는 경우도 많다.[12] 피지의 경우 국가정책으로서 외국인은 몇만 달러 이상 투자를 하면 체류 허가를 받을 수 있는 등 이주자 수용이 비교적 용이한 국가와, 빨리 해외에 가고 싶은 이민자들 사이의 이해관계가 일치한 이주형태라고도 할 수 있다. 피지에서는 이주자가 국민의 고용을 증가시키는 이익이 있다. 예를 들면 목재 수출이나 태평양에서 잡은 다랑어 등을 일본이나 한국에 수출하는 사업에 이주자가 개입하여 원주민의 고용을 증가시키는 것이다. 도전형과의 경계가 애매한 부분도 있다. 다만 여생형의 경우 반드시 사업이 주가 되지 않고 어디까지나 여유로운 생활을 추구하는 것이 이주 목적이라 하겠다.

마지막으로 교육형으로 분류한 이주형태는 1990년대에 들어서 많이 나타났다. 한국사회에서 교육열이 고조되어 자녀에게 영어권을 중심으로 외국에 유학이나 어학연수를 시키는 이주형태라고 할 수 있다. 외화유출이 '매국'이라던 1997년의 금융위기 시절을 제외하고 오늘까지 교육형의 이주가 없어지지 않고 있으며, 그 인기도 높았다. 2000년대에 들어가도 식을 줄 모르는 교육열 때문에 2003년 4월에는 경기도 파주시에 파주영어마을이 생기고, 그

---

12) 예를 들면, 호주에서는 1989년부터 투자이민도 받아들이기 시작했기 때문에, 이민그룹에 변화가 생겼다(한경구 1996: 222).

후도 각지에서 많은 영어마을이 건설되었다. 교육형은 한국에 돌아오는 것을 전제로 한 이주와, 해외에 정착해서 지위(status)를 향상시키려고 하는 이주가 있다. 교육형 이주자들 중에는 영어교육보다 한국 교육사정에 대한 불만이 큰 경우가 적지 않다. 가혹한 대입전쟁을 소재로 1989년에 개봉된 영화 「행복은 성적순이 아니잖아요」(강우석 감독)는 한국사회의 지나친 교육문제를 잘 지적했다. 획일적이면서 암기식 교육, 가혹한 대입전쟁에 몰입해서 교우까지 경쟁자로 적대시하게 될 풍조에 싫증이 나고, 보다 자유로운 교육을 추구한다. 이런 경우 다문화주의와 다문화교육의 이미지가 강한 캐나다나 호주와 같은 국가에 이주하는 경우가 많다. 단기유학으로서는 필리핀 등이 한국에서 가깝고 교육비가 저렴해 인기가 있다.

4. 유형과 이주 형태

여기서는 이주형에 따른 네트워크의 차이에 대해서 고찰한다. 우선 도피형 이주의 경우 대부분이 가족단위로 이주하였지만, 그 땅에 살 수 없을 정도의 인재나 천재가 생겼을 때에는 마을단위로 이주하기도 했다. 일본 내의 제주도 출신자를 예로 들 수 있다. 이인자(李仁子)(2000: 25, 33)에 의하면, 제주도 고내리(高內里) 출신자의 이주는 4·3사건 등 고향에서 전란을 피하는 형태였지만, 일본에 이주한 사람이 마을 사람을 불러서 일본 이주가 진행되었다고 한다. 마을 규모의 이주다. 그들은 지금도 연락을 유지해, 고향인 고내리와도 연결된다. 반면 정치적인 이유 등 도망 요인이 개인이나 가족 때문인 경우에는 개인단위나 가족단위의 이주가 대부분이다.

또한 마을 단위의 이주도 포함한 형태로서 강제형을 들 수 있다. 한반도에서 일본에 연행될 때 표면상은 모집에 응한 개인 이주나 실제로 강제 이주였다고 추측된다. 1937년 러시아가 연해주에서 중앙아시아로 강제 이주시켰을 때에 마을 단위의 이주를 볼 수 있었다. 그것은 러시아 극동지역이라는 이주지에서의 마을이었을지 모르지만, 가족단위를 넘어선 범위의 이주형태인 점이 특징이다.

결혼형도 시대마다 약간 다르지만 미국으로 간 사진신부나, 유엔군과의 혼인을 통해서 결혼 이주한 경우 여자가 정착 후에 부모나 형제를 초청하는 경우가 많았다. 실제로 1965년 미국 이민법 개정으로 친족이주에 대하여 우대 조치를 주었다. 따라서 초기의 이주단위는 여자 개인이었지만, 최종적으로는 가족 단위인 경우도 많았다고 할 수 있다. 1980년대 이후에는 일본 농촌에 재혼 여성이 시집을 가는 경우도 종종 있었다. 다만 이런 경우, 일본 법률이 특히 배우자가 외국인 여성인 경우에 그의 친족에게 원칙적으로 체류허가를 안 주거나, 이주지가 일본인 경우 과거의 감정 때문에 부모 초청을 주저한 것으로 생각한다. 어쨌든 최근의 결혼 이주는 반드시 여자가 친족을 부르지 않고, 가족 단위의 이주형태를 택하지 않은 일도 많다고 할 수 있다. 이것에 대해서는 나중에 검토한다.

정책형의 경우 미국으로 이주할 때에는 독신도 많았으나, 그 후 남미이민 등은 가족 단위도 많았다고 한다. 독일로 간 광부와 간호사 파견의 경우 독신의 남녀가 파견되었지만, 그 후 독일이나 기타 국가에서 정착할 때에는 그들 사이에 가족관계를 맺는 경우가 자주 있었다. 그러나 이주지에 양자 친족을 초청하는 일은 많지 않았던 모양이다. 중동 파견에서도 상황이 비슷하며, 이미 한국에서 기혼자가 독신 부임이라는 형태로 파견되는 일이 많았다. 그래서인지 귀국사가 많았지만 현지에서 결혼하거나, 해외 다른 장소에 활로를 찾아서 재이주하는 사람도 많았다고 한다.[13]

입양형은 기본적으로 기존의 인간관계가 전혀 없이 해외에 가기 때문에 네트워크는 양부모가 사는 현지에서 새롭게 생긴 것에 한해진다. 혹은 성장 후 자신의 정체성을 고민하기 시작하고 나서부터 한인회 등을 통해서 관계

---

13) 서독으로 이주한 광부나 간호사들은 계약 종료 후 서독에만 정착하지 않고, 유럽 타국은 물론 멀리 미국이나 남미에까지 진출하고, 곳곳의 한인사회를 만드는 개척자가 되기도 했다(이광규 1996: 146).

를 만들 수 있다.

그것에 비하면 출장형은 주재원도 선교사도, 혼자 아니면 가족 단위로 단기간 예정으로 이주하므로 부모나 친족을 초청할 일은 없다. 거의 개인 단위나 가족 단위가 된다. 출장형의 이주는 비교적 부모와 친족의 이주를 유도하지 않는 이주 형태라고 할 수 있다.

도전형은 개인의 환경에 의해 차이가 벌어진다. 가족 단위나 친족 단위의 이주는 1990년대 들어서도 보이며, 동족회사를 정리한 후에 캐나다나 호주에 이주한 사례가 있다. 한편 혼자 베트남이나 동남아에 가서 사업기회를 찾다가 현지 여성과 결혼한 사례가 있지만, 기혼자이면 중국과 한국을 2주마다 오가는 사례도 있다. 경유형도 먼저 개인이나 가족 단위로 갔다가, 나중에 가족이나 친족을 초청하는 사례가 적지 않다.

교육형이나 여생형의 이주는 이동 단위가 다르다. 교육형에서도 조기유학이나 단기유학 같은 경우 자녀의 유학기간만, 한쪽 부모, 대개는 모친이 자녀를 따라가 이주한다. 아버지는 기러기 아빠[14]가 되며, 혼자 한국에 남아서 일을 하는 경우가 많다. 그러나 한국으로의 귀국을 전제로 한 조기유학이 아니라, 자녀에게 보다 좋은 교육기회를 주기 위해 온 가족으로 해외에 정착하기도 한다. 어쨌든 기본적으로 교육형은 핵가족을 중심으로 한 이주형태라고 할 수 있다.

여생형의 이주는 반대로 자녀가 독립한 후에 이주할 경우가 많고, 부부 단위로 이주하는 경향이 보인다. 즉, 여생형의 이주 단위는 핵가족보다도 부부가 중심이 되기 쉽다. 물론 그들에게 자녀가 따라갈 수도 있지만, 기본적으로 자녀에게도 이미 가족이 존재하고 있는 경우도 많기 때문에 부부만 이주하는 경향이 있다.

---

14) 기러기 아빠가 바로 이민과 연결되지 않으나, 원래 해외지향성이 높은 사람들이 자녀를 영어권으로 보낸다고 생각했을 때, 어떤 계기로 기러기 아빠 가족들이 해외이민으로 가게 될 때가 있다. 뉴질랜드에서도 그런 사례를 실제로 들었지만, 이 형태는 대부분 가족 단위로 이민하게 될 것 같다.

이상과 같이 이주의 유형화에 의해 이주 단위가 달라진다. 크게 보면 강제형이나 도피형의 이주에서는 가족 단위가 많으면서도 때로는 마을 단위의 이주도 보인다. 또한 정책형이나 초기의 결혼형의 이주에서는 미혼자의 단독이주가 많지만, 가족을 중심으로 한 이주형태로 바뀌는 경우도 적지 않다. 도전형의 이주도 개인 단위가 많이 보이지만, 가족이 있는 자는 가족 단위로 가고, 대가족으로 이주하는 경우도 적지 않다. 그러다가 이주가 교육형이나 여생형이 되면 점차 핵가족이나 부부 단위로 변한다. 그리고 최근의 결혼형도 역시 개인이 중심이 되고, 가족을 초청하지 않는 경향이 나오고 있다.

결혼형의 이주형태가 시대마다 달라지는 것을 보면 시대적 변화라고도 할 수 있다. 즉, 1860년대 이후 한반도의 이주가 당초는 가족 단위나 마을 단위였다가 점차 가족이나 친족을 중심으로 한 이주로 변하고, 다시 핵가족이나 부부를 중심으로 한 이주로 변한다. 최근의 결혼형을 봐도 개인 중심으로 한 이주로 변화한 것이다. 그러나 같은 시기에 이주했을지라도, 네트워크 형태가 이주 목적에 따라 다르기 때문에 시대적 변화만이라도 할 수도 없을 것이다.

위와 같이 이주지는 목적에 따라 다르고, 그때 그때의 이주지 정세에 따라 같은 이주지라도 이민의 속성을 달리한다. 이민을 각 지역에 따라 나누어서 생각하는 것도 중요하지만 우선은 유형화에 의해 바라볼 시각이 필요하고, 시기를 고려하는 것도 중요하다.

5. 네트워크와 이주 전략

그러면 이주 형태마다 네트워크가 어떻게 형성되어 온 것일까? 네트워크에도 이주형태의 변화에 따라 변화가 보인다. 강제형을 제외하고, 상기 이인자(2000: 25)의 기록을 봐도, 초기에는 가족을 중심으로 한, 때로는 마을을 중심으로 한 네트워크로 이주했었다고 할 수 있다. 물론 정책형에 관해서는 국가가 이주를 중개했지만, 서로가 이주를 상의하는 등 역시 가족이나 마을단위로 행동했다고 볼 수 있다. 특히 미국으로의 이주는 1965년의 이민법개정으로 미국시민의 친족은 우선 수용하게 되고, 1970년대 중반부터 부모나 형제 초청이 쉬워지므로(아사쿠라 2007: 2), 가족 단위의 이주가 기본으로 되었다고 할 수 있다. 즉, 법률이 이주 네트워크를 고정화시켰다고도 할 수 있는 셈이다. '해외이주통계'를 보아도 〔표 2〕에서처럼 연고에 의한 이주가 대부분을 차지한다.

연고에 의한 이주가 급감하기 시작한 시기가 1980년대 후반부터 1990년 전반에 걸쳐서다. 동시에 이민자들은 교회를 중심으로 한 네트워크에 기대게 된다. 해외 코리안 연구에 있어서 교회와 이주자 간의 관계는 특징적이라고 할 만큼, 눈에 띄게 밀접한 관계를 가지고 있었다(秀村 2005; 朝倉 2007; 林 2007). 실제로 미국 거주 코리안의 70%가 교회에 다닌다(하병욱 2001: 190). 히데무라(2005: 99)가 제시한 숫자에 의하면, 2000년대의 기독교신자는 약 25.5%이므로,[15) 해외의 신자 비율은 상당히 높다. 그러나 히데무라에 의하면 한국의 기독교가 비약적으로 신자수를 늘리기 시작한 것은 1960년대며, 경이적인 신자수 성장에 따라 도시의 교회가 수를 늘리고(秀村 2002: 97-98), 교회가 국민들을 연계시키기 시작한 것은 적어도 1970년대 이후이다(秀村 2005: 105). 그래서 해외선교에 따라 교회가 해외로 진출해 나가는 시기를 1980년대라고 보고, 교회가 정착해 간 시기로부터, 교회가 해외 코리안의 네트워크 거점이 된 것은 1980년대 중반부터라고 볼 수 있다.

이주할 때 먼저 교회를 찾아갔다고 많은 이주자가 증언하지만, 1990년의 이민법 개정으로 이민수용자 수가 제한되었고 시기적으로도 가족 단위의 이주에 이익을 못 느끼게 되었다. 2000년 정도부터 교회가 네트워크의 거점에서 벗어나자 인터넷 이용에 기대는 사람이 많아졌다. 인터넷의 급속한 보급은 김대중 정권이 1999년에 제시한 '사이버 코리아 21'이 계기가 되었다. 인터넷이 이주자의 수단이 된 시기도 1990년대 후반부터 2000년 이후이며, 그

---

15) 히데무라(2005: 99)는 개신교가 약900만 명, 가톨릭이 약 300만 명, 한국 인구를 4,700만 명이라고 소개한다.

때까지는 교회가 짊어진 역할이 컸다. '해외이주·이민박람회'가 국내 최초로 열린 것이 2001년이며, 업자 등이 개입한 이주도 대체로 2000년에 들어가고 나서다. 현대 홈쇼핑에서 처음으로 '이민상품'을 판매한 것도 2003년이다. 교회에서 인터넷이나 업자에게 이주형태가 옮겨간 것이다.

이주 후의 네트워크에 관해서는, 각 지역에 형성된 한인회 조직이 지금까지 중심이 되어왔다. 각 한인회에서도, 이민 규모가 큰 지역에서는 '한인록'이라는 회원의 연락처를 게재한 명부가 존재하고, 그것을 통해서 서로 연락이 가능했다. 또 이주 후도 교회는 사람들을 연계시키는 데 큰 역할을 하고 있어, 피지에서는 이주 후에 정보수집을 목적으로 세례를 받았다는 이야기를 들었다. 아사쿠라(2007: 5)도 시드니에서 영어를 배우고, 일거리를 찾기 위해 교회에 찾아온 젊은 사람과 만났다. 그 외에는 한국계 식품점이나 잡화점이 거점이 되기도 한다. 그런 곳에는 게시판이 설치되어 있어, 그것을 통해서 정보교환이 이루어진다. 그러나 이런 수단도 점점 쇠퇴하는 추세에 있다.

이미 싱가포르나 베트남과 같은 지역에서도 한인회에 가입하는 사람들이 적어졌다고 한다. 특히 젊은 층에서 이 경향이 뚜렷하다고 한다. 젊은 층은 한인회의 활동에 참가하지 않고, 자기 주위의 사람들과만 사귀면서 생활하는 경향이 있다.

한국학교도 학부모 모임을 만드는 등 어느 정도 거점 역할을 짊어지고 있다. 특히 정규학생뿐만 아니라 주말만 열리는 토요학급까지 포함하면 적지 않은 수의 이주자 자녀가 한국학교와 관련이 있다. 그러나 이주자 부모는, 영어를 중요시해서 자녀를 한국학교가 아닌 국제학교에 보내고, 영어권에서는 현지 학교에 보내는 경우가 적지 않아 반드시 한국학교가 거점인 것도 아니다.

오히려 중요한 것은 직업마다 형성되는 네트워크일지도 모른다. 특히 이민의 경우 특정한 민족 집단이 특정한 직업을 차지하는 경우가 많다. 필리핀계 파출부를 일례로 들 수 있는데, 홍콩 등지에서는 일요일마다 그녀들이 모이는 장소가 있으며, 거기서 정보가 교환된다. 특정한 직업과 민족 집단이 연결되어 독점적 네트워크를 구축하면, 그것을 살려서 보다 유리하게 취업하려는 사람이 나타나 관계성이 더욱 강해진다. 한때 한국 화교들이 한국에 있어서 중국음식점을 독점해서 경영하고 있었던 것도 하나의 사례다. 필리핀 연구자인 나가사카(長坂)(2005: 189)는 "필리핀인의 일은 하나다"라는 다소 과장된 말은 남자도 여자도 파출부가 된다는 것만 아니라 필리핀에서 어떤 사회경제적 배경을 가지고 있어도, '직업은 하나밖에 없다' 는 뜻이라고 지적한다. 이것도 독점적인 네트워크를 살리는 것이 유리했기 때문이다.

해외 코리안도 마찬가지이다. 호주에서는 1970년대에 용접공(溶接工), 1980년대에 청소업이 한국인의 일이었고(한경구 1996: 222-223), 그 외에도 백인들에 비해 체구가 작아서 타일공이 주된 직업이었다. 브라질에서는 의류시장을 장악하고, 파라과이에서는 Vende업이라고 불리는 일종의 행상에 많은 한국계 이주자가 종사했다.[16) 캐나다 등에서는 편의점이나 세탁소가 압도적이라고 한다. 모텔 경영은 자본력이 있는 인도계, 네일 아트(nail art) 등 손재주를 요하는 일은 베트남 사람이 많다.[17)

이민자들은 현지에 정착하면 할수록 현지에서 생긴 네트워크를 살리게 된다. 예를 들면, 캐나다 토론토에 이민한 어떤 이주자도 처음에는 해외 코리안이 많이 사는 지역에 있었지만, 점차 한국인끼리의 인간관계에 지쳐서 한국계가 적은 밴쿠버 섬으로 이주했다. 거기서는 몇 명의 한국계와 사귀면서 백인계와 어울리게 된다.

또 중국이나 베트남의 경우 땅이나 점포 소유가 외국인에게 제한적이므로 현지인의 네트워크를 살리게 되지만, 현지인 아내가 있을 경우 그녀의 네트워크를 이용하는 경우도 많다. 한때 중국에 사업기회를 찾아서 이주한 사람들이 발전성이 예견되는 베트남, 인도네시아나 캄보디아 등에 진출했다. 이

---

16) 한국이민사박물관의 안내판 '파라과이 이민사' 에 따른다.
17) 토론토로 간 이주자에 의하면 한국계의 70% 정도가 편의점 경영을 하고 있으며, 그 상황은 캐나다 다른 지역에서도 거의 비슷하다고 한다. 미국으로 이주한 이민자 중에는 돈을 벌어서 모텔 등 자본이 많이 드는 사업을 하는 사람도 있다고 한다.

지역에서는 들어오는 정보를 따라 사람들이 많이 이동을 보여주는데, 그러한 정보는 한국계를 통해서 얻을 수도 있는 반면 현지인 네트워크를 활용하는 경우도 적지 않다. 실제로 호찌민에 사는 어떤 이주자는 현지에서 이루어진 관계를 바탕으로 캄보디아나 인도네시아의 정보를 얻고 있다.

조선족의 경우도 민족 네트워크는 개인이 가지는 네트워크의 전부가 아니다. 왜냐하면 먼저 한족이나 타민족의 동료, 상사, 동창, 친구, 거래 상대 등이 네트워크 안에 꼭 들어오기 때문이다. 또한 조선족 내에 있어서의 계층 차이가 있기 때문이다. 농민이나 객지벌이하는 육체노동자 등의 네트워크와 다르고, 상류층의 네트워크는 외국인까지 포함되고, 오히려 그것이 자랑으로 여겨진다(니에리리 2005: 30). 해외 코리안도 아주 다양한 네트워크를 가지고 있으며, 이주목적에 따라 네트워크를 달리 사용한다.

한편 한국에서 압도적 소수민족인 한국 화교도 민족집단을 넘은 다양한 네트워크를 가지고 있다. 예를 들면 부산에서 보따리장사를 했던 화교도 어느 때에는 화교끼리, 그리고 경우에 따라서는 한국인과도 서로 손을 잡고, 거래처로서 중국 옌타이(煙台)나 웨이하이(威海) 등에 사는 한족이나 조선족과도 거래한다. 마이너리티(minority) 집단일수록 민족집단을 넘은 네트워크가 필요한 것이다. 이런 가운데 만약에 해외 코리안들이 좀 더 한국인끼리 모이는 경향이 보인다고 하면, 그 원인 중 하나는 언어의 문제, 또 하나에는 단일민족국가 환상이 있다고 생각된다.

조선족이 칭타오(靑島)에 진출할 경우 먼저 와서 생활기반을 잡은 고향사람이나 친척, 직장의 동료를 찾아간다. 그러나 조선족은 중국어 외에도 한국어를 하므로 한족들에 비해서 좋은 조건으로 취업할 수 있으며, 한국계 기업에 전직할 기회를 찾는다. 한편 한국인도 집을 찾을 때 언어 문제로 조선족 커뮤니티에 가까운 곳에 생활공간을 찾는 경우가 많다(佐々木 2005: 42). 그러나 한쪽에서 한국인의 규모가 확대됐을 경우 한국인만의 폐쇄적인 커뮤니티를 형성한다(佐々木 2005: 43). 언어 문제를 해결하면, 스스로 다른 민족집단과 많이 접촉해서 단일민족국가 환상으로부터 벗어난다. 이렇게 해서 다양한 네트워크를 구축하게 된다.

이런 다양한 네트워크의 변화는 바로 이주가 마을 단위나 가족 단위로부터 개인 단위로 변해 왔기 때문이라고 할 수 있다. 즉, 이주자가 마을이나 가족을 벗어나므로 제한적이지 않은 보다 많은 타자와 연결된 셈이다.

6. 맺음말: 선택 여지가 많아진 이주형태

1) 정리

한반도에서의 이민에서, 초기에는 가족단위의 이주가 주를 이루었지만 1800년대 중반부터 시작된 초기 이민 형태인 도피형이나 도전형의 이민에서는 소수이지만 마을 단위의 이주도 있었다. 한편 1900년경부터 정책형이 등장하면서, 개인이나 가족단위의 이주가 다수를 차지했다. 혹은 결혼형인 사진신부로 인해 이주지에서 가족을 형성하는 이주형태도 나타났다. 1930년대에 이르러 강제형이 나타나면서 상황에 의한 마을단위의 이주도 다시 나왔다.

한반도가 해방된 후 이주형태는 가족 단위로 변화했다. 이주자의 재귀국도 나타남과 동시에 생활기반을 잃은 조국에 되돌아와도 살아갈 수 없어서 다시 밀항이라는 도전형의 이민를 시도한 자도 있었다. 한편 1948년의 제주도 4·3사건, 1950년의 한국전쟁이 잇따라 일어나서 도피형도 다시 나타나기 시작했다. 단, 이것도 밀항이라는 방법밖에 없었기 때문에 대부분이 개인단위로 움직인 것으로 생각된다.

그 후는 황폐한 조국과 직면한 한편 베이비붐(baby boom)이 일어났다. 입양형은 이때쯤부터 시작되었지만, 이 형태는 완전히 원가족과도 인연이 끊어진 이주형태였다. 1960년대에 들어서 인구증가와 더불어 식량난이 있었다. 1962년의 해외이주법의 제정으로, 1963년부터는 다시 정책형의 이주가 시작되었다. 1960년대부터의 정책형 이주지역은 대다수가 남미였다. 박정희 정권에 의해 급속히 경제개발이 진행되었지만, 아직 국가 전체가 빈곤하며, 지역 개발 속도가 불균형한 데다 군사정권의 숨막히는 분위기를 싫어한 이주자도 나왔다. 그러한 빈곤과 사회풍조 속에서 독일 광부와 간호사 파견, 베트남 파병, 중동 건설러시 등 장단기로 해외에 나가는 사람들이 증가했다. 독일에서 광부와 간호사가 가족을 만들거나, 베트남이나 중동에서 현지 여성과 결혼해서 거기서의 정착이나 제삼국으로의 이주가 진행했다. 나중에 호주가 불법입국자 등에게도 이주를 인정하는 정책을 실시했기 때문에 독일이나 베트남 등 다른 지역으로의 재이주가 더욱 증가했다.

한편 유엔군 군인과 결혼해서 해외에 이주한 여성들이 다시 나왔다. 이 시기의 결혼형 같은 경우도 처음에는 여성들만이 이주했지만 미국은 시민권자에 대하여 배우자가족의 이주를 우대했기 때문에 여성이 이주한 후에 가족도 이주하는 경우가 많았다.

1970년대부터 1980년대에 들어 주재원이나 선교사라는 신분에서 전 세계를 대상으로 이주하는 출장형이 나온다. 이 이주는 단신 및 핵가족이 단위가 되며 대가족이나 친족을 포함한 이주는 별로 안 보인다. 동시에 북한에 대한 공포와 더불어 도전형의 이주형태로 변화된다. 이 시기의 투자형도 대부분이 가족 단위 이주가 가능했는데, 특히 핵가족으로 이주하는 경우가 증가한 것이 특징이라고 할 수 있다.

또한 여생형의 이주가 증가하였다. 1980년대에는 많은 국민이 중류의식을 갖게 되고, 원화의 화폐가치가 올랐다. 아직 북한의 위협을 지우지 못한 시대라서 풍부한 자본을 가지고 물가가 싼 제삼국에서 여유로운 노후를 보내자고 하는 사람들이 증가하였다. 자녀들이 독립했으므로, 이 이주형태의 기본 단위는 노부부였다. 1989년 해외 여행 자유화와도 관련이 있다고 할 수 있다.

그리고 1990년대에 들어서 교육형이 증가했다. 중류의식을 가진 사람들의 관심이 상류 계층을 향한 대입전쟁에서 승리하기 위해, 국제사회에서 활약하기 위해서 영어교육이 중요하게 되었다. 어머니와 그 자녀만 영어권으로 이주해 나가는 경향이 강하다. 한쪽에서, 대입전쟁에 회의를 품은 사람들이 다양한 가치관을 추구해서 다문화주의나 다문화교육이 잘된 캐나다나 호주로 향했다. 후자의 경우 핵가족 단위로 이주하는 사람들도 적지 않다. 이들을 보면 이주 목적이나 시대, 기술 혁신, 특히 한국의 경제상황에 따라 이주형태나 네트워크가 달라지는 것을 알 수 있다. 결코 이주지 국가에 맞춰 이민들이 성격을 바뀌는 것이 아니라 이주 목적에 따라 이주지를 선택한 것이다. 이런 면에서도 신이민은 그들이 거주하는 국가의 성격에 따라서 다른 특성을 보였다(이광규 1996: 160)는 국가 틀에 묶인 관점은 적당하지 않다. 이광규의 말을 빌리면, 그들은 이주목적에 맞춰서, 국가마다 다른 특성을 검토하고, 거주할 국가를 선택해온 것이다. 물론 그 선택 후에, 그 국가의 분위기나 성격을 더욱 강하게 받아들이는 경우는 있겠다.

또한 이주 자체가, 선택 여지가 적은 이주로부터 선택 여지가 많은 이주로 변화해온 듯하다. 궁핍한 시대에는 통신기술의 미발달로 인해 정보는 마을이나 친족을 통해서 전해져 왔다. 그것이 서서히 신문 등의 미디어, 후에 교회 등의 종교조직, 그리고 인터넷 등 새로운 기술을 통해서 입수할 수 있게 되었다.

그러나 이주지의 선택 여지가 '옛날'만 적었던 것은 아니다. 2000년대 중국을 향한 이주도 정보가 많지 않은 상황에다가 그 중심은 그다지 풍부한 경제력이 없는 계층에 의한 이주라고 했었다. 또 한반도 전체의 인구이동을 봤을 때 현재 북한 탈북자가 그 상황에 있겠다. 그들도 무사히 한국에 망명하고, 상황이 안착된 후 경제적으로도 안정되어서 주위를 볼 여유가 생기면, 보다 유리한 이주를 생각하기 시작한다. 도피형 이주가 다음에 도전형의 이주를 만들어 내는 구조는 변함이 없었다. 그것은 다시 말하자면, 보다 정보와 선택 여지가 많은 이주형태였다.

한편 이민자들에게 물어보면 "이동할 필요가 없으면 아무도 이동하지 않는다"는 답을 얻을 수 있다. 금융위기를 계기로 회사경영이 불투명해져서 재기하기 위해 움직일 수밖에 없었다는 것이다. 그러나 그들은 결코 하층계급

한민족 해외동포의 네트워크와 커뮤니티 형성 | **53**

이 아니다. 오히려 하층계급은 움직이는 자금조차 없는 경우가 많다. 한국에서 평균 이상의 생활이 충분히 가능한 계층이다. 그럼에도, 전망이 불투명하다고 이주를 고려한다.

그렇게 생각했을 때, 만약 한국사회에 이민이 많았다면, 그것은 그들이 상대적으로 '가질 수 없었던 사람'이라고 할 수 있을지도 모른다. 즉, 절대적으로 '가질 수 없었던 사람'은 아예 움직일 수 없고, 상대적으로 '가질 수 없었던 사람'이 불리한 입장에 머무르지 않고 새로운 지역으로 이주한다는 것이다. 새로운 성공기회를 추구하는 이유도 자기 자신의 현주소를 보았을 때 한국에 있어서는 재산을 축적할 수 없다고 판단했기 때문이며, 크게 보면 경제적으로 보다 우위의 입장에 서지 못한다고 하는, 상대적인 '가질 수 없음'이 원인이 되고 있다. 혹은 현실에 만족할 수 없는, 벤처 정신이 왕성하기 때문이라고도 할 수 있을지 모른다.

2) 전망

앞으로의 이주형태는 어떻게 변화할 것인가? 최근에 그 맹아가 보인다. 그 형태를 새롭게 정의하면, 모색형이라고 할 수 있다. 즉, 자기 찾기의 일환으로 친족관계나 친구관계, 직장관계를 비롯한 기존의 인간관계나 상관부터 멀리 떨어진 해외정착이다. 이들에게는 KOICA, NPO, 국제자원봉사 등을 통해 현지를 잘 아는 사람들이 많다. 출장형 등 다른 목적으로 해외에서 살다가 일시 귀국하여, 한국사회에 있는 자리나 존재 의의를 느끼지 못하고 다시 해외로 나가는 경우도 있다. 이것은 그냥 새로운 사업을 하려고 이주할 도전형이나 자녀를 위한 교육형과도 다르다. 이주 단위도 개인이 중심이다.

특히 동남아로의 이주는, 한국에서 오가는 정보가 아직 적기 때문에, 아무래도 직접 현지경험이 없이는 이주하기 어렵다. 예를 들면, 싱가포르에서 민박을 경영하는 이주자는, 원래 주재원으로 싱가포르에 생활해서 지리 감각을 얻었었다. 파견기간이 끝난 후 한국에 돌아갔는데 목적을 이룰 수 없어져 다시 잘 아는 싱가포르에 이주하기로 했다고 한다. 베트남 호찌민으로 이주한 식당경영자도 베트남에는 무역 목적으로 장식용 조개를 찾으러 와 본 적이 있어, 미리 지리 감각을 얻었었다.

그러나 모색형의 이주에서 중요한 계기가 된 것은 기업파견보다도 해외여행이나 오늘날 인기가 있는 워킹홀리데이, 해외협력대 혹은 NPO활동 등이다. 다양한 자원봉사 활동을 통해서 그 땅에 머무르거나 이주하는 사례를 볼 수 있다. 호찌민에서도 KOICA에서 파견된 일반인이나 대학생들이 많이 체류한다. 그들에게 특징적인 것은 장기체류나 워킹홀리데이의 연장도 비슷한 이주형태다. 수년간 어느 국가나 지역에 살고, 기간이 끝나면 귀국하지 않고, 또 다른 국가나 지역으로 옮긴다는 요량으로 현지생활을 보내고, 마음에 드는 장소가 있으면 정착하기도 한다. 예를 들면 KOICA에서 호찌민으로 파견된 한국어 교사의 경우 다음 기회가 있으면 동남아에서 머무르지 않고 이집트에 가고 싶다고 희망한다. 물론 한국으로 귀국할 생각은 없다. 베트남 하노이에 있는 한국문화원에서도 자원봉사로 한국어를 가르치는 대학생들이 파견되어 있다. 그들과 같은 경우도 귀국해서 회사에 취직할 예정이지만 지금은 해외생활을 즐기고 있으며, 만약에 사회인 생활에 지치면 즐겼던 해외에도 나갈 수 있다는 것이다. 그들의 공통한 동기는 절실한 것이 아니라는 것이다. 바로 인생경험과 자원봉사다. 또 경우에 따라 약간의 직위 향상의 욕심, 즉 커리어 지향도 있다. 대만 타이베이 한국학교의 어느 교원은 해외에서 쌓인 교육경험이 취직이나 승진에 유리해 적극적으로 해외에 나가려는 사람들도 많다고 한다. 오늘의 이민은 정보가 오가는 가운데 직접적인 현지경험을 바탕으로 이주지를 결정한다.

한편 처음부터 이주를 목적으로 한 해외출국은 감소 경향이 보인다. 어떤 이민·유학 중개업자에 의하면 한창일 때보다 이민 붐이 지나가 약간 저조했다고 한다. 해외로 나가서 '드림'이 아닌 것을 깨달아 유턴(U-turn) 귀국한 가족도 눈에 띈다고 한다. 실패 경험담도 많이 나돌아, 한국에 머무르는 것이 유리하다고 판단하는 사람들도 늘어난 것이다. 그래서 이주자격을 얻기 위해 3~4년 기다리다가 막상 자격을 부여받았지만 이민계획을 포기하는 노부부도 적지 않다고 한다.

반면 모색형이라는, 젊은이들에 의한 개인 단위의 해외정착은 최근 점점 늘어가는 추세이다. KOICA의 WFK 모집 교육팀의 담당자에 의하면 대졸이나 대졸 후 2~3년 정도의 젊은이가 많이 지원하며, 그중 소수는 계약이 끝나도 또 다른 지역에서 활동을 하기 위해서 다음 계약을 하려고 재지원한다고 한다. 또 극히 소수는 현지에서 결혼해서 한국에 돌아오지 않고 정착하는 경우가 있다는 가설에도 동의하였다. KOICA에서 파견된 사람이 계약 기간 2년을 넘어서는 1년간 연장이 가능하지만, 그 기간이 끝나면 한번 귀국해야 한다. 그러나 그 사람이 다른 지역에서 활동을 원하는 경우 귀국 후에 다시 신청할 수도 있다. 한편 KOICA에서도 경험이 있는 사람을 채용하는 경향이 있어, 경험자가 다른 지역에 가고 싶으면 채택될 경우도 적지 않다고 한다. 90% 정도가 취직을 목표로 하니, 아직 그들은 소수라고 할 수 있지만 그런 젊은 사람도 점차 나타나고 있다.

이 상황은 빈곤을 피해 외국으로 가는 이주로부터 보다 여유롭고, 보다 자유롭게 살아가기 위한 이주로의 변화라고 해석할 수도 있다. 그것이 바로 그들의 선택지를 늘리고 있다. 선택지가 증가함과 동시에 이주지도 다양해지고, 원래 대가족을 중심으로 한 이주형태도 보다 홀가분한 핵가족이나 부부 중심의 이주, 가족관계에서 자유로운 개인 중심의 이주로 변화하고 있다. 명확한 목적이 없어진 만큼 가족이나 마음(집착이나 사명)이라는 '소유물'이 없어졌다. 소유물이 없으면 없을수록 홀가분해져 사람들이 이주나 재이주도 하기 쉬워지게 마련이다. 한국에서 보게 되는 이주는 국가나 지역의 틀에 멈추지 않고, 보다 넓은 범위로, 보다 반복되는 방향으로 진전될 것이다.

많은 교수님, 선생님의 도움을 받아서 이 글을 완성할 수 있었습니다.
특히 한국어와 문장을 검토해주신 문경덕 선생님과 조성우 선생님께 감사의 말씀을 올립니다.

참고 문헌

朝倉敏夫(아사쿠라 도시오)

　2007「世界の海外コリアン」,『民博通信』118(海外コリアンはどう暮らす): 2-5.(「세
　　　계의 해외 코리안」,『민박통신』118(해외 코리안은 어떻게 사는가): 2-5.)

전경수(全京秀)

　1996a『세계의 한민족/중남미』, 통일원.

　1996b『세계의 한민족/중동・아프리카』, 통일원.

하병욱(河炳旭)

　2001『第四の選択 韓国系日本人』, 文芸社.(『제4의 선택 한국계 일본인』, 문예사.)

한경구(韓敬九)

　1996『세계의 한민족/아시아・태평양』, 통일원.

林史樹(하야시 후미키)

　2006「増殖する'韓人'―朝鮮系移民はどこに帰属するのか?」,『神田外語大学紀
　　　要』18: 89-108.(「증식할 "한인": 조선계 이민은 어디에 귀속할 것인가?」,『간다외어대학
　　　기요』18: 89-108.)

　2007a「グローバル化時代における朝鮮系移民の統合―「韓人」のすりかえと浸透」,
　　　朝倉敏夫・岡田浩樹編『グローバル化と韓国社会―その内と外』(『SER国立
　　　民族学博物館調査報告』69), 国立民族学博物館: 209-222.(「글로벌화시대에 있어
　　　서의 조선계 이민의 통합:「한인」의 살짝 바꾸기와 침투」, 아사쿠라 도시오・오카다 히로키
　　　(朝倉敏夫・岡田浩樹) 편『글로벌화와 한국사회: 그 안과 밖』(『SER국립민족학박물관조사
　　　보고』69), 국립민족학박물관: 209-222.)

　2007b「海外コリアンのネットワーク」,『民博通信』118: 6-7.(「해외 코리안의 네트워
　　　크」,『민박통신』118: 6-7.)

　2007c「海外コリアン文献リーディング・ガイド」,『民博通信』118: 16-17.(「해외 코
　　　리안문헌 리딩 가이드」,『민박통신』118: 16-17.)

　2008「韓国・朝鮮における場所の観念―移動と所有の関係からの考察」, 韓国・

朝鮮文化研究会編『韓国朝鮮の文化と社会』7: 7-30.(「한국·조선에 있어서의 장소의 관념: 이동과 소유의 관계로의 고찰」, 한국·조선문화연구회 편 『한국 조선의 문화와 사회』7: 7-30.)

秀村研二(히데무라 켄지)

1999 「受容するキリスト教から宣教するキリスト教へ」,『朝鮮文化研究』6: 95-107.(「수용하는 기독교로부터 선교하는 기독교로」,『조선문화연구』6: 95-107.)

2002 「二〇世紀韓国キリスト教の展開」, 杉本良男編『宗教と文明化』, ドメス出版: 94-110.(「20세기 한국 기독교의 전개」, 스기모토 요시오(杉本良男) 편 『종교와 문명화』, 도메스출판: 94-110.)

2005 「国と民族とキリスト教―韓国キリスト教とナショナリズム」,『アジア遊学』81(東アジアのグローバル化, 勉誠出版: 98-108.(「나라와 민족과 기독교: 한국 기독교와 내셔널리즘」,『아시아 유학』81(동아시아의 글로벌화), 면성출판: 98-108.)

홍현수(洪賢秀)

2007 「韓国社会にUターンしてきた海外養子」,『民博通信』118: 14-15.(「한국사회에 유턴해 온 해외입양」,『민박통신 118: 14-15.)

이인자(李仁子)

2000 「移住一世の'故郷'づきあいの風景」, 福井勝義編 『近所づきあいの風景』, 昭和堂: 21-56.(「이주 1세대의 "고향" 교제의 풍경」, 후쿠이 가쓰요시(福井勝義) 편 『이웃교제의 풍경』, 쇼와당: 21-56.)

이광규(李光奎)

1996 『세계의 한민족/총관』, 통일원.

이리화(李里花)

2002 「コリアン・アメリカンをめぐる韓国の移民政策―'移民送出国'の移民政策史とその展開」,『移民研究年報』8: 81-101.(「코리안·아메리칸을 둘러싼 한국의 이민정책: "이민 송출국"의 이민정책사와 그 전개」,『이민연구연보』8: 81-101.)

김경수

2004 「해외입양 50년: 입양인 16만명, "엄마 찾아 삼만리!"」,『주간조선』1816: 38-

42.

仲川裕里(나카가와 유리)

2011 「‘行ったり 来たりする 人たち’―1990年代韓国農村社会における移動と定住」, 専修大学人文科学研究所編 『移動と定住の文化誌』, 彩流社: 167-208.(「‘왔다갔다 하는 사람들’: 1990년대 한국 농촌사회에 있어서의 이동과 정주」, 센슈대학(專修大学)인문과학연구소 편 『이동과 정주의 문화지』, 채류사: 167-208.)

長坂格(나가사카 이타루)

2005 「パリのフィリピン人」, 『アジア遊学』 81, 勉誠出版: 180-192.(「파리의 필리핀인」, 『아시아 유학』 81, 면성출판: 180-192.)

聶莉莉(니에 리리)

2005 「中国朝鮮族の民族的ネットワークと連帯感」, 『アジア遊学』 81, 勉誠出版: 24-37.(「중국 조선족의 민족적 네트워크와 연대감」, 『아시아 유학』 81, 면성출판: 24-37.)

佐々木衛(사사키 마모루)

2005 「国境を越える移動とエスニシティ―中国青島の事例から」, 『アジア遊学』 81, 勉誠出版: 38-47.(「국경을 넘는 이동과 에스니시티(ethnicity): 중국 칭다오(青島)의 사례로부터」, 『아시아 유학』 81, 면성출판: 38-47.)

시마 무쓰히코(嶋陸奧彦)

1998 「한국농촌에 있어서의 세대의 장기적 지속과 유동성」, 한국문화인류학회 『한국문화에 관한 국제학술회의 및 제30차 한국문화인류학회 전국대회 묘녹』: 71-74.

外村大(도노무라 마사루)

2008 「朝鮮人労働者の ‘日本内地渡航’ 再考」, 韓国・朝鮮文化研究会編 『韓国朝鮮の文化と社会』 7: 62-91.(「조선인 노동자의 “일본내지 해외출국” 재고」, 한국・조선문화연구회 편 『한국 조선의 문화와 사회』 7: 62-91.)

外村大(도노무라 마사루)・나경수(羅京洙)

2009 「1970年代中期沖縄の韓国人季節労働者―移動の背景と実態」, 『移民研究年報』 15: 77-95.(「1970년대 중기 오키나와의 한국인 계절노동자: 이동의 배경과 실태」, 『이

민연구연보』 15: 77-95.)

《인터넷 데이터》

대우건설HP「주요연혁/1970년대」

http://www.daewooenc.co.kr/01_Company/Images/history_1970_img_01_01.gif
(2011년10월8일 참조)

해외동포재단HP「언론/홍보 홍보 자료 brochure」

http://www.okf.or.kr/portal/PortalView.do?PageGroup=USER&pageId=1283437318
547&query= (2011년08월31일 참조)

해외동포재단HP「재단소개 경영 공시 일반현황」

http://www.okf.or.kr/portal/PortalView.do?PageGroup=USER&pageId=1283437318
499&query= (2011년09월04일 참조)

해외동포재단HP「재단사업중점추진 사업」

http://www.okf.or.kr/portal/PortalViewdo?PageGroup=USER&pageId=12834373184
99&query= (2011년09월04일 참조)

한국국제협력단HP

http://www.koica.go.kr/ (2011년09월08일 참조)

한국외교통상부HP「재외동포영사재외동포정책 및 현황 해외이주 통계」

http://www.mofat.go.kr/consul/overseascitizen/policy/index.jsp (2011년08월31일
참조)

한국외교통상부HP「재외동포영사재외동포정책 및 현황 재외동포현황(2011)」

http://www.mofat.go.kr/consul/overseascitizen/policy/index.jsp (2011년08월31일
참조)

현대그룹HP「현대역사/1961년~1970년」

http://www.hyundaigroup.com/ (2011년10월8일 참조)

해외일계인협회HP「해외일본계와는」

http://www.jadesas.or.jp/aboutnikkei/index.html (2011년9월3일 참조)

해외일계인협회HP「당협회에 대해서」

http://www. jadesas. or. jp/aboutnikkei/index. html (2011년9월3일 참조)

LG그룹HP「LG60년사」

http://www. lghistory. com/LG_60_0405/viewer_frame. html (2011년10월8일 참조)

일본외무성HP「해외 재류방인수 조사통계 2010년 속보판」

http://www. mofa. go.jp/mofaj/toko/tokei/hojin/10/pdfs/1.pdf (2011년9월3일 참조)

삼성전자HP「연혁」

http://www.samsung.com/sec/aboutsamsung/information/history/history_1978.html
(2011 년10월8일 참조)

《기타》

「한국이민사박물관」 플레이트

|제1부| 중국

제1장 _ 중국 조선족의 현황

안성호

1. 머리말

중국 조선족사회에 대한 연구는 1980년대에 조선족 학자들에 의한 조선족 사학 연구부터 시작되어 점차 민족정책, 문화, 사회, 민족정체성, 한반도 남북관계와 조선족 등 여러 분야로 확산되었다.

1980년대 중반기 이후 조선족의 존재가 한국과 일본사회에 알려지기 시작하면서 새로운 연구대상으로 주목받게 되었다. 조선족이 한국사회에 알려지기 시작한 것은 1984년 이후 친척방문을 통하여 한국을 방문하기 시작하면서부터이다. 한중 수교 이후 한국기업의 중국진출이 이어지면서 조선족의 중요성이 커지게 되었다. 하지만 조선족의 한국진출은 한국 국내에 여러 가지 사회문제를 야기하게 되었고, 중국에서도 한국 기업인과 조선족 직원 사이의 모순 갈등이 끊임없이 일어나면서 한국인과 조선족의 문화적 차이가 지적되었다. 이러한 차이로 말미암아 조선족은 연구대상으로 점차 주목받게 되었다. 일본에서의 조선족 연구는 조선족 유학생들의 일본 진출과 일본 국내 한반도 전문가들의 연변지역 방문을 통하여 시작되었다.

중국에서의 조선족 연구가 다분야에 걸쳐서 조선족 학자들에 의하여 추진되었지만 한국에서의 조선족 연구는 역사학, 문화인류학 등 일부 분야에 한정되어 있으며 전문적인 조선족 연구자도 많지 않다. 한국에서 출판된 조선족 관련 도서 가운데서 중국 조선족 학자들에 의한 연구성과가 수입 출판된 비중이 상당히 높은 것도 이를 설명하고 있다. 일본에서의 조선족 연구는 다카사키 소우지(高崎宗司)를 비롯한 한반도에 관심을 갖고 있는 역사, 문화인류학, 사회학자들에 의해 시작되었으며, 그 후 일본 체류 조선족 유학생, 재일교포 연구자들에 의해 추진되었고 1999년에는 중국 조선족 연구회가 발족되면서 일본에서의 조선족 연구가 활성화되고 있다.

조선족 연구의 배경에는 조선족의 이주역사와 그 후의 급속한 변화, 특히 현재 조선족이 처하여 있는 상황과 밀접한 관계가 있다. 조선족은 농업이민으로 중국에 정착하기 시작하여 8·15 광복 이후 중국공산당(이하 공산당으로 약함)의 집권과 더불어 사회주의 집체화체제에 편입되었고, 동북아정세의 변화과정에서 조선인에서 중국 국민으로 전변되는 국민화의 길을 걸어왔다. 세계 한민족의 일원이면서도 중국이라는 생활환경에서 중국문화를 접수함으로써 한중문화의 이중성을 지니게 되었고, 이러한 이중성 때문에 조선족을 '중국으로 시집온 며느리', '사과배'[1]에 비유하게 되었다.

조선족에 대한 연구는 조선족이 처한 사회 역사상황의 연대별 변화와 밀접한 관계를 맺고 있다. 1980년대 이후 문화대혁명이라는 정치풍파로부터 벗어나 일정한 연구 자유를 가지게 된 조선족 학자들이 조심스레 조선족 역사, 이주사에 대한 연구를 시작하게 되었다. 1990년대에 들어서면서 코리안드림을 좇아 연해지역의 한국 기업취직 등을 통하여 조선족사회가 대거 이동하면서 조선족 집거지역이 해체 위기에 처하게 되었다. 또한 한국과의 문화적 차이가 지적되면서 조선족사회는 정체성 위기에 처하였고, 이로 인한 정체성연구, 문화론 연구가 활발히 진행되게 되었다. 한국, 일본에서는 새로운 연구대상으로서 조선족사회에 대한 민속, 문화 현지조사가 활발히 진행

---

[1] 북한의 사과가지를 중국 동북에 야생하는 돌배에 접목하여 생긴 과일로서 연변의 특산이다.

되었으며, 중국으로의 동화 또는 국민통합 측면의 연구가 강조되어 왔다. 1990년대 중반 이후 조선족사회가 지속적으로 중국 연해, 한국, 일본, 미국, 호주, 유럽 등 지역으로 확산되고, 전통적 집거지가 지속적으로 축소되면서 조선족사회의 인구이동, 네트워크가 연구주제로 각광을 받게 되었다.

이러한 측면에서 볼 때 조선족 연구는 시점 방법론이거나 이론적인 전개라고 하기보다는 시대별로 조선족사회의 변화를 그린 '민족지(民族誌)적인 현재' 라고 보는 것이 더욱 타당하며 아직 심도 있는 이론연구가 부족한 실정이다

조선족 연구 동향에 대한 탐구는 다카사키가 조선족 이외의 학자로서는 제일 먼저 현황과 문제점을 지적하였으며,[2] 그 뒤를 이어 재일 교포 연구학자 권향숙은 조선족 연구를 내셔널, 정체성, 글로벌이라는 세 개 포인트로 정리하고 있다.[3] 한국에서 김예경은 연구기관 연구자 연구경향에 관한 조선족 연구의 한중 비교를 진행하였다.[4] 이러한 조선족 연구동향에 관한 연구는 현재 진행중인 조선족의 변화를 개관하였으며 조선족 연구에 대한 중요한 참고가 된다.

이 논문에서는 이러한 선행연구가 제시한 시점(視點)을 참고하면서 조선족 연구에서 주목되고 있는 조선족 문화체계의 정립, 민족정체성과 이에 관련된 민족문화론, 민족교육, 인구의 이동과 네트워크라는 크게 세 가지 부분으로 나누어 조선족 연구의 동향을 과제로 삼아 고찰하여 본다.

---

2) 高崎宗司『中国朝鮮族―歷史·生活·文化·民族教育』, 明石書店, 1996. 이 책의 마지막 부분에서 다카사키는 중국 조선족 연구에 대하여 소개하면서 조선족 연구 동향이 전무하고 중복연구가 진행되고 있어 부득불 연구동향을 집필하지 않으면 안 되었다고 지적하고 있다.

3) 權香淑「中国における「朝鮮族」の研究序説」,『アジア研究』47-3, アジア政経学会, 2001.

4) 김예경「중국 조선족 연구의 한중비교: 연구기관, 연구자 및 연구경향을 중심으로」,『동아연구』50, 2006.

2. 조선족 사학, 문화체계의 정비

조선족 연구는 먼저 사학체계의 정비로부터 시작되었다고 볼 수 있다. 최초의 연구로는 1950년대 중반 이후 중국과학원 민족연구소와 각 지역 소수민족 사회역사 조사조(조사팀을 말함)가 지역별 조선족사회역사 보고를 제출한 것부터 시작된다. 이는 공산당 정권이 수립된 이후 진행된 대규모 민족식별사업의 일환으로 진행된 국가 프로젝트였다. 그 뒤를 이어 1963년 중국사회과학원 민족연구소 길림소수민족 사회역사 조사조가 『조선족지(朝鮮族志)』 초고를 집필하였고, 그 이듬해에 『조선족간사(朝鮮族簡史)』초고를 마무리 지었다. 하지만 문화대혁명의 풍파로 인하여 정식 출간되지 못한 채 조선족에 관한 연구가 정체상태에 빠지게 된다.

1986년에 출판된 『조선족약사(朝鮮族略史)』[5]는 중국 국가 민족사무위원회(民族事務委員會)와 연변조선족자치주 주도하에 연변대 박창욱을 중심으로 진행되었다. 시대적인 제약성으로 인하여 항일운동(抗日運動)과 공산당에 대한 조선족의 충성이라는 사회주의 이데올로기 색채가 다분히 내포되어 있다. 하지만 조선족 역사에 관한 최초의 종합적인 연구로서 조선족 역사의 사학체계를 건립하였다는 점에서 그 의의가 크다.

중국 국내에서 진행되는 조선족에 관한 종합적인 연구는 연구체제, 연구경비 등의 제약으로 말미암아 개인적인 연구보다 정부, 학술기구의 프로젝트로 진행되는 경우가 많으며, 이 점에서 정부의 정책이 조선족연구에 많은 영향을 끼치고 있는 것도 사실이다. 1996년 중국 국가민족사무위원회 문화선전사(宣傳司·홍보팀)가 흑룡강, 길림, 요녕 민족사무위원회에 위탁하여 편집 출간한 『21세기로 매진(邁進)하는 중국 조선족 발전 방략 연구』[6]는 역사 방략 배경 세 부분으로 나누어, 1949년 건국 이후부터 1995년까지의 조선족 역사

---

5) 「조선족약사」 편찬조, 연변인민출판사, 1986.
6) 조룡호·박문일 주필, 요녕민족출판사, 1997.

68 | 한민족 해외동포의 현주소

와 배경, 조선족사회가 갖고 있는 여러 가지 사회문제와 그 대안이 제시되어 있지만 공산당의 민족정책을 선전하는 색채가 농후하다고 볼 수 있다.

연변대 민족연구소(현 민족연구원)를 중심으로 편찬된 『중국 조선민족 발자취 총서』[7]는 조선족의 이주부터 시작하여 1990년까지 100여 년의 조선족사회 역사를 시대별로 정리 편집하였다. 개략적인 역사 사실이 아니라, 역사 사건 당사자들의 구술을 편집 정리하는 형식으로 진행되었기 때문에 조선족 연구에서 중요한 실증사료로 자리매김하고 있다. 다만 일부 내용이나 통계의 정확한 출처가 밝혀지지 않고, 구술내용에 대한 논증이 부족하기 때문에 엄밀한 실증성이 결여되어 있는 점은 유감이 아닐 수 없다.

이러한 연구의 부족을 보완하는 측면에서 위의 저서 편집사업을 주관하였던 고영일의 『중국항일전쟁과 조선민족-1910~1952년 조선민족통사』[8]에서 단계적이지만 조선족의 시각에서 중국 국내혁명의 참가로부터 중국에 정착하게 된 과정을 그려내려는 노력을 보이고 있다. 연변대 손춘일이 다년간의 연구를 거쳐 『중국조선족이민사』[9]를 출간함으로써 명나라 말기부터 중화인민공화국 성립까지의 조선족 이민역사를 학계에서 처음으로 체계적으로 논술하였다. 이에 이어 연변역사학회가 조선족 역사를 체계적으로 집대성하여 『중국조선족통사』[10]를 출간함으로써 조선족 통사가 없었다는 부족한 점을 메웠다. 또한 조선족 사학연구의 보충으로 100권으로 계획된 대형사료집 『중국조선족사료전집』이 연변인민출판사, 연변대학 민족역사연구소, 연변대학 고적연구소에 의해 2010년 11월에 첫기 3권이 출간되었다.

다만 조선족 사학연구에서 이주 초기부터 국내해방전쟁(1949년 전후) 사이의 역사가 중심이다. 그러니 항일전쟁, 국내해방전쟁(국공내전)에 대한 참가와 공

---

7) 중국조선족발자취총서 편찬조. 연대별로 총8부 1991년부터 1999년까지 단계적으로 출판. 민족출판사.
8) 고영일 주필, 도서출판 백암, 2002.
9) 손춘일, 중화서국, 2009.
10) 김춘선 주필 『중국조선족통사』 상·중·하, 연변인민출판사, 2010.

헌이라는 혁명사학이 발달되어 있는 반면 건국 이후의 역사에 대한 연구는 아직도 거의 도외시되어 있는 상황이다. 조선족사회의 한국전쟁 참전, 집체화 시대의 변혁을 포함한 현대사의 체계적인 연구가 앞으로 추진되어야 할 중요한 과제로 남아 있다.

조선족 사학체계의 정비와 함께 문화체계의 정비에 관한 연구도 진행되고 있다. 1988년 민족출판사에서 기획하고 북경대 조선문화연구소에서 편찬한 『조선족문화사대계』는 1994년에 예술사를 출간하고 2006년에 언어, 교육, 사상, 종교, 민속, 신문출판, 과학기술, 의료보건, 체육, 문학 등 분야별로 총 11권의 단행본을 출간하였다. 중국 국내 70여 명의 조선족 학자들이 동원되어 20년이라는 세월을 거쳐 조선족의 문화유산을 수집 정리, 출간한 조선족 문화사의 집대성이라고 할 수 있다. 또한 연변대 조선문화연구소를 중심으로 조선족 문학에 대한 수집 정리가 진행되어 『중국조선민족문학대계21』이 현재 단행본 16권 나왔으며 총 30권이 출판될 전망이다.[11]

이 외에도 항일전쟁, 이주사를 포함한 다양한 시각에서의 연구가 활발히 진행되고 있다. 조선족문화유산에 대한 이러한 움직임은 학술연구의 공백을 메우고 사학 문학체계를 정비함으로 하여 학술적 의의가 크며, 이러한 학술 성과는 조선족 연구의 귀중한 자료로 자리매김 되고 있다.

하지만 중국 조선족문화에 대한 연구는 아직 많은 과제를 남겨두고 있다. 조선족문화재에 대한 발굴과 연구, 조선족사회에 유전되고 있는 전설·민담·민요 등에 대한 연구, 민족예술·민간신앙·민간풍속 등에 대한 연구가 일부 단행본으로 나와 연구 공백을 메우기는 하였지만 더욱 심도 있는 연구가 기대된다. 민족집거지의 해체와 이민 1·2세대의 고령화, 후계자의 부재

---

11) 중국 흑룡강민족출판사에서 2001-2002년에 걸쳐 일부 성과를 단행본으로 출간하였고 2009~2010년에 연변인민출판서에서 『20세기 중국조선족 문학사료전집』 16권을 출간하였다. 2003년부터 한국 연세대 국학연구원과 합작하여 수집 정리사업이 진행되어 2006년 『중국조선민족문학대계』 전30권의 1차분 10권이 한국 보고사에 의해 출간되었다.

로 인하여 문화유산의 유실이 가속화되고 있는 현재 이 부분에 대한 연구가
더욱 긴박하다고 할 수 있다.

거시적 사학 문화체계 정비의 보충으로 여러 지역 조선족 유지인사들을
중심으로 지역별 조선족에 대한 연구도 활발히 진행되고 있다. 『연변 조선족
개황(槪況)』, 『흑룡강 조선민족』, 『길림 조선족』, 『내몽골 조선족』[12] 등 성·
지구 레벨[13]의 연구성과들이 1980~1990년대 초반에 출간되었다. 요녕성 민
족사무위원회가 민족지 편찬위원회를 설립하고 요녕민족출판사와 함께 지
역별 조선족지(志)를 편찬 출간함으로써 지역 조선족사회에 대한 자료를 풍
부하게 하였다.[14] 2000년대에 들어서서 흑룡강지역을 중심으로 지역 조선족
역사에 관한 도서들이 많이 출간되있다.[15] 또한 정식으로 출간되지는 않았
으나 조선족 마을 지성인들에 의한 마을 역사에 관한 기록도 『촌사』라는 형
식으로 마을을 단위로 기록되고 있다. 이러한 지역별 조선족사회에 대한 연
구는 지역 유지인사들에 의하여 집필되어 학술적인 측면에서 일부 부족한
점이 존재하지만 거시적인 사학연구에서 언급되지 않았던 많은 지역 사료들
을 마을 수준까지 심도 있게 상세히 제시함으로써 조선족 사학연구의 유력
한 보충 자료가 되고 있으며 앞으로 전개될 지역 연구에 빠뜨릴 수 없는 귀중

---

12) 연변조선족자치주개황집필조편 『연변조선족개황』, 연변인민출판사, 1984; 서기술 『흑
룡강조선민족』 흑룡강조선민족출판사, 1988; 길림성정협문사자료위원회, 연변조선족
자치주정협문사자료위원회편 『길림조선족』, 연변인민출판사, 1994; 내몽골조선족연
구회편 『내몽골조선족』, 내몽골대학출판사, 1995.
13) 성은 한국의 도에 해당되는 행정지역이고 지구는 한국의 시에 해당되는 행정지역이다.
14) 『심양조선족지』, 1989; 『신빈조선족지』, 1994; 『청원조선족지』, 1999; 『단동조선족지』,
2000. 해당지역 민족사무위원회 민족지편찬사무실이 편찬하고 요녕민족출판사에서
출판.
15) 목릉조선민족교육사편찬위원회편 『목릉조선민족교육사』, 흑룡강조선민족출판사,
2004; 연수현민족종교사무국편찬 『연수현조선족 100년사:1903-2003』, 민족출판사,
2005; 〈밀산조선족백년사〉 편찬위원회편찬 『밀산조선족백년사』, 흑룡강조선민족출판
사, 2007; 서명훈저 『할빈시조선민족백년사화』, 민족출판사, 2007; 한득수주필 『상지
시조선민족』, 민족출판사, 2009; 박병순주필, 리설봉부주필 『장백조선족발전사: 장
백조선족자치현창립50주년기념도서』, 연변인민출판사, 2008.

한 사료가 되고 있다.

1980년대 후반 중국지역의 현지조사가 가능하게 되면서 한국, 일본 등 해외 학자들을 중심으로 현지조사가 진행되게 되었고 이는 조선족 연구에도 커다란 변화를 일으켰다. 『중국 연변의 조선족사회의 구조와 변화』, 『중국 동북부 조선족의 민속문화』[16]는 지금까지 한국과 일본사회에 별로 알려지지 않은 조선족을 한국과 일본사회에 소개하여 조선족사회에 대한 이해를 깊게 하였으며 조선족에 대한 사회학, 문화인류학적 연구성과로서도 선도적인 역할을 하였다. 이 외에도 최우길의 『중국 조선족 연구』[17]는 한국학자의 시각으로 정체성을 포함한 조선족사회에 존재하는 쟁점을 심도 있게 피력함으로써 한국사회에서 조선족을 이해하는 데 많은 도움이 된다. 다만 논문집 형태로 되어 있기 때문에 논리적 연결성이 취약한 것이 부족한 점이라 할 수 있다.

조선족 사학 문화체계의 정비에 관한 연구는 개인적인 연구보다는 학술기구, 여러 학자와 지역 지성인들의 노력으로 추진되고 있으며, 자민족의 역사문화에 대한 검토와 재검토로 볼 수 있다. 한국 일본에서의 연구는 주로 인류 민속학자들을 중심으로 이루어졌다. 이와 동시에 1990년대부터 일어나게 된 인구의 대규모 이동, 사회의 급속한 변화로 말미암아 조선족사회가 안고 있는 여러 가지 현안문제를 해결하기 위한 노력이 이루어졌다. 크게 나누면 1990년대부터 2000년대 중반까지 진행된 민족정체성에 관한 토론과 2000년대에 들어서서 진행된 조선족의 인구이동과 네트워크에 관한 연구 두 가지로 나눌 수 있다.

---

16) 한상복 · 권태환저, 서울대학교출판부, 1993; 中国東北部朝鮮族民族文化調查団編, 第一書房, 1999.

16) 최우길저, 선문대학교출판부, 2005.

3. 민족정체성 관련 연구동향

민족정체성에 관련된 연구는 민족정체성 자체에 대한 탐구와 이와 관련된 조선족문화론에 관한 논의, 민족교육에 관한 논의 세 가지로 분류할 수 있다.

1) 민족정체성에 관한 논의

조선족 연구동향에 있어서 기타 지역 해외 코리안 연구에서도 중요한 테마가 되고 있는 부분이 정체성에 관한 연구이다. 조선족사회에 있어서의 민족정체성에 대한 고민은 민족 집거지역의 인구 감소로 인한 "민족공동체가 해체되지 않느냐"라는 위기의식, 이제까지 같은 민족, 같은 문화라고 생각해 왔던 한국과의 차이, 거리가 인식되면서 조선족은 한국인과는 다른 타자(他者)라는 인식이 공유됨과 동시에 그렇다면 "나는 누구인가"라는 정체성 위기에 빠지게 된 것과 밀접한 관계가 있다.

연구분야에 있어서의 민족정체성에 관한 논의는 박씨 조선족이 민족성분을 한족으로부터 조선족으로 개정하면서[18] 조선족의 기원에 관한 논의부터 시작되었다. 조선족의 역사기점을 명나라 말, 청나라 초기로 설정할 것인가 아니면 19세기 중엽 조선인의 대거 이주부터 시작할 것인가에 대한 논쟁이 벌어졌으며, 최초의 연구성과가 『중국 조선민족 천입사 논문집』으로 출간되었다.[19]

---

18) 중국에는 56개 민족으로 분류되어 있다. 민족성분 개정이란 한 민족으로부터 다른 민족으로 인정신청을 하여 정부의 허가를 받는 것을 의미한다. 부모가 서로 다른 민족일 경우 본인의 의지에 따라 부모 한쪽의 민족 성분을 취득할수 있다. 박씨 조선족은 중국 하북성 청룡현에 거주하고 있으며 명나라 말 청나라 초에 전쟁포로로 하북성에 온 이후 언어, 문화 등을 완전히 상실하고 현지 문화에 동화되었지만 조상이 조선인이므로 한족이 아니라 조선족이라고 민족성분의 개정을 요구하여 왔으며 1982년에 한족에서 조선족으로의 민족성분 개정이 인정되었다. 한편 명나라 초기 요녕성 철령시에 이주하여 온 철령 이씨는 조상이 조선인임을 승인하면서도 자신들이 조선족이라는 것을 부인하고 있다.

19) 한준광 주필, 흑룡강조선민족출판사, 1989.

조선족의 역사기점에 관한 논의는 얼핏 보면 단순한 역사문제인 것 같지만 "조선족이란 누구인가"에 대하여 검토하기 시작하였고 조선족을 정의하기 시작하였다는 점에서 그 의의가 크며 조선족의 민족정체성을 검토하는 중요한 계기가 되었다.

조선족의 역사기점에 관한 논의는 조선족이 어느 시점에서 한반도의 조선인으로부터 중국의 소수민족으로 변환되었는가 하는 문제와도 연결된다. 이로 인하여 공산당의 민족정책과 조선족이라는 기본 테마는 중국, 한국, 일본의 학계에서 활발한 논의가 이뤄지는 문제가 되었다.

중국에서의 논의는 중국 국내 학술환경의 제약성으로 말미암아 기본적으로 공산당의 민족평등정책을 논의하면서 조선족은 일찍이 공산당에 의하여 소수민족으로 인정받았고 중화민족의 일원이 되었음을 강조하여 왔다. 예를 들면 권립은 조선족의 법적 지위를 논하면서 중화민국 시기까지 조선족은 중국 국민으로서의 법적지위를 획득하지 못하였으며 공산당이 처음으로 조선족에게 소수민족으로서의 법적 지위를 부여하였다고 강조하였다.[20] 동북 수전개발, 항일전쟁, 국공내전, 새로운 정권 수립에 조선족이 크게 기여하며 거대한 공헌을 세웠기 때문에 천입민족임에도 불구하고 '당당한 중국의 소수민족의 하나'로서 '주인공' 의식을 가질 수 있었던 것이다. 이러한 인식은 조선족사회에서 보편적으로 공유되고 있으며 조선족 학자들 사이에서도 공감되고 있다.

"누구의 협박도 아니고 자주적으로 이 땅에 남아 자주적으로 중국 국적을 가졌다. …… 중국인, 중국공민이지, 한국(조선)인이 아니며 또한 그렇게 될 수도 없다."[21]

이는 또한 과분한 민족성을 강조하는 것이 금지되어 있는 중국 학술계에 있어서 중국인, 중국 국민으로서의 정체성을 강조함으로써 제한적이나마 애

---

20) 권립「역사상 중국 조선족의 법적 지위」, 『조선학연구』 2, 연변인민출판사, 1989: 283.
21) 김병호・강기주「중국의 소수민족 정책과 중국 조선족사회의 정치의식 및 민족의식」, 김강일 편 『중국 조선족사회의 문화우세와 발전방략』, 연변인민출판사, 2001: 123.

매모호한 조선족의 민족정체성을 확립할 수 있는 지름길이기도 하였다.

이와 반대로 한국, 일본에서의 연구는 공산당이 조선인 사회를 지배하고 주도권을 장악함으로써 중국으로의 동화, 정착이 추진되었다고 강조하는 경향이 있다.

한국에서 조선족 관련 논문으로 박사학위를 받은 이진영은 중국공산당이 연변지역의 당내 지배권을 확립한 후 당 내부에서 배양한 조선인 간부를 통하여 조선인의 충성심을 유도함으로써 조선족을 중국 공민으로 편입시키는 데 성공하였다고 지적하고 있다.[22]

같은 맥락에서 조선족 출신 이해연은 1949년부터 1955년 사이의 중국 조선족 형성에 관한 역사적 연구를 통하여 중국 조선족이라는 카테고리가 무조건적으로 부여된 것이 아니라 지역사회의 민족대립, 당시 중국 국내의 정치형세와 국제관계에 영향을 받으면서 공산당에 의하여 의도적으로 국가에 통합되는 과정에서 형성되었다고 밝히고 있다.[23] 한국 일본의 연구는 공산당의 국민통합 동화역할을 강조하면서 자주적으로 중국에 남아 중국 혁명에 공헌하여 주인공 지위를 획득하였다는 중국 국내의 학술 주장과 정면에서 대립되고 있다.

제2차 세계대전 이후의 중국 동북부의 역사 상황과 조선인 사회가 직면하고 있는 사회상황을 고찰하여 보면 적어도 1948년까지는 공산당과 조선인사회가 상호의존관계에 처하여 있었다고 볼 수 있다. 여러 가지 사정으로 인하여 고향으로 돌아가지 못하고 부득불 중국에 남아 있게 된 조선인 사회는 치안악화와 민족분쟁 토지분쟁 등으로 인하여 생존기반이 악화되어 조선인 사회를 보호하고 경제 기반을 부여할 수 있는 조직 단체의 출현을 갈망하였고 동북 진출을 서두른 공산당은 국민당과의 대결에서 열세에 처하게 되었고

---

22) 이진영「중국 공산당의 조선족 정책의 기원에 대하여 (1927-1949)」,『재외한인연구』9, 2000;「조선인에서 조선족으로」,『재소연구』26, 2002.

23) 李海燕著『戰後の「滿州」と朝鮮人社会―越境・周縁・アイデンティティ』, 御茶の水書房, 2009.

중국 조선족의 현황 | 75

사회 지지기반의 획득에 급급했다. 이러한 상호 의존 관계로 인하여 공산당과 조선인사회는 긴밀히 합작하게 되었고 공산당의 전면적인 승리에 따라 상호의존관계가 공산당의 국민통합으로 역전되었다.[24] 이러한 상호관계는 조선인사회가 광복 후 적극 공산당을 지지하고 국내 해방전쟁에서 커다란 공헌을 하게 된 역사적 사실을 이해하는 데 도움이 될 수 있다.

역사적 사실에 대한 규명을 통한 정체성 논의는 조선족의 민족정체성이 어떠한 것인가, 어떻게 형성되었는가에 대해 논의하기보다는 국가주의적 차원에서 조선족은 어떠한 민족정체성을 가져야 한다고 강조하는 경향이 있다. 이러한 국가주의적 경향은 조선족사회의 초국가적인 이동에 의하여 변화되기 시작하였으며 개인적 차원에서의 정체성의 변화에 대한 연구가 속출하기 시작하였다.

이러한 변화의 배경에는 1990년대 이후 초국가적인 이동이 활발하여지고 거주지가 세계 각지로 확산되면서, 조선족사회가 중국이라는 국민국가의 범주를 차츰 벗어나게 되었다. 또한 거주환경이 바뀌게 되면서 조선족 자체가 민족 정체성에 대하여 고민하기 시작한 것과 밀접한 관계가 있다. 이러한 변화에 대응하여 인터뷰, 설문조사를 통한 민족 정체성 변화에 관한 논문들이 다수 발표되었는데 유경재, 임채완, 최우길, 유명기 등의 논문이 대표적이라고 볼 수 있다.[25]

민족정체성에 관한 논의는 2000년 전후로 고조를 이뤘으며 현재는 네트워크와 커뮤니티 구축이라는 시각에서 민족정체성의 재구축과 유지에 관한 논의로 전개되고 있다. 이는 조선족사회의 이동과 더불어 이주지에 새로운 조

---

24) 安成浩「中国朝鮮族の国民化への道」,『アジア遊学』91 (『特集世界のコリアン』), 勉誠出版, 2006.

25) 劉京宰「中国朝鮮族のエスニック・アイデンティティに関する研究」,『国際開発研究フォーラム』17, 名古屋大学国際開発研究科, 2001; 임채환・김경학「중국 연변조선족의 민족정체성 조사연구」,『대한정치학회보』10-1, 대한정치학회, 2002; 최우길「중국 조선족 민족정체성 변화에 관한 소고」,『재외한인연구』, 재외한인학회, 1999; 유명기「민족과 국민 사이에서」,『한국문화인류학』, 한국문한국문화인류학회, 2002.

선족 집거지와 네트워크가 형성되고 그동안 모순과 갈등이 많았던 한국사회와 조선족사회 사이의 상호이해가 심화되고 상호의존과 상생만이 두 사회의 발전에 유리하다는 점이 확인되면서 서로간의 민족정체성에 대한 강조가 상대적으로 약화된 것과 밀접한 관계가 있다. 하지만 당사자의 내재적인 시점을 받아들여 정체성의 구축과 동태성을 검토한 연구가 아직도 결핍하며 민족정체성을 어떻게 유지하고 재구축하여 나갈 것인가는 지금부터 연구해야 될 중요한 과제로 남아있다.

2) 조선족문화론에 대한 검토

민족정체성의 재구축에 대한 모색과 거의 동시에 진행된 것이 중국 조선족 학자들 사이에서 진행된 조선족문화를 어떻게 정의할지에 관한 논의이다. 이는 정체성에 관한 논의와 거의 동시에 진행된 과제이며 조선족문화에 대한 구축을 통하여 독자적인 조선족의 존재와 문화정체성를 확인하고 조선족사회 발전을 도모하려는 의도에서 시작되었다.

조선족문화에 대한 담론은 연변대 정판룡의 며느리론으로부터 시작되었다. 1990년대 초반 「중국 조선족의 역사」라는 문장에서 중국조선족문화의 이중성에 대해 "중국조선족은 한반도라는 친정에서 중국이란 시집으로 출가(出嫁)해 온 며느리"라고 비유하며 며느리는 우선 시집살이를 잘해야 하고 여력(余力)이 있으면 친정집 처사도 잘해야 한다고 지적하였다. 이는 조선족 사회가 이민사회인 점을 염두에 두고 중국, 한반도와 떼놓을 수 없는 상황을 형상적으로 설명하면서, 한반도에 뿌리를 두고 있으면서도 중국 문화의 영향을 깊게 받고 있는 조선족문화의 현황을 그려낸 것이다.

중앙민족대 황유복은 조선족문화의 이중성 논의에 이의를 제기하면서 조선족문화의 독립성을 강조하였다. 조선족은 "해방 전의 조선문화도 아니고 현재의 조선이나 한국문화도 아니며 중국의 한족문화도 아닌 새로운 조선족문화를 창출해 냈기 때문에 우리 문화의 정체성은 조선족문화 그 자체다"[26]라고 강조하면서 조선족 공동체의 독자적인 민족정체성을 강조하였다.

이와 비슷한 맥락에서 북경대 김경일은 "조선족의 문화는 한반도와의 관계에서 일방적으로 귀속되어 있는 관계가 아니라 자기의 특징을 갖고 있는 문화집단으로서 대등한 관계에 있다"면서 조선족문화의 주체성을 강조하였다.[27]

조선족문화 독자성에 이의를 제기하고 며느리론 조선족문화의 이중성 이론을 비판적으로 계승한 것이 조선족 변연문화론이다. 연변대학교 김강일 교수는 조선족문화는 중국문화와 한반도문화의 융합으로 이루어진 복합적 문화자원을 소유하고 있으며 변연문화구역의 성격은 한반도와 중국 간의 교류에 커다란 중개작용을 일으킬 수 있다고 지적, 변연문화는 문화전환기능과 문화창작기능을 갖고 있기 때문에 민족문화의 우세를 기반으로 하는 새로운 문화전략을 세워야 한다고 주장하였다.[28] 이러한 변연문화를 연변의 특산인 '사과배'로 비유하는 주장도 연변대 김호웅, 작가 류연산 등에 의해 제기되면서 조선족사회에 접수되고 있다.

조선족 학자들 사이에서 진행된 조선족문화론에 관한 논의는 민족정체성에 대한 논의와 거의 동시적으로 진행되었으며 조선족문화에 대한 이론적 탐구를 통하여 민족정체성을 재구축하려는 노력을 보여주고 있다.

3) 민족교육문제

민족교육이 조선족사회의 정체성 유지, 민족문화의 전승 등 여러 분야에 있어서 중요한 위치를 차지하고 있기에 조선족 민족교육에 대한 논의도 정체성 관련 문세로 볼 수 있다고 생각한다. 1990년대에 들어서 민족집거지의 인구 감소로 말미암아 민족학교가 위축되면서 민족교육에 대한 위기감이 커

---

26) 황유복『중국 조선족사회와 문화의 재조명』, 요녕민족출판사, 2002: 100.
27) 김경일「한반도의 남북관계와 중국조선족사회」, 김강일 편『중국조선족사회의 문화우세와 발전방략』, 연변인민출판사, 2001: 581.
28) 김강일「중국조선족사회 지위론」,「변연문화의 문화적기능과 중국조선족사회의 문화적 우세」,『중국조선족사회의 문화우세와 발전방략』, 연변인민출판사, 2001.

졌고 민족교육에 대한 사색도 늘어나게 되었다. 민족교육에 대한 연구는 조선족 민족교육사에 대한 연구, 해방 전 교육의 전개와 해방 후 국민화 교육으로의 전환, 현시대 교육현황과 실태에 관한 연구 등 시기별로 비교적 심도 있게 진행되었으며 연구성과도 풍부하다.

조선족 민족교육사에 대한 연구는 100년 민족교육 역사에 대한 회고로서 통사적인 형식으로 이주 초기부터 민족교육이 걸어온 여정을 회고하였으며 『중국 조선족 교육사』, 『중국 조선민족 교육 사료집』, 『재중 한민족 교육 전개사』등 연구저서와 사료집들이 출간되었다.[29]

광복 전 조선인 교육에 대한 연구와 해방 이후 민족교육에 있어서의 국민화 작업에 대한 연구는 일본에 유학 중인 조선족 연구자들에 비교적 집중되었다고 볼 수 있다. 대표적인 연구로 허수동은 1900~1910년대 중일 양국의 차별과 탄압하에서 민족정체성의 유지와 독립을 추구한 근대 조선인 중등교육이 어떻게 전개되었는가를 잘 그려내고 있다.[30] 권녕준, 윤정희, 박룡옥[31] 등 연구자들은 광복 전 민족교육의 전개와 광복 후 국민통합과정에서 민족교육이 국민화교육으로의 변화되는 과정을 한·중·일 3국의 사료를 이용하여 동북아시아의 거시적인 각도에서 그려냄으로써 중국 국내의 단일한 민족교육사 연구의 부족한 점을 극복하였다.

조선족 민족교육에 대한 고찰은 민족교육의 전개과정 그 자체에 대한 고찰일 뿐만 아니라 조선족의 민족정체성과 민족문화가 민족교육을 통하여 어

---

29) 중국조선족교육사 편집조 『중국 조선족 교육사』, 동북조선민족교육출판사. 1991; 金璟植 『재중 한민족 교육 전개사』 상·하, 문음사. 2004; 허청선 주필 『중국 조선민족 교육 사료집』 1-4, 연변인민출판사. 2003-2005; 허청선 주필 『중국 조선족 교육 연구』, 연변인민출판사, 2006.

30) 許寿童 『近代中國東北教育の研究―間島における朝鮮人中等教育と反日運動』, 明石書店, 2009.

31) 權寧俊 『近現代中國の朝鮮民族における民族教育と言語文化』, 一橋大学博士論文, 2004; 윤정희 『중국근현대조선족교육발전연구』, 대련이공대학교출판사, 2009; 朴龍玉 「抗日戦争後の東北解放区における朝鮮族教育に関する考察―民族教育の復活とその教育課程に着目して」, 『紀要』, 名古屋大学教育学部, 1999.

떻게 유지되어 왔는가를 고찰하는 과정이기도 하다. 민족교육이 가지고 있는 이러한 기능으로 인하여 민족집거지와 민족교육의 위축이 학자들의 관심을 가져오게 되었고 민족교육에 존재하는 문제와 대안에 대한 연구가 10여 년에 걸쳐 꾸준히 진행되어 왔다.[32] 하지만 여러 가지 연구 성과가 존재하고 있음에도 불구하고 세계화 시대 민족교육이 활성화될 수 있는 대책이 마련되지 않고 있으며 집거지의 민족교육의 위축과 새로운 이주지에서의 민족교육 부재라는 상황이 계속되고 있다.[33] 재래 민족집거지에서 민족교육망의 재구축과 함께 새로운 이주지에서 주말학교를 포함한 다양한 형식의 다문화 민족교육시스템의 구축이 중요한 과제로 남아 있다.

4. 조선족의 인구이동과 네트워크

조선족사회에서의 정체성 관련 논의는 이미 앞에서 지적한 바와 같이 조선족을 재인식하고 재정의하려는 노력으로 볼 수 있으며 근년에 일어나고 있는 조선족사회의 글로벌이동과 이로 인한 조선족사회의 변화와 밀접히 관계된다.

조선족사회 인구의 대규모 이주에 의하여 과거 조선족사회의 기반이었던 민족공동체, 민족교육이 재편성할 수밖에 없는 상황에 처하게 되어 민족정체성, 문화를 재인식하고 재구축하지 않으면 안 되었다. 민족정체성 관련 연구

---

32) 최상록, 지청산, 김룡철 『중국 조선족 교육의 현황과 전망』, 연변대학출판사, 1995년; 허명철 등 저 『연변 조선족 교육실태조사와 대안연구』, 요녕민족출판사, 2004년; 한국교육개발원 『21세기초 조선족 교육의 문제 및 개혁연구』, 한국교육개발원, 2004년; 김병호, 류춘욱 편저 『조선족 산재지역 민족교육문제 그 대책』, 민족출판사, 2007년.

33) 새로운 이주지에서의 민족교육 전개는 북경, 천진, 청도 등지에서 1990년대 말부터 사립학교 설립을 통하여 이루어졌으나 현재 청도의 민족학교만 비교적 잘 운영되어 가고 있고 기타 지역의 민족학교들은 운영난에 봉착하여 문을 닫거나 겨우 유지되어 가고 있는 상황이다.

는 근년의 조선족사회 인구이동으로 인하여 일어나게 된 사회 문화의 변화, 그 영향에 대한 대책과 이념을 제시하고 논의하는 경향이 비교적 농후하다. 이러한 경향은 민족교육에 관한 논의, 그리고 편폭의 제약으로 제시하지 않았지만 조선족 인구의 마이너스 성장에 대한 논의에서 특히 잘 나타나 있다.

인구의 대이동으로 인하여 조선족사회가 커다란 변화를 가져오게 되었고 조선족사회가 세계 각지로 확산됨으로써 여러 지역 조선족사회 커뮤니티, 네트워크의 구축이 중요한 연구과제로서 주목을 받게 되었다. 중국이라는 국민국가 범주를 훨씬 벗어나 세계 각지로 확산되고 있는 조선족사회를 이어놓을 수 있는 네트워크 구축이 조선족사회의 유지와 민족정체성의 재구축에 중요한 역할을 하고 있다는 인식이 연구자들 사이에서 공유되고 있다고 하여도 과언이 아니다. 하여 새로운 조선족 집거지와 커뮤니티의 형성에 관한 연구들이 거의 동시적으로 한국과 일본을 중심으로 이루어지고 있다.

본격적으로 조선족사회의 변화를 상세히 조사한 연구로서 권태환의 『중국 조선족사회의 변화: 1990년 이후를 중심으로』[34]가 있다. 『중국 연변의 조선족』의 후속 연구로 진행된 이 저서에서는 1990년대 이후 조선족사회의 일련의 변화를 고찰하였으며 조선족 인구의 동태분석으로부터 중국 동북, 북경, 청도 지역의 현지조사를 통하여 현재 진행중인 조선족사회의 이주와 공동체 변화, 가족의 해체, 교육위기, 민족정체성의 변화 등 다양한 시각에서 상세히 분석함으로써 현재의 조선족사회의 전체적 변화를 잘 그려내고 있다. 하지만 조선족사회, 문화에 실제 일어나고 있는 변화를 고찰하면서도 이러한 변화가 일어나게 된 배경에 대한 분석을 한중 수교와 교류 혹은 중국 국내의 교육비용의 상승에 의한 코리안드림 등 한중 관계의 맥락에서 분석함으로써 세계적으로 확산되고 있는 조선족사회 전체 상황에 대한 고찰로는 한계가 있다.

조선족사회 변화에 대한 일본학자들의 관심도 주목된다. 고베대 사사키

---

34) 권태환저, 서울대학교출판부, 2005.

마모루(佐々木衛)는 연변을 중심으로 조선족 마을에 관한 현지조사를 진행하여 조선족이 한반도에서 중국으로의 이주, 정착과정과 네트워크의 구성을 고찰하였다. 조선족의 에스니시티에는 '중국'의 '조선족'이라는 두 가지 자각이 있으며 이러한 자각의 배경에는 동아시아의 국제적긴장, 국가관계, 그리고 중국 국내의 정치적·사회적 동향이 중요한 계기로 되고 있다고 지적하였다.[35] 이는 글로벌 인구이동 이전의 조선족사회에 대한 조사가 상세히 기록되었지만 현재 진행중인 조선족사회에 대한 시점 분석이 부족하였다. 이러한 부족한 부분에 대한 보충으로 후속연구에서 조선족사회의 글로벌 이동에 초점을 맞추어 중국 국내에서 조선족 최대 집거지로 새롭게 부상하고 있는 청도시를 중심으로 현지조사를 진행하였으며 청도시 조선족사회에서 조선족기업가협회에 의한 제도적 네트워크와 지연, 혈연에 의거한 개인 네트워크가 구축되고 있음을 지적하였다.[36] 사사키 교수의 공동연구인 『해외 이주와 커뮤니티의 재구축』에는 청도시 한국인 자영업자, 서울에 거주하는 조선족 노무 이주자의 정체성에 관한 문제도 다루었을 뿐만 아니라 일본 화교, 태국 외국인 노동자, 프랑스 거주 필리핀 이주자, 캐나다 거주 신(新)화교 등 동아시아를 중심으로 아시아인의 글로벌 이주와 커뮤니티의 재구축 문제를 광범위하게 다룸으로써 보다 넓은 시각에서 조선족사회의 글로벌 이주와 네트워크, 커뮤니티의 구축문제를 이해하는 데 도움이 된다.

조선족사회의 이동과 새로운 집거지의 형성에 따라 새로운 이주지의 조선족에 관한 연구도 주목된다. 새로운 집거지의 형성과 커뮤니티의 재구축, 민족정체성이 유지 등 현안 문제들에 대한 연구는 박사논문들을 중심으로 나오고 있으며 또한 이러한 연구가 거의 동시적으로 진행되어 근년에 집중적으로 연구성과가 나오고 있다.

예동근은 고려대 박사논문[37]에서 중국 조선족사회에 대한 고찰을 통하여

---

35) 佐々木衛・方鎮珠編『中国朝鮮族の移住・家族・エスニシティ』, 東方書店, 2001.
36) 佐々木衛編『越境する移動とコミュニティの再構築』, 東方書店, 2007.
37) 예동근『글로벌시대 중국의 체제 전환 과정하의 종족 공동체의 형성: 북경 왕징(望京)

글로벌 환경과 중국 체제 전환의 배경차원에서 도시 종족공동체 형성의 메커니즘을 분석하였다. 북경 왕징 코리안타운에 대한 현지조사를 통하여 조선족사회의 전통적인 공동체가 해체됨과 동시에 왕징 조선족 공동체는 탈국가화와 시장화한 공동체이고 시장(자본)을 중심으로 하고 있으며 탈정치화, 탈국가화와 상대적인 자율성을 형성함으로써 현대사회의 보편적인 특징을 갖추고 있다고 지적하였다.

재일교포인 권향숙은 제3자의 시점에서 조선족의 이동과 네트워크 구축을 일본지역에 초점을 맞추어 면밀한 필드조사를 통하여 고찰하였다. 재일본 조선족사회가 '비정규 취업자'부터 일본의 경제 · 사회 제분야에서 중요한 역할을 담당하고 있는 일본 국적취득자에 이르기까지 다양한 계층성을 나타내고 있다고 지적하였으며 월경인으로서 조선족의 민족정체성의 취약함과 가능성을 고찰하였다.[38] 글로벌 시대 조선족사회의 다양한 변화를 이해하는 데 추천할 수 있는 책이라고 하겠다.

이경송은 북경, 서울, 일본으로의 조선족 이동과 새로운 거주지에서의 커뮤니티 형성 및 그 변화에 대한 고찰을 통하여 조선족사회가 서로 다른 사회환경하에 다양하게 대응하여 왔다고 지적하면서 여러 지역의 조선족이 사회환경의 차이로 인하여 서로 다른 양상을 나타내고 있다고 지적하였다.[39]

현 중앙민족대 박광성은 서울대 박사논문[40]에서 조선족사회의 초국적인 이동과 분산, 초국적 공간에서의 공동체의 형성, 정체성의 다원화 등 현상을 중국, 한국, 일본, 미국 등 조선족이 많이 확산되고 있는 지역에 대한 고찰을 통하여 다루었으며 조선족사회의 구조와 성격변화를 밝혔다. 조선족의 대규모 분산이동은 민족사회의 해체가 아니라 탈지역적 민족사회에서 탈지역적

코리아타운을 중심으로』, 고려대학교 박사논문, 2009.

38) 權香淑『移動する朝鮮族―エスニック・マイノリティの自己統治』, 彩流社, 2011.

39) 李勁松『中国朝鮮族の移動と朝鮮族コミュニティの形成に関する研究』, 九州大学大学院博士論文, 2008.

40) 박광성『세계화시대 중국조선족의 노동력이동과 사회변화』, 서울대학교 박사논문, 2006.

이고 네트워크・다원화된 민족사회를 만들어가고 있다고 지적하였다.

이러한 새로운 집거지에서의 조선족 커뮤니티와 네트워크 형성을 통한 조선족 공동체의 구축에 관한 논의들은 조선족사회의 지속적인 발전을 위한 지성인들의 학술적 탐구로서 격변기 조선족사회와 문화의 변화에 대한 정확한 이해와 새로운 집거지의 발전에 지도적 역할을 하고 있다. 하지만 이러한 연구에서 일부 간단히 지적했듯이 새롭게 형성되고 있는 네트워크와 공동체의 유지에는 취약성이 많으며 민족정체성의 유지와 재구축이 상당히 어렵다고 볼 수 있다. 현재의 민족 네트워크 구축에 기존의 민족교육이 크게 이바지하였고 이로 인하여 조선족사회가 3중, 4중 언어를 구사할 수 있는 장점을 앞세워 글로벌 진출을 할 수 있었다. 새로운 집거지에서의 다원화된 민족교육의 부재로 인하여 이주 2세들의 언어동화가 가속화되고 있는 가운데서 어떻게 기존 네트워크를 유지할 것인가라는 문제는 중요한 과제로 남아있다.

이러한 상황에 대해 "100년 후에 조선족은 어떤 모습일까?"라는 질문을 던지면서 조선족사회 미래 발전단계에 관한 고민이 보여지고 있다.

호쿠리쿠대 리강철 교수는 조선족의 형성과 발전과정을 3개 단계 즉 전 조선족, 중국 조선족, 포스트 조선족으로 나누고 조선족의 발전 특징을 네 가지 속성 즉 로컬(동북) 조선족, 내셔널 조선족, 리저널 조선족, 글로벌 조선족으로 설명하고 있다. 조선족이 주변으로부터 중심으로, 지방으로부터 세계 각지로 이동하면서 생기는 다중적인 성격과 중층적인 구조는 '해외 한민족'과 '화교・화인'이라는 두 가지 네트워크와 강한 연관싱을 가지고 있다.[41] 이 논의에서 저자는 조선족의 발전을 중층적인 시각에서 분석하면서 글로벌 이동에 따른 조선족의 역할과 존재 의의를 강조하고 있다. 조선족사회에 대한 이러한 정의는 조선족 발전전망에 대한 이론적 탐구로서 현실적 의의를 가지고 있다고 볼 수 있다. 다만 어떠한 표준을 가지고 글로벌 조선족이라고

---

41) 李鋼哲「グローバル化・リージョナル化と朝鮮族ネットワークーグローバル化時代の朝鮮族社会構図」, 中国朝鮮族研究会編『朝鮮族のグローバルな移動と国際ネットワークー「アジア人」としてのアイデンティティを求めて』, アジア経済文化研究所, 2006.

정의할 수 있는지 앞으로 진일보된 고찰을 할 필요가 있다.

조선족사회의 발전을 글로벌이라는 범주에서 토론하려는 경향은 근년에 강화되고 있다. 중앙민족대 한국문화연구소에서 1994년부터 해마다 진행하고 있는 '조선족 발전을 위한 학술심포지엄과 워크숍' 학술회의는 그때마다 핫이슈로 되는 조선족사회 현황에 대하여 깊이 있게 분석하고 대안을 제시하고 있다. 2006년(북경)과 2007년(부산)에서 연속 2회(제11, 12회)에 걸쳐 글로벌 코리안 경제문화 네트워크 구축에 관한 학술대회를, 2010년에는 '민족문화의 공유'를 위한 글로벌 코리안문화 네트워크 구축전략에 관한 학술대회를 개최하였다. 한인네트워크, 화교네트워크의 역할이 크게 논의되고 있는 가운데 조선족의 글로벌 이동 을 배경으로 글로벌 네트워크를 구축하여 조선족사회의 새로운 발전을 도모하자는 데 그 취지를 둔 것이다. 특히 한국, 일본 학자들도 심포지엄에 참가해 동아시아 한·중·일 학계가 한자리에 모여 조선족 문제를 토론하는 장이 되고 있다.

조선족사회의 글로벌 이동과 함께 동북아시대의 조선족 역할을 중시하는 목소리도 점차 높아지고 있다. 조선족의 특수한 위치를 이용한 남북관계의 개선에 있어서의 역할은 일찍이 1990년대부터 논의되고 있었고, 글로벌시대에 있어서 조선족이 가지고 있는 3중, 4중 언어를 구사할 수 있는 장점을 최대한 활용하여 동북아시대에 커다란 역할을 할 수 있다는 목소리도 높아가고 있다. 이승률은 조선족이 지니고 있는 이중언어 문화구조의 복합적인 문화기능은 동북아 시대 화해자로서의 매개체 기능을 충분히 발휘할 수 있으리라 기대하면서 이는 조선족사회가 나가야 할 진로이기도 하다고 지적하였다.[42] 조선족사회 내부에서가 아니라 나아가서 보다 거시적인 시점에서 동북아시아 협력에 공헌함이 조선족사회의 발전에도 유리하다는 관점은 보다 넓은 차원에서 조선족사회의 발전을 도모하는 데 유익하다고 볼 수 있다.

이러한 주류 연구에 포함되지는 않지만, 조선족의 이동현상을 디아스포라

---

42) 이승률 『동북아 시대의 조선족』, 박영사, 2007년.

이론으로 분석하여 조선족의 사회 문화변화 문제에 접근하려 하는 노력도 보이고 있다. 예를 들면 전형권은 근대 조선인의 중국이주를 개척형, 박해도 피형 디아스포라로 정의하고 1980년대 이후 조선족의 한국 진출을 노동귀환 형으로 분석하였으며, 한국에서 중국으로의 귀국을 모국에서의 이탈, 중국 으로의 귀향이라는 조선족 특유의 디아스포라 경험이라고 지적하였다.[43]

이러한 연구는 여러 시기 조선족이 이동을 분석하여 특징지었다는 점에서 는 높이 평가할 수 있으나, 디아스포라 이론을 조선족에게 맞추어보려는 경 향이 있는 것도 사실이다. 유대인의 강제이주로부터 기인한 디아스포라 이 론을 현재 진행중인 국제 인구의 대이동에 적용하려는 논의는 1990년대부터 활발히 진행되고 있지만 디아스포라 이론의 타당성에 대한 의문의 소리도 높아지고 있다. 이로 인하여 '조선족사회도 디아스포라' 라는 관점에 대하여 부정적이 시각이 많은 것도 사실이다.

5. 조선족 연구의 과제

지금까지 거론하여 온 조선족의 연구동향은 조선족사회의 사학·문학체 계의 정비, 민족정체성에 대한 탐구, 네트워크와 커뮤니티의 구축을 통한 민 족공동체의 재구축 등 시대별로 조선족사회의 변화를 반영하는 내용을 위주 로 다루어 왔다. 이는 시대별로 존재하는 조선족사회의 문제를 해결하려 하 는 정책적 연구, 민족지적 연구의 성격이 다분하다. 이로 인하여 국제적 이 민 배경하에 진행되고 있는 이민론, 네트워크론 등에 대한 이론적인 탐구가 아직 부족하고 조선족사회의 이동을 국제이민연구의 중요한 구성부분으로 자리매김하려는 학술적인 노력이 필요하다.

---

43) 전형권 「모국의 신화, 노동력의 이동, 그리고 이탈: 조선족의 경험에 대한 디아스포라 적 해석」, 『한국동북아논총』, 한국동북아학회, 2006.

중국 국내 연구에서는 재중 한국인사회가 멀지 않아 100만 명 시대에 진입하게 되고, 중국 내 조선족의 이동과 코리안타운의 형성이 한국인의 중국 진출과 함께 이루어졌음에도 불구하고 중국 내 한국인사회, 한국인과 조선족의 관계에 대한 연구가 구지영의 연구[44]를 제외하면 거의 없는 상황이다. 다만 조선족사회의 연구에 있어서 조선족과 한국인, 한족과의 관계 등 측면에서 일부 연구가 진행되어 왔다. 앞으로 중국 내 한국인, 조선족 그리고 탈북자를 포함한 넓은 의미에서의 한민족공동체 연구도 진행되어야 할 것이다. 보다 넓은 시각에서 더불어 함께 살아가는 다원화 지역사회 연구가 주축이 되어야 할 것이다. 개인주의적 상황하에서 더불어 사는 지역사회, 지역 커뮤니티가 어떻게 구축, 유지되어 가고 있는가에 대한 보다 세밀한 분석이 필요하다. 이러한 의미에서 제1부 중국 부분에서 조선족, 한국인, 탈북자에 대한 고찰은 복합적인 중국 한민족 사회, 중국 내 한겨레의 현주소를 이해하는 데 도움이 될 것이다.

시각을 더욱 넓혀 초국가적 조선족사회를 바라볼 때 이미 일부 연구성과에서 지적되듯 글로벌 이동과 더불어 지역별 혹은 국가별 조선족사회의 차이와 특징이 이미 확인되기 시작하였고, 앞으로 이러한 차이도 점차 커지게 될 것으로 보인다. 세계 여러 지역에서의 재정착이 진행되고 글로벌 이주 이후 2세들의 현지 동화가 과속화되면서 과연 세계 각지 조선족을 이어놓는 거시적인 네트워크가 유지될 수 있을까 하는 의문이 없지 않다. 재래의 한인 화교네트워크 연구의 분석 비교를 통한 보다 넓은 의미에서의 네트워크 연구가 기대된다.

---

44) 具知瑛『中国・青島における韓国人と朝鮮族－自営業者に着目して』, 神戸大学大学院博士論文, 2007.

제2장 _ 중국 조선족의 네트워크 구성형태에 대한 고찰
- 전통적인 삶의 형식에서의 탈피와 연속 -

박승권

1. 머리말

중국의 조선족들은 19세기 중엽부터 중국 동북지역으로 이주 정착하면서 농경지를 개간한 농경민족으로 유명하다. 그러나 1990년대 중반부터 현재 중국의 조선족들은 친척방문, 노무수출, 유학, 관광 등을 목적으로 한국, 러시아, 일본, 미국 등 세계 각국으로 '초국적 이동(transnationalism)'[1]을 하고 있다. 또한 조선족사회는 전통적인 정착지였던 농촌을 떠나 도시로 이주하여 새로운 공동체를 구성하는 경향을 보이고 있다. 해외 진출에서 획득된 자본들이 조선족사회가 도시화하는 데 경제적 기초를 마련하여 준 것이다. 2000년 현재 호적상 조선족의 도시와 향진 인구는 1990년에 비하여 11.78% 증가하여 119만 2,500명으로 집계되는데 이는 전체 인구의 61.98%를 차지하는 셈이다. 여기에 호적의 규제와 상관없이 도시에 자유롭게 이동하여 거주하고 있는 유동인구까지 합산하면 보다 더 많은 인구가 도시에 집중되어 있다 하겠다. 한마디로 개괄하면 현재 중국의 조선족들은 세계화와 도시화라는 사회적인 배경하에 기존의 삶의 터전을 떠나 새로운 방식으로 새로운 공동

---

1) 박광성『세계화시대 중국조선족의 초국적 이동과 사회변화』, 한국학술정보(주), 2008.

체를 구성하고 있다는 것이다.

이와 관련되어 지금까지 많은 연구들이 진행되어 왔다. 그러나 이주·정착·재이주가 구체적으로 어떤 네트워크를 통하여 이루어지고 있는지에 대한 연구들이 많지 않은 편이다. 이 논문에서는 초기 이주시기부터 현재에 이르기까지를 시대별로 이주·정착·재이주 등 세 단계로 나누어 당시의 네트워크가 어떤 요소들을 기반으로 이루어지고 있는지에 대하여 거시적인 안목에서 살펴보고자 한다.

2. 이주시기 새 네트워크의 구축과 전통적인 네트워크의 연속

주지하다시피 조선인들이 중국 동북 지역으로의 최초 이주는 19세기 중기에서 말기 사이에 이루어진다.[2] 초기의 이주와 정착은 여러 가지 네트워크를 바탕으로 한다. 그런데 그 세부적인 네트워크가 어떻게 구성되어 있는지에 대하여 설명할 수 있는 사료들은 그리 많지 않다. 본 장에서는 이주시기 문학작품인 안수길의 소설 "새벽"[3]을 사료로 당시의 상황을 살펴보고자 한다. 물론 허구의 과정으로 특징지어지는 문학작품을 사료로 취급하는 것은 타당치 않다는 비판을 받을 수도 있다. 그렇지만 역사학도 문학과 마찬가지로 사회문화적인 현상에 대한 기치판단과 해석을 바탕으로 하고 사료를 선택 가공하여 전달하는 과정을 거친다고 할 때, 이는 한 문학작품이 작가의 일련의 작업을 통하여 독자들에게 전달되는 과정과 거의 구별이 없다.[4] 또한한 작품이 사회적인 공인을 받아 공개출간이 되어 한 사회에 수용이 된다고

---

2)《朝鮮族簡史》編写组 "国家民委民族问题五种丛书之一中国少数民族歷史丛书,"《朝鮮族簡史》, 延边人民出版社, 1986: 3～9.

3) 본고에서 참고한 소설은 2001년에 연변인민출판사에서 출판된『중국조선족문학사료전집(제5집)』532쪽에서부터 575쪽에까지 수록된 안수길의 소설 "새벽"이다.

4) 박승권 "대학교양으로서의 조선문학에 대한 다방면적 접근", 리원길편『세계속의 조선(한국)언어문학 교양과 교재편찬 연구』, 민족출판사, 2003: 152-169.

할 때, 그것이 역사적인 사실과 차이가 있다 하더라도 이는 당시 사회의 집단
적인 표상이라 할 수 있는 것으로서 적어도 그 사회를 반영하는 중요한 단서
를 제공할 수 있다 하겠다.

"새벽"은 1941년 2월 1일부터 3월 1일까지 『만선일보』 문예란에 연재한
소설이다. 소설의 머리에서 저자는 "이 소설은 만주가 건국되기 훨씬 전, 장
작림 정권시대의 어떤 가족의 생활을 기록한 한 청년의 수기임을 말하여 둔
다"라고 밝히고 있다.[5] 당시 사회 실상을 비교적 잘 그려낸 작품이다. 소설
에서는 인물들 사이에 맺어지는 네트워크를 아래와 같은 몇 가지 유형으로
나누어 보여주고 있다.

우선 본토인인 중국인과 이주민인 조선인들 사이의 관계이다. 소설에서
이들 양자 사이의 관계는 다시 두 가지 유형으로 그려지고 있다. 그 중 하나
는 M골 호씨네 지팡이에서 주인 호씨와 그의 관리인 박치만 사이의 관계이
다. 호씨는 북경에 본집을 둔 중국 본토인으로서 사립초등학교장을 지냈으
며 길림일대와 간도지방에 막대한 토지를 가진 당지의 유지이다. 조선인인
박치만은 원래 호적이었다. 박치만은 호씨네 가문을 습격하여 강탈하려던
자기의 무리들을 배반하고 호씨를 구해 준 덕에 호씨의 양자가 되어 호씨의
지팡이를 관리한다. 이들 사이의 관계는 후천적인 혈연관계로 이루어진 것
이다. 그런데 마을은 또한 안전지대가 아니라 이미 호적들의 표적으로 되어
있다. 마을은 호적들의 소요를 대비하기 위해 "총안이 횅하니 뚫려진 포대가
네 귀에 있는 높은 토마에 둘러싸인 집이 내가에 하나와 산 옆에 하나씩 있고

---

5) 소설은 박치만과 창봉이 누이 그리고 삼손이와의 삼각관계를 주선으로 이와 얽힌 조선
인들의 정착과정 중의 생활상을 다루고 있다. 소설에서 박치만은 조선인으로서 M골 주
인 중 하나인 호가의 위탁을 받고 그의 지팡이("지팡"이는 중국어 "地方"의 발음을 조
선농민들이 그대로 따라 부른 것인데 토지의 주인 모 아무개의 세력권이라는 정치적인
뉘앙스를 가지고 있다)를 관리하는 관리인이다. 창봉이네와 삼손이는 모두 몇 해 전에
M골로 이사 온 이들이다. 박치만은 창봉이네가 정착하면서 진 빚을 갚기 위하여 소금
밀수를 하는 약점을 잡아 창봉이 누이를 억지로 첩으로 맞아들이려고 한다. 그런데 창
봉이 누이는 이미 삼손이와 눈이 맞아 있는 터였다. 결국 이야기는 박치만의 압박으로
창봉이 누이가 자살하는 비극으로 마무리 짓는다.

그 집 주위에 초가집들이 적어 이삼 호 많아 십여 호 지붕을 땅에 대고 혹은 뭉켜 있고 혹은 외따로 놓여 있다". 이와 같은 외부적인 환경은 이방인으로 서의 박치만이 호씨와의 관계뿐만 아니라 여타 제반의 인맥을 구축할 필요 를 가지게 한다. 박치만은 만주인(여기에서 만주인은 본토인인 중국인을 말함)을 본처 로 맞아들이는 것으로 이를 해결한다. 혼인을 통한 인척관계를 구축하여 보 다 굳은 관계를 형성한 것이다. 그 외에, 박치만은 평소에 말끝마다 '디(的)' 자가 붙는 중국어를 사용하고 중국 옷을 입고 다니면서 자기의 정체성을 은 폐하고 본토인들과 문화적인 동질성을 유지하려고 노력한다.

이처럼 박치만은 M골에서 호씨의 위망을 기초로 하는 정치적 기틀, 호씨 지팡이의 관리인으로서의 경제적 기틀, 그리고 혼인을 통한 사회적인 네트 워크를 통하여 M골뿐만 아니라 C에 있는 관청과도 밀도 있는 관계를 유지한 다. 소설에서는 박치만이 어떤 네트워크를 통하여 본토인들로 구성된 호적 무리에 가입하였는지에 대하여서는 밝히지 않고 있다. 그렇지만 정착초기 간도 지역의 사회적인 환경과 이와 비롯된 사회적 관계가 매우 복잡하게 얽 혀 있음을 예시하여 주고 있다.

다른 한 가지 형태는 M골의 다른 하나의 지팡이 주인인 윤가네와 삼손이 네와의 관계이다. 윤가네는 본토인이고 삼손이네는 아무 연고가 없이 삼 년 전 마을에 들어온 조선인들이다. 삼손이네는 윤가네 지팡이의 어떤 작인이 윤가 몰래 소출을 밀매한 일이 있었는데, 이를 삼손이 아버지가 윤가한테 고 발하여 그 지팡이에서 지팡살이를 할 수 있게 된다. 마을 사람들에게 있어서 이는 의리를 저버린 비도덕적인 인간으로 치부될 일이지만 대신 삼손이 아 버지 입장에서는 윤가의 환심을 사고 신뢰를 구축하여 정착할 수 있는 토대 를 마련하는 계기로 된다.

위의 두 가지 형태를 살펴보면 박치만이 호씨를 구해준다든지 혹은 삼손 이 아버지가 조선인들을 팔고 윤가의 환심을 산다든지를 막론하고 모두 본 토인들과 신뢰를 구축하는 작업을 펼쳐 네트워크를 구축하고 있다. 이처럼 조선인들의 초기 정착은 소설에서 보여주는 것처럼 각종 수단과 방법들이

동원되어 본토인들과 친분을 쌓고 이를 바탕으로 네트워크를 구축하는 과정이라 하겠다.

다음은 조선인들 사이의 네트워크이다. 조선인들 사이의 네트워크는 한반도에서 이미 가지고 있던 기존의 혈연, 지연 등 관계가 기본 바탕이 되어 이루어지고 있다.

소설에서도 이 부분을 짚어 내고 있다. 창봉이네가 이주지를 M골로 정한 것은 한 동네에서 살던 아버지와 육촌 관계가 있는 '아저씨'가 몇 해 전부터 먼저 와 있으면서 "벌써 터를 닦아 놓았기" 때문이다. 먼저 M골에 와 있던 아저씨는 창봉이네가 이사 온 다음에도 생활 '고문격'으로 창봉이네가 어려움에 봉착할 때마다 제일 처음 찾아와 도움을 준다.

당시 혈연관계를 통한 이주가 매우 보편적인 현상이었던 것으로 보인다. 중국의 조선족 촌락들을 보면 "각 촌에는 멀거나 가까운 친척들이 모여 사는 경향이 있다. 이것은 초창기 여기에 정착했던 사람들이 자기들의 가족과 친족을 이곳으로 데려오면서 형성된 것으로 보인다."[6] 1998년 흑룡강성 오상의 한 조선족촌락에 대한 조사에 의하면 마을에서 제일 큰 성씨들이 촌서기거나 촌장 등 요직을 맡고 있었으며 형제들끼리 서로 이웃하여 살고 있었다. 1926년 3월 『간도와 훈춘접경지방에 오는 이주자 조사』에 의하면 "새로 이주하여온 농민들은 경작지를 구매할 자력은 전혀 없고 휴대한 지참금도 한 집에 평균 20~30원 전후여서 친척이나 지기들에 의지하여 소작살이를 할 수밖에 없었다"[7]라고 기록하고 있었다. 조선인들의 중국 정착은 대부분 이와 같은 혈연관계를 통하여 이루어진 것이다. 어려운 생활환경 속에서 혈연적인 네트워크는 이용하기 가장 경제적이고 확실하기 때문이다.

그러나 혈연적인 네트워크를 이용한 이주와 촌락의 결성은 보수적인 면도 없지 않아 존재한다. 같은 종족집단이나 같은 지역에서 온 사람들끼리 한 동

---

6) 김왕배·이수철 "1930년대 만주의 조선족 마을 공동체: 흑룡강성 오상현 조선족 마을 형성과정을 중심으로," 연세대학교 국학연구원편, 『동방학지』144, 2008: 67.

7) 박창욱 "조선족의 중국이주사 연구," 『역사비평』, 1991: 179-197.

네에서 살고 있으면서 타 종족이나 타 지역에서 이주하여 온 사람들에 대하여서는 배타적이었다. 조선족 농촌에서 조사하다 보면 친척이 없어서 사는데 참 어려움이 많았다는 이야기를 자주 듣게 된다. 소설에서 보면, 삼손이네는 사투리 때문에 압대사람(M골 사람들 사이에 통하는 사투리 외의 사투리를 쓰는 사람들)으로 불리면서 함경도 사투리를 쓰고 있는 마을 사람들과 어울리지 못한다. "압대사람은 말을 웨드레거릴 뿐 아니라 교만하고 의리가 없고 리기적이라는 것"이 그 원인으로 된다. 언어와 문화가 지역정체성의 상징으로 되어 삼손이네라는 객체가 M골 공동체에서 이단으로 구별된 것이다. 중국 조선족들의 분포를 보면 연변과 흑룡강성 남부 지역에는 함경도 출신들이 주로 살고 있고 흑룡강 북부와 요녕, 심양 등지에는 주로 경상도와 평안도 출신들이 각기 따로 동네를 이루어 살고 있는 것도 이와 같은 지연이 가지고 있는 배타성의 결과가 아닌가 싶다. 물론 여기에는 한반도에서 가지고 있었던 지역적인 감정들도 작용하였을 것으로 보이지만 여기에서 구체적인 논의는 약하기로 하겠다.

이주 초기 조선인들은 교육체계를 구축하여 새로운 차원에서 공동체의 재조합을 시도한 것으로 보인다. 그러나 당시와 같이 사회·경제·정치적으로 열악한 환경에서 교육체계를 구축하기란 쉬운 일이 아니었다. 삼손이는 "조선서 보통학교를 졸업하고 기독교청년회의 강습소에서 일 년간 수학"한 M골 "유일한 선각자"이다. "야학"을 가르치고 죽구를 가르치는 것으로 학연을 구축하여 동네 아이들과의 관계를 통하여 동네 사람들과 간접적으로 네트워크를 맺으려고 노력하지만 결국 이루어지지 못한다. 당시 대부분 지역들에 근대적인 교육을 접수할 수 있는 여건이 마련되어 있지 않았다는 것을 설명하여 주는 부분이다. 생계유지에 전전긍긍하던 조선인들에게 있어서 교육이란 분에 넘치는 사치였을 것이다. 그렇지만 지극히 어려운 환경에서도 조선족들의 교육에 대한 열의와 노력은 그치지 않고 지속되었으며 이는 후에 조선족 집거지들에 체계적인 교육체계가 갖추어질 수 있는 토대를 마련하여 준다.

혈연과 지연 이외에도 문화적인 동질성이 조선인들이 중국에 정착하는 데 중요한 역할을 한 것으로 보인다. 위에서 잠깐 지적하다시피 혈연, 지연 등과 같은 요소들이 포섭의 장치인 한편 배제의 장치이기도 하다. 이때 민족적인 정체성이 국지적인 혈연이나 지연을 넘어서 통합적인 조선인 네트워크를 구축하는데 중요한 기능을 하였다는 것이다.

상당수의 조선인들은 혈연이나 지연 등 아무런 연고도 없이 무작정 오랑캐령을 넘어 중국으로 이주한다. 이들의 정착은 문화적인 동질성이라는 것을 바탕으로 한다. 삼손이네가 바로 이 사례이다. 물론 마을에서 삼손이네는 '압대사람'이라는 이유로 배척당하지만 어렵사리라도 마을에 터를 마련하며, 세월이 흐르면서 창봉이 누이 '복동녀'와 같은 일부 마을 사람들의 환심을 산다. 조선족들의 이주 경력을 두루 살펴보면 서로 다른 맥락을 가진 조선인들이 한 마을에 함께 기거하면서 점차 새로운 지역공동체를 조합하는 사례도 적지 않다. 1970년대 말까지만 하여도 연변의 일부 조선족 동네에서는 혈연적인 관계가 없지만 친척처럼 밀접하게 지내는 집을 이른바 "되는 집"이라고 하면서 약혼식과 같은 집안에 큰일이 있을 때면 가족의 대표로 "되는 집"의 어른들을 내세우는 경우도 있었다. 소설에서도, M골 사람들은 박치만의 악행에 치를 떨지만 다른 만주인들 동네에 가지 않고 M골에 들어와 산다. 그리고 박치만이 소금밀수로 끌려간 창봉이 아버지를 구해오자 "그 두 사람이겠지"라고 박치만을 치하한다. 박치만을 본토인들로 상징되는 C의 관청 집사대와는 구별되기도 하고 동네사람들의 질고를 헤아리기도 하는 마을공동체의 같은 구성원으로 취급하는 것이다. 박치만도 만주인인 아내가 살아 있음에도 조선인 창봉이 누이인 '복동녀'를 첩으로 앉히려고 한다. "조선 태생이라 같은 조선태생의 아낙을 들이고 싶은 충동도 일어날 수 있는 일"이고 "박가두 조선사람이랑이 되사람보다야 나"으며 이런 "박치만의 태도는 사실로 진심으로 나오는 구석이 없지도 않았다"는 것이다. 박치만은 평소에 유일한 '본토인'으로 자청하면서 자신이 다른 조선인과는 구별되는 존재로 표방하고 있지만 결국에는 조선인으로서의 정체성을 포기하지 못한 것이다. 다른 각도에서 볼 때 박치만을 포함한 M골 조선인들 사이에는 조선인으로서의 정체성이 존재하고 있으며 이와 같은 정체성을 기틀로 조선인 동네가 이루어진 것이다. 또한 조선인으로서의 정체성은 이들 사이에 존재하는 계층적인 감정을 더욱 야기하여 갈등을 격화시킨다.

3. 전통적인 네트워크의 제도적 단절

1945년 해방 이후 중국의 조선족들은 짧은 몇 년간의 격변기를 경과하고 나서 장기간 동안 이념적인 갈등과 냉전 그리고 한반도 분단으로 비롯되는 그 아픔들을 직접적으로 감수하여야만 했다. 우선 조선족들의 한반도와의 전통적인 네트워크는 반도의 분단과 이념적인 통제로 남과 북이 다른 형태로 나타난다. 즉, 동일한 사회주의 이념을 바탕으로 하는 반도의 북쪽과는 그 전통적인 네트워크가 여전히 유지되어 있었다. 분단 이후 이루어진 중국과 이북 사이의 특수한 정치적 환경하에 중국의 조선족들과 북한인들 사이의 이동이 단순한 국제적인 경계를 초월하여 자유롭게 이루어졌다 할 수 있겠다. 1950년대 말부터 1960년대 중기까지 중국에서는 반우파투쟁, 지방민족주의를 반대하는 등 일련의 정치운동이 계속된다. 게다가 1958년부터 1960년대에는 대약진이라는 무모한 경제성장을 위한 무모한 시도로 1959년부터 1961년까지 3년간 최고의 식량난으로 알려져 있는 '대식품' 시대를 맞이하게 된다. 이와 같은 정치적 경제적인 영향으로 1960년대에는 조선족사회에서는 '조선바람'이 일어 많은 조선족들이 이북으로 대거 이동하였다. 당시 이북에서는 두만강과 압록강 강가의 도시마다에 접대처라는 기구를 설치하여 중국에서 건너간 조선족들을 적극 수용하여 관리하였다. 급행열차도 접대처가 마련된 마을마다 특별히 '임시정차'하여 돈도 받지 않고 무료로 태워 주었다고 한다.[8] 물론 조선족들에 대한 환영은 전쟁 피해로 인한 인력의 대대적인 부족이 크게 한몫한 듯싶다. 그러나 제일 인력으로 조선족들을 선택하였다는 것은 동일 민족으로서 공유하고 있는 문화적 동질성이 큰 역할을 하였음을 말해준다.

이와 반대로, 반도 남쪽과는 이념적인 적대시와 군사적인 대립으로 기존의 전통적인 네트워크를 비롯한 모든 것들이 단절된다. 극도로 좌(左)적이고 보수적이었던 문화혁명시기에 한 개인에게 있어서 해외친척 관계가 있다는 그 자체가 정치적으로 요주의 인물이 될 수 있는 매우 불안한 요소였다. 중화민족의 일원으로서의 조선족들도 이와 같은 열악하던 정치적 환경에서 자유로울 수 없었다. 특히 적대국으로 치부되던 '남한'에 친척이 있어 사사로이 내왕을 한다는 것은 간첩으로 몰릴 수 있는 확률이 높았다. 친척관계가 있다면 사전에 조직에 회보하여야만 했다. 그러다보니 해외관계로 의심받을 수 있는 요소들은 미리 청산할 필요가 제기되었다. 일단 개인의 신상과 관련된 문자적인 기록들이 제일 위험한 것들로 인식되어 당안(檔案) 기록부(記錄簿) 기재사항들 중 해외친척관계에 대한 내용들이 점차 '무(無)'로 바뀐다. 아이러니한 것은 개혁개방이 되어 해외진출에 앞장에 서던 이들 중 대부분들은 당안 기재상에도 해외친척관계가 전무하다고 적혀 있다는 것이다. 고압적인 정치적 배경하에 한 개인의 생존에 불리한 요소들은 의도적으로든 아니면 강제적으로든 은폐될 수밖에 없었다. 이와 마찬가지로 이주시기에 중국에 갖고 들어와 가보처럼 소중히 보존하고 있던 족보들이 없어지기 시작하던 때도 바로 이 시기이다. 가문의 역사와 인적사항들이 낱낱이 기록되어 있는 족보가 해외와의 연원을 증명할 수 있는 유력한 물증으로 제시될 수 있기 때문이다. 그뿐만 아니라 족보는 당시 체제에서 타도의 대상이었던 지배계급 양반계층을 상징하는 것으로서 일상생활에는 매우 불편한 요소였다. 일상의 모든 행위들이 정치와 이념에 강제 혹은 복종되어야만 했다.

이와 같은 사회·문화·정치적 현상은 당시에 진행되었던 사회주의 혁명과도 관련이 있다. 건국 초기 정치적 수요의 결과라고 할 수 있을 것이다. 새

---

8) 류연산 "가는정 오는정" http://www.zoglo.net/ (2009년 1월 19일).

롭게 설립된 사회주의 국가는 구 사회와의 단호한 결별이 요구되었으며 이는 전통에 대한 부정으로 이어졌다. 경제적인 급속한 발전과 정신적인 일신이 함께 이루어져야만 하였으며 사회주의 이념을 바탕으로 하는 신문화의 창출이 절실히 필요하였다. 전통적인 관습들은 봉건적인 허례허식으로 매도되어 타파되어야 했고, 대신 사회주의적으로 혁명화되고 절약을 목적으로 하는 간소화한 의례들이 창출되어야만 했다. 그뿐만 아니라 종교적인 요소들도 극도로 제한되어 전통적인 상례나 제사와 같은 의례들도 간단한 혁명적인 추도식으로 재창출되었다. 한때는 정월 차례와 같은 조상들에 대한 제의가 수령님에 대한 충성을 나타내는 선서의식으로 대체되던 시기도 있었다.

족보 수선이나 해마다 지내는 차례와 같은 행위들은 공동체 구성원들을 재확인하고 기억을 재생하는 장치로서 문화적 동질성을 유지하고 '상상의 공동체'를 구축하는 기반으로 기능한다. 이와 같은 요소들에 대한 제도적인 통제는 전통적인 기억을 재생산하는 기제의 상실을 수반하면서 고압적인 정치 환경하에 장기간 지속되었다. 이런 것들이 현재 대부분 조선족 제3, 4세들이 본관이나 족보에 등록된 항렬자를 모르며 장례식과 같은 제의를 치를 때면 절차와 제수를 차릴 줄 몰라 허둥거리는 현상을 연출하는 중요한 원인이 된다고 보인다. 또 더 나아가 이는 한중 수교 이후 중국 조선족과 한국인들 사이에 문화적인 이질성을 조성하게 되는 중요한 원인으로 보인다.

중화인민공화국이 설립된 후 소수민족에 대하여 자치제도를 실시한다. 소수민족들에게 정책적으로 혜택을 베풀어 자기의 언어와 문화와 전통 등을 보존할 수 있는 제도적 기제를 마련하여 준다. 소수민족자치제도에 근거하여 현재 중국 내에는 조선족 자치주(州)가 1개, 자치현(縣)이 1개, 자치향(鄕)이 40여 개 설립되어 있다.[9] 그 중 연변조선족자치주는 1952년 9월에 설립된 중

---

9) 중국에서는 중화인민공화국 설립 이래 일반적으로 지방에 성, 시(현), 향(진) 등 세 등급 행정체계를 구성 설치하여 관리하였다. 소수민족이 집중되어 있는 지역에 대하여 소수민족우대정책을 베풀어 자치제를 실시하였는데 이는 자치구, 자치주, 자치현, 자치향으로 구현된다. 행정상 자치구는 성급이고 자치현은 시(현)과 맞먹으며 자치향은 향(진)

국 동북지역의 유일한 소수민족 자치주이다. 자치주의 총면적은 4만 2,700㎢로서 전 길림성의 4분의 1을 차지한다. 주 전체의 인구는 219만 1,000명인데 그 중 조선족이 80만 명으로서 전체 인구의 36.6%를 차지한다.[10] 장백조선족자치현은 수년간의 준비기간을 거쳐 1958년 9월에 설립되었다. 2005년의 통계에 의하면 장백현에는 장백진(長白鎭)을 망라한 7개의 진과 금화향(金華鄕)이 있으며 그 산하에 또 77개의 행정촌이 소속되어 있으며 총인구는 8만 3천여 명인데 그 중 조선족이 16.95%를 차지한다.[11]

여기에서 한 가지 주목되는 바가 있는데, 위와 같이 자치제를 실시하여 체계적인 행정체계를 구비하고 있는 지역의 조선족들과 그렇지 않는 지역의 조선족들 사이의 네트워크 구성형태가 약간 다르게 나타난다는 것이다. 위에서 이야기하다시피 연변 지역은 정치·행정·사회·문화·예술 등 제반 체계를 비교적 완벽하게 구비하고 있는 자치 행정지역으로서 상당한 규모를 갖추고 있을 뿐만 아니라 전국적으로도 가장 큰 조선족 집거 지역이다. 이는

과 동급이다. 자치주는 성과 시(현) 사이에 설치되어 있는 지방 제2급 행정 단위로서 자치권을 행사한다. 자치권은 주로 1) 본 민족 내부 사무를 자아관리할 수 있는 권리, 2) 자치조례를 제정할 수 있는 권리, 3) 본 민족 언어를 사용하고 발전시킬 수 있는 권리, 4) 자유로운 종교신앙이 담보 받고 존경받을 수 있는 권리, 5) 본 민족의 민족습관을 보존하고 개혁할 수 있는 권리, 6) 경제건설과 관련된 여러 사항들을 자주적으로 안배하고 관리하며 발전시킬 수 있는 권리, 7) 교육·과학기술·문화 등 제반 사회적인 사무들을 자주적으로 발전시킬 수 있는 권리 등을 망라한다. 자치권을 행사하는 소수민족지역들에서는 본 소수민족이 해당 자치구역의 수령을 맡는다.

향과 진은 중국 행정구역 중 최말단이다. 자연촌락을 기초로 하는 행정촌과 행정촌락의 하부조직인 촌소조는 자치적인 단체이다. 그러나 향(진)의 지도를 받아야 한다. 1955년 정부에서는 상주 인구가 2,000명 이상이 되는 지역 가운데서 비농업인구가 50% 이상을 차지하는 지역을 골라 현급 및 그 이상의 정부 소재지로 삼는 한편 진(鎭)으로 지정하였다. 전통적으로 볼 때 진은 대체로 도시와 농촌을 이어주는 역할을 수행하였다. 1984년 이후 정부에서는 도시화와 산업화가 상대적으로 발달된 지역에서도 진을 설치할 수 있도록 허가하며 진에 촌을 직접 지도할 수는 권한을 부여한다. 현재 도시화와 산업화가 발달과 아울러 향이 대대적으로 축소되거나 취소되고 진의 기능이 보다 강화되고 늘어나는 경향을 보이고 있다.

10) http://www.yanbian.gov.cn 중의 "延邊概況"을 참고 (2011년 11월 8일).
11) http://cb.cbs.gov.cn 중의 "長白概況"을 참고 (2011년 11월 8일).

연변조선족자치주와 다른 조선족 지역의 가장 큰 구별이라고 할 수 있겠다. 타 지역보다 정치행정적인 제반 체계가 네트워크가 여타 지역보다 발달되어 있다는 지역적인 특징은 사람들의 일상에도 투영되어 사회관계의 구성에도 반영된다. 사람들 사이와 결속에 있어서 혈연이나 지연을 바탕으로 하는 정서적인 요소들이 강조되기보다도 행정적인 제한이나 구속을 받아 공적이고 사무적인 요소들이 상대적으로 더 강조된다. 대신 제도적인 보장이 상대적으로 결여되어 있는 여타 조선족 산거(散居)지역에서는 혈연과 지연 등이 자아 결속력을 구축하고 민족적 정체성을 유지하는 데 큰 기능을 하고 있다. 역설적으로 혈연·지연을 바탕으로 하는 문화적인 정서들은 국지적인 것으로서 새로운 지역적인 감정을 유발하여 조선족 내부 네트워크의 결성에 복잡한 구조를 형성한다.

4. 사회의 글로벌화와 새로운 네트워크의 구축

1992년 초 등소평은 심천 등 지역을 순방하면서 개혁개방을 보다 대담하게 진행하여야 한다고 연설했다. 이 연설을 계기로 중국의 개혁개방은 당시의 다소 침체된 상태에서 벗어나 보다 심도 있게 진행된다. 이는 조선족들의 해외진출에 제도적인 기반을 마련하여 주었다.

서론에서 지적한 바 있지만 현재 중국의 조선족들은 전통적인 거주 지역을 벗어나 세계각지로 진출하여 글로벌화하는 형태를 나타내고 있다. 2004년에 연변지역 주민들이 88개 나라로 출국한 것으로 집계된다.[12] 물론 연변에 거주하는 조선족 인구가 80만 명으로 전체 연변 인구의 38.55%(중국 전체 조선족 인구의 약 42%)밖에 차지하지 않아 이 수치가 조선족들의 해외 진출의 실상을 정확하게 설명한다고 할 수는 없다. 그렇지만 2010년 한국에 체류하고 있는 조

---

12) 김성광 "연변지역, 전국 출입국 중점관리지역에," 『길림신문』, 2005년 1월 8일.

선족 수가 약 38만 4,958명[13]이고 2005년 일본에 5만 3,000명,[14] 2007년 미국에 5만여 명,[15] 2006년 러시아에 3만~5만 명[16]이 체류하고 있다는 통계수치가 나온다. 여기에 비춰 볼 때 조선족들의 해외 진출이 매우 활성화되어 있고 그 진출 지역도 매우 분산되어 있다는 견해가 설득력이 있음을 알 수 있다.

그런데 위의 수치에서 우리는 한국에 체류하고 있는 조선족 수가 다른 지역보다 압도적으로 많다는 것을 알 수 있다. 해외에 체류하고 있는 상당수 조선족들의 이주와 정착이 문화적인 동질성을 바탕으로 이루어진 것으로서 조선족이라는 민족 정체성이 해외진출끼 네트워크 확장에 도움을 준 것이다. 한국은 더 말할 것 없고 일본이나 미국에 이주한 상당수의 조선족들이 한국인 업소에 취직한 것으로 나타나고 있다. 그리고 중국에 이주하는 과정에 형성된 '조선족'이라는 문화적인 정체성 역시 이들의 네트워크 확장에 큰 기능을 수행하였으며 해외 체류과정 중에서도 조선족들은 여러 가지 수단을 동원하여 기존 네트워크 구축과 강화를 시도하고 있다.[17] 반대로 중국에 진출한 한국의 기업체들은 한민족공동체라는 정체성을 바탕으로 조선족들과 쉽게 네트워크를 구축하여 초기 중국진출에 상당한 도움을 얻었다.

그러나 이처럼 문화적 동질성에 바탕을 둔 네트워크는 곧 이어지는 조선족과 한국인들 사이의 문화 충돌로 시련을 겪는다. 1990년대 중반에서 말기에 이르는 몇 년 동안 지속된 조선족의 정체성에 대한 논란과 재확인이 바로 그 사례들이다. 상대 문화에 대한 사전 이해가 부족한 상태에서 정서적으로 만난 두 공동체 사이에 생기는 필연적인 현상이다. 서로 다른 정치·사회·문화적 배경을 가진 공동체들이 접촉할 때에는 문화적인 충돌은 불가피하다. 대신 충돌과 같은 밀도 있는 접촉을 통하여 문화적 차이가 쉽게 드러났

---

13) 한국 출입국·외국인정책본부 홈페이지 http://www.immigration.go.kr 참고.
14) 한광천 "재일본조선족의 현 주소," 흑룡강신문일본특별취재팀, 2005년 12월 2일.
15) "급성장하는 워싱턴 조선족사회," 『한국일보』, 2007년 10월 23일.
16) 신성준 "중국동포 모스크바행 줄이어," 『재외동포신문』, 2006년 1월 23일.
17) 박광성 『세계화시대 중국조선족의 초국적 이동과 사회변화』, 한국학술정보(주), 2008: 287-292.

으며 지금에 와서는 보다 성숙된 네트워크를 맺게 되었다.

중국에서 한국인과 조선족 사이의 네트워크는 여러 형태로 결성되는데 각 지역마다 그 특색을 나타내고 있다. 북경 지역 조선족들과 현지 체재 한국인들 사이의 관계는 수평적으로 이루어진다는 특색이 있다. 이는 북경의 조선족이 한중 수교 이전에 이미 일정 규모를 갖추고 있었으며 정치·교육·예술·문화 등 제 분야에서 활약하고 있었던 것과 관련이 있는 듯싶다. 그러나 여타 지역의 조선족 공동체들의 형성은 중한 수교 이후 한국 기업체들의 중국 진출과 밀접히 관련되어 있는데, 현지의 조선족과 한국인들 사이의 관계는 경제적인 요소를 바탕으로 결성되어 있는 것으로 보인다.

그런데 도시에서 새롭게 형성된 조선족 공동체는 체계적인 민족교육을 전수받고 전통문화를 수용할 여건이 부족하여 정체성 상실의 위기를 맞고 있다. 이주 2세들의 민족교육문제 등이 현실적 문제로 나타난다. 물론 이에 대응한 다각도의 노력을 강구하기도 했다. 제한되어 있지만 사이버공간이나 당지의 매체 등을 통한 전통문화교육 실시, 축구나 배구 동호회 모임, 운동대회나 설맞이 모임 같은 이벤트 행사 개최 등 여러 수단을 동원하여 네트워크를 구축·강화하는 한편 민족 정체성을 고취하고자 노력하고 있다.

주지할 점은 조선족들의 도시 진출에서 소홀히 할 수 없는 부분이 고등교육을 받은 엘리트 집단의 역할이다. 조선족의 대도시와 연해지역 진출에서 젊은 엘리트가 핵심 역할을 수행해왔다. 해마다 다수의 조선족 젊은이들이 대학교에 입학하고 졸업 후 취직한다. 길림성교육학원의 한 관계자의 제보에 의하면 길림성에서만 조선족 대학생들이 매년 약 5,000명이 입학한다고 한다. 바꾸어 말하면 이는 길림성 출신 조선족 졸업생이 해마다 5,000명씩 취직하여야만 한다는 것을 말해준다. 그런데 대부분 대학 졸업생은 대도시와 연해도시에서 적당한 직장을 찾기 원한다. 북경 소재 한 대학교의 사례를 살펴보면 조선언어문학과로 명명된 이 학과에서 해마다 70명의 조선족 졸업생이 배출된다. 그 95% 이상이 북경, 상해, 심양 등 대도시와 대련, 청도, 심수 등 연해지역의 기업체에 취직하고 있다. 물론 이는 특수한 사례이다. 그러나 조선족 대학 졸업생들의 취직 성향을 설명해준다. 대학졸업자 한 사람이 직장을 찾아 정착하면 자기의 형제와 부모님을 모셔온다. 그리고 나면, 이들은 연달아 자신의 친구들의 이주를 주선한다. 조선족들의 대도시와 연해 지역 진출에서 나타나는 보편적인 현상이다. 간단히 말하면 중국 내의 대도시와 연해도시의 조선족 공동체의 형성은 엘리트 집단들이 혈연·지연·학연을 바탕으로 하는 네트워크를 기반으로 한 문어발식 확장을 통하여 이루어진 것이라 하겠다.

5. 결론을 대신하여

이상에서 중국의 조선족들이 네트워크의 결성형태를 시대적으로 나누어 살펴보았다. 현대에 와서 한 공동체의 이주와 정착은 타 지역 타 공동체와의 문화적인 접촉이라 할 수 있다. 조선족들처럼 이주지역의 주민들과 밀착도가 높고 접촉이 빈번한 사례는 그렇게 많지 않다. 따라서 문화적 충돌은 불가피하다. 그렇지만 중국의 조선족들은 시대에 따라 다른 형태의 외적인 네트워크와 내적인 네트워크를 구축하여 새로운 터전에 성공적으로 안착하였다. 이 과정에서 엘리트들이 매우 중요한 역할을 담당하였다. 그리고 문화적 정체성은 공동체의 결속을 강화하는 데 큰 기능을 수행하였으며 한 공동체 내부에 존재하는 정체성의 중층적 구조는 조선족의 네트워크가 복잡하고 다양한 형태임을 보여준다.

제3장 _ 한인유학생 사회와 사회 '들'
-길림대 한인유학생 사회의 사례를 중심으로-

최선화

1. 머리말

식상한 이야기이지만 한·중 간 교류의 역사와 모습은 길고 다양하다. 더 정확히 표현하자면 이것은 '교류의 역사'일 것이다. 그리고 이 역사에 해당하는 시간과 장소는 그 교류에 참여하거나 관계된 인간을 포함하여 공간으로 창출되어 역사화되거나 기억되었다. 이 장의 원고도 바로 현재 한·중 교류의 한 부분과 속성에 대한 일종의 '역사화' 작업의 하나이다.[1]

특히 최근의 교류는 과거 한·중 교류의 역사적 맥락과 비교했을 때 중요한 차이점들이 존재한다. 큰 맥락에서 봤을 때는 중국과 한국의 '일상적 국력'[2]이 역전되었다. 유학생 사회라는 측면에서 국한해 봤을 때는, 최우수의 인원들만 중국으로 진출할 수 있었던 과거와는 다른 양상을 보인다는 점을 들 수 있다. 현재 한국 학생들은 남녀노소를 불문하고 다양한 경로를 통해

---

1) 필자 스스로가 졸고(拙稿)에 대해 이런 의미를 부여하는 것이 겸연쩍기도 하지만, 반대로 이런 졸고들의 모임이 오히려 더 현황의 진실에 부합할 수 있다고도 생각한다.
2) 국가 역량의 총합이 아니라, 해당 국적 개인의 일상적인 삶에서 확인할 수 있는(일인당 평균소득, 행복지수, 사회로부터 개인이 제공받을 수 있는 보건복지 현황 등) 역량으로써 필자가 임의로 설정한 것이다. 맥락적으로 이해해주시기 바란다.

중국 각지로 진출하고 있다.

상기한 두 지점은 유학생 사회를 '경험칙적'[3]으로 구성하려는 이 논문의 문제의식이다. 일상적 국력의 역전에도 불구하고 한인 유학생 사회는 갈수록 '방대'해지고 있다. 뒤집어서, 한인 유학생들은 여러 목적을 위해 중국으로 오지만 '일상적 국력'의 차이에 대해 명확하게 인지하고 그것을 중국에서 자신들의 삶에 투영한다. 이것은 출세나 신분 확보에 결정적 역할을 하며 선망의 대상[4]이었던 과거의 중국 유학의 의미와는 분명 다르며 고로 현지에서 형성되는 유학생 사회의 성격 역시 이전과는 다를 것임을 추론할 수 있다.

현재 중국에서 한인 유학생 규모는 상당하다. 어학연수, 일반 학부, 석·박사 과정 등의 모든 영역에서 최대의 규모를 자랑하며, 그 규모는 2순위인 미국 학생들의 3배에 이른다. 2008~2009년 기준으로 중국의 한인 유학생은 총 65,000명 내외이며, 2위인 미국 유학생은 2,000명 내외이다.[5] 현재 중국 주요 지역들(주요 대학 소재지들)에서 한인 유학생 사회는 상당한 규모로 형성되어 있다. 이 논문이 주목하는 것은 이 한인 유학생 사회가 소통하는 '다른 사회'[6]가 현지 중국 사회만 있는 것이 아니란 점이다. 여기에는 '재중 한인사회'와 '한국사회'[7]도 포함된다. 필자가 지켜본 바로는 한인 유학생 사회는 중국 사회와는 개별적으로, 한인 사회와는 부분적인 조직으로, 한국사회와

---

3) 이 표현은 전문 연구원이 아닌 필자의 한계와 장점을 동시에 노정한다. 필자는 실무자로서 한인 유학생 사회와 만나고 있으며, 본고는 그 만남의 경험을 제한된 몇 가지 시선으로 구성한 것이다. 재외한인사회에 대한 한국사회의 전문적인 연구 중 전남대학교 세계한상·문화연구의 1·2차 총서를 추천한다. 다양한 지역의 재외한인들에 대해 종횡으로 연구하고 있다. 특히 2차 총서 10권 『재외한인의 단체활동과 의식실태』는 비록 한인유학생 사회에 대한 내용은 없지만 필자에게 알려준 귀연구원의 목적에 도움이 될 것이라는 소견이다.

4) 이것을 한 한국인 유학생은, 현재 한국 사회에서의 '미국 명문대 유학'의 기능과 그 역사적 맥락이 유사하다고 지적했다.

5) 教育部国际合作与交流司, 『2009 来华留学生简明统计』(内部文件, 2009)

6) 이런 표현은 필자의 생각과 완전히 동일하진 않지만, 본고의 목적에 맞추어 함축시킨 것이다.

7) 이 부분은 각 절에서 보충설명하도록 한다.

는 집단적으로 소통하거나 영향을 주고받는다.

이 장에서는 이 점에 착안하여, 필자가 경험한 '한인 유학생 사회' 의 특성과 그에 대한 필자의 의견에 대해 약술할 것이다.[8] 미리 고백하자면 필자의 경험은 길림대의 한인 유학생 사회로 국한되어 있으며, 또한 필자 역시 길림대의 한인 유학생 사회에 대해 '개인적 영역' 까지는 세세히 알지 못한다는 한계가 있다. 그러나 길림대의 한인 유학생 사회가 한국에서의 다양한 지역과 대학을 아우르고 있다는 점과 필자의 경험이 이 한인 유학생 사회 전반에 대한 이미지를 형상화할 정도는 된다는 점이 이 한계를 어느 정도 보완할 것이라 기대한다.

2. 길림대의 한인유학생 현황과 의미

길림대의 한인유학생 현황은 크게 두 가지로 살피도록 한다. 첫째는, 출신학교를 파악하는 것이다. 이는 현재 길림대에 '단기적' 으로 재학 중인 학생들[9]의 분포를 확인하게 한다. 이를 통해 현재 길림대에 재학 중인 한국 학생들의 대략적인 수준에 대해[10] 가늠할 수 있다.

〔표 1〕은 길림대에 다양한 수준의 한국 학생들이 재학 중임을 보여준다. 서울과 비서울 지역·입시 성적이 아주 높은 곳과 그렇지 않은 곳 등 다채로운 분포도를 나타낸다.

둘째, 현재 길림대에 재학 중인 '장기 유학생' 의 지역별 분포를 확인하는 것이다. 이는 길림대에 재학 중인 한인 유학생들의 '대표성' 과 관련된다. 현

---

8) 그렇기 때문에 별도의 이론적 분석과 해설을 첨부하지 않는다. 또한 한인유학생 사회가 필자의 분석도구임을 다시금 밝힌다(이것은 한인 유학생 사회와 한인 사회가 동질한 집단이 아니라고 보는 필자의 의견이다)
9) 한국에 재학 중인 제1학교가 있다는 의미는, 교환학생 및 단기 어학연수일 확률이 높다는 뜻이다.
10) 일반적인 기준에서이다.

〔표 1〕 길림대에 재학 중인 한국 유학생의 대학별 분포

대학	인원	대학	인원	대학	인원	대학	인원
강원대	12	성균관대	1	대구대	1	전북대	4
건국대	1	수원여대	1	동국대	2	충남대	2
경남대	1	신성대	2	부산대	3	충주대	1
경북대	3	신흥대	1	상명대	4	한동대	1
계명대	1	연세대	1	서울대	2	한림대	1
고려대	31	한국외대	1	서울신학대	1	홍익대	2
광운대	7	용인대	3	김천대	1	인하대	2
광주대	3	이화여대	1	대구가톨릭대	8	전남대	2

〔표 2〕 길림대에 재학 중인 한국 유학생의 지역별 분포

지역	본과생	어학연수생
경기도	62	12
경상북도	7	7
충청남도	7	
경상남도	12	8
충청북도	7	1
전라남도	6	2
전라북도	8	1
강원도	7	1
제주도	0	1
서울	82	18
부산	9	5
대구	3	3
대전	15	2
인천	32	5
울산	8	
광주	9	3
미확인	15	4
합계	289	73

재 한인 유학생은 중국의 다양한 지역에서 활동 중이다. 이에 길림대가 일정한 표본으로서 기능하기 위해서는 먼저 소개했던 각 대학별 분포뿐 아니라 학생들의 '출신별 분포'가 일정 수준 이상이 되어야 한다.

〔표 2〕에서 볼 수 있듯 길림대는 다양한 지역의 한인 유학생을 수용하고 있다. 특히 본 항목의 '본과생'은 현재 길림대에서 학부 과정을 이수하는 학생들로써 장기 유학생이라는 특성을 지닌다. 또한 〔표 2〕는 길림대에 재학하는 한국 유학생들의 지역별 분포 정도가 한국의 지역별 인구 분포와 큰 차이가 없음을 보여준다.[11]

〔표 1〕과 〔표 2〕는 현재 길림대의 장단기 한인 유학생이 '대학별 · 지역별'

---

11) 약간의 차이는 있다. 이는 본교와 한국 각 지역 간 교류의 차이로 인해 발생한 것이다.

로 다채롭게 분포하고 있음을 보여준다. 이는 길림대의 한인 유학생 사회가 매우 다채로운 성격을 띠고 있음을 말한다. 이는 필자가 경험한 길림대 한인 유학생 사회가 일정 정도의 대표성 및 보편성을 가지고 있다는 것을 의미한다. 필자의 논의는 이러한 길림대의 현황에 근거하여 구성되어 있다.

3. 한인유학생 사회와 '다른 사회' 의 만남

서문에서 기술하였듯이 한인유학생 사회는 실재하는 두 개의 사회를 현지에서 만나고, 실재하지만 만날 수 없는 하나의 사회와 강력히 연계되어 있다. 중국 현지에서 '한인사회·중국사회' 와 만나며 동시에 이 만남은 한국사회를 지향한다. 유학생사회가 본국에서의 역할을 지향하는 것은 일견 당연해 보인다. 하지만 이 지향을 통한 연계가 현지 사회와의 만남과 그 성격에 강하게 영향을 미친다면 그것은 하나의 특이점이다. 본 장은 이러한 현황에 대해 약술하고 이에 대한 대안을 서술하고자 한다.

1) 한인유학생 사회와 한인사회(재한·중국)

한인유학생들에게 한인사회는 바로 '적응' 이다. 처음 중국으로 유학 온 대부분의 한인유학생들이 가장 먼저 접하게 되는 것이 바로 한인사회이기 때문이다. 그것은 한인사회의 특수성 때문이다. 중국에서의 한인사회는 특정지역에 집중되어 있고, 또한, 고도로 발달한 상호연계가 있다.[12] 이 상호연계의 확립, 즉 한인사회의 '사회화 과정' 에 초기 유학생 사회가 참여했고 참여되었기 때문에 이것이 일종의 문화처럼 정착하게 되었다. 그래서 한인유학생이 중국 현지에 도착할 경우 그 한인유학생은 여러 이유—집단과 개인

---

12) 이 뜻이 한인사회의 단결력을 의미하는 것은 아니다. 한인사회의 끈끈한 결속력은 한인사회 내의 특정 집단의 내구성을 의미한다.

의 경우 차이를 보이긴 하지만―로 이 한인사회를 통해 중국사회의 적응을 시도하게 된다.

언급한 여러 이유에는 첫째, 유학이 중국 현지사회를 통해 이루어지지 않는다는 점, 둘째, 기존 한인사회 및 한인유학생 사회의 규모가 방대하기 때문에 한인유학생들의 불편한 점을 해소하기 용이하다는 점, 셋째, 둘째와 같이 규모가 방대한 한인사회 및 한인유학생 사회는 유학 초기 학생들에게 한국사회와 비슷한 활동이 가능하다는 점으로 안도감을 준다는 점 등이 있다.

특히 한인유학생 사회와 한인사회의 접점에 '종교'가 있다는 점을 주목할 필요가 있다. 이것은 필자가 알기로는 중국 각 지역뿐 아니라 전 세계의 한인사회에서 나타나는 특징으로 특히 '교회'가 중추적인 역할을 담당한다. 현지의 한국 교회는 한인유학생들에게 기존 한인사회 및 한인유학생 네트워크와 현지의 정보를 가장 빠르고 집약하여 제공한다. 그래서 본래 한국에서 비신도였던 상당수의 유학생들이 현지에서 신자가 된다. '교회'가 이렇게 거점화되는 이유로는 '공간적 특성'을 지니고 있기 때문이라고 판단된다. 교회당이라는 특정한 장소와 일요일이라는 특정한 시간, 그리고 기존 한인사회로부터 획득할 수 있는 이점과 심리적 안정감 등이 결합된 '공간'인 것이다. 그리고 이는 유학생이라는 개인이 중국사회와 만나는 것보다 훨씬 용이하다.

다음으로는 여러 '운동을 중심으로 한 취미 활동'이 한인유학생 사회와 한인사회를 만나게 한다. 이 부분에서는 성별에 따라 확연한 차이를 보이는데, 남학생의 경우 적극적으로 참여한다. 한인유학생 사회 내부에서도 다양한 그룹이 만들어지며, 이 조직된 그룹으로 기타 유학생들이나 중국 학생들과 교류하기도 한다. 중요한 점은, 먼저 '한국 그룹'으로 조직된 후에 교류가 시작된다는 점이다. 이 점은 교회와도 비슷하다. 중국에서의 한인교회에는 제도적으로 '중국인의 참여'가 거부된다. 그렇기 때문에 '한인'교회가 선(先)조직 후 이 교회가 지역 내에서 활동하며 교류하게 된다. 이러한 경향은 한인유학생 사회–한인사회가 선포섭/후조직 된 뒤에 현지에서 교류하게 된다는 점을 의미하며, 특히 유학생 사회에 국한했을 경우에는 현지사회에 대한 배제를 전제하게 된다. 특정 사회와의 포섭작용은 일반적으로 특정 사회의 배제가 전제되기 때문이다.

그러나 한인유학생 사회-한인사회의 관계는 상기한 현황의 지속만을 의미하지 않는다. 이 점은 필자에게 놀라운 사실로 다가왔는데, 한인유학생이 현지에 일정 정도 적응하는 것과 기존에 한인사회와의 관계의 끈끈함은 반비례한다. 풀어 설명하자면, 현지에 적응할수록 한인사회에서 이탈하는 양상을 보이게 된다는 것이다. 특히 한인교회와의 관계에서 이 점은 두드러진다. 그래서 필자는 한인유학생 사회와 한인사회의 관계를 '적응'으로 본다.

이 이유는 바로 한인유학생 사회와 한국사회와의 관계 때문으로 보인다. 한인유학생 사회, 아니 한인유학생 개개인의 목적이 대체로 '한국'에 그 초점을 맞추고 있다는 점을 필자는 수 차례 확인했다. 즉, 한인유학생들의 중국 유학 목적의 종류는 다양하지만 그 핵심은 대개 '한국에서의 지위 확보'에 있다는 것이다. 그래서 한인사회를 통해 적응하지만, 그것만으로는 본래의 목적을 달성하기 힘들다는 점을 자각하게 된다. 그래서 전격적·부분적 이탈을 하게 된다고 보인다(이 이탈의 크기만큼 중국 현지사회와의 관계가 밀접해지는 것이 일반적 '경향'이다[13]). 특히 필자가 주목했던 것은 한인유학생들의 목적성이 상당히 절실했다는 점이다. 서문에서 언급했듯이, '일상적 국력'에서 한국이 비교우위를 점하고 있다는 인식이 명확한데도 불구하고 '미래에 대한 대비' 측면에서 유학을 결정한 유학생들이 대부분이다. 한국 내 여론이 '한국의 미래와 중국과의 관계'에 대해 상당한 유관함을 인정하고 있기 때문에(이것은 사실이기도 하다) 한인유학생들은 자신의 생존에 중국이 결정적인 역할을 할 것이라는 강력한 인식을 가지고 있다. 그러나 '일상적 국력'의 차이에서 오는 혼란 역시 실재하기 때문에 '한인사회'를 통해 현지사회에 연착륙을

---

13) 그렇지 않은 경우도 존재한다. 이것은 개인의 성격과 밀접한 관련이 있기 때문에 차이가 있다.

하고, 일정 정도의 안정이 제공되면 거기서 이탈하여 다시 '한국사회'와의 관계로 시선을 돌리게 되는 것이다. 즉, '일상적 국력'의 차이에 대한 불만이나 불안은 한인사회를 통해 해소하고, '미래에 대한 기대효과', 다시 말해 한국으로의 '지향'은 역설적으로 중국사회와의 관계 맺기로 한인유학생을 유인하게 된다. 필자의 소견으로는 이것은 '규모가 상당한 사회'를 보유하고 있는 한국인에게 특히 해당되는 맥락이다.

2) 한인유학생 사회와 중국사회

이로써 한인유학생 사회는 중첩의 양상을 보인다. 기존 적응과정에서 접했던 한인사회와의 관계를 유지하며, 동시에 한국으로의 지향이 요구하는 중국사회와의 만남[14]을 보다 적극 추진하게 된다. 그리고 주목할 점은 이 과정이 한인사회와의 만남과는 다르게 철저하게 '개인적'으로 이루어진다는 점이다. 개인과외나 친분을 통한 만남이 대부분으로써, 한인유학생들은 자신의 전공분야(연구원들은 별개로)에 준하는 다양한 인원들과의 만남보다 '언어적 한계'를 극복하는 과정으로써의 인원들과 더 적극적인 관계를 맺어간다. 그렇기 때문에 한인유학생 사회와 중국사회의 만남은 현재까지는 서로에 대한 농밀한 상호이해보다는 '만남'에 가깝다는 것이 필자의 소견이며, 이는 극복되어야 할 문제라는 것이 필자의 의식이다. 필자는 이러한 현상에 대해 나름대로의 대안을 만들어보았다. 한인유학생 사회가 신주도한 '봉사활동 단체'를 구축해보기도 하였고, 한인유학생들에게 해당 전공의 중국인을 소개해주기도 하였다. 그러나 이런 시도들은 큰 성과가 없었다. 이 원인이 바로 앞 절인 '한인유학생 사회와 한인사회와의 만남, 그리고 한인유학생 사회와 한국사회와의 만남'에 있다. 한인사회를 통해 현지에 적응하는 유학생들의 시선은 상당히 독특하다. 바꾸어 말해 '한국적'이다. 중국 현지에서 '한

---

14) 여기에는 언어능력의 상승, 關系의 확립, 중국 현지에 대한 이해 등 유학의 목적과 목표의 성격이 모두 포함된다.

국적 시각'으로 중국인들을 바라보는 경향이 강하다보니 현지사회에 녹아들지 못한다. 또한 그들의 목표가 한국사회에서 요구하는 기준(취업의 경우 언어적 능력이 핵심이다)에 지나치게 국한되어 있는 경우가 많아서 중국에 대한 이해를 시도하기보다는 중국인과의 교류를 통한 언어능력 향상에 집중하게 된다. 이것이 바로 한인유학생 사회의 특수성이다. '중국'이라는 장소에 서 있지만 '한국'이라는 공간에 지나치게 포섭되어 있기 때문에 '중국 사회'를 본의 아니게 배제하는 결과를 낳고 있다.

4. 전망과 과제: 제도를 넘어 문화로

필자는 이런 현상에 대한 '책임'이나 '윤리적 판단'을 하고 싶지도 않고 할 수도 없다. 수교 이후로 급성장하고 있는 한·중 관계가 겪어나갈 일이며, 극복해갈 문제라고 생각한다. 특히 한반도의 정세가 평화적으로 진전되어 중국-한반도 관계가 보다 광범위해지고 깊어지면 자연스레 해결되어 나갈 수 있다고 생각한다. 현 시점에서 필자의 역할은 한인유학생 사회의 상기한 특성들이 보다 긍정적이고도 효율적인 방향으로 진전될 수 있도록[15] 방안들을 모색하는 것일 것이다.

〔그림 1〕은 필자가 상술한 한인유학생 사회의 현황을 개략한 것이다. 화살표는 상호수렴 정도와 경향을 나타낸다. 한인유학생 사회는 중국사회에서 존재하지만, 유학 기간 내내 그 정도의 차이가 있을 뿐 한인사회와 직접적으로 상호수렴하며, 유학 전체의 거대한 지향은 한국사회와 상호 수렴하는 경향을 보인다. 그러나 중국사회와의 관계는 '아주 특이'하게도 한인유학생

---

15) 여기서의 긍정적이고 효율적인 방향은 전적으로 필자의 의견에 부합하는 것으로, 즉 한인유학생 개개인의 사회가 중국사회와 진솔된 관계를 맺어 나가는 것이며, 나아가서는 관계를 맺는다는 표현도 부적절해질 정도로 자연스러운 농밀함을 자랑하게 되는 것이다.

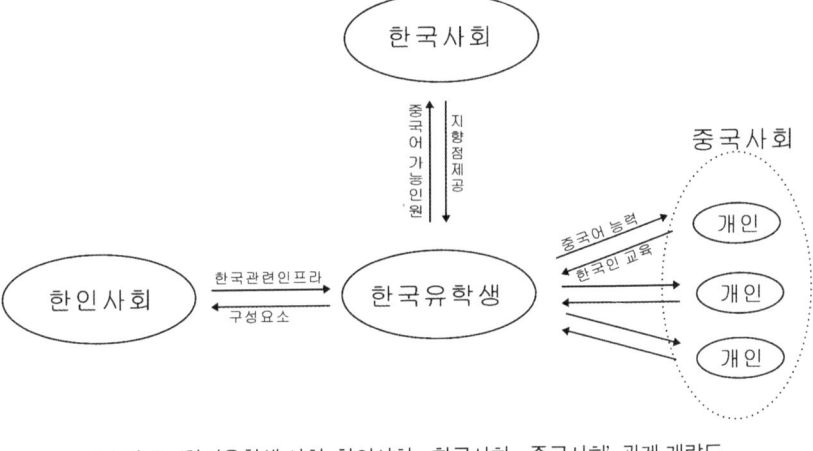

〔그림 1〕 '한인유학생 사회-한인사회 · 한국사회 · 중국사회' 관계 개략도

사회 혹은 한인유학생 개인의 의지에 따라 관계가 시도되는 특성이 있다. 중
국어 실력 제고를 위한 관계맺기가 중심인 것이다. 이것은 해당 중국인(대부
분 중국 학생)과 교류한다는 '경험'이라는 이익 요소가 되기 때문에 가능하다.
이런 현상의 외부적 원인으로는 한인유학생이 중국사회와 만날 수 있는 '기
회' 자체가 빈약하다는 점을 들 수 있다. 그러나 현지 실정상 전격적으로 '한
인유학생'만을 배려한 제도의 구비는 불가능하다. 말하자면 제도적으로 전
격적인 문제해결을 시도하기는[16] 어렵다는 점이다. 그래서 필자는 '넛지
(Nudge)'를 통한 새로운 문화 창조가 필요하다고 본다.[17]

넛지는 '팔꿈치로 슬쩍 옆구리 찌르기'로 해석된다. 넛지는 선택 설계자
가 취하는 하나의 방식으로서, 사람들에게 어떤 선택을 금지하거나 그들의
인센티브를 크게 변화시키지 않고 예상 가능한 방향으로 그들의 행동을 변
화시키는 것이다.[18] '의무'를 부여하는 방식이 아니라 설계에 옵션을 제공

---

16) 이것이 문제라는 인식 역시 일반적이지 않다.
17) 이것은 상술한 한인유학생 사회의 특성이 중국 현지대학에 기인한다는 의미가 아니
   다. 오히려 현 상황을 개선하고픈 필자의 요구와 욕구가 담긴 표현이다.
18) 리처드 탈리 · 캐스 선스타인, 안진환 역, 『넛지(Nudge)』(서울: 리더스북, 2009). p.21.

하는 방식이다. 이런 방식은 이미 한국의 국제교류처나 기타 국가의 국제교류처에서 다양하게 활용하고 있다. 외국학생들과의 1：1 맺어주기 방식이라든가, 현지 체험을 다양하게 표현했을 경우[19]에 유학 생활에 제공하는 옵션, 그리고 학교 밖 사회와의 정기적 만남의 제공 같은 것을 들 수 있다. 아직 중국은 유학생 '관리'에 전념하는 추세이기 때문에 유학생사회와의 '교류'를 고민할 역량이 부족한 것이 사실이다. 하지만 한인유학생은 서구권 유학생들에 비해 상대적으로 중국과의 문화 교류의 지점들이 많고, 한 · 중 교류는 갈수록 중국에도 중요해질 것이 분명한 시점에서 '제도적 넛지'를 통한 '유학생 문화창출'은 미루기 힘든 시급한 과제이다. 현실적으로 국제교류처 및 각 정부에서 할 수 있는 것은 일차적인 제도 개선 및 구비이다. 이런 넛지들이 축적되면 시스템이 된다. 또한 이런 제도와 시스템이 지속적으로 시도되면 문화, 즉 되돌릴 수 없는 추세를 확보할 가능성이 있다. 제도와 시스템은 쉽게 바뀔 수 있지만, 문화는 쉽게 바뀔 수 없다. 비가역성을 확보할 정도의 지속적인 노력이 필요하며, 정책 입안자와 실행자의 장기적 안목이 절실한 시점이다. 한인유학생 사회와 중국사회의 만남은 장기적인 관점에서, 한국과 중국의 만남과 다름없기 때문이다.

5. 맺음말

이 장에서 필자는 한인유학생 사회와 한인사회, 한국사회, 중국사회와의 관계에 대해 약술하고 이에 대한 전망과 과제에 대해 설명했다.[20] 한인유학생들이 사회를 만들어나가는 '적응' 과정에 결정적인 역할을 하는 것이 한인사회이며, 그렇게 구축된 한인유학생 사회는 전격/부분적 이탈을 하며 한국

---

19) 작문, 그림, 웅변, 조직, 활동 등.
20) 다시 한번 이 설명이 '경향에 대한 대체적'인 설명임을 강조한다. '범주화'는 사실에는 부합하지만 진실에는 부합하지 않는 경우가 많음을 주의해주길 요청드린다.

한인유학생 사회와 사회'들 | **115**

사회와의 관계를 유지/강화하고, 나아가 그 크기만큼 중국사회와의 만남[21]이 이루어지는 한인유학생 사회를 표현하려 했다. 다만, 주의할 것은 필자의 직책이 '한인유학생 전담'이기 때문에 이 한인유학생 사회의 경향적 특성이 타국 유학생 사회와의 비교분석이 아니라는 점이다. 필자는 필자 나름의 경험과 의견을 통해[22] 한인유학생 사회를 해설하려 했다.

결국 한인유학생 사회와 중국사회의 밀접한 만남이 이루어지지 못하는 이유는 그들의 '차이'가 중점적인 이유가 아니란 말을 하고 싶었다. 차이는 본래 존재하는 것이고, 공통·소통의 영역은 만들어가며 '유통'하는 것이다. 결국 관건은 '함께 만들어나가는 것'인데, 이는 쉽사리 자연 발생되지 않는다는 게 필자의 소견이며, 고로 필자는 약간의 '넛지'를 구상할 필요가 있다는 의견을 피력하였다.

필자가 알기로 다른 국가에서도 확인할 수 있는 한인들의 '응집력'은 해당 국가에서 소수자의 한계를 극복하기 위한 방안이며, 동시에 그 한인사회 내에서 보이는 분화와 갈등은 '해당 사회에서의 역할에 대한 선점의 추구'에서 이루어진다. 하지만 중국의 경우 한인사회는 중국 내 외국인 집단에서 소수자의 위치가 아니다. 이 점이 바로 기타 국가에서 나타나는 한인사회와의 공통점과 차이점, 그 이유이다.

다시 부언하자면 지금까지의 논지는 모두 필자의 경험[23]에 의거한 것이며, 이는 모든 유학생들의 사례를 방증한 것은 아니다. 필자가 아는 유학생 중에서도 이곳에서 결혼을 하고 성공적인 가정을 이루거나 중국 사회에 착종하여 사업을 번창시키는 이들이 꽤 있다. 그러나 이는 그 반대, 혹은 그와 이질적인 경우에 비해 매우 소수이기 때문에 논지에서 제외하였다. 이 점을

---

21) 이것은 중국사회에 대한 이해가 상당히 낮은 과정 속에서 이루어지기 때문에, 중국인들과의 만남이 더 적절한 표현일 수 있다.

22) 객관적 설명임을 전제하지 않는다. 필자는 한인유학생 사회에 대한 애착이 있으며, 그 애착에 근거한 경험을―아마도―축적해왔을 것이기 때문이다.

23) 업무를 통한 파악, 유학생들과의 대화를 통한 이해, 유학생들의 평가하는 유학생 주변인(중국학생, 담당 교수 등)들의 평가를 아우른 표현이다.

참조해주길 부탁드리는 바이다.

모든 것의 장점과 단점은 함께한다. 한인사회 특유의 응집력과 한인유학생 특유의 목표의식 역시 마찬가지이다. 장점을 더 강화하고 필자에게는 단점으로 느껴지는 중국사회와의 관계를 개선시키기 위해서는 이제 '함께 꿈을 꾸는' 실질적인 방안을 모색해야 할 것이다. 그리고 이 실질적인 방안이 실질적인 활동으로 나아간다면, 또한, 이 실질적인 활동이 물리적 작용이 아니라 화학적 작용으로 진화한다면 필자는 이 부끄러운 졸고를 넘어서는 새로운 해설서를 쓸 수 있을 것이다. 이러한 기대와 바람으로 졸고를 맺고자 한다.

제4장 _ 조 · 중국경에서 본 탈북자 문제

한경욱

1. 머리말

1990년대 중엽부터 심각한 식량부족으로 인해 북한에서 난민들이 대거 국경을 넘어 중국으로 들어왔다. 이후 중국 북부도시에서는 조선족들이 경영하는 음식점이나 노래방에서 일하는 북한 여성들을 자주 보게 된다. 또한 시골에서도 특히 조선족 집단 거주지에서 조선족과 결혼하거나 동거하는 북한 여성들이 가끔 화제가 되기도 한다. 그녀들은 법률적으로 '불법탈북자'들이기 때문에 대부분은 언제 체포되어 강제송환될지 몰라 가슴을 조이며 생활하고 있다. 이들 중 일부는 중국인 불법중개인을 통해 돈으로 중국 호적을 구입하여 '합법'적으로 생활하는 이들도 있다.

필자의 조사에 의하면 이러한 여성의 대부분은 중국 국경지대의 불법중개인에 의해 팔려온 것이라고 한다. 이런 사태가 발생한 배후에는 결혼적령기 여성의 부족으로 인한 시골 중국인(한족과 조선족) 남성의 결혼난 문제가 숨어있다. 한 · 중 수교(1992년) 이후 중국에서 돈을 벌기 위해 한국인 남성과 결혼하는 조선족 여성들이 급격히 늘어나면서 조선족사회에서 결혼적령기 여성의 부족은 커다란 사회문제가 되었다. 일부 탈출에 성공한 북한 여성들 중에는 일단 중국인 남성과 결혼하여 생활 거점을 확보한 후, 환경에 익숙해지면 가출하여 도시의 번화한 거리 속으로 종적을 감추거나 한국으로 넘어가는 기회를 찾는 경우도 있다. 이들은 돈을 벌어 북한에 남아 있는 가족을 기아에서 살리는 것이 가장 큰 과제로 인식하고 있기 때문이다. 이는 과거에 조선족 여성들이 한국 남성과 결혼(위장결혼 포함)한 중요한 이유 중에 하나로, 실제로는 돈벌이를 위해 한국에 건너가는 것을 연상시키고 있다.

'굶어 죽은 자 300만 명 설'을 포함한 여러 가지 소문이 떠돌고 있는 북한의 실태를 알아보고자 필자는 2000년부터 수차례에 걸쳐 중국 동북과 산동성에서 현지조사를 진행하였다. 이 글은 현지조사를 통해 확인된 내용을 토대로 작성한 것이다.

2. 국경을 사이에 둔 슬픔

2010년 여름, 필자는 산동성 위해시에 있는 조선족 교회에서 알게 된 79세 북한 여성으로부터 그녀의 과거에 대한 사연을 들을 기회가 있었다. 그녀는 15년 전부터 중국에서 생활하다 보니 조사 당시에는 중국어가 조금 서툰 것을 제외하고 중국 조선족과 별다른 차이가 없었다.

1995년 남편과 사별한 후, 아들 부부와 손자 둘을 데리고 다섯 식구가 평안북도 정주에서 살았다. 당시는 그녀가 64세가 되는 해이자, 북한이 '고난의 행군'을 시작한 해이기도 했다. 북한 정부가 제기한 '고난의 행군정신'이란 김일성 주석의 사망(1994년 7월)과 계속되는 자연재해, 심각한 경제위기 등으로 인한 체제 위기를 극복하기 위해 제창한 대중운동이다. 1999년 이후에도 계속 악화되는 경제위기로 인해 북한 정부는 '고난의 행군' 운동을 연기하고 있으며, 한국을 비롯한 국제사회의 원조로 일시적인 개선이 이루어졌으나, 2000년 10월에 당 창건 55주년을 맞이하여 "우리 군과 인민은 근년, '고난의 행군'이라는 힘든 시련을 이겨냈다"라고 발표하여 이 운동이 마무리되었음을 정식으로 선포하였다. 김일성이 사망하고 그 직후에 홍수, 가뭄 등 자연재해가 거듭되다 보니 식량은 물론이고, 제조업과 운수업마저 파산하는 상황에 이르렀으며, 에너지와 공업원료 같은 자원들도 부족한 상황에 이르게 되었다. 게다가 핵개발 문제로 인해 국제사회의 제재를 받아 국내 경제는 완전 절망적인 상황에 이르게 되었다. 김정일은 전 국민들에게 '고난의 행군'을 제안하며 경제난을 극복하려 했다. 제1차 탈북 대열이 시작된 것도 바로 이 시기였다.

필자가 위해시에서 만난 그녀의 가정 역시 그 외 많은 북한사람들과 마찬가지로 경제적 곤경에 처하게 되었다. "더 이상 가족한테 부담을 줄 수 없어 집을 떠났으나 이 고비를 넘기면 다시 집에 돌아갈 예정이었다. 하지만 영원히 헤어질 줄은 꿈에도 생각지 못했다"라고 말하는 그녀가 향한 곳은 "하루 세끼가 하얀 입쌀밥"이라는 소문이 도는 조·중국경지대였다. 어떻게든 국경 근처까지만 가면 굶어 죽지 않을 것이라고 여겼던 것 같다. 국경지대에 도착한 그녀는 처음에는 산에서 캔 인삼을 불법 교역시장에서 먹을 것으로 바꾸어 일부는 국경수비대한테 바쳐가면서 생활해 갔다.

1996년 겨울에 국경 근처에서 네 명의 탈북자를 만나 그들과 함께 국경을 건너갈 결심을 하게 되었다. 그녀와 같은 경험은 1990년대 후반기 탈북의 전형적인 예라고 할 수 있다. 당시는 북한 쪽 국경의 경비가 느슨했을 뿐만 아니라 중국정부 또한 식량난민들이 국경을 건너오는 것을 어느 정도 묵인하던 시기였다. 북한 정부 역시 처음에는 중국에서 식료품을 받아 귀국하였기 때문에 어느 정도 묵인하고 있었다. 당시 중국 조선족들은 북한에서 건너오는 동포들에 대한 원조를 아끼지 않았다. 이는 문화대혁명 시기에 반대로 북한에서 원조를 받았던 기억이 있기 때문이었다.

그러나 그 이후의 월경은 그리 쉽지 않았다. 2000년부터 조·중국경지대의 식량난민들이 서방국가 인권단체와 언론의 주목을 받게 되면서 조·중 양국은 국경경비를 강화할 수밖에 없었다. 그럼에도 탈북자의 수는 줄어들지 않았다. 2000년부터 2007년까지는 북한 국경수비대 병사에게 200~300위엔을 뇌물로 주면 운이 좋을 때는 월경이 가능했다.

그녀는 탈북한 후 4년째에 기독교 신자가 되었다. 교회에서 그녀를 위해 돈을 모금하여 만 오천 원의 돈이 모아 그 돈으로 불법중개인을 통해 북한에 있는 아들을 중국 요녕성 단동시 건너편인 신의주까지 데려오게 하는 데 성공하였다. 그리고 어느 날 불법중개인이 핸드폰을 건네주면서 "지금 건너편에 아들이 와 있으니 말하시지요"라고 하였다. 핸드폰을 귀에 대는 순간 "어머니! 어머니!" 하는 아들의 목소리가 들려왔으나 그녀는 목이 메어 제대로 말도 하지 못하고 전화가 끊기었다. 두 번째 통화도 복 바쳐 오는 감정을 누를 수 없어, 다만 "아들아! 아들아!" 하고 거듭 말하자 아들도 "어머니! 어머니!"라고 말할 뿐 전원이 끊어질 때까지 아무 말도 할 수 없었다. 당시 그녀와 동반했던 교인들의 말에 의하면 주위 사람들이 모두 감동되어 함께 울었다고 한다. 세 번째 통화에서는 조금 진정되어 여러모로 집안 형편을 물었다. 아들의 말에 의하면 건너편에서는 모든 사람이 어머니가 돌아가신 줄 알고 있어 정부로부터 박해도 받지 않고, 손자들도 이미 장성하여 하나는 군에 입대하고, 다른 하나는 국영농장에서 근무한다고 하였다. 또한, 아들은 지금 당장이라도 만나고 싶으나 만일 붙잡히기라도 하면 손자들 앞날에 지장을 줄 수 있다고 하면서 지금은 견딜 수밖에 없다고 했다. 며칠 후 아들은 신의주를 떠나 고향으로 돌아갔다. 그리하여 그녀는 지금까지 아들과 만나지 못한 채 중국 산동에서 생활하고 있다.

3. 국경 도시-단동

중국 요녕성 단동시는 중국 최대의 국경도시로 인구가 약 70만 명에 이른다. 단동시에서 가장 높은 건축물은 금강산의 서쪽 산기슭에 세워진 '항미원조기념탑(한국전쟁기념비)'인데, 여기서는 단동시와 압록강 맞은편에 위치한 신의주시가 한눈에 내려다보인다. 신의주는 평안북도의 정부 청사 소재지로 생활 수준이 북한에서 세 번째로 높은 곳으로 알려져 있다. 북한에서 생활수준이 가장 높은 곳은 라선경제특별구이고, 그 다음이 평양이다.

하지만 신의주에 중국 상인들이 숙박할 수 있는 여관은 한 곳밖에 없으며, 이곳 역시 1970년대 건축된 것으로 때로는 전기공급도 제대로 이루어지지 않는다고 한다. 단동에서 만난 중국인의 말에 의하면, '만주국' 때에는 신의주의 생활이 단동보다 훨씬 좋았으며, 물품도 풍부했기 때문에 단동에서 자주 압록강을 건너 물건을 사러 갔으나 지금은 상황이 바뀌어 북한에서 정부 관계자나 상인들이 자주 강을 건너 물건을 사러 온다고 한다.

금강산에서 신의주를 바라보면 연기가 나는 곳은 발전소로 보이는 건물이다. 망원경으로 자세히 살펴보면 대부분의 건물이 1970년대에 지어진 것이며, 군데군데 낡아 부서져 있고, 창문에는 유리 대신 비닐로 막아 바람에 날리는 것을 확인할 수 있었다. 단동을 포함한 중국 동북지역의 공업화가 시작된 것은 일제시대부터였다. 청일전쟁에서 승리한 일본은 단동을 대륙진출의 발판으로 건설하기 시작했다. 현재 남아 있는 두 곳의 다리는 모두 일제시대 때 건설된 것이다. 그 중 하나는 한국전쟁 때 미군의 폭격으로 인해 무너져 지금은 절반만 남아 있다. 이 밖에도 철도, 부두, 발전소, 탄광 등 대부분의 산업시설이 당시에 건설되었다.

'시모노세키조약'에 의해 단동을 포함한 요동반도 대부분을 일본이 차지하게 되었으며, 이후 많은 조선인들이 이곳에 들어왔다고 한다. 현재 단동시에 거주하는 조선족은 2만 명 정도에 불과하나, 거리에는 조선어로 쓰인 간판을 흔히 볼 수 있으며 북한인이 경영하는 식당도 쉽게 찾아볼 수 있다. 단동은 요녕성에서 일곱 번째로 큰 도시지만 북한에서 보면 과거에 대륙에서 홍콩을 보는 것과 마찬가지로 번화한 거리의 네온 불빛은 북한인에게 있어서 끝없는 유혹이 되고 있다.

1980년대 중반부터 신의주는 이미 식량부족이 시작되어 소량의 쌀을 가지고 와서 이곳의 많은 양의 강냉이와 바꿔 갔다고 한다. 또한 이 시기에 중국인들이 단동에서 다리를 건너 신의주에 들어가면, 그들은 라이터, 담배, 과자류 등을 요구하기도 하였다. 필자가 2010년 북한의 북부지역을 방문했을 때 당시 북한 안내원에게서 들은 말이 생각났다. "우리들이 38선을 필사적으로 막고 있기 때문에 중국을 제국주의 침략으로부터 지켜주고 있다. 지금의 중국이 개혁개방으로 잘살게 된 것도 우리들의 희생이 있기 때문이다.” 이 말의 논리는 지금 중국이 하는 무상원조는 당연한 것이다라는 의미가 담겨 있다. 필자가 중국 장춘시의 정부기관에 근무하고 있는 지인한테서 들어보니 중국에서 매년 북한에 대량의 무상원조를 하고 있으나 그것으로 만족하지 않고 더 많은 물자를 요구하고 있다고 한다.

단동에서 만난 북한과 교역을 한다는 무역업자의 말에 의하면 단동에서 북한과 대외무역에 종사하는 중국상인들 대부분이 무리하게 금품을 요구당한 경험이 있다고 한다. 또한, 신의주 거리를 걷고 있으면 누군가가 항상 감시하는 느낌을 받고, 공원에서 한가하게 있는 사람들의 십중팔구는 사복 감시인들이라고 한다.

1990년대 중반부터 북한사람들은 조직적으로 고철, 원목, 광석, 토산품 등을 중국에 들여와 식료품과 교환하였다. 이후에 사금, 위조지폐, 마약 등을 가지고 들어오는 사람들이 많아지자 중국정부에서 심하게 항의하여 지금은 그 수가 감소되었다고 한다. 그러나 필자가 2010년 여름에 국경 근처를 걷고 있을 때, 우연히 바로 인접한 건너편의 북한 군인으로부터 “마약 1g을 200원에 팔겠다”라고 말을 걸어오는 것으로 보아 지금도 그러한 일들이 벌어지고 있다는 것을 확인할 수 있었다.

4. 탈북의 사연

중국과 북한의 국경선은 약 1,334km로서 두만강 중류 일대는 강폭이 20∼30m인 곳이 많아 건너기가 용이하다. 북한 측은 이곳이 함경북도의 산간지역으로 식량난이 심각하고, 중조관계가 양호하기 때문에 국경 경비도 느슨한 지역이다. 그래서 약 100㎞나 되는 이 구역에서 불법 월경이 제일 많이 이루어지고 있다. 다른 한편으로는 중국 쪽 국경이 연변조선족자치주라는 자

124 | 한민족 해외동포의 현주소

연조건 외에도 같은 조선말을 사용하고 있는 조선족들이 많이 살고 있고, 이 지역의 많은 연변 여성들이 한국 혹은 중국의 대도시 등으로 떠난 탓으로 농촌여성 부족 문제가 심각해졌기 때문이다.

대부분의 탈북자는 돈도 없고 목적지도 고려하지 않고, 무조건 중국에만 가면 살 길이 생긴다고 생각하고 국경을 넘는다. 그런 사람들은 월경과 동시에 엄청난 고난과 시련에 부닥치게 된다. 아래의 내용은 필자가 2005년 여름 북한을 탈출한 탈북자에게서 들은 말들을 정리한 것이다.

나의 진형제와 매형은 살길을 찾아 국경의 강—두만강을 뛰어들었으나, 모두 목숨을 잃었다. 강이 깊은 데다가 물살이 세서 수영에 능숙하지 않으면 매우 위험했다. 특히 추운 계절은 더욱 위험하다. 강폭이 좁은 곳도 많으나 그런 곳은 경비가 삼엄해 붙잡힐 가능성이 많기 때문에 더욱 위험하다. 그러나 도강에 성공하는 자도 많아 아는 어떤 이는 국경을 건너지 않으면 죽는다는 각오로 목숨을 걸고 도강에 성공하였다. 1998년 봄에 있었던 일이다. 그는 산에 아직 풀들이 자라기도 전에 이미 식량부족으로 고생하다가 더 이상 견딜 수 없어 도강을 계획하였다. 물론 자세한 계획도 없이 집을 뛰쳐나온 그는 긴장감을 달래며 주위에 인기척이 없는 것을 확인하고 재빨리 강에 뛰어들었다. 당시 25세의 건강한 청년이었던 그는 능숙한 수영 실력으로 도강에 성공하였다. 차디찬 두만강 물결을 가르고 도강에 성공하여 도착한 곳은 중국 쪽에 있는 조그마한 시골 마을이었다.

주의할 사실은 이 구간의 경우 도강이 낮에만 가능하다는 것이다. 밤에는 경비병들이 잠복하여 감시하기 때문에 접근하기조차 어려운 곳이다. 이러한 방법으로 월경하는 자들이 점차 많아지자 이후에는 낮에도 경비병을 세워 감시를 강화하였다고 전해진다. 이로 인해 당시에 아무것도 모르고 국경을 건너려는 많은 사람이 붙잡히게 되었고, 일부는 경비가 강화된 것을 모르고 같은 길로 북한에 되돌아가다 붙잡힌 사람들도 있었다. 그도 돌아가는 도중에 붙잡힌 한 사람으로 몸에 지닌 짐들을 모두 빼앗긴 것은 물론 죽을 정도로 매를 맞고 일 년 반이나 감옥살이를 한 후에 또다시 중국으로 월경하였으나 그 이후의 정황은 파악되지 않고 있다.

또 다른 사연을 살펴보면 일가족이 함께 북한을 탈출한 경우이다. 그들은 대략 열흘간 관찰과 노력을 통해 두만강을 건너 중국으로 탈출하는 데 성공하였다. 2001년 12월 어느 날 그는 땔감을 마련하는 것처럼 꾸며 국경경비 상황을 살폈다. 그때 갑자기 국경 경비병이 나타나 국경을 건너기 위해 온 것 아니냐고 하면서 잡아 심한 매질을 하였지만, 끝까지 자기는 땔감을 주우러 왔다고 잡아떼어 풀려날 수 있었다. 확실한 도강 증거가 없는지라 사흘 후에 자유의 몸이 되었다. 당시는 월경자가 끊기지 않는 시기라서 보통 사람이 두만강에 접근하는 것을 금하고 있었다.

이렇게 국경까지 온 그는 주위를 살펴보고 안전을 확인한 후, 얼어붙은 강 위를 건너기 시작했다. 그러나 갑자기 생각지도 못한 사태가 발생하였다. 아내가 극도로 긴장해 강 중간에서 기절한 것이다. 그는 기절한 아내를 업고, 한 손은 딸의 손을 잡고, 300m나 되는 강을 정신없이 달려 무사히 건널 수 있었다.

어디에서 그런 힘이 생겼을까? 강 맞은편에 도착한 후 뒤쫓아 오는 병사가 없는 것을 확인한 후에야 아내를 눕혀놓고 인공호흡을 하고 발다리를 안마하였다. 잠시 후에 아내가 겨우 의식을 회복하였지만, 지금도 아내는 그때의 후유증으로 가끔 머리가 아프다고 한다. 이런 가혹한 시련을 이겨내고 탈북에 성공하였으나, 그 이후 중국에서의 생활은 말로 표현 못할 정도로 고생이 많았다고 한다. 그러나 살기 위해 도강한 그들은 배불리 먹을 수 있는 것으로도 만족한다고 하였다.

또 다른 예를 살펴보면, 1998년 3월 초순 고향이 함경남도인 김씨와 그의 부모님, 그리고 동생이 중국에 건너간 것은 중국 연변자치주 용정시에서 사는 아버지의 누나 즉 고모가 조금이라도 돕고 싶으니 북한 국경(세관)까지 마중 나오라는 편지를 받은 것에서 시작되었다.

굶주림을 달래며 10일간 걸어서 도착한 곳은 국경지역에 있는 조그만 여관이었다. 그곳에는 북한 측 해관(출입국사무소) 건너편에 중국 도문 해관이 있었다. 거기에서 기다리고 있으면 친척 쪽 사람이 원조물자를 가지고 오게 되어 있었다. 이처럼 중국에서 친척이 와주는 것은 마치 하느님이 구원의 손을 내미는 격이었다. 국경을 서로 연결하는 다리에 가면 항상 이런 사람들을 수없이 많이 목격할 수 있다. 매일 300명 정도의 사람들이 중국 쪽에서 많은 물자를 가지고 다리를 건너오기를 목이 빠지게 기다리고 있다. 그러나 다리를 건너는 사람은 하루에 고작 10명 정도인데도 말이다.

친척관계를 증명하는 서류를 제대로 챙기지 못하면, 중국 쪽의 친척이 약속한 날에 해관을 통과하지 못하는 경우가 생긴다. 그것을 모르는 북한 쪽 친척은 다리 맞은편에서 마냥 기다리게 된다. 해관을 통과해 북한 쪽에 넘어온 중국 쪽 친척을 북한 쪽 친척들은 눈물로 맞이하는데 이러한 풍경은 주위 사람들의 부러움을 사기도 한다. 친척을 만날 수 있다는 것은 당분간 친척의 도움으로 목숨을 연장할 수 있다는 것을 의미하기 때문이다. 한편 그날 친척을 만나지 못한 사람들은 크게 실망하면서 여관으로 돌아간다. 이처럼 목이 빠지게 중국 쪽 친척이 올 것을 기다리고 있는 사람들을 북한에서는 '왜가리' 혹은 '게사니'라고 부른다고 한다.

김씨 일가는 말하자면 왜가리 신세가 된 셈이다. 아무리 기다려도 친척은 나타나지 않았다. 친척이 오면 갚겠다고 한 여관비조차 갚지 못한 상태였다. 두 달이 지나자 밥값마저 치르지 못하게 되었고, 여관집 주인에게도 미안하기 그지없어, 결국에는 12살 난 어린 동생을 인질로 여관에 남기고 셋은 두만강을 건너 중국으로 탈출하기로 하였다. 친척을 기다리는 사이에 만일의 경우를 생각하여 두만강을 건너려고 보아둔 자리가 이미 있었기 때문이었다.

때는 얼음이 풀리기 시작한 3월이었다. 셋은 초소와 초소 사이를 뚫고 강변에 도착하여 김씨와 그의 아버지는 얼어붙은 강을 향해 뛰기 시작하였으나 어머니는 갑자기 나타난 국경 경비병에게 잡히고 말았다. 그것을 알면서도 김씨와 아버지는 정신없이 앞으로 달렸다. 하지만 '풍덩' 하는 소리와 함께 아버지가 풀어진 얼음 한가운데 빠지고 말았고, 뒤따라 김씨도 발이 미끄

러지는 바람에 얼음 속에 빠지게 되었다. 마침 수심이 목까지 오는 곳이었기 때문에 둘 다 목숨을 부지할 수 있었지만 떠내려오는 얼음에 얼굴을 부딪치는 바람에 상처를 입게 되었다. 뒤에서는 경비병이 "빨리 돌아와! 안 들으면 쏜다!"라고 소리치며 총을 겨누었고 둘은 앞으로 내달려 끝내 두만강을 건널 수 있었다. 젖은 옷이 얼어붙고 손발은 동상으로 감각을 잃어버렸으며 긴장, 추위, 굶주림으로 몸은 거의 탈진상태가 되어 버렸다.

둘은 필사적으로 걷기 시작하여, 밤 12시가 넘어 먼 곳의 가로등을 볼 수 있었다. 도시에서 조금 떨어진 민가를 찾아 문을 두드리자 60세 정도 되시는 할머니가 문을 열어 주었다. 피투성이가 된 두 사람을 보더니 급히 남편을 불렀고, 남편은 그들을 자세히 살펴보더니 집안으로 들어오도록 하였다. 3일간 그 집에서 신세지게 되었는데 서른 살 정도로 보이는 그 집 아들이 김씨가 눈에 들어 자기의 아내가 되어 달라고 하였다. 그때 열일곱 살밖에 안되었던 김씨는 그의 요구를 거절하였고, 아버지도 그 요구에 반대하였다. 결국 둘은 야밤에 그 집에서 쫓겨나게 되었다.

이곳저곳을 정처없이 떠도는 중에 30세 정도의 조선족 남성을 만났는데 친척을 찾아 주겠다고 하면서 그들을 데리고 갔다. 한참 걸어서 인기척이 없는 곳에 이르자 그 남자는 다짜고짜 아버지를 때려 기절시키고 김씨를 끌고 가버렸다. 결국 김씨는 연변의 한 궁벽한 시골의 50세쯤 되는 한족 농민에게 팔려가게 되었다. 김씨는 아버지보다 더 늙은 사람과 살 수밖에 없었고, 말도 제대로 통하지 않아 시키는 대로 억지로 살다가 반년이 지난 후에야 겨우 그 집을 도망쳐 나올 수 있었다. 그 후 김씨는 다시 조선족 농민을 만나 연변의 한 농촌에서 잘살고 있다.

후에 알게 된 일이지만 김씨의 아버지는 강을 건널 때 중국에 있는 친척의 주소를 잃어버려 다시 북한으로 돌아갔다고 한다. 김씨의 동생은 국경 부근에서 한참 동안 가족을 기다리다가 결국 중국으로 건너왔고, 어머니는 반년 정도 구금 생활을 한 후 지금은 소식이 끊어졌다고 한다. 이렇게 김씨네 가족 네 명은 모두 뿔뿔이 흩어지게 되었다.

5. 탈북과 인신매매

탈북자들이 처음 중국에 왔을 때 중국에 남성이 많고 여성이 적은 것을 보고 모두가 이상하게 생각한다. 북한과는 정반대이기 때문이다. 지금도 마찬가지지만 중국 농촌에서 젊은 여성을 만날 기회가 거의 없다. 하여 국경을 건너오는 북한여성은 젊은 여성이 부족한 중국 농촌 남성들에게 커다란 기회가 되고 있다.

중국 연변조선족자치주 도문시에는 조선족을 중심으로 한 인신매매집단이 국경을 넘나들며 돈을 수고 북한 여성을 데려오는 일이 빈번하게 일어나고 있다. 실례로 1990년대 후반에 북한에서는 여성 한 사람당 1,000위엔에 팔렸다. 외모가 빼어난 여성의 경우 1,500~2,000위엔도 받을 수 있었다고 한다. 중국 인신매매집단은 이렇게 사온 여성을 보통 4,000~5,000위엔에 정도에 팔거나 혹은 1만 위엔 이상의 가격으로 흑룡강, 요녕성 등 멀리까지 팔았다고 한다. 그녀들은 중국에 가는 것이 목적이고 별다른 방법이 없는 탓에 결국 이러한 인신매매 집단을 통할 수밖에 없었다. 인신매매집단은 대개 젊은이들을 중심으로 조직되어 있으며, 그중에는 큰돈을 번 사람들도 있으나 죄가 발각되어 사형당한 이들도 종종 있었다.

연변조선족자치주 도문시 양수진은 북한 함경북도 온성과 마주해 있는 조그마한 도시이다. 양수진과 온성 사이의 국경지대에 두만강 물줄기가 두 갈래로 나뉘어 중간에 커다란 섬이 형성되어 있다. 그 섬에서 온성군(인구는 약 10만 명)에서 생산하는 옥수수의 1/3이 생산된다고 한다. 단위 면적당 생산량이 기타 다른 지역보다 월등해 북한 정부에서도 기대가 큰 지역이기도 하다. 이 섬의 중국 쪽에 흐르는 강의 폭이 대략 3m에 불과하고, 수심이 발목까지밖에 오지 않기 때문에 중국 조선족들도 그 섬 주민들과 만날 기회가 많았다. 중국으로 도망오는 사람들이 없었을 때에는 강을 사이에 두고 물물교환을 하거나 강 건너편의 친척을 자유롭게 만나기도 하였다. 그러나 지금은 섬으로 모여드는 사람들 대부분이 중국으로 건너오기 위해 모여든 사람들이다.

북한 쪽의 강은 폭이 약 80~100m인 데다 수심도 깊기 때문에 대부분의 사람은 배를 타고 오간다. 섬에는 농장, 회의실, 탈곡장, 창고 등의 시설이 갖추어져 있으며, 수확한 옥수수는 두만강이 얼어붙는 겨울에 운반한다. 이 때문에 다른 농촌지역에 비해 작업시간이 길 수밖에 없다. 이곳은 지리적으로 쉽게 중국땅을 밟을 수 있는 지역이기 때문에 북한 정부에서도 보안위원을 보내 주민들을 줄곧 감시하고 있다. 이러한 감시인들은 신분을 명확하게 하지 않고 있다가 도주하려는 사람들을 몰래 호위부에 신고함으로써 도주를 방지하는 책임을 지고 있다.

미화라는 여성도 이 섬에서 일하는 동안에 중국으로 도망쳐 온 한 사람이다. 당시 그녀는 스물두 살의 젊은 나이였지만 한 가족의 생계를 책임지고 있었다. 1998년 여름 어느 날 섬에서 일하는 과정에서 강 건너편의 중국 조선족 여성(40세)과 사귀게 되었다. 며칠 후 오전 일을 마치고 두만강에서 얼굴을 씻고 있는데 강 건너편에서 그때 알게 된 조선족 여성이 다가왔다. 이곳은 강폭이 좁아 서로 얼굴을 확인할 수 있었다. 그녀는 주위를 한 바퀴 둘러보고 아무도 없자 안심하고 대화를 나누었다. 조선족 여인은 "일이 힘드시지요?" 하며 작은 주머니를 던져주었다. 그녀는 주위에 아무도 없는 것을 재차 확인하고 주머니를 품에 감추었다.

집에 돌아와 주머니를 열어보니 화장품, 사탕, 100위엔이 들어 있었다. 그때부터 그녀는 중국으로 넘어가려는 생각을 갖게 되었다. 며칠 후 그 조선족 여성이 다시 강 건너편에 있는 기회를 틈타 그녀에게 접근하여 중국에 가려고 하니 도와 달라고 부탁하였다. 조선족 여성은 바로 그 자리에서 호응하여 강을 건너온 그녀를 오토바이에 태우고 사라져 버렸다. 집식구들은 지금도 그녀의 행방을 모른다고 한다.

이 지역은 강폭이 좁아서 일단 건너기만 하면 그 누구도 어쩔 수 없다. 이 섬에서 이렇게 도강이 빈번하게 일어나기 때문에 북한 정부에서도 몇 번에 거쳐 회의를 열어 경비태세를 강화하였으나 도강을 막기에는 역부족이었다. 이곳에서 국경을 넘으려다 잡힌 경우가 없는 것은 아니지만 다른 지역에 비해 상대적으로 국경을 넘기 수월한 지역임은 틀림없다.

북한에서는 중국사람들이 북한여성을 납치하고 있다는 소문이 돌지만 사실 그러한 장면을 직접 목격했다는 사람은 거의 찾아볼 수 없고, 만일 사실이라고 하여도 가끔 일어나는 일로 간주하고 있다. 그러나 이러한 일들은 대부분 중국인과 북한인들이 사전에 공모하여 진행하는 경우가 대부분이다. 도주는 대부분 당사자의 의견에 따라 결정되며, 중국 측의 계획에 따라 진행되기 때문에 성공 확률이 매우 높다.

중국에서는 북한에서 도주하여온 여성 사이에 태어난 아이는 법적으로 승인하지 않기 때문에 사생아로 키울 수밖에 없다. 부모를 떠나 보낸 아이들은 대부분 할아버지, 할머니 손에 키워지기 때문에 늙은 부부는 눈물로 세월을 보낸다고 한다. 필자 역시 이런 가슴 아픈 사연을 수없이 보아왔다. 대부분의 탈북자는 중국 조선족에 크게 기대를 하고 있으나, 시간이 흐름에 따라 중국 조선족 역시 탈북자에 대한 동정심이 점점 식어가고 있어 북한 탈북자들을 좋지 않은 시각으로 보는 것이 오늘의 현실이다.

6. 탈북자 문제와 조·중정부의 대책

북한 정부는 과거 탈북자를 '조국의 배반자' 혹은 '반역자'로 몰아 강력한 제재조치를 취해 왔다. 그러나 1990년대 중반부터 시작된 '고난의 행군'으로 인해 일정한 변화가 나타나기 시작하여 시간과 장소에 따라 제재방법을 달리하고 있다. 아래에 그 내용을 간추려 소개하고자 한다.

첫 번째 '고난의 행군' 이전의 경우 북한 정부의 탈북자에게 극도로 엄격한 제재를 가했다. 북한 형법 제47조에 '조국배반죄'를 "조국에 적의를 가지고 다른 나라로 이주하거나 조국을 버리고 다른 나라로 도망하는 일체의 행위, 의도 등"으로 규정하고, 해당자는 7년 이상의 '강제노동'에 처하고, 죄가 중한 자는 극형에 처함과 동시에 모든 재산을 몰수하는 중벌에 처하고 있다.

또한 형법 제134조에는 "나라의 허가 없이 사사로이 국경을 넘나들거나 혹은 가령 나라의 허가가 있다 해도 지정된 장소 이외의 지역에서 다른 나라 국경을 넘는 자에 대해서는 3년 이하의 징역 혹은 2년 이하의 강제교양소 재교육을 받도록" 규정하고 있다. 이처럼 북한 정부는 탈북자에 대해 강력한 처벌을 내림과 동시에 경우에 따라서는 가족마저 연좌시키는 정책을 실시하고 있다. 필자가 국경지대에서 만난 여러 명의 탈북자들 증언에 의하면, 당시 북한 정부는 탈북자들에 대해 극히 비인간적인 방법을 동원해 처벌하였는데, 많은 사람이 '정치범 수용소'에서 쥐도 새도 모르게 목숨을 잃거나 공개처형을 당했다고 한다.

이러한 탈북자에 대한 정책은 '고난의 행군'이 시작되면서 현저한 변화를 가져오게 된다. 1995년부터 북한은 여러 가지 이유로 경제위기에 직면하게 되면서 1999년까지 많은 사람이 굶주림으로 인해 목숨을 잃게 되었고, 심각한 식량난으로 인해 많은 사람이 두만강과 압록강을 건너 중국으로 넘어갔다. 탈북자의 수가 대대적으로 증가하고, 단순히 굶주림으로 인해 북한을 떠나는 사람들에 대해 북한 정부도 점점 예전의 엄격한 처벌조항을 그대로 적용할 수 없게 되었다. 예를 들면 함경북도의 경우 어느 한 시점에는 거의 모든 가정에 탈북자가 한 명씩은 있는 것으로 파악되었다고 한다.

1997년에는 잡혀 온 탈북자들에 대해 정부차원에서 2~3개월간 구금하고 심문을 하였으나, 2000년부터는 2주일로 구금 기간이 줄이고, 심문과정에서 큰 문제가 없으면 석방하였다. 이 때문에 당시는 탈북과 송환을 반복하는 사람들이 많았으며, 북한 정부기관 특히 특무기관 등의 부정부패를 이용하여 탈북하는 사람도 많았다. 북한 정부의 이러한 정책변화는 당시 국제적인 정치환경과도 연관되어 있었다. 그러나 일부 악렬한 "반역자"에 대해서는 엄격한 처벌이 이루어졌다. 예를 들면 탈북하여 한국인과 접촉하거나 기독교 교회와 관계를 맺은 자에 대해서는 6개월간 강제노동을 시키며, 외부 정치세력과 결탁하여 북한의 내부 정보를 제공하거나, 정부를 비방한 자에 대해서는 정치범 수용소에 보내거나 극형에 처하였다.

다른 한편으로 중국정부도 1997~1999년 사이에는 탈북자에 대해 묵인하는 태도를 취하였다. 탈북의 주요한 원인이 굶주림에 의한 것이기 때문이었다. 이 시기에도 강제 송환은 부분적으로 이루어졌으나 대부분은 위법행위를 하거나 이미 북한이 체포대상으로 지명한 자들이 대부분이었다. 근년에도 탈출자로 인한 범죄사건이 가끔씩 발생하고 있다. 예를 들면 길림성 용정시 삼합진 삼합촌에서 2009년 8월 1일과 2일에 북한을 탈출한 젊은이들에 의해 3건의 연속 도난, 상해사건이 발생하였다. 그들은 민가에 숨어 들어 의류를 훔치고, 촌민을 폭행한 후 핸드폰을 빼앗아 도주하였다가 그 다음날 체포되었다. 2000년부터 탈북자 수가(2002~2004년이 최고조) 급격히 늘어난 배후에는 불법중개인들의 암약과 더불어 세계 각국 NGO조직의 활약이 있었다. 한국의 NGO는 중국에서 활약하고 있는 종교단체와 인권조직을 활용하여 탈북자를 보호함과 동시에 그들을 기독교로 교화시켜 북한에 돌아간 후에도 선교활동을 하도록 하는 방법을 취하였다. 그러나 이러한 방법은 결국 중국정부의 단속 강화를 불러일으켰다.

2000년 4월 12일 한국과 북한에서는 김대중 대통령이 평양을 방문한 것이 화제였으나, 탈북자문제는 북한당국의 커다란 우려 사항이 되었다. 국제여론을 의식해 북한 정부는 중국정부에 탈북자 송환을 요구하였고, 중국정부도 인도주의적 입장에서 북한 정부에 탈북자의 처벌 수위를 낮춰달라고 요구하였다. 이러한 배경하에 돈을 벌기 위해 중국으로 탈출한 인원이 가장 많을 때는 20만 명을 넘었을 것으로 추정하고 있다.

2002년부터 북한은 다시 강력한 탈북자 정책을 취하기 시작하는데, 중국정부도 이에 상응하여 대책을 강화하였다. 2002년 3월에 25명의 탈북자가 베이징의 스페인대사관에 들어와 난민의 지위와 한국행을 요구하는 사건이 발생하였다. 같은 해 5월에는 15명의 탈북자가 심양의 일본영사관에, 6월에는 한국영사관에 난입하는 사건이 발생하였다. 이러한 일련의 사건은 탈북자에 대한 국제사회에 반향을 불러일으켰으며, 북한 정부를 난처한 입장에 처하게 하였다. 이러한 사건을 계기로 북한은 '고난의 행군' 시대 이래의 탈북자에 대한 온건 정책을 강력한 통제정책으로 전화하게 되었다.

북한의 탈북자에 관한 정책은 두 측면에서 변화를 엿볼 수 있는데, 하나는 송환된 탈북자에 대해 3개월 이상의 '노동처벌' 이라는 형벌을 가함과 동시에 중범자는 정치범수용소에 보내졌다. 특히 탈북자와 한국인 혹은 종교단체의 연결을 차단하기 위해 탈북자를 엄하게 처벌하였다. 다른 하나는 주민들이 탈출하지 못하도록 여러 겹의 봉쇄망을 설치하고 있다. 현재 중국 내의 탈북자가 현저하게 줄어들고 있는 원인도 바로 여기에 있다고 할 수 있다. 북한에는 탈출을 방지하기 위해 '보위부', '안전부', '청년돌격대', '협동농장(인민반)', '변경수비대' 등 다섯 층의 보위망이 형성되어 있다. 모든 지역에 이러한 보위망을 설치함으로써 주민들의 탈출을 철저히 차단하고 있다.

구체적으로 북한 주민이 조·중국경지대에 접근하기 위해 반드시 필요한 통행서류를 받기 위해서는 '보위부' 와 '안전부' 의 엄격한 심사를 받도록 규정하고 있다. 또한 협동농장, 인민반의 심사통과를 받으려면 반드시 상부기관의 증명이 필요하고, 더욱이 협동농장, 인민반은 수상한 자를 발견하면 곧바로 신고하도록 되어 있다. 이러한 조치로 인해 국경과 관련이 있는 사람을 제외하고는 누구도 국경에 쉽게 접근할 수 없도록 하고 있다.

2002년까지는 많은 탈북자가 국경 경비대 사람들과 자주 접촉하여 친해지거나 뇌물을 주는 것으로 국경을 넘었으나 지금은 국경 경비대의 인원변동이 빈번하게 이루어져 인맥을 형성하기가 힘들다는 탈북자의 증언이 있었다. 북한 정부는 탈출을 방지하기 위하여 정부차원의 노력을 경주하고 있으며, 그 때문에 국경지대의 탈북자 문제는 당위원회에서 직접 책임지고 관리하고 있다고 한다.

다른 한편으로 중국정부는 중국에서의 탈북자 문제에 대한 구체적인 정책을 공개하지 않고 있지만 기본적으로는 탈북자를 '난민' 이 아니라 '불법월경자' 로 인식하고 있다. 그러나 1996년부터 탈북자 문제가 국제사회의 주목을 받게 되자, 중국정부도 이에 대한 대책을 강구하지 않으면 안 되었다. 탈북자 문제가 국제적으로 알려지게 되자 한국과 미국을 비롯한 국제사회, 유엔 난민기구, 국제 NGO, 여러 종교단체들은 중국에 있는 탈북자들에게 난민 지위를 부여해야 한다고 중국정부에 압력을 가하였다. 국제사회는 인도주의적 차원에서 탈북자 문제를 해결하고자 하였으나, 중국정부는 본국의 안전을 최우선적인 과제로 인식하고 있기 때문에 끊임 없는 국제사회의 비난에도 불구하고 아래에 기술한 몇 가지 이유로 인해 탈북자들에게 난민의 지위를 주는 것을 곤란하게 생각하고 있다.

첫 번째는 변경지역의 혼란을 초래할 가능성이 많기 때문이다. 현재 중국과 북한은 경제적 차이가 크기 때문에 탈북자에게 난민의 지위를 주게 될 경우 사실상 경제유민을 유발할 가능성이 높기 때문이다. 이로 인해 내량의 탈북사태가 나타날 수 있으며, 이럴 경우에 중국 동북지역 사회·경제적 질서의 안정에 커다란 영향을 가져올 수 있기 때문이다. 평양과 중국 변경지역 대학교수의 봉급을 비교해 보면 북한 월수입은 약 1/350에 불과하다(중국 변경지대 교수의 월급은 평균 약 3,000위엔이다). 이러한 경제적 차이로 인해 대량 탈북사태를 유발할 가능성이 매우 높다는 것은 누구도 부정할 수 없는 사실이다. 북한 정부의 강력한 제재조치로 인해 당분간 탈북문제는 어느 정도 통제될 것으로 보이나, 만일 중국정부가 탈북자에게 난민의 지위를 준다는 소문이 북한에 전해진다면 대량 탈북사태가 일어날 가능성이 매우 높다.

두 번째는 대량 탈북자가 나타날 경우 중조관계의 악화를 면하지 못하게된다. 중조관계의 악화는 동북아지역의 많은 미해결 문제에 더욱더 마이너스가 될 것이다. 예를 들면 동북아지역을 위협하는 북한의 핵문제를 억제하는 힘이 약화될 것이다.

세 번째는 북한주민의 대량 탈출은 북한 정부가 제일 걱정하고 있는 국가체제의 안정에 타격을 주기 때문이다. 북한 정부의 붕괴는 동북아의 질서를 파괴하고 통제 불가능을 초래할 수 있기 때문이다.

네 번째는 탈북자 문제로 인해 동북아질서가 파괴되면 중국경제에도 큰 영향을 가져올 수 있기 때문이다. 중국은 '개혁개방' 이래 경제발전을 최우선 과제로 삼고 있어 주변 국가의 안정은 필수조건이라 할 수 있다. 그동안 중국은 주변 나라들과의 관계개선과 주변지역의 안정을 국가 발전전략의 중요한 과제로 인식해 왔다.

이상의 이유로 중국정부는 줄곧 탈북자에게 난민 지위 부여를 주는 것을 거절해 왔다. 그러나 중국정부도 인도주의적 차원의 문제를 전혀 고려하지 않는 것은 아니다. 비공식적이긴 하나 상당수의 탈북자들에게 제3국을 통한 망명을 승인하고 있다.

국제법에 규정한 '난민'의 정의에 따르면 경제적인 이유로 소속된 나라를 떠난 사람들은 난민의 범위에 포함되지 않는다. 그러나 대부분의 탈북자들은 경제적인 이유로 북한을 탈출하였음에도 불구하고, 동시에 그들의 소속국인 북한에 대해 '공포감'을 가지고 있는 것도 사실이다. 이러한 점에서는 국제법상으로 '난민'으로 규정할 수 있다. 문제는 탈북자들 대다수가 경제적인 원인과 더불어 난민의 정의에 해당되는 "공포를 느끼고 있다"는 특징을 동시에 가지고 있다는 것이다. 이로 인해 탈북자의 난민 지위를 주장하는 모든 인권단체들의 경우 탈북자 모두를 난민으로 규정하면서 중국정부에 압력을 가하고 있다. 그러나 이는 중국정부의 입장과 정면으로 대치되고 있다.

1995~2002년 탈북한 주민의 대부분은 식량난에 의해서이며, 그들 중 대다수는 중국에서 양식과 현금을 손에 쥐면 다시 북한으로 돌아갔다. 그리고 지금 이 시각에도 중국 국경을 불법적으로 넘나들면 장사를 하는 사람들도 적지 않다. 이러한 사람들의 탈출 원인이 모두 경제적 이유에 있음을 더는 언급할 필요도 없다. 북한 정부도 이러한 탈북자에 대해서는 강력한 조치를 취하지 않고 있다. 최근에는 탈북자의 탈출 동기에 많은 변화가 나타나고 있는데, 그들은 조직적으로 북한을 탈출하여 한국으로 들어가려 하고 있으며, 거기에도 많은 경제적 이유가 포함되어 있다. 그렇다면 이러한 탈북자를 단순한 난민으로 인정하는 것은 그 근거가 불충분하다고 할 수 있다. 물론 탈북자 중에는 난민의 특징을 지니고 있는 사람도 상당수를 차지하고 있기 때문에 결국에는 중국정부도 난처한 입장에 처하게 되었다고 할 수 있다. 한국정부는 여론을 의식하여 탈북자들에게 난민 지위를 부여하려 하고 있으나

사실상 대량으로 탈북하는 상황을 고려하고 있다고 할 수 있다.

이미 위에서 설명한 이유로 중국정부는 아직 대외적으로 탈북자들에게 난민 지위를 인정하지 않고 있다. 하지만 확실하게 난민에 해당되고 또한 국제여론을 야기시키는 탈북자에 대해서는 난민 지위를 묵인하고 있는 것도 사실이다. 이를테면 황장엽 등 한국 정부와 협의하여 제3국을 통해 한국에 보낸 탈북자 등은 결국 묵인해 온 '난민'이라고 할 수 있다. 이 밖에도 이미 중국에 정착한 탈북자에 대해서는 관대한 정책을 시행하고 있는데, 만약 중국인과 결혼하여 3년 이상 경과하고 아이를 출산한 사람, 중국에 있는 친척집에 함께 거주하며, 북한에 돌아가도 생활할 수 없는 사람 등은 계속해서 중국에 거류할 수 있도록 눈감아주는 것이 지금의 현실이다.

탈북자 문제는 인도적이라든지 인권이라는 입장만 가지고 해결할 수 없는 난제이다. 물론 이런 관점을 통한 노력만으로도 부분적인 문제 해결의 실마리를 찾을 수 있으나, 그것에만 집착한다면 오히려 더욱 복잡한 문제를 발생시킬 위험이 있기 때문에 신중하게 처리하지 않으면 안 된다. 탈북자 문제의 최종적인 해결 방안은 역시 북한의 경제발전에 있다고 본다. 만일 북한 경제가 개선되지 않으면 주변 여러 나라와의 경제 격차는 더욱 벌어질 것이고, 이로 인해 탈북자 문제가 재발하게 될 것이며, 이는 다시 정치문제로까지 발전할 것이기 때문이다. 그런 의미에서 국제사회는 하루빨리 북한에 대한 적대적인 정책에서 벗어나 북한과의 경제협력을 통해 북한을 국제사회의 일원으로 끌어들여 동북아의 안정을 도모하는 방향으로 정책 전환이 이루어져야 한다. 예를 들면 일본의 경우 현재 북한을 단지 경계 대상으로 파악할 뿐 협력 대상으로는 인식하지 않고 있다. 이는 동북아지역 안정과 경제라는 두 가지 면에서 모두 마이너스가 되며, 언젠가는 이에 대한 공론이 있을 것으로 생각된다. 또한 북한을 냉전시기에 남겨놓은 숙제로 인식하여 관련 당사국에서는 어느 정도 보상적 차원에서 경제원조를 해주어도 타당할 것으로 생각된다.

지금도 탈북자들은 끊임없이 중국을 경유하여 한국으로 건너가고 있는 상황에서 한국 정부도 탈북자들을 받아들이고는 있으나 근본적인 해결방안은 찾지 못하고 있다. 또한 최근 들어서는 집단탈북 경향이 분명하게 나타나고 있는데, 이는 모종의 특수한 목적을 가진 한국의 종교집단 혹은 시민단체 조직 등이 깊게 관여하고 있기 때문으로 인식된다. 현재 한국 정부의 난민지원정책은 이 조직들을 국가체제의 일부분으로 삼아 유도 혹은 서포트 하고 있는 실정이다. 그러나 이러한 조직적인 탈출은 문제해결이라기보다는 더욱더 많은 외교마찰을 불러일으킴과 동시에 많은 탈북자들에게 코리아 드림이라는 환상을 품게 하여 오히려 이산가족을 생산하는 역효과를 가져 오고 있다는 점도 염려되는 부분이다.

다른 한편으로는 중국에 있는 탈북자들 대부분은 중국의 개혁개방정책으로 인한 경제발전을 직접 체험하고 있어 장래에 상당수의 탈북자가 북한으로 귀국할 경우 북한에서 필요로 하는 인재가 될 것으로 기대한다.

이 밖에도 한국, 중국, 일본, 러시아 등 주변국들은 탈북자 문제에 대해 동일한 인식을 가지고 종합적인 대책을 만들어 공통된 합의안을 도출해 내야 할 것이다. 탈북자 문제가 국제적으로 주목받기 시작하면서 각 나라 간에 정부차원의 대화가 이루어지지 않아 서로 충돌하는 경향을 보여 왔으나 이는 탈북자 문제를 해결하는 데 있어 결코 바람직한 방향이 아니다. 2002년 5월과 6월에 있었던 일련의 사건을 통해서도 충분히 짐작할 수 있다. 현재는 물밑에 잠잠하게 가라앉아 있는 형국이나, 탈북자 문제가 언제 또다시 국제 문제로 부각될지는 그 누구도 모르는 일이다. 이를 미연에 방지하기 위해서는 북한 스스로의 노력도 필요하지만 주변국가들의 협력도 반드시 필요하다고 할 수 있다.

|제2부| 일본

제1장 _ 변화하는 재일 코리안

-한일관계의 변화와 세계화 속에서 -

오카다 히로키(岡田浩樹)

1. 머리말

본 논문은 문화인류학의 시각으로 일본사회의 재일 코리안('자이니치(在日)')의 변화를 조망하고 재일 코리안에 대하여 다룬 후, 논고의 이해를 위한 배경을 설명하고자 한다.

일본인과 일본사회에서의 재일 코리안 문제는 이제까지 극히 정치적인 테마로서 다루어졌고, 현재도 그러하다. 예를 들면, 현 일본정권의 여당인 민주당의 장관이나 총리에게 재일 코리안 지지자가 헌금한 소액 정치자금의 문제가 커다란 정치적 논쟁이 되기도 한다. 그리고 이러한 사건은 지방자치체의 정치 참가나 국정 참여라는 재일 코리안 자체에 연관되는 문제점을 나타내기도 한다.

하지만 재일 코리안은 이러한 정치적 테마로서 중요하지 않다. 재일 코리안이라는 거울을 통하여 근대 이후 일본사회의 역사적 과정이나 현재 일본사회의 자화상을 선명히 볼 수 있다고 말할 수 있다. "이것은 자이니치의 역사이기도 하지만, 일본의 백 년이기도 하다."

재일 코리안뿐만 아니라 재외 한인은 한국사회 역사적 과정의 또 다른 한 측면이기도 하며 동시에 오늘날 한국사회의 자화상이기도 하다. 그 이유는

변화하는 재일 코리안 | *141*

이민 등 해외의 마이너리티(소수파)로서 살아가는 재외 코리안이 일상생활에서 '한국문화란 무엇인가', '한국인이란 무엇인가' 라는 물음에 끊임없이 당면하고 있기 때문이다. 이러한 물음은 한국사회에서 살아가는 한국인보다는 재일 코리안에게 있어서 더 깊은 의미를 갖는다.

이 물음에 대하여 최종적인 답을 내놓기는 어려울 것이다. 자신들 스스로가 한국인이라고 자기규정을 하는 한 끊임없이 되묻지 않을 수 없는 '답 물음' 이기 때문이다. 이 물음의 근원이 스스로를 규정하는 아이덴티티에 대한 것임은 물론 이주한 곳의 이주사회나 메이저리티, 다른 마이너리티와의 관계에서 '강요된' 물음이기 때문이다. 예를 들어 "한국인은 우수한 예술적 감각을 가지고 있다" 라는 말은 한국사회 내에서는 문제가 되지 않으나, 해외에서는 "그럼 한국인 이외에는 우수한 예술감각을 갖고 있지 않다라는 말인가(타 민족은 예술적으로 열등하다는 것인가)", "민족(문화)의 차이와 예술감각의 차이는 동일하게 논할 수 없다" 라는 반론을 듣게 될 것이다. 게다가 재외 코리안이 '마이너리티' 로서 압도적인 메이저리티와 대면하게 될 때 '배타적' 이라는 이유로 이주사회에서 배제 대상이 되는 경우도 있다. 이러한 상황은 재일 코리안뿐만 아니라, 마이너리티로서 다른 사회에서 살아가는 모든 이들에게 공통으로 나타난다.

다만, 21세기인 현재 이러한 문제가 자사회를 떠나 해외에서 살아가는 이들에게만 일어나는 것은 아니다. 세계화가 진행되어, 자사회의 생활 속까지 '세계' 가 침투하고 있는 오늘날, 자사회 혹은 타사회 어디에서 살아가든 똑같이 겪게 되는 상황이다. 오늘날 총인구 대비 해외 한인의 인구 비율이 세계적 수준으로 높아져서 '코리안 디아스포라(Korean Diaspora)' 라고 표현될 만큼 앞으로 한국사회가 직면할 과제가 될 것으로 예상된다.

재일 코리안은 이러한 21세기의 문제에 이미 직면한 사람들이다. 일본이라는 국민국가의 성립과 한반도에 대한 식민지 지배라는 동아시아의 근대사적 과정에서 태어나, 해방 후에는 냉전구조 속에서 조국의 분단, 대한민국과 조선민주주의인민공화국이라고 하는 근대국민국가의 성립의 틈에 놓여, 일본사회의 소수민족이 되었다. 그 이후 오늘날에 이르러서는 세계화의 진행에 의해 지금까지 일본이라는 이주사회에서 쌓아 올린 기반이 흔들리고 있는 상황에 있다.

재일 코리안의 이러한 역사적 과정은 한국사회와 한국인이 겪어온 역사적 상황과 병행적(parallel)인 관계에 있다. 중화문명을 중심으로 한 동아시아의 전근대적인 질서 속에서 독자적인 사회·문화를 유지해 온 한국사회는 근대에 이르러 일본의 식민 지배를 받은 가운데에서도 일본이라는 '근대'의 침입에 대항하면서 독자적인 근대를 모색했다.

해방 후에는 냉전구조 속에서 서양, 특히 미국화를 겪으면서 동시에 근대사회에 있어서의 독자적인 민족문화를 모색해 왔다. 그러나 세계화 추세의 오늘날, 새삼스레 한국인이란 무엇인가라는 물음을 세계 속에서 받고 있는 상황과도 겹쳐지게 된다.

여기서 재일 코리안의 역사적 과정에 대한 간단한 소개를 본 장의 배경으로 삼고자 한다.

2. 소수민족으로서의 재일한국인'

1) 조선인(朝鮮人)·자이니치·재일 코리안

현재 일본에 거주하고 있는 재일 코리안의 실상은 다양하다. 그 복잡한 실상은 호칭을 보아도 알 수 있다. '한국인', '자이니치', '재일한국인', '재일한국·조선인', '재일 코리안', '코리안 올드커머' 등의 호칭들이 그러하다. 심지어 '한반도에 뿌리를 둔 사람들'을 가리키는 용어는 그 역사적 과정의 어떤 시점에서 언급되는가 혹은 각각의 호칭을 사용하는 사람의 사회적·정치적 입장에 의해서도 달라진다. 한국에서는 '재일동포'라는 용어만이 사용되고 있다. 또한 영어에서도 'Korean in Japan(일본에 거주하는 한국인)'이라는 용어만이 사용된다. 이 글에서는 일본국적으로 귀화한 사람이나 일본인과의

변화하는 재일 코리안 | **143**

사이에서 태어난 아이도 포함되기 때문에 '재일 코리안'이라는 호칭을 사용하기로 하나, 이토록 많은 '공식호칭'이 있는 소수민족은 세계적으로도 드물다.

다양한 용어를 사용한다고는 해도 현재 사용하는 호칭이 근대 이후에 일본열도로 이주한 사람들에게만 해당된다는 점은 중요하다. 근대 이전에도 백제가 멸망했을 때 일본으로 건너간 사람들이나, 기술자로서 초청된 사람들(일본어로는 '귀화인') 혹은 임진왜란 때 일본에 끌려온 도공 등에게는 위의 호칭이 적용되지 않는다.

재일 코리안이 일본사회에 '정착'하게 된 역사는 100년 가까운 세월에 걸쳐 이루어져 온 것이다. 그러나 오늘날 일본사회에서 재일 코리안에 대한 문제가 떠오를 때면 그 대부분이 그들에 대한 일본사회의 차별이나 억압에 대한 것이다. 이렇듯 차별문제와 직결되어, 재일 코리안은 일본의 사회 문제의 하나로서 정형화·이미지화되어 있다고 말해도 과언이 아니다. 하지만 이것은 김찬정이 지적하는 바와 같이 "하나의 측면이긴 하나 전부는 아니다".

재일 코리안을 둘러싼 복잡한 문제는 처음부터 재일 코리안이라고 하는 '사람들'이 동아시아의 근대와 현대에 이르는 격렬한 변화의 과정에서 태어나, 당초부터 모순을 떠안고 있었던 것에 기인한다. 이 소수집단 사람들이 갖고 있을 것으로 예상되는 특징을 'ethnic group(민족 혹은 민족 집단)'과 'ethnicity(민족성)'이라는 용어로 설명할 수 있다. 재일 코리안을 둘러싼 문제는 이러한 용어가 내포하고 있는 모순이 심각한 형태로 나타나는 것을 볼 수 있다.

ethnicity는 비교적 '새로운 용어'로서, 영어권에서는 미국의 사회학자 라이즈먼(Riseman)이 1953년에 처음 사용했다고 여겨지며, 사전에서 이 용어를 채택한 것은 1972년판 『Oxford English Dictionary』에서였다. 단, 이 단어의 어원인 ethnic는 그 이전부터 사용되던 것으로 '이교도'를 의미하는 그리스어 에트노스(ethnos)에서 유래하여 영어권에서는 14세기부터 19세기까지 이 의미로서 사용되고 있었다. 미국이 제2차 세계대전 이후로 유대계, 이탈리아계 등의 시민을 가리킬 때의 정치적 용어로서 인종(ethnic)이 사용되었다. 1960년대 이후 민족(ethnicity) 연구는 인류학과 사회학에서 중요한 토픽의 하나가 되었다. 단, 코헨(Cohen 1978)이 지적하였듯 이 용어는 명확하게 정의되어 있다고 보기 어려워, 연구자에 따라 그 사용 목적이 다른 경우도 있다. 하지만 에릭슨(Ericson 1993)에 의하면 민족은 '인구 집단이나 집단 관계의 분류'와 관련이 있다.

한편 사회적으로 민족은 '소수파에 관련된 사상', '인간 관계'에 관련하여 사용되는 경우가 많다. 그리고 민족을 둘러싼 담론(discourse)은 "한 나라 내에서 하위에 위치하는 한 집단 혹은 어떤 종류의 소수파와 관계되는 경향이 있다"(Champman et al 1989:17). 한 국민국가 내의 다수파(majority)나 지배적(dominant)인 사람들도 원래는 민족으로서 파악되는 것이 옳다. 그러나 다수파나 지배적인 사람들의 민족은 국가주의에 포함되고, 소수 민족은 국가주의에 대항하는 것으로 파악되는 경우가 많다. 이 용법대로라면 민족집단은 소수민족 혹은 재일 코리안과 같은 이주·이민집단을 의미하는 말이 되어 주류(메이저리티)가 아닌 소수(마이너리티)로 한정되기 쉽다.

다만 민족에는 다른 용법도 있다. 그것은 근대적 국민 국가의 성립 이전에 존재하는 어떤 공동체, 즉 근대적 국민 국가의 원형을 의미하는 경우이다. 이 경우 민족집단은 소수파에 한정되지 않고, 전체 레벨의 집단을 의미하게 된다. 또한 민족은 국민 국가의 원형이 가지는 본질이기도 하다. 스미스(Smith)는 이 원형을 Ethnie라고 부르며, 6개의 기본적 요소가 있다고 보았다. 그 요소는 ① 집단 고유의 이름, ② 집단 독자의 문화적 특징의 공유, ③ 공통의 선조에 대한 신화, ④ 역사적 기억의 공유, ⑤ 공통의 '홈랜드(고향)'와의 관계 혹은 심리적 연결, ⑥ 민족집단(ethnic group)을 구성하는 인구의 주된 부분에서 연대감 존재이다.

이렇듯 민족과 민족 집단은 서로 다른 의미를 가지면서도 밀접하게 관련되어 있다는 모순을 안고 있다. 전자는 전체 사회, 특히 다수파나 지배적인 집단과의 상호관계에 의해 그 특징이 뚜렷해져 경계가 그어진 집단이다. 반면 후자는 소수파뿐 아니라, 다수파가 국민 국가의 정통성을 주장하는 내셔 널리즘의 기반이 되어 소수파와의 경계선을 명확히 하기 위한 근거가 된 것이다.

'이러한 모순이 재일 코리안문제를 복잡하게 하는 밑바탕이 된 것은 아닐까' 라는 것이 본 논문의 문제의식이다. 근대 이후 일어난 동아시아에서의 근대 국민 국가의 성립과 그 변화가 이 모순의 문제점을 표면화시켜서, 보다 심각한 형태로 개개의 재일 코리안에게 나타나고 있는 것은 아닐까? 이 때문에 재일 코리안의 민족성, 민족 정체성이 한국인의 국가 문화 국가 정체성과는 다른 복잡함과 굴절을 초래하게 되었다고 생각한다.

이후의 장에서는 그 복잡한 과정과 굴절의 개략을 기술하여, 동아시아의 근대화 과정에서 모순을 안고 있는 재일 코리안이 현재의 세계화 속에서 새로운 모순에 직면하고 있는 상황을 검토하고자 한다.

3. 재일 코리안의 형성

1) 자이니치의 탄생―식민지 통치하의 '조선인'

일본의 식민지 지배에 의해 일본 열도로 '이주' 할 수밖에 없었던 '조선인' 들은 일본 제국에서 일본인이라는 '다수파' 가 '조선인' 을 지배하는 근거였던 '야마토민족(大和民族)' 내부의 균질성을 보증하기 위하여, (국적상에는 일본 국적이어도) '조선인' 이라는 소수파 카테고리에 억지로 끼워 넣어져 억압당했다.

초기 일본의 장기 체재자는 정부 관계자를 제외하면 유학생이었다. 1881년에 정부 유학생으로서 유길준 등 16명이 미타학원(三田学園, 현 게이오 기주쿠 대학(慶応義塾大學))에 유학한 것을 그 효시로 삼는다. 그 후, 갑오농민전쟁(동학운동)에 일본이 개입하여 조선반도 침략을 진행하는 과정에서 일본은 조선인의 '노동력' 에 주목하게 된다.

146 | 한민족 해외동포의 현주소

강철(2002)의 노작에 의하면 1897년에 사가현(佐賀県)의 長者탄광이 '조선인' 광부를 채용하고 싶다고 한 기록이 남아 있다. 또한 1989년에는 三池광산과 미쓰이물산(三井物産)의 인부 모집 의뢰에 의해 57명의 '조선인' 인부가 도일했다. 이러한 '조선인' 을 '노동력' 으로서 도입하는 움직임은 식민지 지배하 한반도의 철도 건설(경부선, 경의선)에 '조선인' 동원(1905년)과 동시에 일어났다. 그 후 1910년의 '한일합병조약' 을 계기로 '조선인노동자' 는 도로 등 도시 기반 시설(인프라 스트럭처) 정비, 탄광이나 광산 등의 기반 산업, 경공업 등을 떠받치게 되어, 1916~1917년에 걸쳐 일본 체재 '조선인' 은 1만 명을 넘어서게 되었다. 이 배경에는 1905년의 시모노세키–부산 간 정기 항로 개설 등 일본 열도와 한반도를 잇는 항로가 정비된 것도 큰 영향을 미쳤다. 이런 식으로 일본에 거주하는 '조선인' 은 1922년에는 5만 명, 1924년에는 10만 명을 상회하였다. 일본이 일중전쟁에 돌입, 본토의 일본인 노동자가 부족하게 되었던 1937년에는 그 수가 급격히 증가하여 1937년 전후로는 70만 명에 이르렀고, 1940년 전후로는 100만 명을 넘어 서게 된다. 또한 제2차 세계대전 발발로 일본 본토의 노동력이 심각하게 부족해지자 1944년 2월 8일에 일본 정부는 한반도를 대상으로 '국민 징용령' 을 발효시켰고, 이로 인해 일본 패전 직후의 일본 내 '조선인' 거주자 수는 약 240만 명에 달하게 된다.

일본 열도에 유입된 '조선인' 의 대부분은 일본의 식민지 지배, 특히 '토지 조사 사업' 으로 궁핍해진 소작농이나 몰락한 소자작농이었다. 그들은 한반도에서 생활 기반을 잃었기 때문에, 우선은 집안의 가장인 지아비가 도일한 후, 처와 자식 등 가족들도 도일하는 방식으로 생활의 기반을 일본 열도로 옮기게 되었다.

이렇듯 일본의 식민 지배 시기에 일본 열도로 건너온 '조선인' 은 일본의 노동 시장의 수요에 응하는 형식으로 그 수를 늘리며, 어떤 의미에서 일본의 근대화 · 산업화를 짊어졌던 사람들이었다. 그럼에도 그 대부분의 노동은 일본인 노동자 모집이 어려운 너무나 가혹한 탄광부, 토공 등으로 현재의 3D노동과 같은 경제 구조의 가장 밑에 자리한 것들이었다.

변화하는 재일 코리안 | *147*

한반도가 일본의 식민지가 되어 국적상으로는 '일본인' 이 된 것이 '조선인' 이 일본 본토에 노동력으로 유입되게 된 최대의 계기이다. 일본 정부는 노동 시장에서 일본인 노동자를 보호하기 위해 일관적으로 외국인 노동자의 유입, 특히 중국으로부터의 이민을 엄격하게 제한하고 있었다. 그러하였던 것이 전쟁 중 노동력 부족이 심각해지자 '같은 일본인' 으로서 '조선인 노동자' 를 적극 동원하게 되었다. 그러나 한편으로는 '조선인' 에 대한 멸시, 독립운동 의식에 대한 경계심, 심지어 '조선인' 이 경제의 밑바닥에 놓여 있는 상황에 대한 멸시 등이 있었다. 일본사회는 '조선인' 을 '이류 국민' 혹은 '멸시당하며 일시적으로 체재하는 (본래 배제되어야만 하는) 이방인' 으로 평가했던 것이다.

다시 말해, 전쟁 이전의 '조선인' 은 일본사회의 이주자나 이민이 아닌, 어디까지나 식민 지배지에서 온 '이류 국민' 이자, 일본국적을 가지고 있어도 '차별 당하는 외국인 노동자' 라는 위치에 놓여 있었다. 이것은 같은 시기의 미국이나 중국 동북부에 이주한 조선인들과 크게 다른 점이다. 일본사회의 주변에 위치하는 마이너리티라기보다는 근대 국민 국가 일본의 경계 위에 놓여진, 국민이지만 국민이 아닌 양의적(兩義的) 존재였던 것이다.

2) '조선인' 에서 자이니치로

1945년 8월 15일 일본이 연합국에 무조건 항복을 했다. 이날을 기점으로 '조선인' 은 일본의 식민지 지배로부터 해방되어, 강제 연행 등으로 인해 일본 본토에 있던 '조선인' 들은 일제히 귀국하고자 했다. 하지만 패전 후의 일본은 전쟁에 의한 재해로 인해 교통기관 등이 파괴되어, 조국으로의 귀환 사업은 극도로 혼란스러웠다. 귀국을 희망하는 '조선인' 들은 동해(일본해) 쪽의 시모노세키나 후쿠오카 등과 같은 항구 도시에 집결하였으나, 한반도로 향하는 배가 없어 그곳에 계속 체재하게 된다. 그럼에도 불구하고 1945년 8월부터 1946년 3월까지 7개월간 약 130만 명의 '조선인' 이 귀국했다.

일본을 점령한 연합국 총사령부(GHQ)는 일본 본토 내 '조선인' 의 존재를 인식은 하고 있었으나, 그 문제에 대처하기 위한 구체적인 정책을 준비하고 있지는 않았다. 1945년 11월 31일자 『일본 점령 및 관리를 위한 연합국 최고 사령관에 대한 초기의 기본 지령』에서 GHQ는 "조선인은 군사상의 안전이 허가하는 한 해방 민족으로서 취급하나, 필요한 경우에는 적국민으로서 취급하는 것이 가능하다"라고 기술하고 있다.

'조선인'은 일본의 패전과 동시에 '일본인(일본국적)'에서 이탈하였으나 1948년 한반도에 두 개의 국가가 성립하기 전까지는 '어느 나라의 국민도 아닌' 상황에 처한다. 심지어 '해방 국민'도 아닌, 경우에 따라서는 일본인과 같은 '적국 국민'으로서 취급되는 등 '국민 국가'의 틈에 놓여진 것이다. 이러한 일본에 거주하는 '조선인'의 상황을 더욱 복잡하게 만든 것은 한반도로 귀환한 귀국 '조선인'이 다시 일본으로 '역류'한 것이다.

이미 한반도에서의 생계수단을 잃은 '조선인'들은 다시 일본에 재입국하게 되어, 1946년에는 '불법 입국자'로서 검거된 이들만 1만 7,733명에 달한다. 동시에 1946년 일본에는 46만 이상의 '조선인'이 있어, 일본 정부에 의해 실시된 '귀환 희망자 등록'에는 51만 4,000명이 귀국을 희망했으나 실제로 귀국한 '조선인'의 수는 희망 등록자의 5분의 1에도 미치지 못했다. 일본에 거주하는 '조선인'이 본국에서의 생활기반을 잃었다는 것과 동서냉전이 시작되어 GHQ(및 일본 정부)가 귀국을 억제하는 정책을 취한 것이 요인이라고 볼 수 있다. 이 정책에는 38도선 이북을 본적지로 하는 '조선인'의 귀환을 정지하고, 또한 가지고 돌아갈 수 있는 물품을 한 명당 250파운드(약 113kg)로 제한하는 내용 등이 포함되어 있었다..

이러한 경위를 거쳐 일본에 잔류한 조선인들은 이른바 '자이니치'의 기반이 된다. 이런 식으로 자이니치는 일본 국내에서 마이너리티로서 자리하게 되는 것이다. 그러나 여기서 중요한 점은 '자이니치'가 전후 일본 국민국가 내에 애매하고 기묘하게 자리매김한 가장 많은 수의 마이너리티라고 하는, 세계에서도 유사한 예를 찾아볼 수 없는 상황에 있었다는 점이다.

1946년 8월 29일 GHQ는 조선으로의 귀환 업무를 11월 15일에 완료시키

변화하는 재일 코리안 | *149*

겠다고 발표하고, 10월 10일에는 '조선인'의 귀국을 12월 15일까지 완료시키라는 지시를 한다. 그 후의 10월 12일에는 『조선인의 지위 및 취급에 관한 총사령부 섭외부국 발표』에서 연합국 최고 사령관의 송환 계획에 따라 귀국을 거부하는 재일 '조선인'은 정당한 조선 정부가 성립하여 조선인민임을 인정할 때까지 일본국적을 보유하는 자로 본다는 견해를 밝혔다. 이러한 조치는 재일 조선인을 다시 일본국적 보유자로 만들고, 해방국민이라는 조치를 철회했다는 것을 의미한다. 한편 일본 정부는 전쟁 이전까지의 조선인에게 있었던 국정·지방 참정권을 "당분간 정지한다"고 했다. 이와 같은 조치는 현재에 이르기까지 계속되고 있다.

이렇듯 해방 직후의 '자이니치'는 또 다시 '일본국적', 다시 말해 일본인으로서 위치뿐 아니라, 국민으로서의 권리를 부여받지 못한 '특별한 카테고리'에 자리 잡게 된다. 이러한 일본 정부의 조치를 GHQ가 용인한 배경에는 동서냉전이 날이 갈수록 긴장감을 더해가는 상황에서 당시의 '자이니치'들 사이에서 커다란 영향력을 발휘하던 '재일조선인연맹(조총련)'이 사회주의로부터 큰 영향을 받고 있었기 때문에 반공노선에 의해 일본 정부가 '자이니치'를 통제하는 것을 인정하는 방침을 취하게 된 것이다.

조총련은 1945년 9월 10일에 도쿄에서 중앙 준비회를 결성한다. 그 당시 목적의 하나는 '자이니치' 사업이었다. 이와 함께 조선인 자녀를 위한 '민족학교'가 전국 각지에 만들어지게 된다. 이 민족 학교는 후일 귀국할 '자이니치' 자녀에게 '국어(한국어)'와 역사나 문화 등 기본적인 민족 문화의 지식을 가르치는 것을 목적으로 하고 있었다. 1946년 10월에는 초급학교 525개, 중학교 4개, 청년학교 10개의 민족 학교가 설립되어, 학생 수는 4만 4,076명에 달하였다.

말하자면 일본 패전 후의 조치를 둘러싼 혼란 속에 성립한 '재일조선인'이라는 마이너리티는 일본사회의 '이분자(異分子)'로 자리매김하게 되는 것이다. 그들은 조국에 국가가 건설되어 있지 않은 상황에서, 일본국적과 비슷한 무언가를 가지게 된 '무국적'자와 같은 존재였다. 그리고 패전 후의 혼란스러운 일본사회 내에서 식민지 지배기의 '조선인'들에게 향했던 일본인들의 멸시 등과는 또 다른 적의의 대상이 되어 사회에서 배제되는 마이너리티가 된다.

패전 직후 일본사회는 일상생활 물자를 비롯하여 거의 모든 소비재가 부족하였다. 이러한 상황 속에 일본 각지에는 '암시장(Black Market)'이 형성되어 정부의 통제를 무시한 상거래가 이루어지고 있었다. 당분간은 조국으로의 귀환을 단념하게 된 '자이니치'들은 원래부터 일본사회에서의 생활기반이 취약하였기 때문에 이러한 암시장의 브로커로서 생활하는 자가 많아 종종 암시장을 둘러싼 일본인 브로커, 특히 도박업을 경영하는 야쿠자와 분쟁을 일으키곤 했다.

또한 '자이니치'들은 '해방 민족'이라는 의식이 강하여 일본 정부의 통제나 감독을 따르지 않았기 때문에 경찰당국과의 충돌이 빈번했다. 이러한 분쟁이나 충돌이 빈번하게 발생하자 일본인 사이에서 전쟁 이전보다도 더한 '반조선인 감정(反朝鮮人感情)', '반자이니치 감정(反在日感情)'이 퍼지게 되어 전후 일본사회에서 일상생활 속 배제나 차별이 점점 심해지는 하나의 원인이 되었다.

1947년 5월 '외국인등록법'이 공포되었다. 이 외국인등록법은 '포츠담 칙령 207호'라고도 불리는 GHQ의 지령에 의한 칙령(정령)으로, 일본 정부는 반드시 이것에 따라야만 하는 상황이었다. 이 칙령에 의해 '자이니치'의 등록 국적은 조선반도에 정당한 정부가 수립될 때까지 잠정적으로 '조선'이라고 기재되게 된다. 여기에서의 '조선'이란 국명이나 '국적'을 가리키는 것이 아닌, 단순한 용어로서 규정된 것을 뜻한다. 즉, 실제로는 '조선국적'의 재일조선인은 어느 나라에도 속하지 않은(어느 나라의 국민도 아닌) 사실상의 '무국적'으로서 일본사회에 위치시키고자 했음을 의미한다. 이렇게 많은 마이너리티가 '무국적'으로 한 사회에 거주하는 일은 드문 경우로서, 세계적으로도 재일조선인이 특수한 상황에 처해 있는 마이너리티라는 사실을 알 수 있다.

이러한 '자이니치'의 특수한 상황을 더욱 복잡하게 만든 것이 한반도의 분단 상황이다. 1948년 8월 이승만을 수반으로 하여 대한민국 정부가 수립되고, 그 1개월 후에는 김일성을 수반으로 하여 조선민주주의인민공화국(이하 북한)이 수립된다. 당시의 한국 정부는 '자이니치'를 통제하에 둘 목적으로, 반공 성향의 "재일본거류민단(在日本居留民団)"에 대한 관여를 강화하고, 10월에는 민단을 '재일동포의 공인 단체'로 인정한다. 한편 조총련은 북한 정부가 한반도의 유일한 정당 국가라는 견해를 표명하고 그 정권의 지지, 지원을 선언한 후 이에 대한 통제를 강화하는 일본 정부와의 사이에서 과격한 충돌 사건이 빈번히 발생했다. 사회주의에 대한 경계를 강화하던 GHQ는 조총련을 폭력 혁명 집단으로 규정하고 해산을 명령하게 된다.

1951년 8월 샌프란시스코 대일 강화 조약이 조인되어, 이듬해 4월에 발효된다. 이 조약으로 일본은 조선의 독립을 정식으로 승인하고 한반도에 대한 모든 권리, 권한, 청구권을 포기하게 된 것이다. 그렇지만 '자이니치'에게 있어 '재일조선인에 대한 (일본의) 주권 포기'를 의미하는 것이며 '자이니치'의 일본국적 상실, 즉 '외국인'으로서 위치하게 된다는 뜻이었다. 이에 앞서 이승만 정권은 1948년의 정권 수립 시 '자이니치'를 한국 국민으로 취급하겠다는 방침을 밝히고, GHQ에서도 일본 정부에 그와같이 지시했다. 일본 정부는 1950년 2월 등록증의 국적란에 '한국'이라는 국적의 기입을 인정하였으나, 그것은 조선국적과 마찬가지로 어디까지나 용어의 하나로서 기재하는 것이라는 위치를 설정했다.

이렇듯 '자이니치'의 법적 지위는 그 이후에도 애매한 상황이 계속되었으나, 남북의 대립이 격화하는 상황에서 '조선 국적'과 '한국 국적'의 양자택일은 곧 남북 어느 쪽을 지지하는가의 의사를 표명하는 수단으로 간주되게 된다. 당초에 많은 '자이니치'들은 일본 정부의 통제에 대해 식민지 지배의 기억을 중첩시켰다. 예를 들면 조총련계의 민족학교에 대한 폐쇄 명령이나 강제 폐쇄, 학교의 토지, 건물, 학교 재산의 몰수 등이 식민지 시대의 조선 문화 말살 정책을 연상시키게 되었던 것이다. 그 때문에 초기에는 조총련의 운동을 지지하는 '자이니치'가 다수였던 것도 사실이다. '자이니치' 사이에서는 남북의 어느 쪽을 지지하는가로 대립이 생겨, 후에 6 · 25전쟁이 일어났을 때에는 그 대립이 극도로 심각한 지경에 이르렀다.

한반도의 분단 · 대립의 한편에서 일본 정부는 출입국 관리 통제를 특별히 강화하여, 북한 지지자로 간주되기 십상이었던 '조선 국적' 사람들의 일본 국외로의 여행이나 고향 방문, 친족 방문을 사실상 금지하게 된다. 이로 인하여 '자이니치'의 다수를 차지하고 있던 '조선 국적' 사람들은 조국이나 고향과의 관계가 약해져, 의도하지 않았으나 결과적으로 일본으로의 정착이 진행되어, 일본사회로 생활기반을 옮기게 되었다. 그렇게 세대가 경과함에 따라, 한국과도 북한과도 다른 독특한 생활 세계를 만들어 나가게 된다.

패전 후의 혼란, 냉전하의 GHQ 일본 통제, 분단 국가의 성립과 대립이라는 국제 정세의 변화는 전후 일본사회의 소수민족이 된 '자이니치'를 극히 특수한 위치에 놓여지게 했다. 그리하여 메이저리티인 일본인과 마이너리티인 '자이니치'를 구분하는 명확한 민족 경계(ethnic boundary)로서 '국적'이 중요한 의미를 가지게 된 것이다. 덧붙여 '국적'은 남북 분단과 대립의 상황에서 어느 쪽을 지지하는가의 정치적 표명의 수단으로써도 중요한 의미를 가지게 된다. 이렇게 하여 전쟁 이전의 '조선인'은 '재일 조선인' 혹은 '재일 한인', '자이니치'로서 일본사회 최대의 마이너리티가 되었다고 할 수 있는 것이다. 그 결과 재일조선인은 일본 에스닉 마이너리티의 최다수를 차지하는 존재로서 1960, 1970년대에 걸쳐 '자이니치'가 일본사회의 마이너리티중 가장 많은 인구를 차지하게 된다. 본래는 재일본 외국인을 총칭하던 용어였던 '자이니치'가 그들 스스로도 자칭 '자이니치'라고 부르게 된 것이다.

4. '자이니치'에서 재일 코리안으로

1) '자이니치'의 변화—세대의 경과 그리고 해외동포화

앞에서 전후의 '자이니치', 그 중에서도 '조선국적'의 '자이니치'가 현실적으로는 어떤 국가의 국민도 아닌, 사실상 '무국적' 이면서도 일본에서의 거주권은 인정받는 기묘한 상황에 놓이게 되기까지의 경과를 보았다. 남북이 분단된 현실 속에서 '자이니치' 는 세대가 바뀜에 따라 일본과의 문화적 동화가 진행되어, 고향이나 조국과는 다른 독자적인 생활 세계를 구축하게 되었다.

이른바 '자이니치' 의 대부분은 일본인 메이저리티가 절대 다수를 차지하는 전후의 '일본' 이라는 국민국가와 이주사회에 있어, 타국적을 가진 일시적 노동 이민도 아니고, 일본국적을 취득하는 과정에 있는 정착 이민도 아니다. 또한 일본국적을 가지고 있긴 하나, 에스닉 마이너리티로서의 위치에 놓여지지도 않으며, '특별영주권' 이라는 자격에 의해 외국 국적인 채 일본에 거주하는 '재일외국인' 으로서 자리매김해왔다. 이러한 자리매김은 다른 사회에 이주한 재외 한국인과는 다른 '자이니치' 가 놓여진 특수한 상황을 보여준다.

다른 사회의 마이너리티 운동처럼, 1970년대부터 1990년에 걸친 '자이니치' 의 주된 활동은 '메이저리티(일본인)와의 차이에 대한 승인의 요구, 생활권의 확립, 그리고 사회적 불평등을 시정하기 위한 마이너리티 정치 운동이었다. 그렇게 하여 1970년대부터의 '자이니치' 에 의한 차별 철폐 운동에 의해 국직 조항을 이유로 한 제도상의 차별은 차차 폐지되어 갔다. '자이니치' 에 대해 일본육영회(日本育英会)의 장학금 지급, 공영주택 입주, 교원 및 공무원 채용 등이 적용되게 되었다. 공무원 취임권의 확대나 지방·국정 참정권 등 제도상의 제한은 여전히 남아 있지만, 일본사회의 소수민족 중 최대 다수로서 재일 외국인 전체의 사회적 권리를 확립하기 위한 운동의 전면에 서 있다고 말할 수 있을 것이다. 그런 의미에서 '자이니치' 문제가 재일외국인 문제와 동의어가 되어, 본래는 일본의 소수민족 전체를 가리키는 '자이니치' 라는 단어가 재일 한국조선인을 의미하는 단어가 된 것이다.

다른 한편에서는 '자이니치' 의 기반인 재일 코리안의 민족성이 약화되어 감에 따라 그 민족 경계성(ethnic boundary) 이 애매해졌다.

'자이니치'의 인구 구성에 주목한 김영달에 의하면, 크게 6개의 중요한 전환점이 있다. 그것은 ① 일본사회에서의 재주 기간 장기화에 의해 본국에서 출생한 1세로부터 일본에서 출생한 2세, 3세, 4세로의 세대 교체가 이루어진 점, ② 1965년 한일 국교 정상화 이후 한국으로부터 신규 입국자가 증가한 점, ③ 귀화로 인해 일본국적 취득자가 점차 늘어 전체적으로 다수가 된 점, ④ 일본인과의 혼인 건수가 증가한 점, ⑤ 1985년 일본 국적법 개정 이후의 출생 수(외국인 등록자)가 반감한 것, ⑥ 1985년 일본 국적법 개정과 1998년 한국 국적법 개정에 의해 한일 이중국적자가 대량으로 발생한 점이라고 한다.

세대 교체는 '지이니치'에게 큰 변화를 가져온(가져오고 있는) 전환점이다. 젊은 세대로 갈수록 한국어를 비롯한 민족 문화의 계승은 어려워져, 가정에서도 제사를 지내는(선조제례) 등의 관습이 사라져 가고, 본국 친족과의 관계도 멀어져 가게 된다. 이러한 변화 과정에서 가장 명확한 민족 경계성이라고 여겨졌던 '국적'이 귀화나 국제결혼으로 인해 애매해졌다.

더욱이 스미스(Smith)가 민족의 기본 요소라고 보았던 ① 집단 고유의 이름, ② 집단 독자의 문화적 특징의 공유, ③ 공통의 선조에 대한 신화, ④ 역사적 기억의 공유, ⑤ 공통의 '조국'과의 관계 혹은 심리적 연결, ⑥ 민족집단을 구성하는 인구의 주된 부분에서의 연대감 존재에 있어서도 급속히 약화되어 왔다고 말할 수 있다.

즉, ①에 대하여 생각해보면, 귀화자나 국제 결혼의 증가는 '자이니치'가 어떠한 범위의 사람들을 가리키는 단어인가의 경계선을 애매하게 한다. 또한 역사적 경위에 의해 재일조선인, 재일한국인, 재일한국조선인 등 미묘하게 다른 여러 명칭들이 존재한다. ②에 대해서는 세대 교체의 과정에서 언어뿐 아니라 생활 습관에도 일본화가 침투하여 '자이니치' 독자의 문화적 특징이 무엇인지가 애매해졌고, 또 그것을 공유하는 것도 어려워지고 있다. '자이니치'에게 있어서 ③과 ④는 그 기원, 다시 말해 일본의 식민지 지배로 인해 일본에 정착할 수밖에 없었던 공통의 경험이나 그 후의 차별 경험이 그것이었다. 이른바 '강제 연행'의 경험 등이 대표적이다. 하지만 그러한 1세,

변화하는 재일 코리안 | **155**

2세들의 경험을 3세 이후의 세대에게 현실감 있는 '기억'으로서 전달하는 것이 어렵게 되고, 또 '신화'로 확립되어 있다고 말할 수도 없다. ⑤ 1세, 2세는 자신들의 묘지를 고향에 두고 친족들을 방문하여 왔지만, 3세 이후의 세대는 언어 문제도 있어, 세대를 거침에 따라 고향과의 관계가 희박해져 가고 있다. 예를 들어, 제주도의 마을들에는 1970년대에 '자이니치'가 학교나 수도·도로 건설, 마을 회관 등의 건설에 고액의 기부를 한 것에 대해 수많은 '현창비(顯彰碑)'가 세워져 있다. 하지만 현재 그 자손들이 고향의 마을을 방문하는 일은 많지 않다. 자신들의 묘도 일본에 두는 등 빠르게 '자이니치'와 조국 간의 관계가 소원해지고 있다

그 결과, 급속하게 '자이니치' 내부에서 연대감의 상실과 다양화가 진행되고 있다. 이 경향에 대해 주로 정치적인 민족 차별 철폐 운동을 짊어져 왔던 세대로부터 1980년대에 다음과 같은 탄식이 흘러나오게 되었다. "(재일조선인 2세, 3세는) 일본인도 조선인도 아닌 존재가 되어가고 있는 것이 현실이다. 한마디로 말하자면 그들이 자신을 분명히 하기 위해서는 우선 민족적 자각을 되찾아야만 한다"(김석범 1981:75-76). "조국을 모르는 세대의 다수는 자신들을 에워싼 일본사회의 압도적 영향에 의해 부모와 조부모와 같이 민족 혹은 공동체에 대한 귀속의식을 갖지 못하고, 민족의 역사와 문화에 대한 감정이 나날이 희박해져 가고 있다. 조선어(한국어)를 말하지 못하고 조선의 문화를 모르는 그들은 조선인으로서의 자기 의식을 지탱하는 기반 그 자체를 잃어가고 있다"(김찬정 1983:80). 말하자면 '자이니치'는 일본사회의 에스닉 마이너리티로서의 지위를 확립해온 한편 에스닉 아이덴티티의 위기에 직면해 있다. 이러한 위기감 속에서 민족 교육은 한국어, 한국문화를 다음 세대에 계승시키는 것뿐만 아니라 민족 정체성을 육성하고, 높여가는 데 중점이 진 것이다.

2) 일본사회의 다문화화(多文化化)와 재일 코리안

일본사회는 1990년 이후 급속하게 다문화 사회로 변해왔다. 이는 세계화

에 따른 국경을 초월한 인구 이동, 특히 노동력의 이동이 격화되는 한편 일본 사회의 저출산 고령화로 인해 해외에서 오는 '외국인 노동자'에 대한 수요가 생겨나고 있기 때문이다. 또한 국제 결혼의 증가 등 많은 요인이 있다. 이러한 상황으로 인해 '자이니치'는 더 이상 재일외국인의 최대 다수의 그룹이 아니다. 2007년 말 지금까지 외국인 등록자 중 최대 그룹을 구성하고 있었던 '재일한국조선국적(在日韓国朝鮮籍)'이 제2위가 되고, 대신 중국국적이 제1위에 오르게 되었다. 이것에는 '한국·조선국적' 1세, 2세인 '영주외국인'의 자격 취득자가 고령화 혹은 사망하고, 한편으로는 귀화자가 증가했다는 상황도 반영되어 있다. 법무성의 외국인 등록자 추이를 보면 1991년 말에는 약 122만 명이었던 외국인 등록자가 2010년 말에는 약213만 명이 되어, 80% 증가한 것을 알 수 있다. 게다가 중국국적에 더해 브라질, 페루 등의 일본계 남미인, 필리핀인이 증가하였으며, 국적이나 출신지가 점점 다양해져 가고 있다. 2010년 말 현재 외국인 등록자의 총수 213만 4,151명 중 중국국적이 68만 7,156명, 한국·조선국적이 65만 6,989명, 브라질 및 페루 국적이 23만 5,188명, 필리핀국적이 21만 181명이다. 1991년과 비교해 보면 한국조선국적은 12만 7,061명 감소한 해, 중국국적은 51만 6,085명이 증가했다.

이처럼 일본사회가 급속하게 다문화화되어 가면서 지금까지의 '자이니치'는 민족집단의 하나가 되어 가고 있다. 덧붙여, 소위 말하는 뉴커머(new comer) 혹은 '신한국인'이라고 불리는, 최근 몇 년간 일본에 건너온 한국인은 1989년 한국의 해외 여행 자유화 이후 급증했다. 이러한 '신한국인' 커뮤니티와 '자이니치' 커뮤니티의 일부는 연결되어 있긴 하지만 그 접점은 주로 '업무'이며, 그 이외의 생활 네트워크에서는 분리되어 있다. 다시 말해 '같은 한국국적'이어도 올드커머와 그 자손인 '자이니치'는 뉴커머인 '신한국인'과는 다른 집단을 형성하고 있다고 말해도 과언이 아니다.

이런 와중에 '자이니치'는 종종 '재일 코리안'이라고 불린다. 즉, '재일외국인'이라는 소수 민족 전체의 카테고리에서 '코리안계'라는 서브카테고리로 '격하'된 것이다. 심지어 이 카테고리에는 '한국국적', '조선국적' 뿐 아니라 귀화한 사람이나 뉴커머(물론 '한국국적' 도) 포함되어 있어, 이제는 국적이 민족경계로서의 역할을 하지 못한다.

또한 공통의 민족 문화를 건설하는 것도 어려워졌다. 한국사회 자체가 고도성장기를 거치며 급속하게 변모하여 1990년대 이후 한국인의 생활 감각이나 가치관, 습관은 재일 코리안이 상상하던 이제까지의 한국의 그것과는 큰 차이가 생기게 되었다. 이러한 일본사회의 다문화화 속에서 '자이니치' 재일 코리안으로서, '다문화사회'의 소수민족의 하나로서 자리매김하게 되었다. 그리하여 '다문화사회 일본'에서 하나의 소수민족으로서 재일 코리안은 지금까지 경험한 적 없었던 미지의 상황에 놓이게 되었다.

5. 맺음말―전환기에 서 있는 재일 코리안

1990년대 이후 다문화화한 사회 상황에 대응하기 위해 일본 정부와 자치체 그리고 시민 단체가 내건 슬로건이 '다문화공생'이다. '공생'이라는 말의 유래 자체가 1970년대 전반, '자이니치'가 제도적인 차별 철폐 운동을 행하던 때 사용되었던 말이다. 그러나 1990년대경 서양에서의 '다문화공생'을 둘러싼 논의가 이 '공생'에 도입되어 결합함으로써 어떤 의미에서 보면 일본적인 '다문화공생'으로 침투했다. 이는 1995년의 '고베 대지진'이 발생했을 때 재해를 입은 외국인 지원 활동을 통해, 재일외국인을 위한 지원이 일본사회에 있어서 긴급한 과제라는 인식이 퍼지기 시작한 것이 그 계기이다.

현재 다문화공생이라는 개념은 일본사회에 넓게 퍼져 있어 지방 자치체의 문화 시책 중 하나로서 시행되고 있다. 그 배경에는, 외국인 노동자의 이동 등 세계화로 인한 현상이 지역 사회 주민의 일상생활에까지 영향을 미치고 있기 때문에 국가 차원에서뿐만이 아니라 지방 차원, 지역 사회 차원에서도 대응하지 않을 수 없다는 것이 오늘날의 상황이다. 그렇지만 이 다문화공생 자체는 애매한 개념이다. 대부분의 경우 다문화공생은 단순한 슬로건으로서 내세워지나, 다른 한편에서 지방 자치체, 지역 주민은 개별의 구체적인 상황에 몰려 난처해 하는 경우도 종종 눈에 띈다. 동시에 다문화공생이라는 슬로건은 소수민족집단으로서 일본사회에 정착하는 재일외국인, 특히 재일 코리안에게 모종의 난처함을 가져왔다.

다문화공생의 일반적인 정의는 다음과 같다. '한 국가 내에 복수의 민족인종 등이 존재하며, 다른 문화, 가치관을 상호 공존하여 살아가는 것. 동화와 대응으로써 가능하다.'

단, 애초부터 다문화공생이라는 개념에는 '많은 문화들과의 공생'으로 볼 것인가, 혹은 '다른 문화와의 공생'으로 볼 것인가라는 문제가 있다. 일본에서는 '많은 문화들과의 공생'보다도 '다른 문화(이문화)와의 공생'이라는 의미로 사용되는 일이 많다. 이러한 용법은 다양한 문화 간의 공생관계라기보다는 일본인(사회, 문화)과 다른 외국인(집단, 이문화) 간의 관계가 의식되고있다. 다시 말해, 메이저리티(호스트사회)와 개별의 마이너리티(게스트)라는 관계가 전제되어 있는 것이다. 이 '다문화공생'의 언설로는 재일 코리안이 그들의 역사성이나 독자성을 박탈당하고, 단순히 한 소수민족집단으로 위치하게 된다.

덧붙여 현재 일본에서는 다문화공생의 구체적 내용보다도 '타(이)문화에 대한 태도·표현'을 강요당하는 상황이다. 즉, "재일외국인을 받아들일지, 받아들이지 않을지"가 문제시되어, "어떤 긍정적인 측면과 부정적인 측면이 있는가", "실제로는 무엇이 문제인가", "그 문제를 해결하기 위해서 무엇을 해야 하는가" 등 개별 문제는 논의 되지 않는 경향이 있다. "중국인(문화)은 ······이다" "한국인(문화)은 ······이다"와 같은 이미지에 기초를 둔 선입관에 묶여, '받아들일지, 받아들일지 않을지'의 태도 표명 선에서 그치는 경우가 많다.

1980년대까지 '자이니치'는 압도적인 메이저리티인 일본인에게 스스로의 아이덴티티를 주장하며 그 민족성의 유지나 집단의 통합을 나타내는 수단으로써 민족 교육이나 민족 문화 운동을 실천해 왔다. 그러나 다문화공생을 중심으로 하게 되면 개별 소수민족의 문화 운동으로서의 성격은 약화되

변화하는 재일 코리안 | **159**

리라는 우려가 있다.

일본사회에 '자이니치'가 스스로의 민족정체성을 주장하는 것은 그대로 일본사회의 '단일 민족 국가' 환상을 무너뜨리고 다문화공생을 주장하는 것이었다. 그러나 지금은, 재일 코리안을 중심으로 다른 소수민족 혹은 일본인을 제외하고 운동이나 민족 문화 행사를 하는 경우 오히려 그것이 다문화공생의 이념에 배치된다고 여겨지기도 한다. 하지만 이것은 정체성을 과도하게 강조하는 소수민족이 다문화공생의 실현에 장애가 된다는 의미는 아니다. 소수민족이 스스로의 정체성을 강조하는 것은, 마이너리티가 그렇게 하지 않을 수 없는 상황까지 몰고 간 메이저리티 측의 대응의 문제가 있기 때문인 것이다. 재일 코리안이 다문화공생사회의 실현이라는 움직임에 대해 곤란을 겪고 있는 것은, 애초에 다문화공생설이 내포하는 문제가 표출되기 때문인 것이다. 예를 들어, 다문화공생을 강조하는 경우 '다문화공생 페스티벌'에서 여러 소수집단그룹이 민족 의상을 무대에서 선보이고 민족 음식을 판매하는 이벤트에 참가하는 것은 각각의 소수민족 집단이 스스로의 민족 정체성을 어떻게 표현할까가 아닌, 어떤 의미에서는 관객인 '메이저리티=일본인'에게 상품으로써 소비되는 것이라는 측면은 부정할 수 없다. 다른 사람, 특히 메이저리티인 일본인 지역 주민이 알기 쉽게 하기 위해서는 소수민족의 생활 실태나 이념과는 다른 '소수다움'이 요구되는 경우가 많다.

게다가 여기에는 다른 문제도 있다. 정부나 자치체는 특정의 주류집단이 정체성을 배양함으로써 '민족 문화'를 유지하려는 데에는 예산을 사용할 수는 없다는 방침이 있다. 지역 사회에서 다문화공생을 강조하는 데, 행정 단위인 지역이 전면에 있기 때문에 지방 자치체의 정책으로서 적절하다고 여겨지면 예산이 집행된다. 많은 지방 자치체가 다문화공생을 내세우는 중에 소수 민족의 주장을 전면에 내세우는 재일 코리안의 활동이 오히려 제약받을 가능성이 있다.

2004년 3월 27일 재일 코리안이 중심이 되어 코리아NGO센터가 설립되었다. 이 NGO는 종래의 민족운동 활동 단체가 통합되어 다문화공생사회의 실현과 재일 코리안으로서의 민족 운동을 양립시키기 위한 새로운 시도이다.

그 목적으로서 내세운 것이 ① 재일 코리안의 민족 교육권 확립과 다민족·다문화공생사회의 실현, ② 재일 코리안사회의 풍부한 사회 기반 창조와 동아시아의 코리안네트워크의 구축, ③ 남북코리아(남한과 북한)와 일본 간의 시민, NGO의 교류·협력사업의 전개와 시민사회의 상호발전에 기여, ④ 한반도의 통일과 '동아시아 공동체' 형성에 기여라는 네 가지이다. 이것들은 종래의 소수 민족집단의 민족 운동의 방향성을 유지하면서 동아시아라는 틀을 설정하는 것으로 막연한 '다문화 공생'과 소수 민족으로서의 재일 코리안의 존재를 접합하고자 하는 시도라고 볼 수 있을 것이다. 이 시민단체의 취지는 종래의 재일한국조선인 민족 단체의 주장으로부터 한걸음 더 나아간 것이다. 이제는 '코리안'이 국가를 넘어서야만 한다고 강하게 주장되고 있다. 여기서는 하이브리드(이종혼합)와 디아스포라라는 말이 사용되고 있어, 세계화하는 일본사회에 어떤 식으로 재일 코리안이 존재해야 하는가의 방향성은 방향성으로 '자립한 시민층'을 제시하고 있다.

오늘날에도 여전히 일본사회의 일반적인 이미지로는, 재일 코리안은 민족주의가 강하다고 생각된다. 그 재일 코리안이 오늘날의 상황에서 스스로가 갈림길에 서 있음을 자각하여 새로운 방향성을 모색하지 않으면 안 된다는 위기감이 보인다.

재일 코리안도 포함되는 일본의 소수민족은 다문화공생사회의 실현이라는 일본사회의 움직임 속에서 자신의 자리를 모색하지 않으면 안 되는 상황에 직면하고 있는지도 모른다. 그것은 지금까지와 같은 차별 철폐, 권리 주장이라고 하는 명확하면서도 어떤 의미로는 단순한 목표나 운동이 아닌, 무엇이 타당한가는 일본인이나 다른 소수민족의 상호관계에 의해 판단해야만 하는 '새로운 복잡한 선택'일 것이다. 이렇듯, 오늘날의 재일 코리안은 새로운 전환기에 직면해 있다고 말할 수 있다.

참고문헌

Eriksen, Thomas.H,

  2002(1993) *Ethnicity and Nationalism*, Pluto Press.

原尻英樹

  1989『在日朝鮮人の生活世界』, 弘文堂.(『재일 조선인의 생활세계』, 고분도.)

  2003『日本の中の世界』, 新幹社.(『일본 속의 세계』, 신칸샤.)

Glazar, Nathan and Moynihan, A. Daniel

  1975 *Ethnicity; Theory and Experience, Cambridge*, Mass: Harvard University Press.

姜徹

  2002『在日朝鮮韓国人史総合年表』, 雄山館.(『재일 조선·한국인사 종합 연표』, 유잔칸.)

金賛汀

  1983『故国からの距離』, 田端書店.(『고향에서의 거리』, 다바타서점.)

  2004『在日, 激動の百年』, 朝日新聞社.(『자이니치, 극동의 백년』, 아사히신문사.)

金石範

  1981『「在日」の思想』, 筑摩書房.(『'자이니치'의 사상』, 지쿠마서방.)

金英達

  2003『在日朝鮮人の歴史』, 明石書店.(『재일 조선인의 역사』, 아카시서점.)

駒井洋

  2006『グローバル化時代の日本型多文化共生社会』, 明石書店.(『세계화시대의 일본형
      다문화 공생사회』, 아카시서점.)

駒井洋編

  1996『日本のエスニック社会』, 明石書店.(『일본의 민족 사회』, 아카시서점.)

高鮮徽

  1995「『新韓国人』の定住化」, 駒井洋編『定住化する外国人』, 明石書店: 227-
      224.(「'신-한국인'의 정주화」, 駒井洋 編『정주화하는 외국인』, 아카시서점: 227-224.)

宮島喬

2003『共に生きられる日本へ―外国人試作とその課題』, 有斐閣.(『함께 살 수 있는 일본으로』, 유히카쿠.)

西成田豊

1997『在日朝鮮人の「世界」と「定刻」国家』, 東京大学出版会.(『재일 조선인의 '세계' 와 '정각' 국가』, 도쿄대학출판회.)

岡田浩樹

2007「『多文化共生』とエスニックマイノリティの選択―震災後のアジアタウン構想と長田マダンの事例を通して」, 『国立民族学博物館調査報告』69 朝倉敏夫・岡田浩樹編『グローバル化と韓国社会―その内と外』, 国立民族学博物館: 157-178.(「'다문화 공생'과 민족적 소수자의 선택: 지진 피해 이후의 아시아 타운 구상과 나가타 마당의 사례를 통해」, 『국립민족학박물관조사보고』 69 아사쿠라 도시오・오카다 히로키(朝倉敏夫・岡田浩樹) 편 『글로벌화와 한국사회: 그 안과 밖』, 국립민족학박물관: 157-178.)

2007「人類学 "at home town" ―地域社会への貢献をめぐる日本の人類学の諸問題」, 『文化人類学 』72-2: 241-266.(「인류학 "at home town": 지역사회에 공헌하기 위한 일본 인류학의 제반 문제」, 『문화인류학』 72-2: 241-266.)

T Smith, Anthony D.

1975 *National Identity*, Har,ondsworth: Penguin.

제2장 _ 재일 코리안 연구의 동향과 과제

시마무라 다카노리(島村恭則)

1. 연구동향

일본에서 재일 코리안(올드타이머즈, 뉴커머즈 양쪽을 모두 포함한다. 이하 재일 또는 코리안이라고 표기) 연구는 올드타이머즈에 관해 상당한 축적을 이루었으며, 그 관심 영역도 다양하다. 그 연구 경향을 시기별로 개괄하자면, 1) 〈억압과 저항〉의 사학, 2) 〈아이덴티티〉의 사회학, 3) 〈생활경험〉의 현지조사로 정리된다.

1) 〈억압과 저항〉의 사학

일본의 패전 후에 시작된 재일연구는 이미 1950년대에 박경식, 강재연 등의 연구를 산출하였다. 그들의 연구와 그 후속 연구에서는 코리안에 대한 일본제국주의의 지배/억압이나 그에 대한 코리안의 저항의 역사를 사회운동사, 교육사, 사회경제사 등 여러 영역에서 다루어 왔다. 이 글에서는 이런 연구를 〈억압과 저항〉의 사학으로 칭하기로 한다. 〈억압과 저항〉의 사학은 1960년대부터 1970년대에 걸친 재일연구의 주요한 패러다임이었다.

구체적으로는 간도(關東) 대지진 시기의 조선인 학살, 강제연행, 여러 가지 재일차별 등에 대한 역사(姜在彦 1957; 朴慶植 1965; 金贊汀 1982, 1985; 樋口 1984, 山田昭次 1995)나, 그러한 억압, 지배, 차별에 대한 저항운동의 역사(朴慶植 1979, 1989), 조선학교 등의 민족교육의 역사(小択 1973), 또는 재일에 관련된 사회경제사(河明生 1997; 西成田 1997), 심지어 지방의 재일의 사회경제사(內藤 1989) 등에 대해 실증적인 자료에 기초한 연구가 겹쳐져 왔다. 그러한 성과를 판단의 근거로 한 통사적 서술도 행하여 왔다(金賛汀 1997; 樋口 2002).

2) 〈아이덴티티〉의 사회학

1990년대에 들어서 아이덴티티의 존재방식(및 그것과 관련되는 '민족문화' 의 지속과 변용)을 논하는 연구가 성행하였다. 사회학으로부터 시작된 이 움직임은 문화연구(culture studies), 후기 식민주의 연구(postcolonial studies) 맥락에서의 연구로 이어졌다.

최초에 진행된 연구는 재일 코리안의 아이덴티티에 대한 도식적인 유형화를 중심으로 하였으나(福岡 1993), 그 뒤 당사자의 내부자적 관점을 대폭 받아들인 아이덴티티의 구축성, 동태성을 검토하는 연구가 많이 등장하였다(金太泳 1999; 鄭暎惠 2003). 역사학에서도 이런 동향을 일부 공유하였다(外村 2004). 하지만 아이덴티티를 다루는 연구는 옥석혼효와 같아 그중에는 '원격지 내셔널리즘' 의 발로로 보이는 손쉬운 본질주의적 연구(한국 내셔널리즘을 재일에 투영한 것)도 포함된다.

3) 〈생활경험〉의 현지조사

2000년대에 활기를 띠고 진행된 연구는 재일의 생활 '장소' 에 밀착한 생활 연구였다. 오사카국제공항에 인접한 '불법점거지' 를 현장으로 같은 땅(同地)의 전이보장을 둘러싼 '생활 속의 법 해석' 을 분석한 가네비시(2008), 후쿠오카시를 현장으로 거처를 둘러싼 '사는 방법' 을 검토한 시마무라(2010) 외에 건축학(新井 2009, 2010), 사회지리학(本岡·紫田·藤井·全 2010) 등의 분야에서도 재일 코리안의 〈생활경험〉(살아온 공간)을 둘러싼 연구가 진행되고 있다.

일련의 움직임에서 특히 주목할 것은 이러한 문제의식을 공유한 연구자들이 결성한 '코리안 커뮤니티 연구회' 의 활동이다. 이 연구회는 오사카시립대학도시 연구플라자를 거점으로 하는 글로벌 COE연구 '문화창조와 사회적 포섭에 향한 도시의 재건축'의 관계자를 중심 멤버로 2009년에 결성되어, 학외의 연구자도 회원으로 수용하여 활발한 연구활동을 전개하고 있다.

코리안커뮤니티연구회의 연구지 『코리안커뮤니티연구』 창간호에 개재한 '창간의 사'에는

　　본 연구지의 지향으로서 재일 코리안을 중심으로 한 지금까지 쌓아온 자립자 조적인 커뮤니티의 형성을 새로운 흐름의 창출로 이해하며 재일 코리안에서 머물지 않는 사회적으로도 지리적으로도 불이익을 받는 경향이 있는 사람들, 지역의 재생을 헤아려 도움이 될 수 있었으면 하는 마음이 담겨 있다. …… 살아가기 힘든 세상, 도시에 놓여 있는 얼터너티브한 삶, 그리고 구조 만들기에 조금이라도 공헌할 수 있음을 기원한다…….

라고 쓰여 있는데 이 '지향'은 이 연구회뿐만 아니라 '〈생활경험〉의 현지조사'의 여러 연구에 상당히 공유되어 있던 문제의식처럼 생각된다. 즉, 이러한 연구에는 주류사회에서는 찾아보기 어려운(또는 잊어버린) 얼터너티브를, 재일 코리안의 '생활경험'을 따라 배우고 그것을 재일 코리안도 포함한 일본사회 전체의 사회구상에 활용하려는 지향이 보인다.

이상에서 재일 코리안 연구의 조류의 변천을 세 가지 주제별로 개괄해 보았는데, 조류의 전환이 있다고 하여 이전 단계 조류에 해당하는 연구가 진행되지 못하였다는 것은 아니다. 또 세 가지 주제에 따른 정리에 포괄되지 않는 연구도 물론 존재한다.

예를 들면, 재일 코리안 연구의 주도적인 연구자의 한 분인 하라지리 히데키(原尻秀樹)의 연구는 여기에서 정리한 ② '〈아이덴티티〉의 사회학'과 ③ '〈생활경험〉의 현지조사'의 내용을 통한 문제의식을 포함한 형태로 전개되어 왔지만 그 최초의 저서인 『재일 조선인의 생활세계』는 1989년에 간행되었다. 1980년대는 ①부터 ②로의 과도기에 상응하는 시기이지만 하라지리의 저서에

서는 이 단계에서 이미 ②와 ③의 문제가 선취되어 있었으며, 여기의 하라지리의 뛰어난 선구성을 간파할 수 있다. 또한 국적이나 참정권 등을 둘러싼 법학 연구(近藤 2001)나 재일기업에 관한 경제/경영학적 연구(河明生 1997; 崔載香 2010) 등도 여기서의 세 가지 주제에 포함되지는 않는다.

현재의 재일 코리안 연구에서 상술한 세 가지 주제에 아지까지도 포함되지는 않지만 하나의 큰 흐름을 이룬 강상중의 존재를 받아들여 두고 싶다. 강상중은 원래 막스-베버 연구에서 출발한 정치사상사 연구자이기에, 그 의미에서는 '재일 코리안에 대한 연구자'가 아니라 '재일 코리안의 한 사람인 연구자'이다. 하지만 그 기저의 일관된 문제의식에는 재일 코리안을 둘러싼 문제가 공통되며 2000년대 이후에 이르러 재일 코리안 그 자체의 대상화도 진행하였다(강상중 2004, 2005). 근년에는 기사 "사랑의 작법"의 연재(주간지 『아에라』)나 85만 부를 넘는 출판부수를 기록한 『고민의 힘』(姜 2008)의 간행에서 찾아볼 수 있는 것처럼 정치철학과 재일론을 융합한 독자적 사상(강을 특집으로 한 잡지 『AERA Mook 강류』(2009년 8월, 아사히신문사)는 그의 사상이나 삶을 '강류'라고 불렀다)을 일반 독자들에 향해 열성적으로 이야기하는 움직임을 보이고 있다.

넓은 의미의 재일론이 정치철학과 융합함에 따라 하나의 사상으로 성장하며, 이주사회에 수용된 예로서 해외 코리안사와 해외 코리안 연구사의 연구에 특필되어야 할 현상이라고 말할 수 있다.

2. 과제

마지막으로 재일 코리안 연구의 과제를 지적하겠다. 이제부터는, '신자유주의/개인화 추세하에서의 재일 코리안/이민 연구'를 진행할 필요가 있는데 여기에서는 지금까지 부족했던 뉴커머즈의 연구를 우선 전면에 내세우게 된다. 예를 들면 글로벌 도시인 도쿄의 '주변' 지역에 형성된 에스닉 타운 오쿠보에서의 코리안의 상황이나, 사회적 상승으로의 '도전의 이야기'(志水 · 清水

2006) 속에 살아있는 화이트칼라 코리안들(이와 관련하여, 일본계 남아메리카인은 '일시적인 귀국 이야기' 속에, 인도차이나 난민은 '안주의 이야기' 속에 각각 살고 있다고 분석되어 있다(志水・淸水2006)). 중국조선족의 움직임 등이 조사대상이 될 것이다. 그러한 조사연구는 일본계 브라질인이나 재일중국인을 시작으로 하는 일본 내 다른 이민 현상에 대해 통찰함으로써 진행해야 함은 물론 이요타니 도시오(伊豫谷 登士翁)(伊豫谷編 2007) 등이 착수하고 있는 국제사회학에서의 이민 연구에 놓인 일반이론과의 접합도 목표로 삼아야 한다.

올드타이머즈 역시 이후에도 중요한 연구대상이다. 예를 들면 재일 코리안 제3세대, 4세대의 젊은이가 신지유주의/개인화 상황하에 직면한 민족 정체성 갈등을 둘러싼 새로운 상황(신자유주의 상황과 관련되는 '개인화'(バウマン 2001))의 역학이 작동하는 와중에, 에스닉 커뮤니티를 경유하지 않고 개개인이 구조적 차별이나 에스닉 아이덴티티의 갈등에 직면하는 상황(川端 2010)이나, 재일 코리안의 해외재이주(해외 코리안화)에 대한 조사 연구 등을 진행시킬 필요가 있다.

물론 이러한 연구도 깊이 있는 민족지에 근거하여 수행되어야 함은 두말할 필요도 없다. 재일 코리안 연구에서는 표상연구(表象硏究, 영화나 문학작품의 분석 등)이 활발한 경향이 있다. 결코 그 결과의 중요성을 부정하려는 것은 아니지만, 현장에 있어서 삶을 즐기는 재일 코리안의 다성적인 상황에 집중한 연구(상술한 ③에 속하는 연구가 이에 해당한다)는 놀라울 정도로 드물다. 인류학적 재일 코리안 연구(인류학적 해외 코리안 연구)의 중요함을 여기서 재차 강조해 둔다.

재일 코리안 연구의 동향과 과제 | **169**

참고문헌

新井信幸(아라이 노부유키)

2009 「戸手4丁目河川敷地団の暮らしの記憶―①河原のまちの情況」, 『koco-ken研究会通信』 4: 2-3.(「도테 4초메 천변 지구의 삶의 기억: (1)강변 거리의 풍경」, 『koco-ken 연구회 통신』 4: 2-3.)

2010 「戸手4丁目河川敷地団の暮らしの記憶―②まちの形成過程」, 『koco-ken研究会通信』 5: 2-3.(「도테 4초메 천변 지구의 삶의 기억: (2)거리의 형성과정」, 『koco-ken 연구회 통신』 5: 2-3.)

伊豫谷登士翁(이요타니 도시오) ed

2007 『移動から場所を問う―現代移民研究の課題』, 有信堂.(『이동에 착안하며 장소 개념을 재고하다: 현대 이민 연구의 과제』, 유신도)

小択有作(오자와 유사쿠)

1973 『在日朝鮮人教育論―歴史篇』, 亜紀書房.(『재일 조선인 교육론: 역사편』, 아키쇼보.)

金菱清 (가네비시 기요시)

2008 『生きられた法の社会学―伊丹空港「不法占拠」はなぜ補償されたのか』, 新曜社.(『생활에 반영된 법의 사회학: 이타미 공항 "불법점거"는 왜 보상되었는가』, 신요샤.)

川端浩平

2010 「岡山在日物語―地方都市で生活する在日三世の恋愛・結婚をめぐる経験から」, 岩淵功一 ed. 『多文化社会の〈文化〉を問う―共生/コミュニティ/メディア―』, 青弓社: 116-145.(「오카야마 자이니치 이야기: 지방도시에 사는 자이니치 3세의 연애, 결혼을 둘러싼 경험에서」, 이와부치 고이치 ed. 『다문화사회의 〈문화〉에 대한 고찰: 공생, 커뮤니티, 미디어』, 세큐샤: 116-145.)

김상중(姜尚中)

2004 『在日』, 講談社.(『재일』, 고단샤.)

2005 『在日 ふたつの「祖国」への思い』, 講談社.(『자이니치, 두 개의 '조국'을 향한 생각』, 고단샤)

2008『悩む力』, 集英社.(『고민하는 힘』, 슈에이샤)

김재언(姜在彦)

　1957『在日朝鮮人渡航史』(『朝鮮月報』 별책).(『재일 조선인 도항사』(『조선월보』 별책).)

김찬정(金賛汀)

　1982『朝鮮人女工のうた―1930年・岸和田紡績争議』, 岩波書店.(『조선인 여공의 노래: 1930년 기시와다 방적 쟁의』, 이와나미 쇼텐.)

　1985『異邦人は君が代丸に乗って―朝鮮人街猪飼野の形成史』, 岩波書店.(『이방인은 기미가요호를 타고: 조선인 거리 이카이노의 형성사』, 이와나미 쇼텐.)

　1997『在日コリアン100年史』, 三五館.(『재일 코리안 100년사』, 산고칸.)

김태영(金泰泳)

　1999『アイデンテイテイ・ポリテイクスを超えて―在日朝鮮人のエスニシテイ』, 世界思想社.(『아이덴티티 폴리틱스를 넘어: 재일조선인의 민족성』, 세카이 시소샤.)

近藤敦(곤도 아쯔시)

　2001『新版 外国人参政権と国籍』, 明石書店.(『신판 외국인 참정권과 국적』, 아카시 쇼텐.)

島村恭則(시마무라 다카노리)

　2010『〈生きる方法〉の民俗誌―朝鮮系住民集住地域の民俗学的研究』, 関西学院大学出版会.(『사는 방법의 민속지: 조선계 주민 집주 지역의 민속학적 연구』, 관세이가쿠인 대학 출판회.)

志水宏吉(시미즈 고키치)・清水睦美(시미즈 무쓰미) eds.

　2001『ニューカマーと教育―学校文化とエスニシテイの葛藤をめぐって』, 明石書店.(『뉴커머와 교육: 학교문화와 민족성의 갈등에 관하여』, 아카시 쇼텐.)

최재향(崔載香)

　2010『「在日企業」の産業経済史―その社会的基盤とダイナミズム』, 名古屋大学出版会.(『'자이니치 기업' 의 산업경제사: 그 사회적 기반과 동태』, 나고야 대학 출판회.)

정영혜(鄭暎惠)

　2003『〈民が代〉斉唱―アイデンテイテイ・国民国家・ジェンダー』, 岩波書店.(『〈

기미가요〉 부르기: 아이덴티티, 국민국가, 젠더』, 이와나미 쇼텐.)

外村大(도노무라 마사루)

2004 『在日朝鮮人社会の歴史学的研究』, 緑蔭書房.(『재일 조선인 사회의 역사학적 연구』, 료쿠인 쇼보)

内藤正中(나이토 세이추)

1989 『日本海地域の在日朝鮮人―在日朝鮮人の地域研究』, 多賀出版.(『일본해 지역의 재일 조선인: 재일 조선인의 지역연구』, 다가 슛판.)

西成田豊(니시나리타 유타카)

1997 『在日朝鮮人の「世界」と「帝国」国家』, 東京大学出版会.(『재일 조선인의 ‘세계' 와 ‘제국' 국가』, 도쿄대학 출판회.)

하명생(河明生)

1997 『韓人日本移民社会経済史・戦前篇』, 明石書店.(『한인 일본 이민 사회 경제사― 전쟁까지』, 아카시 쇼텐.)

バウマン, ジグムント (지그문트 바우만)

2001 『リキッド・モダニティ―液状化する社会(Liquid Modernity)』(森田典正역, 大月書店(오쯔키 쇼텐).

박경식(朴慶植)

1965 『朝鮮人強制連行の記録』, 未来社.(『조선인 강제연행의 기록』, 미라이샤.)

1979 『在日朝鮮人運動史―八・一五解放前』, 三一書房.(『재일 조선인 운동사: 8・15해방 이전』, 산이치 쇼보.)

1989 『解放後在日朝鮮人運動史』, 三一書房.(『해방 후 재일 조선인 운동사』, 산이치 쇼보.)

原尻英樹(하라지리 히데키)

1989 『在日朝鮮人の生活世界』, 弘文堂.(『재일 조선인의 생활세계』, 고분도.)

樋口雄一(히구치 유이치)

1984 「自警団設立と在日朝鮮人」, 『在日朝鮮人史研究』 14: 34-48.(「자경단 설립과 재일 조선인」, 『재일 조선인사 연구』 14: 34-48.)

2002 『日本の朝鮮・韓国人』, 同成社.(『일본의 조선・한국인』, 도세이샤.)

福岡安則(후쿠오카 야스나리)

1993『在日韓国・朝鮮人—若い世代のアイデンテイテイ』, 中央公論社.(『재일 한국·조선인: 젊은 세대의 아이덴티티』, 주오코론샤.)

水内俊雄(미즈우치 도시오)

2010「創刊の辞」,『コリアンコミュニテイ研究』創刊号: 1.(「창간사」,『코리안 커뮤니티 연구』창간호: 1.)

本岡拓哉・柴田剛・藤井幸之助・全ウンフイ(기오카 다쿠야・시바타 쓰요시・후지이 고노스케・전은희)

2010「戦後における在日コリアンによる養豚経営と地域社会—和歌山県新宮市を事例に」,『コリアンコミュニテイ研究』創刊号: 21-30.(「전쟁 후 재일 코리안이 행한 양돈경영과 지역사회: 와카야마 현 신구 시의 사례」,『코리안 커뮤니티 연구』창간호: 21-30.)

山田昭次(야마다 아키츠구)

1995「関東大震災朝鮮人虐殺と日本人民衆の被害者意識のゆくえ」,『在日朝鮮人史研究』25: 30-38.(「간토 대지진 조선인 학살과 일본인 민중의 피해자 의식은 어디로 가는가?」,『재일 조선인 운동사 연구』25: 30-38.)

제3장 _ 해외 코리안 커뮤니티의 역할

김광민

1. 머리말

2005년 처음으로 200만 명을 넘어선 일본 국내의 외국인 등록자 수는 그 이후에도 꾸준히 늘어나 2008년에는 221만 명대에 이르렀다. 그 직후에 벌어진 리먼브러더스 쇼크에 의해 2009년, 2010년은 두 해 다 전년도를 밑돌았으나, 생산현장의 파견노동 등에 종사하고 있던 남미출신자들의 파견해약이나 해고 등으로 말미암아 귀국 때문에 재일외국인의 증가 경향이 둔화하였다고는 결코 단정지을 수 없다. 남미계가 현저하게 감소했다고는 해도 중국인 등 아시아계 외국인 등록자 수는 현상유지에서 약간의 증가세를 보여주고 있다.

세계의 유동인구는 앞으로도 점점 더 증가할 경향이며, 또 일본 국내의 인구감소가 현저한 가운데 국내의 재일외국인 인구동태는 경기동향에 의해 일정 정도는 좌우되겠지만 증가해 갈 것이라는 예측이 가능하지 않을까 싶다.

재일외국인의 인구동태를 파악하는 데 있어 2007년은 상징적인 해라고 볼 수 있다. 무엇보다도 일본에서 가장 많은 외국 국적이 한국·조선인에서 중국인으로 변하고, 그때까지 일본에서 두 번째로 외국인 인구가 많았던 오사카부가 아이치현과 자리를 바꿔 세 번째가 되었다(리먼브러더스 쇼크에 의해 그 후

다시 역전했다). 더욱이 구식민지 출신자 및 그 가족만이 계승할 수 있는 재류자격인 '특별영주자' 수보다, 전후 일본으로 건너온 사람들이 취득할 수 있는 가장 조건이 좋은 재류자격인 '일반영주자'가 그 수를 넘어섰다. 국내의 재일외국인 사회에 있어서 재일한국·조선인의 존재는 상대화되고 있으며, 일본 국내는 다국적, 다민족화가 점차 진행되고 있음이 명확해지고 있다.

이러한 재일외국인의 인구동태를 배경으로 재일한국·조선인은 집단으로서, 개인으로서 어떠한 위치에서 어떠한 사회적 역할을 짊어져 나갈 것인가? 재일한국·조선인의 아이덴티티를 생각하는 가운데, 또 일본 국내의 다민족·다문화공생을 생각하는 가운데 중요한 기로에 서 있다고 말할 수 있을 것이다.

2. 민족학급의 제도보장을 둘러싼 현황으로부터

현재, 오사카 시내의 공립 초·중등학교에 설치된 민족학급 수는 106학급이며, 약 25%의 오사카 시립 초·중등학교에 설치되어 있다. 민족학급이란 1948년 조선인학교 강제폐쇄령에 기인하고 있으며, 일본 정부와의 교섭과정에서 설치된 특설학급으로 당시에는 조선어학급, 조선인학급 등으로 불렸다. 파악된 것만도 전국 13부·현에 설치되었다. 조선인학교 강제폐쇄령에 따른 대체조치로 설치되었기 때문에 전임교원도 배치되고, 조선인 학생들에게 조선어, 조선사, 조선문화 등의 수업이 행해졌다.

수업은 크게 두 가지 형태로 분류되었다. 먼저 오사카·교토형이다. 일주간 1회에서 2회 정도 실시되며, 일반수업이 다 끝난 후 시간을 설정하거나, 교육과정 안의 특별활동 수업시간을 이용해서 조선인 학생을 모아 수업을 하는 형태이다. 수업이 다 끝난 후에 하는 경우에는 다른 일본인 학생들은 집으로 돌아가고 조선인 학생만 남아 수업을 받았다. 한편, 교육과정 내에 위치된 경우에는 조선인 학생만이 민족학급 교실에 모여 수업을 받았고, 일본인 학생은 교실에 남아 다른 학급활동이 이루어졌다.

민족학급의 또 하나의 형태는 시가(滋賀)형이다. 시가현 내에 설치된 민족학급은 아침에 학생들이 등교하면 먼저 민족학급 교실로 향한다. 기본적으로는 그곳에서 수업을 받고, 특정 수업만 일본인 학생들이 있는 교실로 가서 함께 받았다.

상세한 기록은 남아 있지 않지만, 공립학교에서의 민족학급은 대략 오사카·교토형과 시가형으로 분류될 수 있을 것 같다. 1960년대 초기의 조사에 의하면 전국 77개의 초중등학교에 민족학급이 설치되어 있었다는 것을 알 수 있다.

민족학급에는 민족강사라고 불리는 지도자(한때는 조선어강사, 조선어교사 등이라는 명칭도 쓰였다)가 어린이들을 가르치고 있지만, 민족학급의 설치와 민족강사의 배치는 세트로 여겨지는 일이 많다. 앞에서 이야기한 오사카 시내의 공립 초중등학교에서는 오사카시교육위원회의 사업으로서 민족강사가 배치된다. 필자는 민족학급의 제도보장운동에 임하고 있으나, 그 운동 과제의 중심에는 민족강사의 신분보장 확립이라는 문제가 크다.

민족학급을 둘러싼 역사적 변천을 보다 자세하게 설명하면 독자의 이해를 도울 수 있겠으나 이 논문에서는 주된 테마가 아니므로 생략한다.

3. 새로운 재일외국인의 교육지원의 시도

필자는 최근 공립학교에 다니는 재일한국·조선인을 대상으로 한 민족학급이 재일한국·조선인의 교육권이나 인권 측면에서도 중요할 뿐만 아니라 근년에 이르러서는 다른 역사적 의미나 역할도 갖게 되었다고 보고 있다. 1990년대에 들어와 급격하게 증가한 재일외국인에게 대응하기 위하여, 전국 각지의 자치체나 공립학교에서 외국인의 어린이를 받아들여 그들의 교육을 어떻게 행해야 하는가 하는 과제가 학교 현장에서 크게 부상했다. 1990년의 개정 출입국관리 및 난민인정법의 시행 이후, 자치체나 공립학교의 현장에서 외국에서 온 방문자를 둘러싼 모색이 거듭되고 있다. 일본에 와서 살게 된 학생들에 대하여 문부과학성은 '적응교육(適応教育)'의 추진을 내세우고 있다. 하지만 이미 20년의 세월이 흘러 학교현장에서는 문부과학성의 '적응교육'을 넘어선 실제적이고 다양한 교육실천이 시행되고 있다.

필자는 공립학교의 외국인교육 현장을 직접 둘러보고 있다. 1990년의 법률개정은 산업계의 요망에 따라 시행된 실질적인 외국인노동자의 수용정책이었다. 그러나 그 대상자를 남미에서 온 일계인들에게만 국한했기 때문에 '외국인'을 받아들인다는 의식이 희박했으며, 일본에 일하러 오는 사람들이 '일본인'의 혈통을 이은 사람들이니까 문화적 마찰이나 민족적 갈등이 국내에서는 유발되지 않을 것으로 생각하였다. 또 그들은 어디까지나 '돈을 벌기 위해서 온 사람들'이며, 일본이 필요할 때 양질의 노동력을 제공해 주는 일본의 입장에서 '쓰기 좋은 외국인'이라고 여겨졌다.

이 일방적인 생각으로 인해 일본으로 건너온 남미 출신의 많은 사람이 어려운 현실에 직면하게 된다. 노동뿐만 아니라 주택, 교육, 복지, 보건 등 모든 분야의 공적 지원의 대상에서 소외되었다. 더욱이 중대한 것은 그들이 다민족사회인 브라질, 페루에 세대를 넘어 정착했었고, 일본어도 할 수 없다는 점을 일본사회가 경시했다는 것이다.

학교 현장에서는 포르투갈어나 스페인어밖에 할 수 없는 아이들이 공립학교에 전입해 왔다. 지금까지 경험해 본 적이 없는 외국 출신 학생들을 공립학교에서 받아들이게 되었다. 일본에서 남미 출신 학생들의 일본어 지도교재를 처음 작성한 곳은 아이치현 도요타시다. 국가의 법률이나 정책이 아닌 자치체 또는 학교가 일본에서 생활하는 외국인들의 대응을 한 손에 짊어져야 할 상황에 놓였다.

외국인 학생이 재적하는 공립학교 대다수에서 일본어 교육이 시행되고 있다. 문부과학성의 교원추가배치제도를 활용하거나, 도도부현의 수준에서 통역파견제도를 활동하거나, 기초자치단체의 독자적인 시책으로 시작된 취학

전 지원학급 등이다.

1984년부터 본격화된 중국 잔류 고아와 그 가족에 대한 귀국사업을 시작으로 1990년 출입국관리 및 난민인정법개정에 따른 일계브라질인, 일계페루인의 일본정주화 등에 의해 일본에 많은 외국적의 사람들이 유입되고, 일본 여러 지방의 공립학교에서 그때까지는 생각하지도 못한 중국어나 포르투갈어, 스페인어가 쓰였다. 공립학교에 입학한 그들은 일본어 능력이 전혀 없는 상태에서 학력이 떨어지고, 이지메나 차별을 받고, 결석을 하거나 취학을 하지 못하는 문제에 직면하게 된다.

문부과학성이 생각한 '적응교육' 이란 하루 빨리 일본에 적응시키는 것으로, 일본어를 익힘으로 해서 모국어를 상실한다고 해도 그것은 일본의 교육 과제는 아니라고 판단했다. 그들 고유의 정체성은 전부 무시된 것과 마찬가지였다.

최근에 이르러서야 문부과학성이 제창해온 '적응교육' 이 아닌 새롭게 일본으로 건너온 아이들에게 학습이나 생활에 대한 의욕을 불어넣어준다는 것을 목적으로, 지금까지는 고려하지 않았던 모어나 어려서부터 길들여진 문화에 대한 교육지원이 필요하지 않겠냐는 의식의 전환이 시도되었다. 그리고 일본사회로의 동화를 촉진하는 '적응교육' 으로는 외국인 아이들이 스스로에 대한 자신감을 잃고, 학습의욕이 떨어질 수 있다는 사례 보고가 나오고 있다. 아이들에게 고유의 정체성을 인정할 수 있도록 지원하는 것이, 오히려 일본어 습득에도 효과적이며 학력도 증진된다는 임상사례가 학교현장에서 논의되었다.

그에 따라 모어나 모문화(母文化) 지원을 시작한 학교나 지역이 생기게 되고, 같은 배경을 가진 사람들끼리 서로 뒷받침할 수 있는 관계 만들기를 도모하기 위해, 학교에서는 중국어, 포르투갈어, 스페인어 등 모어를 말하는 사람들을 배치해, 아이나 부모와의 연대를 원활하게 하는 등의 시도가 시작되고 있다. 일본에 처음 왔던 애초 20년 전과 현재와는 외국인 학생에 대한 지원의 방식이 꽤 많이 변화하게 되었다.

오사카부 가도마시의 시립스나코소학교는 오사카에서도 가장 중국 출신 아이들이 많은 학교이다. 이 교구에는 공립가도마주택단지가 있고 중국에서 귀국한 중국 잔류 고아와 그 가족들이 집단으로 거주하고 있다. 학교교육의 일환으로 중국어학습, 중국문화학습이 행해지고 있다. 요코(陽光)학급이라고 불려지는 학급에서는 추출형으로 일본어지도 시간이 설정되어 있다. 이곳에는 자립 지원 통역자로 파견된 대만 출신의 지도자가 있어 중국어와 중국문화의 지도를 맡고 있다. 언어나 문화가 중국인 것 빼고는 재일한국·조선인을 대상으로 이루어지고 있는 민족학급과 거의 형태가 같다고 말해도 좋을 것이다.

기후(岐阜)현 가니(可児)시에는 '바라교실KANI'가 있다. 이 지역은 남미, 중국, 동남아시아로부터 일본으로 건너온 가족들이 많이 거주하고 있다. 이에 가니시교육위원회가 이주민 아이들이 공립학교에 전입하기 전 다닐 수 있는 취학전 지원학급 격으로 2005년 4월 시작한 것이 '바라교실KANI'다. 가니시는 전국에서 선구적으로 '부취학(不就学) 제로작전'을 펼치고 있다. 학교에 재적하지 않고 취학하지 않은 상태에 놓여 있는 아이들의 실태를 조사하여, 남미 어린이들을 중심으로 학교에 가지 않거나, 갈 수 없는 아이들을 공교육의 현장에서 받아들일 수 있도록 하기 위해 '바라교실KANI'를 개설했다. 미취학 상태의 아이들도 많지만 학교에서의 '부적응'이 큰 이유였다. 또 가족이나 친지들이 일본 학교에서 이지메나 차별을 당했기 때문에 지역의 공립중학교로의 입학을 망설이는 사례도 보였다.

실태조사를 바탕으로 외국인 아이들을 공립학교에서 받아들일 수 있도록 하기 위해 '바라교실KANI'에서는 3개월에서 6개월 정도 최소한의 일본어학습, 교재를 이용한 보조학습을 하면서 급식을 먹거나 청소를 하는 공립학교의 모의체험을 해본다. 또 일본에 건너오게 된 배경이 비슷한 아이들끼리 친구 만들기도 하고 있다. 여기에서의 기초지도나 교과 보충을 밑거름으로 해서 지역의 공립학교에 보내고 있다.

'바라교실KANI'에서 진행되는 아이들끼리의 인간관계 만들기는 오사카의 민족학급에서 볼 수 있는 친구 만들기 지원과 많이 닮았다. 민족학급은 한국·조선과 혈통적 문화적 끈을 지닌 아이들(국적은 다양)만을 대상으로 하는 교육활동이어서 자주 폐쇄적이라는 비판을 받아 왔다. 왜 일본인도 받아들이지 않느냐는 지적이다. 다문화공생이 외쳐지고 있는 지금, '가르지 않는다'는 공생의 이미지가 강하기 때문일 것이며, 일본인 아이들도 '한국·조선'에 대하여 민족학급에서 배우면 좋지 않겠느냐는 반론일 것이다.

필자는 민족학급의 추진에 전문적으로 관여하고 있는 입장에서 그러한 지적이나 반론에 겸허하게 귀를 기울이며 이렇게 설명하고 있다. 일본인 아이들이 배워야 하는 국제이해로시의 '한국·조선'의 학습은 중요하지만, 그것은 제도적으로 불안정한 위치에 있는 민족학급에서 배울 것이 아니라 오히려 제대로 된 교육과정 안의 각 교과에서 배우는 것이 바람직하지 않겠느냐고.

또 소수의 입장에서 살아가는 아이들이 소수라는 것에서 해방될 수 있는 '자기들만의 마당', '휴식공간'의 역할을 설명한다. 필자는 민족학급에 일본인 아이들이 들어오는 것을 강경히 거부하는 입장은 아니다. 단지 민족학급의 중요한 역할인 소수집단 당사자끼리 서로를 뒷받쳐주는 관계 만들기가 필요하다는 것이다. 즉, 소수자가 다수자와의 힘 관계에 눌리지 않고, 차별이나 억압에서 오는 긴장감을 풀어내 같은 입장을 공유하는 친구들과의 만남을 지원한다는 뜻이다. 이러한 활동은 소수자의 정체성 긍정화나 자존감 형성에 있어서도 효과적이라는 점을 중시하고 싶다.

'바라교실KANI' 교육지원의 목적은 공립학교에 대한 적응 촉진이지만, 소수자로서 다니게 되는 지역의 공립학교에 입학하기 전 인권 측면에서 빠뜨릴 수 없는 '안심' 그리고 '안전'을 확보하고 있다는 점에서 중요하다. 일본에 건너온 지 얼마 안 되는 아이들이 동질성이 높은 일본사회에 내던져져 짊어지게 될 커다란 정신적인 짐을 경감시키기 위해서도 '바라교실KANI'에서는 그들의 속도에 맞춰 배우고, 알아가는 것을 중시하고 있다. '할 수 없는 것'이 아니라 '할 수 있다'는 자존감을 키워준다는 점에서 중요한 소수민족 지원사례라고 할 수 있다.

해외 코리안 커뮤니티의 역할 ｜ *181*

현재 문부과학성, 그리고 일부을 제외한 많은 자치체에서 말하는 '재일외국인교육'의 범주에 재일한국·조선인 아이들의 교육지원은 포함되지 않고 있다. 이미 3세, 4세, 5세로 세대가 진행되어 온 재일한국·조선인 가정과 최근 남미, 아시아 등에서 일본으로 건너온 가정과는 공통점을 찾을 수 없기 때문일 것이다. 문부과학성이 2010년 5월에 정리한 '정주외국인 어린이 교육 등에 관한 기본방침'에는 지원 대상으로 남미 등으로부터 일본에 건너온 아이들만이 상정되어 있다. 문부과학성은 재일한국·조선인은 물론 일본에서 정착이 진행되고 있는 도일외국인(渡日外国人)의 2세나 3세에 대한 교육지원의 필요성을 인정하고 있지 않다. 한편 중국 잔류 고아 및 그 가족이나 남미에서 온 가족들도 일본에서의 생활이 10년, 20년이 넘는 가운데, 그들 또한 '정주할 의식이 없는 정주자'로서 일본에서 정착도가 높아가고 있다. 사실 재일한국·조선인 1세, 2세들도 '정주할 의식이 없는 정주자'로서 일본에서의 정주화를 꾀해 왔다. 그것은 바로 체재 연수가 길어지면 길어질수록 귀국한다는 것이 비현실화되기 때문이다.

재일외국인 아이들의 교육지원을 생각하는 가운데 재일한국·조선인의 아이들을 대상으로 해온 민족학급이 하나의 롤모델이 될 수 있지 않을까 생각한다. 그 의의나 역할이 재평가되어 모든 재일 외국인 어린이들의 교육의 선례가 되기를 바라며 필자는 적극 발신해 나가고 있다. 즉 일본 국내에서의 다국적화·다민족화가 진행되면서 재일한국·조선인의 존재에 대한 관심이 점점 희박해지는 게 아니냐는 우려도 있지만 오히려 재일한국·조선인 사회가 일본사회와의 투쟁을 통해 확립해온 선행 사례가 새롭게 일본으로 건너온 사람들의 생활환경을 개선시키는 데에 중요한 참고와 힌트가 제시하고 있다는 생각이 든다.

필자는 특정비영리활동법인 코리아NGO센터라는 NPO에서 사무국장을 맡고 있다. 코리아NGO센터는 재일 코리안 당사자의 단체이어야 한다는 신념을 쭉 지켜오고 있다. 그 신념으로 인해 때로는 일본인, 혹은 일본사회에서 폐쇄적이라는 비판도 받는다. 다만 필자는 앞으로 성장해 나갈 다른 국적을 가진 재일외국인이 커뮤니티를 만드는 데 있어, 한 가지라도 많은 선택권을 제시해주고, 선택영역을 넓혀주는 역할을 해내가고 싶다는 바람을 가질 뿐이다. 말하자면 모두 다수자와 같은 흉내를 내야만 하는 '공생'이 아니라, 소수의 입장을 가지고 사는 사람들이 일본에 오게 된 배경이나 차별, 억압 경험을 공유하면서, 거기서 길러진 자아정체성을 살려나가고 그 독자성을 사회에서나 커뮤니티 비즈니스에 활용할 수 있으면 좋겠다는 것이다. 적어도 코리아NGO센터는 그러한 관점을 가지고 발족했으며 그 사회적 역할을 감당해 나가고 있다고 자부하고 있다.

4. 한국사회에 대하여

한국에서 찾아오는 손님이 연간 수백 명에 이른다. 대학생들의 현지조사, 시민단체의 스터디 튜어, 연수여행, 자치체 직원, 의원, 정부관계자 등 한일관계가 가까워졌다는 점을 찾아오는 사람들의 다양한 직책이나 소속에서 엿볼 수 있다. 일찍이 한국사회는 재일 코리안에 대해 거의 관심이 없었다. 필자가 한국에서 공부하고 있던 1990년대 초반에는 한국사회의 재일동포에 대한 몰이해를 둘러싸고 몇 차례나 토론을 벌인 적도 있다.

그러나 김대중 대통령의 취임 이후 한국사회는 크게 변화했다. 무엇보다도 사회적으로 역사에 대한 재평가가 시도되면서 재일 코리안사회에 대한 관심이 비약적으로 커졌다. 재일 코리안 등 해외 코리안을 역사적인 존재로서 자리매김시키고, 또 경제의 글로벌화와 더불어 중국인의 화상이 아닌 한국인의 한상이라고 불리며 세계로 넓혀진 자원으로서의 국제적인 코리아네트워크 구축을 활성화시키고 있다.

필자가 소속하고 있는 법인을 찾아오는 한국인들에게 재일 코리안사회의 현황에 대해 이야기하면서, 그분들에게 강조하는 점은 한국사회에서 살고 있는 소수민족에 대해 따뜻한 사회를 만들어 주었으면 좋겠다는 내용이다.

한국인들에게 바라는 것은 동화정책을 추진해온 일본 정부와 끈질기게 싸워온 재일 코리안의 민족운동에 대한 동조가 아니라, 소수민족 재일 코리안의 인권운동으로부터 배워 한국사회 소수민족의 인권보장을 위한 사회정책을 발전시켜 주었으면 좋겠다는 것이다.

한국에서도 외국인 인구가 증가하는 경향을 보이고 있다. 많은 수가 중국 출신의 조선족이지만 외국인 노동자를 비롯해 농어촌에는 동남아시아에서 와서 결혼한 외국인 여성, 또 해외 유학생들이 증가되면서 늘어난 국제결혼과 더불어 귀국한 가족 등도 외국인 증가의 원인이다. 2011년, 한국에서 3개월 이상 거주하는 외국인 수는 59만 명으로 5년 전에 비해 1.5배 증가했다. 국제결혼에 의해 태어난 학령인구도 계속 늘어나 작년에는 3만 40명으로 5년 전인 2005년의 6,100명과 비교하면 5배나 늘어났다.

저출산·고령사회가 심화되는 한국과 일본에서 이민자를 받아들이는 문제가 커다란 사회쟁점으로 부상되고 있다. 거주외국인의 처우개선에는 일본보다도 한국이 보다 적극이어서 지역에서의 다문화가족에 대한 지원시책의 실시되고 있고, 정주 재한 외국인의 지방참정권도 이미 실시되고 있다. 2011년 1월 1일부터는 '이중국적'을 일부 허용하는 국적법 개정도 시행되는 등 일본은 한국을 배우지 않으면 안 된다. 필자가 기대하고 있는 것은 그러한 한일 간의 상호작용으로 인한 인권 정책 상승효과다. 한국이 인권선진국이 되었으면 좋겠다는 말을 항상 덧붙인다. 그것은 결과적으로 일본에서 살고 있는 한국·조선인을 비롯한 모든 외국인 주민의 생활환경 개선에도 영향을 미친다. 그런 측면에서도 재일 한인이 일본사회, 그리고 한국사회에 미치는 역할은 역사적으로 보아 앞으로도 계속 유용하리라고 생각한다.

|제3부| 사할린·연해주

제1장 _ 연해주 지역에서 고투하는 다국적 · 다문화 한인들

이애리아

1. 머리말

사할린 한인에 관해서는 현지에 거주하며 집필한 남혜경과 임엘비라의 논문이 본서에 실려 있으므로 필자는 연해주 한인을 중심으로 기술하고자 한다. 특히 블라디보스토크 러시아 역사 연구소의 자브로프스카야(L.V. Zabrovskaya)와의 인터뷰에 기초하여, 한국과 일본에서는 연구가 상대적으로 미진한 북한 국적의 러시아 영주권자 및 북한 노동자에 관해 기술하고자 한다. 이 논문에 사용된 주요 용어는 연해주 각 지역 한인들의 개념을 가급적 그대로 따른다.

주지하다시피 연해주는 한반도에 거주하던 한인이 최초로 이주한 곳으로 역사적으로 의미있는 지역이다. 이 논문의 연해주에 관한 내용은 2007년 발표한 "연해주 한인 커뮤니티의 현상을 보며(沿海州コリアンコミュニティーの現状にみるもの)"를 중심으로 재정리하였으며, 2004년부터 연해주 한인을 조사하며 경험한 현지 한인사회에 대하여 가능한 객관적으로 약술하고자 한다. 특히 한인의 연해주 이주에 관해서는 이미 많은 논문과 자료들이 축적되어 있으므로 소련 붕괴 후 현재 고려인이 처한 상황을 중심으로 서술하고자 한다.

2. 연해주로의 한인의 진출

1860년 북경조약에 의해 러시아령이 된 연해주 지역에는 조선과 중국에서 건너온 많은 이주자가 있었다. 연해주 지역으로 이주해 온 조선인과 중국인은 이 지역에 노동력과 식량을 제공하고 있었지만, 중국인은 부를 축적하면 대부분이 본국으로 귀국을 했다. 그러나 조선에서 이주 온 조선인들은 연해주 지역에 뿌리를 내리고 현지생활에 적응하고자 노력하였다. 당시 연해주 지역에서 어업과 수산업 가공을 하던 일본인들도 어느 정도 부를 축적하면 일본으로 돌아가던 상황과는 많은 대조를 이룬다(심헌용 2000:125-126).

1876년 블라디보스토크시에는 35명의 한인이 거주했지만 불과 10년 후인 1886년에는 1천 명이 넘는 한인이 거주하였다. 1896년부터 러시아 국적을 취득하기 시작하여 1905년경에는 러시아 국적을 취득한 한인이 무려 2만 명에 달하였으며, 한인 학교도 설립되었다. 1886년 최초로 한인학교가 생긴 이래 1897년에는 19개, 1916년에는 46개교로 증가했고, 학생 수는 2만 5천 명에 달했다.

1860년대 초반부터 조선 지역에서 연해주로 이주한 한인은 1937년 가을 중앙아시아로 강제이주될 때까지 17만 2천 명에 달했다(赤羽, ワシリエバ編 2006: 43). 중앙아시아로 강제이주를 당한 한인들은 거주지 이전 제한을 받았으나, 1956년 흐루시초프가 거주지 이주 제한을 철폐하면서, 카자흐스탄과 우즈베키스탄 이외의 지역으로 이주를 시작했으며, 일부는 연해주로 재이주해 갔다. 연해주 지역으로의 한인 이주가 본격화된 것은 소련 붕괴 후부터였다. 소련 연방에서 독립한 중앙아시아 각국이 자민족 중심의 차별정책을 실시하면서 중앙아시아 각 지역에 흩어져 살던 고려인들 일부가 선조의 마음의 고향인 연해주로 이주하기 시작한 것이다.

소련시대의 연해주 지역은 태평양 함대의 본부가 있던 곳으로 군사적으로도 중요한 지역이었으며, 높은 임금과 각종 보조금으로 우랄산맥 서쪽 지역에서 동쪽으로 국내 이주를 유도하기도 했다. 이러한 정책으로 1926년 160만

명의 인구가 1991년에는 810만 명으로 증가하였다(赤羽, ワシリエバ編 2006: 43).

그러나 소련 붕괴 후 중앙정부의 경제적 지원을 기대할 수 없는 상황이 되자 많은 러시아계 주민이 극동지역을 떠났으며, 대신 러시아 이외의 독립국가연합(CIS) 국가들과 중국, 동남아시아로부터 노동 인구가 유입되기 시작했다.

2004년 당시 알촘시 시장에 의하면 소련 붕괴 직후 항구가 있던 연해주 지역에 해외투자로 제조업과 봉제공장, 농장 등이 설립되었다. 이 공장에는 고려인을 비롯한 현지 러시아인과 해외에서 이주해온 중국인, 베트남인 노동자가 이 지역으로 유입되어 공장 노동자로 일을 하고 있었다. 특히 블라디보스토크 공항이 있는 알촘시에만 11개에 달하는 여러 종류의 봉제공장이 설립되었고, 연해주 전체에는 22개의 공장이 가동되고 있었다. 한국에서 투자하여 설립한 봉제공장의 제품은 미국과 유럽으로 수출되었다. 그러나 러시아인의 월급인상 요구와 사회주의 산물인 생산성의 저하-공장에는 출근하지만 일은 하지 않는-로 인해 투자자들이 공장을 다른 해외 지역으로 이전하면서 현재는 공장이 전혀 남아 있지 않다.

연해주 지역은 국가주의(내셔널리즘)으로 인해 피해를 입거나 분쟁지역 주민들의 피난지이기도 하다.

3. 연해주의 다양한 한인 사회로의 관심

모국도 아닌 연해주 지역에 이렇게 다양한 한인이 모여 있다는 것도 세계적으로 보기 드문 현상일 것이다. 게다가 연해주 한인은 '한민족=코리안' 이라는 공통점은 있지만, 서로 다른 국적과 문화 경험으로 커뮤니티 또한 다양하게 구성되어 있으며, 각자 독특한 생활양식을 유지하고 있다.

필자는 2004년부터 다문화 다국적 한인이 모여 있는 연해주 한인을 대상으로 조사를 해오고 있다. 소련의 고려인에 관심을 가지고 연구를 시작하던 1992년부터 연해주에 관심을 갖게 되었는데, 연해주는 한인 최초의 이주지인 동시에 중앙아시아로 강제이주된 고려인이 모여 살았던 곳이기 때문이기도 하다.

1993년부터 일본 교토부의 동북아시아지역 발전 프로젝트에 참여한 것을 계기로 소련 해체 후에도 외국인 방문이 어려웠던 1995년 3월 연해주를 처음 방문하였고, 그때 처음 바다가 얼어 있는 경치를 보았다. 당시의 방문은 지리학아카데미의 초청으로 이루어졌으며, 지리학 관계자들과 만남은 물론 태평양함대 잠수함을 견학하면서 감개무량했던 기억이 아직도 생생하다. 또 극동대학에 한국학과가 생겨, 많은 학생들이 한국어를 공부하고 있는 것도 보았다. 그 학과는 창업자가 연해주 출신인 한국기업의 지원으로 개설되었다고 했다.

당시 방문의 가장 큰 수확은 타지키스탄 내전을 피해 연해주로 이주한 타지키스탄 고려인과의 만남이었다. 이주 당시 빈손으로 연해주에 온 타지크 출신 고려인들은 몇 세대가 한 집에 함께 거주하며 하루하루를 생활하였다. 빈손으로 이주해온 그들을 연해주의 고려인들이 여러모로 도왔다고 한다.

그 후 2004년 3월 다시 찾은 연해주는 1995년과는 달리 사뭇 밝은 분위기였다. 2004년 조사 당시부터 지금까지 공항이 있는 알촘시에서 국제관련 업무를 담당하는 사할린 출신 전광근에게 많은 도움을 받고 있다. 그는 공항에서부터 모든 조사에 동행해주었으며, 그렇지 못할 경우에는 지인에게 동행을 부탁하여 필자를 도와주었다. 3월 8일 '여성의 날'을 맞아 값비싼 꽃들을 여성들에게 선물하며 볼에 입을 맞추는 일반 고려인들을 만났으며, 북한 김일성대학 러시아어과 학생들의 '여성의 날 기념행사' 공연도 참관하였다.

그리고 생필품이 없는 연해주 지역에 보따리로 물건을 가지고 와서 파는 중국 조선족을 만났다. 한국 중소기업가들이 연해주에 많이 진출해 있었고 북한 노동자들도 길에서 흔히 볼 수 있었다. 나홋카 북한 영사들은 북한 노동자들을 연해주로 부르기 위한 수속관련 상담을 할 때나 부족한 중유를 구입해 북한에 보낼 때 같은 민족인 전광근을 번번이 찾아왔다. 블라디보스토크 한국 영사관 관계자는 물론 우스리스크에 진출한 한국 비정부기구(NGO)

〔그림 1〕 김일성 대학 러시아어과 학생들의 여성절 축하공연(2004년 3월)

인 동북아평화연대도 전광근을 찾아왔는데, 그는 모든 한민족을 동등하게 도와주고자 애를 쓰고 있었다.

필자는 사할린 한인 대부분이 일본을 증오하리라고 생각했었다. 이러한 필자의 관점으로 볼 때 일본에 다양한 관심을 두고 유창한 일본어로 블라디보스토크 주재 일본 영사관 관계자들과도 친분을 나누는 전광근은 아주 독특한 한인이기도 했다. 그의 어머니 김화순은 유즈노사할린스크 토요하라 중학교 재학 중 광복을 맞았고 소련령이 된 사할린 집에서도 일본어 서적을 읽고, 일본인의 예의 바른 생활을 자녀들에게 가르쳤으며 그 영향으로 전광근의 가족은 일본에 우호적이었다. 그는 중앙아시아 고려인들을 별로 좋아하지 않는 사할린 출신이면서 이르크츠크 대학 재학 중 만난 타지키스탄 출신 고려인 부인과 결혼했다. 그는 자기 가족은 물론 알촘시, 그리고 한민족을 위해 열심히 뛰고 있었다. 특히 보따리 장사를 하는 조선족, 북한 노동자들의 일자리를 구해주기 위해 러시아인 친구들을 찾아다니며 건설 계약을 성사시키는 그를 보며 '민족애'라는 것을 한 번 더 생각하게 되었다.

4. 연해주의 다문화·다국적 한인

연해주에는 다국적·다문화 한인이 거주하고 있다. 연해주 한인 구성을 보면 소련 붕괴 전부터 연해주 지역에 살고 있던 고려인(연해주의 고려인이라 칭함), 소련 붕괴 직후 타지키스탄의 내전으로 연해주로 이주한 타지키스탄의 고려인, 소련 붕괴 2~3년 후부터 시작된 자민족중심의 정책으로 타민족에 대한 배타적, 차별정책을 피해 이주한 우즈베키스탄·카자흐스탄·키르기스탄 출신 고려인, 1946년부터 1949년까지 소련에 계약 노무자로 왔다가 귀국하지 않고 러시아 영주권을 가진 북한 국적의 북한인, 러시아에 노무자로 파견된 북한 출신 노동자, 러시아에 거주하고 있으면서도 고려인이라는 호칭을 거부하며 사할린 한인으로 불리기를 원하는 사할린 출신 한인, 소련 붕괴 직전부터 물자가 부족한 연해주와 사할린 등 소련지역에 중국의 생필품을 팔고 있는 중국조선족, 블라디보스토크 주재 한국총영사관 주재원과 한국에서 진출한 기업의 한국인, 연해주에 있는 고려인들을 돕기 위해 진출한 NGO에 소속된 한국인, 선교활동을 위해 거주하고 있는 한국인과 한국계 미국인 등이 있다. 연해주 고려인은 소련시대부터 거주해 왔기 때문에 러시아 국적을 가지고 비교적 안정된 생활을 하고 있다.

중앙아시아 고려인은 출신지역에 따라 연해주로의 이주 시기가 다르다. 가장 최초로 연해주로 이주한 고려인은 1992년부터 시작된 타지키스탄의 민족분쟁으로 갈 곳을 잃은 타지키스탄 고려인이었다. 타지키스탄 출신 고려인은 연해주로 이주해서 러시아 국적을 아무 조건 없이 취득하고 러시아인과 같은 교육, 의료, 연금 등의 혜택을 받고 있다.

1994년경부터 본격적으로 시작된 연해주로의 이주는 카자흐스탄, 키르기스탄, 우즈베키스탄의 고려인들이 많았으며, 그중에서도 자민족 중심 정책이 극심한 우즈베키스탄 고려인이 주를 이루었다. 1995년까지는 러시아 국적 취득이 까다롭지 않았지만, 그 후에 이주해온 중앙아시아 고려인들은 러시아 국적이 인정되지 않아 여러 불이익을 감수해야 했다.

〔그림 2〕 블라디보스토크 시장에서 반찬을 팔고 있는 고려인

사할린 한인의 경우, 사할린에서 직접 연해주로 이주한 경우도 있었지만 중앙아시아에서 생활하다가 이주한 경우도 있었다. 그들은 고려인과 달리 재외 한국인으로 인정되기를 희망하며, 자신들을 한인으로 지칭한다. 사할린 한인들은 1945년 소련령이 된 사할린에 지배 계급으로 이주한 중앙 아시아 출신 고려인들에게 많은 차별을 당한 경험이 있다. 그러한 역사적 경험 때문인지 그들은 타민족보다 중앙아시아 고려인에 대한 좋지 않은 감정을 가진 사람들이 현실적으로 많다. 사할린 한인 중 한국어를 구사할 수 있는 이들이 비교적 많아서, 그들 중 다수가 연해주에 진출한 한국 기업이나 한국 종교 관계자, 한국계 미국인 선교사, 중국 조선족의 현지 스태프로 일하고 있었다.

중국 조선족은 1980년대 초기부터 연해주에 진출하였다. 러시아 국경과 그리 멀지 않은 중국 동북지방에 거주하는 조선족 중에는 생필품을 가지고 연해주 지역에 육로로 이동해 장사를 하는 이들이 많다. 중국인 노동자 송출업

을 했던 조선족 박승철에 의하면 소련 붕괴 전인 1990년에도 연해주 지역에
는 조선족이 400명 정도 거주하고 있었고 소련이 붕괴되고 3~4개월 후에는
1만 5,000명으로 증가 했으며 1992~1993년에는 약 5만 명의 조선족이 연해
주 지역에 거주했다고 한다. 그러나 1997년 아시아 지역이 경제적으로 어려
움을 겪자 1998년부터 2003년까지는 매년 3만 명 정도의 조선족이 이 지역에
거주하였다. 그에 따르면 1만 5,000명 정도는 불법체류를 하고 1만 5,000명 정
도는 정식 비자를 취득해 어느 정도 세금을 내고 현지인을 고용하여 생필품
의 소매업에 종사하고 있다고 한다. 박승철 본인도 러시아 정부로부터 허가
를 받아, 수수료를 받고 49명에게 비자를 등록해 주는 사업을 하고 있었다.

미국과 일본, 한국 등지에서 불법거주를 하면서 값싼 노동력을 제공하고
있는 조선족과는 달리 연해주에 진출한 조선족들은 중국에서 배운 경제 지
식을 활용해 매장을 열어 중국제품을 판매하거나, 땅을 임차해 농작물을 경
작하여 수확한 농산물을 직접 판매하는 등 활발한 기업 활동을 전개하고 있
었다.

우스리스크에는 러시아와 중국 국영을 통해 매일 밤 11시부터 도매시장이
열리고 러시아 전역으로 물건이 유통되었다. 우스리스크 시장에서 유통되는
물건들은 러시아 국경을 통해 40피트 컨테이너가 하루 120대가 들어오기도
했다고 한다. 이 컨테이너의 대부분은 러시아 세관이 업무를 중단한 밤에 러
시아로 들어와 세관이 문을 열기 전 모든 물선을 내려놓고 러시아로 돌아갔
다(박승철 인터뷰). 2004년 당시 우스리스크 도매시장에 유입되는 물건들 중
95% 이상이 중국산이고, 다음으로는 터키와 유럽에서 유입된 물건들이었으
며 한국 물건은 1%에 지나지 않았다.

조선족이 연해주에서 고용하는 현지인은 대부분 고려인이었다. 그러나 많
은 조선족은 중앙아시아 출신 고려인에게 사기를 당하여 그들에 대해 부정
적인 선입견을 가지고 있었고 두 그룹 사이에는 많은 갈등이 잠재해 있었다.

근래에는 러시아 당국의 규제가 심해져 소매업은 베트남인, 도매업은 중
국인 중심이 되고 있으며 자본이 부족한 조선족은 중간 도매업을 하며 우스

〔그림 3〕 블라디보스토크 시장에서 의류를 팔고 있는 조선족

리스크 지역에서 떨어진 시골로 거주지를 옮겨 그곳에서 장사를 하는 경우
가 많다.

북한 국적을 가진 러시아 영주권자는 1946년부터 1949년까지 소련정부가
극동 지역과 마가단 지역의 부족한 노동력을 보충하기 위해 현지인보다 70%
비싼 임금을 지급하는 조건으로 모집한 북한주민으로, 이때 이 지역으로 이
주해왔다. 1946년에는 실업자 청년들을 모집해 왔고 1947년부터 1949년까지
는 소련에서 북한으로 파견된 관리가 노동자를 모집하여 데리고 왔다. 2만
명 정도로 알려진 영주권자 중에는 독신으로 온 사람들도 있었고, 가족단위
로 온 노동자들도 있었다. 이 지역에서 러시아인과 결혼해 정착한 사람들도
있다. 북한에서 온 노동자들의 가족을 위해 캄차카 지역에는 조선학교가 세
워졌는데 이 학교는 폐교되던 1959년까지 북한인들의 자녀교육에 이바지하
였다.

1957년 북한 정부는 소련당국에 연해주의 북한인들을 북한으로 귀국시켜

〔그림 4〕 러시아 영주권을 가진 북한인의 해외공민증

달라고 요청하였고, 소련정부가 북한으로의 귀국을 장려할 때 배로 청진으로 귀국한 사람도 있었지만, 당시 북한으로 귀국하지 않고 연해주에 남은 사람들이 영주권을 가진 북한인이다.

북한 국적 러시아 영주권자들은 소련시대에는 정기적으로 북한을 방문하고 북한으로부터 특별한 대우를 받았으며, 아직도 현지 북한 영사관과 긴밀한 관계를 유지하고 있다. 그러나 소련시대처럼 특별대우를 기대하기 어려운 현 상황에 당황하는 듯한 인상을 받았다. 내가 면접한 양○○씨는 함경도 길주 출신으로 1947년 18세에 캄차카지역 어부로 입국하여 북한 국적을 가지고 있다.

북한 국적을 가졌지만 러시아 영주권을 가지지 않고 노동자로 파견된 북한 노동자에 관해 살펴보자면, 그들은 극동지역에 1만 명 정도로 추정된다. 북한 노동자의 연해주 파견은 다음과 같이 구분할 수 있다.

① 1945년~1950년 초: 소련 극동지역의 노동력 부족을 충당하기 위해 소련의 요청으로 파견된 시기

② 1967년~1990년 초: 소련 정부가 정치적으로 북한이 경제적으로 중국과 접근하는 것을 막고 소련과 밀접한 관계를 유지시키기 위해 의도적으로 노동자들을 불러온 시기

③ 1992년~2007년: 소련 붕괴로 탄생된 러시아와 북한의 정치적 관계가 소원해지면서 북한 노동자 파견이 통제된 시기

〔그림 5〕 1940년대 후반 북한노동자로 파견 나와 러시아 국적을 취득한 고려인

북한 당국은 가능한 많은 노동자를 파견하여 외화 획득에 주력하고 있지만, 2007년경부터 러시아 경제 사정이 악화되면서 북한 정부가 계획하던 노동력 송출이 진행되지 못하게 되었다.

파견된 북한 노동자들은 농업, 임업, 수산업, 건설업 등에 종사하고 있다. 나홋카에 있는 북한영사관은 연해주 지역에 있는 모든 북한 국민에게 매주 자아비판서를 가지고 영사관에 의무로 출두하도록 규정하고 있지만, 실제로는 북한에서 파견된 현장 관리자가 대표로 보고한다. 러시아 영주권자는 북한 국적을 가지고 있지만 이 의무에는 해당되지 않아 영사관에 출두할 필요는 없다.

북한 노동자 중에는 지정된 근무지를 이탈해서 개인적으로 돈벌이를 하다가 계약기간이 만료되면 근무지로 복귀해서 북한으로 귀국하는 사람들도 있다. 근무지를 이탈하기는 하지만 이것이 탈북으로 이어지는 경우는 아주 드물다. 이들은 근무 현장을 관리하는 관리자에게 매달 지정된 금액을 상납하

연해주 지역에서 고투하는 다국적·다문화 한인들 | *197*

〔그림 6〕 북한 노동자를 고용하고 있는 건설회사의 고려인 경영인

면 관리자는 상부에 근무자의 근무지 이탈을 보고하지 않는 대신에 개인적
인 수입을 얻는다. 상납액은 2007년 당시 300달러 정도라고 들었다. 러시아
경제가 악화되면서, 일자리 확보가 어려워지자 관리자와 협의해서 상납액을
조정하기도 한다고 한다.

탈북을 막기 위해 북한 정부 관리자는 민간기업과 러시아 현지에서는 최소
한의 생활비만 지급하고 북한 귀국 후 월급을 수령하도록 계약하고 있다. 탈
북을 하면 확보한 임금을 포기해야 할 뿐만 아니라, 북한에 있는 가족들에게
도 불이익이 돌아가는 것을 감안해 탈북을 시도하는 이는 극히 드물다. 노동
자들의 수입이 좋지 않으면 관리자 재량으로 근무지 이외의 민간 사업에 노
동력을 투입하기도 하는데, 이 경우에는 노동자를 합숙시키면서 관리한다.

한국과 소련이 수교한 직후부터 연해주에 진출한 한국인은 블라디보스토
크 주재 한국 총영사관 직원과 중소기업 경영자, 종교 관계자, 유학생 등이

198 ┃ 한민족 해외동포의 현주소

다. 한국에서 초창기에 입국한 종교단체는 가톨릭, 프로테스탄트, 원불교가
있고 그 외에 한국시민단체는 새마을운동본부와 동북아 평화연대가 진출해
있었다. 한러 국교 수립 이전에 진출한 한국인과 기업 관계자도 적지 않았
다. 그들은 블라디보스토크 한국 총영사관 설립에 많은 힘을 보태 주었다.

마지막으로 가장 적은 수의 한인은 한국계 미국인으로 이들은 주로 기독
교 선교활동을 목적으로 연해주에 거주하고 있으며, 한국인보다 먼저 이 지
역에서의 활동을 시작했다. 이들은 미국 영사관의 보호를 받으면서, 영사관
으로부터 수시로 정보를 받는 등 미국 영사관과 긴밀한 관계를 유지하고 있
다. 외국인을 함부로 대하는 러시아 정부 관계자나 경찰 등에게도 상당한 대
우를 받는 한인이기도 하다.

한국인과 한국계 미국인은 고려인과 사할린 한인을 통역이나 현지 직원으
로 채용되는 경우가 많고, 회사등기나 부동산 명의를 직원 이름으로 올려놓
는 경우도 많다. 그러나 회사등기나 부동산을 현지직원이 마음대로 처분하
는 등의 문제로 종종 트러블이 발생하기도 한다.

5. 연해주 한인을 지원하는 민간단체

이 지역의 한인사회를 지원하는 민간단체 대부분은 한국에 본부를 두고
있다. 이 지역에 2000년대 초반부터 진출한 한국 시민단체는 중앙아시아에
서 이주해 와서 어려운 생활을 하고 있는 고려인들을 지원하고 있다. 특히
주택건립과 생계를 위한 농업 프로그램을 통해 한국인과 연해주 빈곤 고려
인을 잇는 가교 역할을 하고 있다.

이 지역을 지원하는 대표적인 시민단체인 동북아평화연대는 현지 사무소
본부를 우스리스크에 두고 1953년에 이 지역으로 와서 거주하고 있는 북한
출신 강니콜라이를 사무국장으로 고용하여 중앙아시아에서 이주해 온 고려
인들을 돕는 사업을 하고 있다. 2004년 3월에는 고려신문을 창간하였고 고려

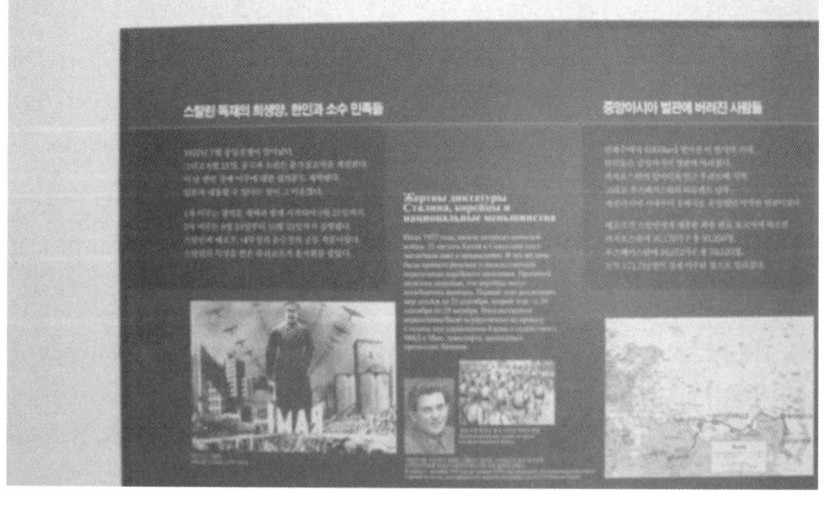

〔그림 7〕 우스리스크에 건립된 한인 이주 140주년 기념관에 전시된 자료

인 러시아 이주 140주년 기념관을 한국 정부와 협조하여 건립하였다. 또한 자립 능력이 없는 고려인들에게 한국 주택건설협회와 협력하여 건설한 주택을 제공하여 주거문제를 해결해 주었으며, 농작물을 생산하여 그 가공품을 연해주와 한국에 판매하여 지역의 소득증대에 이바지하는 등 활발한 지원활동을 벌이고 있다. 특히 이주 기념관은 대외적으로 고려인의 존재를 이 지역에 널리 알리고, 대내적으로 고려인의 자긍심을 회복·촉진하는 효과도 있었다.

이 외에도 한국 미디어, 국회의원, 기업, 민간단체가 협력해서 국적을 취득하지 못해 어려움을 겪고 있는 고려인을 대상으로 주택건설, 농업기술교육, 농업자재 제공, 재원융자, 한국으로 수출지원, 유·무형 문화보존 등 다양한 지원을 하고 있다. 그 외에 무국적 고려인들의 러시아 국적취득을 지원하고 있으며, 고려인들의 어려운 상황을 한국 정부에 알리기도 했다. 노무현 대통령이 러시아를 방문했을 당시 푸틴 대통령에게 직접 고려인의 국적취득에 협조해 달라고 부탁하는 등의 노력을 기울이기도 했다.

그 외에도 현지인을 대상으로 한 의료봉사, 빈곤한 고려인 가정과 한국 가

[그림 8] 고려인 정착을 위해 마련된 우정마을

정을 연결해서 도움을 받도록 하고 있으며, 고려인 의사회를 조직해서 고려인 의사들의 교류를 활성화시키고 의료봉사를 하게 하는 등 고려인들이 자

연해주 지역에서 고투하는 다국적·다문화 한인들 | *201*

〔그림 9〕 농업지원

〔그림 10〕 중앙아시아에서 이주해 온 고려인을 지원하기 위해 만들어진 고려인 문화센터 사무실

립할 수 있도록 다양한 노력을 기울이고 있다.

한국과 미국의 프로테스탄트 교회연합 단체는 고려인에게 농업자재를 지

202 ㅣ 한민족 해외동포의 현주소

〔그림 11〕 연해주에서 의료 봉사하는 한국 의료진

원하고 있으며, 직접 경영하는 농장에 고려인과 중국 조선족, 북한 노동자들을 고용하고 있다. 또 국적이 없어 취학을 못하는 학생들을 위해 국제학교를 설립하고, 국적이 있어도 학비가 없어 교육을 못 받는 고려인과 조선족 아동에게 교육의 기회를 제공한다. 이러한 민간차원의 지원은 한국 정부의 관심을 이 지역으로 향하게 하는 원동력이 되기도 한다.

또 다른 민간 단체 지원의 특징은 농업 지원이다. 고려인의 대부분은 도시 지역에 거주해도 농업에 종사하는 비율이 높다. 그리고 중앙아시아에서도 오랫동안 농업에 종사해서 많은 농업 기술을 보유하고 있다. 그러나 중앙아시아와는 다른 기후와 토양, 비료와 농약 등의 가격 급등, 중국에서 들어오는 저가 농산물로 인해 많은 고충을 겪고 있다. 중국 정부는 연해주 지역으로 수출하는 농산물 재배에 자본의 90%를 지원하고 있으며, 중·러 국경 지역에는 300개 정도의 중국인이 경영하는 농장이 있다. 한국 민간 단체의 고려인 농업지원은 2004년부터 시작되었으며, 본격적인 지원은 2005년부터 시작되었다. 젊은 청년들은 여름 방학이나 휴가를 이용해 이 지역에 와서 농업과

〔그림 12〕 한국대학생들의 지원활동

주택건설, 교육 등의 봉사 활동을 하기도 한다.

그 외에도 동북아 평화연대는 이 지역에 주택을 구입하여 고려인을 거주시키고 성실히 생활하는 고려인에게는 거주하는 주택을 5년 후에 기부하는 사업도 진행시키고 있다.

6. 잘 알려지지 않은 북한 노동자에 관해

1) 북한에서 극동으로의 이주 초기

1945~1948년에만 극동 지역에 약 2만 명의 노동자가 도착했고 그들과 함께 5,000명의 가족들이 입국했다. 북한 노동자들은 하바로프스크, 사할린, 마가단주의 지역에서 농사, 벌목작업, 어업에 종사했다. 그들 중 대부분은 사할린 및 마가단주의 생선 가공 공장에서 일했다. 그 외 나머지 북한 노동

자들은 연해주에서 농업에 투입되었다.

북한 정부는 극동지역의 척박한 노동환경에서 일할 지원자가 없자 파견 초창기에는 교도소에 수감되어 있던 수감자를 보냈다. 이 상황을 안 소련 정부의 반발로 북한 정부는 지식인들을 강제로 극동지역으로 보내기도 했다.

소련 극동의 노동자로 지원하는 북한인 중에는 연해주에 거주한 경험이 있는 사람들이 있었다. 이들은 북한으로 돌아가지 않기 위해 노력했고, 소련에서 살면서 소련 국적을 취득하였다. 그들은 한반도에서 한국전쟁(1950~1953)이 일어나자 북한으로의 귀국을 피하고자 노동 계약 연장을 희망했고 한국전쟁이 끝난 후 고향으로 돌아갔다. 당시 북한 노동자들은 가족당 10만~25만 루블을 버는 등 많은 돈을 벌어 귀국하였다.

한국전쟁 이후 막대한 노동인력을 전쟁에서 상실한 북한은 국가 경제를 회복시키기 위해 노동력이 필요하게 되자 소련으로의 노동인구 송출 사업을 중지하였다. 오히려 1959년부터 일본의 한인들을 귀국시키는 작업이 시작되었다.

2) 벌목노동자로서의 파견

1960년대 중반부터 북한 정부는 북한주민들을 소련으로 파견하기를 희망했다. 잉여노동력을 활용하여 외화를 벌어들여야 하는 북한 정부와 중국과 북한이 가까워지는 것을 염려한 소련 당국의 이해관계가 맞아떨어졌다. 1966년 5월 브레즈네프와 김일성이 블라디보스토크에서 비공식적으로 만나 북한 노동자 파견에 관해 협의하였다. 1967년부터 하바롭스크 지역의 벌목 현장에 다수의 북한 노동자들을 보내기 시작했다. 1년에 약 1만 5,000명의 노동자들이 파견되기 시작했다. 1975, 1977, 1985년에는 소련 극동의 벌목 현장이 증가하면서 노동력에 대한 수요도 늘었다. 북한과 소련은 3년 계약으로 북한 노동자 파견을 협의했고 북한 노동자들은 현지 법이 아닌 북한 법을 준수하며 소련인과의 접촉을 철저히 차단한 생활을 해야 했다

당시 실업률이 높은 북한의 노동자들에게 일자리를 마련해주어야 했던 북

한은 1984년 5월, 소련을 방문한 김일성이 극동의 북한 노동자를 2만~3만 명까지 증원하는 데 협의했다. 소련 내 체재 기간은 3년이었다. 이는 북한의 노동자들이 소련에서의 삶에 과도히 적응하여 귀국하기를 거부하거나, 지상천국이라 선전했던 북한생활의 실상이 소련과 비교하여 현격하게 차이가 나는 것을 알게 될까 우려한 북한 당국의 결정이었다. 노동자들의 월급은 북한 화폐인 원이 아닌 소련 화폐인 루블로 받기로 협의했다. 루블을 받아 소련에서 필요한 물건들을 구매해 북한으로 가지고 귀국할 수 있기 때문에 북한 내에서도 극동으로 파견 나가는 노동자는 인기가 있었다. 북한 노동자 월급은 당시 100루블이었다(120달러). 북한 관리들에게도 루블은 뇌물로 받기에 좋은 화폐이기도 했다.

소련으로 파견되기 위해서는 공식적으로 공산당의 당원이어야 했고 가족의 성분에도 문제가 없어야 했다. 또한 기혼자로서, 러시아어를 못 해야 했다. 단 관리자는 러시아어를 습득해도 무방했다. 노동자는 3년 이상 체류가 불가능했지만 관리자들은 자신의 자리를 지키기 위해 본국의 담당자에게 뇌물을 주며 오랫동안 소련에 거주하였다.

1980년~1990년 초에는 소련 지역에서 벌목 노동을 하던 북한 노동자가 고려인들의 도움으로 도주하는 사고가 빈번해졌다. 그들은 러시아 국적을 취득할 때까지 은신처에서 숨어 지내기도 했다. 어떤 이유에서인지 북한 당국도 소련과 소련 붕괴 후의 신생 러시아 당국은 도주한 북한인을 찾기 위해 그다지 애쓰지 않았다.

비공식 자료에 의하면 북한 노동자들은 벌목 이외의 노동과 시간 외 노동을 강요받았다. 이들을 관리하러 북한에서 파견된 간부는 현지 당국과 별도의 계약을 맺고 노동자들을 이용해 이익을 얻기도 했다. 또 북한 노동자들이 자신들에게 특별히 배려된 현지인보다 싼 가격의 보드카나 생활 용품을 구입해 현지인들에게 되팔아 차익을 챙김으로써 현지인들의 반발을 사기도 했다. 현지 기관의 항의를 받아도 관리자들은 상황 개선에 전혀 노력하지 않았다.

3) 이주가 아닌 취업 노동자

1990년 말부터 북한의 경제가 어려워지면서 많은 사람들이 소련에 벌목 노동자로 오기를 희망하였다. 그들은 3년 동안 일해서 번 돈으로, 고향으로 돌아가 풍족하게 살기를 원했다. 또한 1992~2003년 극동지역뿐만 아니라 연해주와 사할린까지 파견되어, 벌목현장이 아니라 건설 현장과 농업에도 종사하게 되었다.

북한 당국은 파견된 노동자의 이탈을 막기 위해 노동자를 고용하는 러시아 회사들이 지급하는 임금을 노동자 관리를 맡은 현지의 북한 지사 계좌로 입금하게 하여 노동자들이 고향에 돌아가야만 그 임금을 받을 수 있게 했다. 러시아에 있는 동안은 먹고 자는 것만 해결할 수 있는 적은 돈을 받았다. 이런 제도가 그들이 러시아에 영원히 머물 생각조차 하지 못하게 했다.

1995년 연해주현 지사 나즈드라텐코(Nazdratenko)가 평양을 방문할 때 알촘 시에 북한 농업 지도부를 만들어 매년 2,000~3,000명 정도의 농업 노동자를 파견하기로 협의하였다. 1994년 7월 김일성이 사망하자 삼년상을 치르고 북한 홍영환 대표가 알촘시에 농업 노동자를 인솔해 연해주에 도착했다. 2004년 북한의 알촘시 북한 농업 지도부 건물에는 북한 출신은 아무도 없었다. 중국 조선족 출신인 박승철만이 중국인 노동자를 중국에서 데려와 관리하는 사무소로 사용하고 있었다.

1997년부터 북한인의 러시아 입국 절차가 바뀌었다. 종래에는 북한 여권으로 러시아 입국이 가능했지만 이 시기부터는 입국시 비자를 필요로 하게 되었다.

〔표 1〕 러시아 국경 연해지 지방에 1998~2004년 외국인 입국자 총수

연도 나라	1998	1999	2000	2001	2002	2003	2004
중국	254,033	276,448	442,368	421,532	265,386	251,942	262,575
북한	11,862	9,983	13,212	13,500	11,164	10,866	13,294
남한	10,535	14,260	9,173	15,300	58,829	48,862	137,367

출처: 러시아 연방 국경 기관 정보

자브로프스카야는 1990년 말부터는 북한 노동자들의 숙소에도 김일성과 김정일 사진이 걸려 있지 않았고 김일성 배지를 의복에 달고 다니는 북한인도 별로 많지 않다고 전했다.

1990년대 말 북한 노동자는 1만 명 정도였는데, 3개월 단기간 노동을 하고 북한으로 돌아가는 노동자가 대부분이었다. 연해주 지역에 온 북한 노동자의 50%가 블라디보스토크와 부근의 건설 현장이나 핫산 지역 농장에서 일하고 있었다.

1995년부터 1999년까지 현지의 북한 영사관에서는 경제 사정이 어려운 북한을 돕는다는 명목하에 노동자 한 명당 200달러의 지원금을 걸었다. 북한 영사관의 일년 수입은 20만 달러를 웃돌았다. 연해주보다 임금이 높은 사할린 지역에서는 1인당 300달러를 걷어들이곤 했다.

1996년 10월 1일 블라디보스토크 주재 한국 총영사관 소속 영사 살해 사건이 일어났다. 이 사건에 북한인들이 연루된 것을 계기로 북한 노동자들의 러시아 입국이 까다로워지고 1998년부터 러시아 경제가 어려워지면서 북한 노동자들의 고용이 현저히 줄어들기 시작하였다.

북한 당국은 자국의 노동자들을 러시아 지역에 파견하고자 했지만, 경제 전망이 전반적으로 밝지 않은 연해주 지역으로 북한 노동자들을 취업시키기는 쉽지 않은 듯하다. 그러나 연해주 거리를 자신 있게 활보하는 북한인들이나, 현지 음식점 및 현지인이 운영하는 한국 음식점에 식사를 하러 오는 북한인들도 종종 눈에 띈다. 언젠가 연해주 지역의 공사를 수주한 한국 기업에 북한 노동자들이 근무하는 모습을 볼 날도 멀지 않은 듯하다.

7. 맺는 말

연해주를 처음 방문한 1995년부터 지금까지 17년이 지났다. 본격적인 조사는 2004년 3월부터 시작하였다. 다민족이 거주하는 러시아, 연해주 지역에 다양한 한인들이 거주하고 있다. 서로 돕고 우호적인 관계도 있지만 자라온 문화가 다르고 가치관이 다르기에, 오히려 관계가 악화된 한인들도 적지 않다.

카자흐스탄 소수 민족을 연구하는 필자는 카자흐스탄의 유대인 사회를 조사한 적이 있다. 이스라엘로 귀국을 원하는 현지 유대인들에게 도움을 주는 기관은 이스라엘 정부가 아니라 세계에 흩어져 있는 유대인 단체들이었다. 이주하는 유대인들을 위해 이스라엘까지 짐을 부쳐주는 유대인 단체, 항공권을 제공하는 유대인 단체, 이스라엘로 귀국하지 않고 현지에 체류하는 유대인을 위해 카자흐스탄에 최고의 학교를 세워 무상 교육을 제공하는 유대인 단체, 독거 노인들에게 가가호호 방문하여 식사를 제공하는 등의 유대인 단체를 보면서 700만 명 정도로 알려진 한민족 해외동포들은 어려운 한인들을 위해 무엇을 하고 있나 부끄러운 생각이 들었다. 이제는 흩어진 한인들 서로가 돕고 위로하고 정보를 교환하는 보다 성숙된 모습을 보이기를 희망해 본다.

참고문헌

赤羽恒雄, アンナ・ワシリエバ(아카바네 쓰네오, 안나 와실리에바) 編

　2006『国境を越える人々』, 国際書院.(『국경을 넘는 사람들』, 국제서원.)

中国朝鮮族研究会(중국조선족연구회) 編

　2006『朝鮮族のグローバルな移動と国際ネットワーク』, アジア経済文化研究
　　　所.(『조선족의 세계적 이동과 국제 네트워크』, 아시아경제문화연구소.)

심헌용

　2000 "동북아 저경지대 극동 연해주와 한민족 디아스포라,"『한국시베리아연구』4.

　2001『러시아 사할린 연해주 한인 동포의 생활 문화』, 국립민속박물관.

이애리아

　2007 「沿海州コリアンコミュニティーの現?にみるもの」,『グルーバル化と韓国
　　　社会―その内と外―』, 国立民族学博物館調査報告 69.

제2장 _ 사할린의 한민족 해외동포

남혜경

사할린에는 현재 러시아, 한국, 조선민주주의인민공화국, 중국 등 4개 국적의 한인이 함께 생활하고 있다. 한국 재외공관이 '동포 또는 교포'로 분류하는 한인은 러시아 국적의 한인을 지칭하며, 한국 국적의 한인들은 '교민'이라고 불린다. 러시아 국적의 한인들을 제외하면 대부분 3개월 내지 1년 비자로 모국을 오가는 임시 거주자들이다. 따라서 일반적으로 '사할린 동포사회'라 하면 러시아 국적의 한인사회를 가리킨다.

1. 사할린 한인의 호칭

사할린 거주 한인을 현지인들 또는 동포들은 다음과 같이 분류하고 있다.

첫째, 사할린스키카레이츠(Sakhalin Korean)는 일제강점기와 소련시대를 거쳐 사할린에 거주하고 있는 러시아 국적의 한인을 말한다.

둘째, 카레이츠 또는 유즈느이카레이츠(Korean or South Korean)는 한국 국적의 한인을 말한다

셋째, 세비르느이카레이츠(North Korean)는 조선민주주의인민공화국국적의

〔표 1〕 국적별 한인 간의 호칭

국적	러시아어	모국어
러시아	사할린스키카레이츠 (Sakhalin Korean)	사할린조선사람, 사할린 한인, 사할린동포, 사할린교포
한국	카레이츠, 유즈느이카레이츠 (Korean, South Korean)	한국인, 한국사람, 남한사람, 남조선사람, 남선사람,
조선민주주의인민공화국	세비르느이카레이츠 (North Korean)	북조선사람, 북한사람, 북선사람
중국	키타이스키카레이츠 (Chinese Korean)	중국동포, 중국교포, 중국조선족

한인을 말한다.

넷째, 키타이스키카레이츠(Chinese Korean)는 중국 국적의 한인을 말한다.

그러나 한인 사이에는 모국어로는 매우 다양한 호칭을 사용하고 있다. 즉 사할린스키카레이츠를 '사할린조선사람', '사할린 한인', '사할린동포', '사할린교포'로, 유즈느이 카레이츠를 '한국인', '한국사람', '남한사람', '남조선사람', '남선사람', 세비르느이카레이츠를 '북조선사람', '북한사람', '북선사람', 키타이스키카레이츠를 '중국동포', '중국교포', '중국조선족' 등으로 부르고 있다. 필자는 여기에서 문맥에 따라 러시아 국적의 코리안은 '사할린스키카레이츠' 또는 '사할린동포', 한국 국적의 한인은 '한국인' 또는 '한국사람', 조선민주주의인민공화국 국적의 한인은 '북한사람', 중국 국적은 '중국동포' 또는 '중국조선족'으로, 편의상 조선민주주의인민공화국을 '북한'이라 칭하겠다.

2. 러시아 국적의 동포사회

1) 사할린스키카레이츠의 고민 : 어디로 떠나야 하는가?

2002년 러시아 인구조사에 의하면 사할린스키카레이츠의 인구는 약 3만 명으로 사할린주 전체 인구 5.4%로 나타났다. 그 중 2만 여 명이 주도(州都) 유즈노사할린스크시에 거주하는데, 이는 시 전체 인구의 약 10%를 차지한다. 사할린 섬은 주류민족인 러시아 민족 외에 우크라이나, 벨라루스, 타타르, 아르메니아 등 100여 민족들이 함께 사는 다민족사회다. 최근에는 우즈베키스탄, 키르기스스탄 등 중앙아시아로부터 이주민을 적극 받아들이고 있어 민족적·문화적으로 다양성을 더해 가고 있다. 실제로 사할린 북부지역에 주로 거주하는 니브흐, 에벤키 등 4,000여 명의 북방 소수민족 이외는 모두가 이주민들로 남부 사할 린지역에 한해서는 실질적으로 사할린동포들을 원주민으로 볼 수 있다. 따라서 타 지역에 비해 상대적으로 사할린스키카레이츠의 입지가 탄탄하다.

사할린 섬의 면적은 한국 국토 면적의 39%에 해당한다. 그러나 과거 20년 간 대륙으로의 이주가 계속되어 1989년에 70만 명에 달하던 인구가 2010년에는 51만여 명으로 감소했다. 건강상 좋지 못한 기후, 열악한 사회인프라, 모스크바에 버금가는 높은 물가로 이주민들이 다시 고향으로 돌아가거나 더 살기 좋은 곳으로 떠나고 있다.

아래 〔표 2〕에서도 알 수 있듯이 사할린동포들 인구도 지속적으로 감소해 왔다. 경제력이 있는 많은 동포들이 모스크바와 그 주변의 대도시로 이주했다. 출산율 저하와 1, 2세들의 한국으로의 영주귀국까지 더해지면서 한인 인구는 점점 줄어드는 추세임에도 타민족들의 이주가 보다 활발해 사할린주에서 제1의 소수민족의 자리를 차지하게 되었다. 아래 〔표 3〕에서 보는 바와 같

〔표 2〕 사할린주 민족구성(단위: %)

민족	1959년	1970년	1979년	1989년	2002년 (546,500명)
러시아	77.7	80.4	81.7	81.6	84.3
한인	6.5(42,337명)	5.7	5.3	5.0(35,191명)	5.4(29,592명)
우크라이나	7.4	6.3	6.1	6.5	4.0
벨라루스	2.1	1.9	1.7	1.6	1.0
타타르	1.8	1.8	1.7	1.5	1.25

(http://sakhalinstat.gks.ru,sakhalin.info/stat/60240)

〔표 3〕 사할린주 인구변화 (단위: 명)

2006년	2007년	2008년	2009년	2010년
526,235	521,206	518,539	514,520	510,834

(http://sakhalinstat.gks.ru.sakhalin.info/stat/60240)

이 1990년대 후반부터 천연자원개발프로젝트로 석유자본이 들어와 경제상황이 나아지고 있음에도 인구는 매년 평균 1만여 명씩 줄어들고 있다.사할린이 고향인 사할린동포들은 떠날 곳이 없다. 스킨헤드를 비롯한 아시아계 민족에 대한 차별이 심해지면서 모스크바 등 대도시로의 이주의 발길이 잠시주춤해진 상황이지만 늘 어디론가 떠나야한다는 생각을 하고 있다. 우크라이나, 유고슬라비아, 불가리아 등 러시아어로 생활이 가능한 구소련지역에주택을 구매해 두는 사람들도 늘고 있으며 한국어가 가능한 동포들은 한국으로의 이주도 검토 중이다.최근 2세들이 한국과 일본 정부를 상대로 추가영주귀국을 강하게 요구하는 것도 이런 맥락에서다. 가능하다면 살 집을 무료로 제공받고 생활보조금도 받아가면서 좀 더 편히 노후를 지내고 싶다는욕심에서다.

사실상 2세에 해당하는 해방 전 출생자인 60대 동포들이 영주귀국한 이후에는 한국으로 영주귀국을 희망하는 2세들이 급속히 증가했다. 묻힐 곳을 찾아간 1세들과는 달리 2세들은 좀 더 나은 노후생활을 위해 고향 땅 사할린을떠나려는 사람들이다. 한국의 쾌적한 주거환경, 질 높은 의료 서비스, 안전한치안 등이 입에서 입에서 전해지면서 영주귀국 희망자는 나날이 늘고 있다.

2) 사할린스키카레이츠 간 또는 타 민족들과의 관계

사할린스키카레이츠의 사회를 이해하는 데 도움이 되는 몇 편의 저서들을소개한 후 필자가 현지에서 생활하면서 인터뷰 또는 관찰 조사한 이들의 관계를 설명하고자 한다.

(1) 현지의 사할린스키키레이츠 연구 동향

사할린스키카레이츠에 대한 연구는 많지 않고, 대부분이 일본인들에 의한 것이다. 그 내용은 일제침략과 냉전체제의 희생양으로서 비참한 삶을 살아야만 했던 1세들의 운명을 폭로하는 데에 집중되어 있다. 한국을 포함해서 러시아에서는 관련 연구를 거의 찾아보기 힘들다. 특히 러시아에서는 사할린지역 밖에서는 이들의 운명이나 존재에 대해서도 거의 알려지지 않았으며, 사할린동포들 중에서도 자신들의 역사를 제대로 알고 있는 사람들이 많지 않다. 몇 가지 원인을 추측해 보면 다음과 같다. 첫째, 1세들이 체제를 달리하는 한국으로 귀환하려는 꿈을 버리지 않고 소련 국적 취득을 거부하면서 무국적자로 살았기 때문에 소련당국은 이들을 감시의 대상으로 여겼고, 이들의 운명이 외부에 알려지는 것을 꺼려서 이들의 존재 자체를 숨겨왔기 때문이다. 둘째, 중앙으로부터 1만 km 이상 떨어져 있고 섬이란 폐쇄적인 지리적 위치 때문에 세상의 이목을 끌기가 어렵다는 점이다. 셋째, 사할린 동포 1세들이 가정에서조차도 자신들의 운명에 대해 함구하고 살아왔기 때문이다. 혹시나 철없는 자녀가 어른들의 이야기를 밖에서 누설할까 두려워 일체 고향에 대한 이야기를 입에 담지 않고 살아왔다. 한국에 친척이 있다는 사실만으로도 감시의 대상이 되던 시절이었기 때문에 행여나 자식들의 장래에 해가 될까 철저히 아픔을 가슴이 묻고 살다가 소련이 해체되고 자유의 바람이 불기 시작한 1990년대에 들어서서야 비로소 조심스럽게 입을 열기 시작했던 것이다. 이러한 정치적 환경 때문에 최근까지 2세들조차도 부모들의 이주경위에 대해 자세히 알지 못했다. 그러나 최근에는 사할린스키카레이츠의 비극적인 운명에 일본과 한국은 물론이고 소련 당국도 책임이 있다는 목소리도 나오고 있다.

사할린스키카레이츠에 관한 연구나 저서들은 사할린 지역에 한정되어 있고 한결같이 이들의 비극적인 운명에 초점이 맞추어져 있다. 참고할 만한 연구나 저서를 분야별로 소개하면 아래와 같다. 우선 역사분야의 저서로는 복쿠 지코우(Бок Зи Коу)의 『사할린 한인들 : 문제와 전망(Сахалинские Корейцы:

проблемы и перспективы)』(유즈노사할린스크, 1989), 『사할린의 한인들(Корейцы На Сахалине)』(유즈노사할린스, 1993) 등이 있다. 또한 A.T. 쿠진 (Кузин)의『극동의 한 인 : 그 삶과 비극적인 운명(Дальневосточные Корейцы :Жизнь и Трагедия судьбы)』(유 즈노사할리스크, 1993), 『사 할 린 한 인 – 역 사 와 시 대 성 (Сахалинские Корейцы : История И современность)』(유즈노사할린스크, 2006), 『사할린 한인들의 역사적인 운 명 1, 2, 3편(Исторические судьбы Сахалинские Корейцев)』(유즈노사할린스크, 2010) 등이 있다.

회고록의 성격을 띤 저서로는 박형주의 『사할린 리포트–버려진 조선인의 역사와 증언(サハリンからのレポート: 捨てらた朝鮮人の歴史と証言)』(御茶ノ水書房, 1991), 이병률의 『사할린의 조선인(サハリンに生きた朝鮮人—ディアスポラ・私の回想記)』(北 海道新聞社, 2008), 유시욱 (筆名 春溪)의 「산중반월기(山中半月記)」(『검은대륙으로 끌려간 조선인』, 일제강점하강제동원피해진상규명위원회, 서울, 2006) 등이 있다.

그 외에 논픽션 소설로는 K. 가포넨코(Гапоненко)의 『미츠호 촌의 비극 (Трагедия деревни Мидзухо)』(유즈노사할린스크, 1993), В.Н. 그린(Гринь)의 『오랜 이별 (Разлука Длиною в Жизнь)』(유즈노사할린스크, 2008)이 있다.

이상의 여러 저서들이 모두 사할린 한인의 역사 및 현황을 그렸다는 점에 서 중요한 의의를 지니고 있다. 당시 시대 상화에 대한 이해를 돕기 위해, 사 할린 한인문제를 처음으로 제기한 현지인 복쿠 지코우 박사에 대해 간단히 소 개하고 싶다. 2000년대 중반 모스크바로 이주한 후 2009년 2월 이곳에서 고인 이 된 복쿠 지코우(경제학)박사는 박수호라는 이름의 한인 2세로 동포들 중에 서 가장 출세한 인물로 꼽힌다. 이름에서도 알 수 있듯이 일본문화에 많이 동 화된 2세로 추정된다. 30여 년간 사할린국립대학 교수로 재직했고, 1988년 서 울 올림픽 때 사할린동포 대표로 한국을 방문해 귀국한 후 당시로는 엄두도 내지 못했던 사회단체 '사할린주 한인 이산가족회'와 '사할린주 한인회'를 조직하고 한국어과와 일본어과 개설을 주도하기도 했다. 열렬한 소련공산당 당원이었으며 사할린주지사 선거에 입후보한 경력도 있다. 한국을 다녀온 후 그는 새로운 시대의 개막을 예견하듯이 1989년 『사할린 한인들 : 문제와 전망 (Сахалинские Корейцы: проблемы и перспективы)』란 소책자를 발간했다. 80쪽의 소책자로 매우 간략하게 한국과 사할린스키카레이츠의 이주역사 및 영주귀국운동에 대해 소개하고 있지만 이 책의 의의는 사할린의 저명한 역사학자 M.C. 브이소코브(Высоков) 박사가 쓴 아래의 서문에서 충분히 짐작이 간다.

> 지금까지 사할린스키카레이츠는 소비에트 역사나 민속학 연구의 대상 밖에 있었을 뿐 아니라 오랫동안 이들에 대해 쓰는 것은 물론이고 말하는 것조차도 금기시 되어 왔다. 이제 세월이 변해 소비에트 사회에도 민주주의의 바람이 불기 시작하면서 드디어 사할린에서도 사할린스키카레이츠의 문제에 대해 이야기할 수 있게 되었다.

그동안 사할린스키카레이츠는 투명인간처럼 존재하지만 보이지 않는 존재로 소련시대를 살아야했던 것이다. 복쿠 지코우 박사는 1993년에 본격적인 사할린스키카레이츠 역사서를 출판했다. 여기에는 남부뿐 아니라 북부 사할린으로의 카레이츠의 이주역사를 소개했다. 그는 소련 당국의 비밀문서, 지령 등의 자료를 바탕으로 소련시대 사할린스키카레이츠 사회의 실태를 자세히 설명하고 있다. A.T. 쿠진이 언급하지 않은 영주귀국운동이나 민족차별에 대해 당사자의 입장에서 구체적 사례를 들어 전하고 있다.

쿠진은 1993년 카레이츠들의 극동지역 이주역사 연구로 주목을 받기 시작했다. 이후 그는 사할린스키카레이츠 문제에 관심을 집중해 왔고, 2006년에 이들과 관련된 소련당국의 비밀문서와 지령, 청원서 등의 문건을 묶어 자료집을 출판했다. 2010년에는 19세기 말부터 2010년까지의 사할린스키카레이츠 관련 문건 400여 건의 자료집에, 이를 분석한 전체 3권의 저서를 동시에 출판해 화제가 되었다. 이 저서들은 사할린스키카레이츠에 대한 실증적 연구에 큰 도움이 될 것이다.

사할린스키카레이츠 2세인 박형주와 이병률이 자서전 형식으로 엮은 회

고집은 전후 일본인들에 의해 사할린에 버려진 이후 자신들이 소련사회에서 살아남기 위해 얼마나 힘겨운 삶을 살아왔는지를 전하면서 일본 정부에 그 책임을 추궁하고 있는데 일본어로 출판되었다.

유시욱의 일기는 1세가 남긴 유일한 기록으로 1957년 당시 동포사회 실태와 1세들의 귀국 염원이 애절하게 묘사되어 있다. 현재의 동포사회를 이해하는 데 주요한 실마리를 제공해주는 귀중한 저서다.

K. 가포넨코와 B.H. 그린의 저서는, 이전에 일본인 저널리스트와 새고려신문 기자들이 이미 소개된 바 있는 사건을 일반 러시아인 주민들에게 알리기 위한 것이라는 점에서 주목할 만하다. 패전 직후 일본인에 의해 자행된 조선인집단학살 사건에 대한 소련당국의 조사서를 우연히 접하게 된 저자들이 이를 바탕으로 사건을 소설화한 것인데 범행을 전쟁이라는 특수한 상황이 초래하는 인간성의 왜곡으로 규정하며, 반전 평화사상을 강조하고 있다.

(2) 사할린스키카레이츠 사회의 구성과 세대별 특징

① 사할린스키카레이츠 사회의 구성

사할린스키카레이츠는 고향이나 이주배경에 따라 자신들을 선주민, 큰땅배기, 파견노무자로 분류하고 있다. 이 분류는 이들이 이웃하며 생활하기 시작한 1950년대에 형성된 것으로 추정된다.

1957년 유시욱은 조선인 사회 내에서 자신들은 고향이나 이주배경에 따라 러시아어로는 페르브이소르트(ПервыйСорт 1등품), 후타로이소르트(ВторшйСорт 2등품), 트리치이소르트(ТретийСорт 3등품)로 또는 일본어로는 밀가루에 비유해 이찌방꼬(一番粉), 니방꼬(二番粉), 산방꼬(三番粉), 즉 1, 2, 3으로 등급을 매겨 부르고 있다고 전하며 다음과 같이 개념을 정리하고 있다.

페르브이 소르트(이찌방꼬)는 해방 후 조선인들을 지도하기 위해 대륙에서 건너온 소련 국적의 소련식 교육을 받은 조선인들이다. 대부분이 공산당원으로 정치·선전부장 등의 일을 하며 경제적으로 부족함 없는 생활을 하는데 '큰땅배기'라 부른다. 후타로에 소르트(니방꼬)는 해방 직후 사할린의 어장이나 삼판으로 돈벌이를 하러 온 북한의 노동자들로 '파견노무자'로 부른다. 트레치이 소르트(산방꼬), 즉 모집, 징용으로 온 일제의 희생자들은 불합격품 취급을 당하며 물심양면의 이중고를 겪고 있는 가장 불쌍한 사람들로 '선주민'이라 불린다. 4만여 명의 조선사람 대부분이 이들이며 대부분은 남조선이 고향이다.

복쿠 지코우와 A.T. 쿠진에 의하면 대륙에서 건너온 큰땅배기의 수는 2,000여 명, 파견노무자는 1만 명 가량이다. 대륙 출신자들은 러시아어를 모르는 선주민들의 관리와 소비에트민족화를 위해 파견된 사람들로 통역, 경찰, 학교 교사 등으로 일했다. 또 파견노무자들은 1946~1949년에 건너온 2만 6,000명의 북한 사람들 중에서 6·25전쟁 발발을 계기로 귀국명령을 거부하고 현지에 잔류한 사람들로 그 수는 1952년 당시 노동자 5,410명 동반가족 4,107명 수준이었다. 러시아인으로 살아온 대륙 출신과는 달리 이들은 선주민과 함께 동포사회를 형성하고 살았다. 다만 선주민과는 달리 현지 정착을 원했기 때문에 일찍이 소련국적을 취득하는 등 빠르게 현지화한 사람들이 많았다.

그러나 1991년 박형주의 회고록에는 다음과 같이 분류되어 있다.

이찌방꼬는 반쪽바리로 반일본인, 선주민이다. 니방꼬 얼마우자로 반러시아인, 큰땅배기이다. 그리고 산방꼬는 파견노무자였다.

즉 1957년 당시에는 출신지나 이주배경으로 분류한 후 소련내 사회적 지위에 따라 등급을 매기고 있는 반면, 1991년의 분류는 생활방식이나 민족적 요소까지 포함하고 있다. 또 등급의 순위가 바뀐 것도 흥미롭다. 함께 생활하면서 느끼게 된 차이점이 강조되고 있다. 1950년대에는 최하위의 선주민들이 1990년대에는 1등급으로 이동해 선주민들이 성공적으로 소련사회에 적응해가면서 자신감을 회복했음을 짐작할 수 있다. 명칭 중에 '얼마우자'라는 호칭은 대륙 출신들이 민족성을 상실하고 어설프게 러시아인 흉내를 낸다는 비난의 의미를 내포하고 있다. 그런데 현지에는 그 어원을 정확히 알고 있는 사람들이 없다. '소나 말의 자식들'으로 추측하는 사람도 있지만, 필자는 중국어에서 유래된 것으로 보고 있다. 중국에서는 러시아인을 몸에 털이 많다고 해서 '마우즈이(毛子)'라고 부르며 러시아에 살고 있으나 러시아 민족이 아닌 사람들을 중국어로 '알마우즈이(二毛子)'라 한다. 즉 '얼'은 숫자 2의 '얼'이 와전된 것이 아닌가 싶다. 한편 '얼'은 조선어에서 유래했을 가능성도 있다. 모국어로 '얼'이 '모자라는, 어중간한, 분명치 못한'이란 뜻이므로 한국어와 중국어의 합성어일 수도 있다.

그런데 이러한 분류는 차별에서 비롯됐고 차별을 재생산하는 역할을 하고 있다. 선주민과 파견노무자들은 대륙 출신들로부터 부당한 멸시와 차별을 당했다고 전한다. 이러한 피해의식은 동일 민족 간에 형성된 지배와 피지배자 관계에 대한 분노, 한편으로는 대부분 유식자이고 사회경제적으로 높은 지위에 있는 대륙 출신들에 대한 선망과 질투에서 비롯된 면도 있다. 대륙 출신에게는 또 다른 견해가 있다. 특히 선주민들의 경우, 언제까지나 제국주의의 노예근성을 버리지 못하고 일본어와 일본식 습관을 유지하는 것이 이해할 수 없었고 하루빨리 소련사회에 적응하도록 도와주려고 했음에도 이를 거부당했다는 섭섭함이 남아 있다. 이러한 갈등이 '반쪽바리'와 '얼마우자'라는 호칭을 만들어 낸 듯하다.

또 38선 이남과 이북 출신 간에도 갈등이 있다. 생활방식, 성격 면에서 차이가 있다고 생각한다. "이 도시 사람들과는 사돈을 맺지 말라!" 등의 말에서 추측 가능하듯이 출신지별로 모여서 살던 경향 때문에 사할린 내에서도 도시별로 동포사회의 성격이 조금 다르다. 이 민족 내 차별이나 갈등은 3,4세 젊은 동포들에게서는 거의 찾아보기 어렵다. 이들도 이러한 호칭과 갈등이 존재한다는 것은 알고 있다. 그러나 민족 간 갈등이 충돌해서 사건화되거나 사회문제가 되는 일은 없고 교우관계나 혼인 문제에 영향을 미치는 차원에 머물러 있다.

또 소련시대에는 대륙 출신이 가장 학력이 높고 사회적으로 높은 지위에 있었고 선주민들은 적국(敵國)을 모국으로 둔 위에 또 무국적을 고집했기 때문에 마치 셋방살이를 하는 심정으로 눈치를 보며 조심스럽게 살아야 했다. 그러나 현재는 다르다. 페레스트로이카 이후 선주민들이 크게 경제적으로 성공했고, 발전한 모국이 있고 모국과의 교류가 활발한 당당한 소수민족으로 가슴을 펴고 다닌다. 한때는 소비에트 이데올로기를 강요하며 민족을 부정했던 대륙 출신들이 이제는 민족성을 잘 유지하고 한국과 활발히 교류하는 선주민들을 부러운 눈초리로 바라보기도 한다.

② 한인사회의 세대별 특징

일반적으로 '사할린의 한인사회' 하면 38선 이남을 고향으로 둔 선주민 한인 집단을 의미한다. 대륙 출신들은 러시아에 동화되어 한인사회와 무관하게 생활하고 있고 북한 출신들은 북한과의 관계를 거의 단절하고 조용히 선주민 측에 합류해 생활하고 있기 때문에 선주민에 포함시킬 수 있다. 선주민들이 강한 결속력으로 한인사회를 형성하고 있어 타민족들은 이들의 문화를 '사할린스키카레이츠의 문화'로 인식하고 있다. 현재는 사할린 한인 사회에서는 한인들을 1, 2, 3, 4세로 분류하고 있다. 이들의 세대별 특징을 살펴보면 다음과 같다.

한인 1세는 조선에서 태어나 사할린에 이주된 세대이다. 대부분이 망향의 한을 품고 사할린 섬에 갇혀서 평생을 당국의 감시 속에서 힘겹게 살았다. 일본어와 러시아어를 제대로 구사하지 못해 평생을 무식자로 천대받으면서 고된 육체노동자로 살았다. 이러한 생활을 견디지 못해 북한으로 영주귀국한 사람들도 있다. 그러나 대부분은 귀국선을 기다리다가 고독과 알코올, 아편, 병으로 사할린 땅에 묻혔다.

한인 1.5세는 조선이나 일본에서 태어나 부모를 따라 이주했거나 해방 전에 사할린에서 출생해 일본학교를 다니며 군국주의교육을 받은 세대이다. 모국어보다 일본어를 더 자유롭게 구사하고 유능함에도 불구하고 러시아어를 제대로 구사하지 못해 대부분 노동자로 살아야 했다. 페레스트로이카 이후 봄을 맞아 한국어과 일본어 통역으로 활약하면서 한일 양국 정부와의 교류에 다리 역할을 했다. 1세와 1.5세들은 영주귀국 사업의 대상자들이며 4,000여 명이 고국으로 돌아갔고 현재 1,500명 정도가 사할린에 잔류하고 있다.

한인 2세는 해방 후 사할린에서 태어난 사람들로 현재 40~60대 동포들이다. 소비에트 이데올로기 교육을 받고 자랐으나 가정에서 모국어를 사용하며 조국의 풍습에 따라 생활했기 때문에 모국어를 알고 민족적 요소가 강한 생활습관을 지니고 있다. 학교에서는 차별 없는 유토피아적 소비에트 사회를 배웠지만 일상생활에서 실제로 많은 차별을 경험하고 자랐기 때문에 현실사회에 대한 문제의식과 주류 민족에 대한 피해의식이 매우 강하다. 반면 가족간, 형제간, 민족 간 결속력이 매우 강한 특징이 있다.부모들의 헝그리 정신을 이어받아 생활력이 매우 강하고 페레스트로이카 이후 시장경제에서 경제적으로 크게 성공했다. 현재 동포사회의 주류를 이루고 있고 가장 많은 인구 비율을 차지하고 있다. 동포단체들은 3, 4세 인구를 약 1만 2,000명으로 추정하고 있는데 1세들이 보통 4~10여 명의 자녀를 둔 반면 2, 3세들은 1~2명의 자녀만 낳았기 때문에 이들이 가장 수가 많을 것이다.

한인 3세는 20, 30대로 2세들과 달리 러시아인으로 키워졌다.모국으로의 귀환을 단념하고 현지화하기 위해 노력하던 2세들은 이들에게 러시아명을 지어주고 가정에서도 러시아어를 사용했다. 자신들이 경험한 차별이나 가난을 대물림하지 않기 위해서였다. 다만 조부모들이 러시아어를 구사하지 못했기 때문에 가정에서 사용하는 모국어 정도는 이해하는 사람들이 많다. 교육열이 높은 부모들 영향으로 대부분 고등교육을 받았고 의사나 법률가 등 전문직으로 진출하는 사람들이 늘고 있다. 그러나 2세들의 과잉보호로 대체로 생활력이 약하고 지나치게 부모들에게 경제적으로 의존하는 경향이 있다.

한인 4세는 10대 이하의 어린 동포들로 모국과의 교류가 자유로워진 이후에 출생한 세대다. 부모가 버린 모국어 이름을 다시 찾은 점이 흥미롭다. 페레스트로이카 이후 민족성을 되찾으려는 기성세대들의 의식을 반영하고 있는 것으로 판단된다. 또 최근 영주 귀국한 부모나 조부모를 만나러 한국을 방문하는 3, 4세들이 늘고 있어 한국과의 거리는 점차 가까워지고 있다. 기성세대들은 3, 4세들을 '얼굴만 코리안이지 사고방식이나 생활습관은 러시아인이다' 라고 한탄하지만 이들의 교우관계나 가족관, 생활습관에는 아직도 적지 않게 한민족 요소가 남아있다.

⑶ 사할린 한인사회의 문화적·인적 네트워크의 특징

사할린 한인들의 언어생활을 들여다보면 참으로 흥미롭다. 1980~90년대 사할린을 방문한 일본인들은 사할린 동포사회에서 과거 일본의 향수를 느낀다고 놀라워했다. 그만큼 일제 식민지의 영향이 강하게 남아있다. 일본어와 일본문화가 일상생활에 깊이 침투해 있다. 모국을 처음 방문한 2세들이 한국어로만 알고 있던 단어들이 실은 일본어였다는 것을 알고 깜짝 놀랐다고 한다. 지금도 1, 2세들 간에는 습관적으로 일본식 이름을 사용하고 있다. 예를 들면 "오−상 집 아들이……", "요오꼬가 아프단다" 등 한국어와 일본어를 혼용해 쓰고 있고, 한 문장 안에 3개국의 언어가 들어가 있는 경우도 흔하다. 즉 "오바상! 마가진 가요"라는 식이다. 아주머니라는 뜻의 '오바상' 은 일본어, 상점이란 뜻의 '마가진' 은 러시아어로, '가요' 라는 동사는 모국어로. 물론 3, 4세들은 다르다. 그러나 '하시' 와 같이 동포 가정 내에서 모국어로 뿌리내린 일본어도 적지 않다. 민족요리에도 일본색이 짙다.

그러나 3개국어를 구사하면서도 완벽하게 구사할 수 있는 언어가 하나도 없다는 것이 1, 2세들의 고민이다. 부모들의 영향으로 3세들조차도 상대적으

사할린의 한민족 해외동포 | *223*

로 러시아어 어휘력이나 표현력이 부족한 경향이 있다.

또 다른 하나는 사할린 동포사회의 '잔치 문화'이다. 사할린동포들은 결혼, 환갑, 돌 잔치를 매우 성대하게 치르고 있다. 주거형태가 단독주택에서 아파트로 변하고 경제력인 여유도 생긴 요즘은 대부분이 호텔이나 고급 레스토랑에서 잔치를 치르는데 이들에겐 청첩장을 돌리는 문화가 없다. 그럼에도 불구하고 최소한 200명 이상이 모인다. 러시아인들은 가족이나 가까운 친척들이 간소하게 기념일을 지내는데 비해 동포들은 모든 기념일을 친척, 친구, 이웃이 모여 떠들썩하게 지낸다. 어떤 기념일이든 반드시 부조금을 낸다. 호텔 등지에서 잔치를 할 때 상에는 30∼40종류의 한식요리와 러시아요리가 오른다. 200∼300인분의 엄청난 양의 음식을 친구나 친척 간에 나누어 준비하고 가까운 사람들끼리 모여서 며칠 동안 잔치음식을 나누어 먹는다. 소련시대 잔치는 동포들이 안심하고 모여 떠들 수 있는 유일한 날이었다. 늘 감시의 대상이었고 사람들이 모이는 것을 금지해 왔음에도 잔칫날만큼은 온 동네 사람들이 모여 북 치고 장구 치고 아리랑을 부르며 소란을 피워도 소련당국이 너그럽게 묵인해 주었다. 특히 38선 이남이 고향인 선주민들은 평소 가슴에 고향을 묻고 살던 터라 이런 날이면 모두가 모여 몇 날 며칠을 떠들며 망향의 한을 풀었다. 이들은 대부분이 부모·형제를 고향에 두고 혈혈단신으로 와 있는 사람들이었다. 그래서 1세들은 동향사람들끼리 '동상간'이란 의형제관계를 맺고 어려운 일이 있으면 서로 돕고 살았다고 한다. 38선 이북 출신들보다 이남 출신들이 더 잔치를 중시하고 성대하게 치르는 것도 이런 배경에서 생겨난 풍습이고, 잔치는 동포사회 결속력을 다지는 데 주요한 역할을 하고 있다.

(4) 사할린 한인의 경제활동과 모국과의 관계

페레스트로이카는 사할린 한인들의 봄을 예견하는 역사적 대사변으로 본다. 이후 이들은 삶은 크게 변했다. 모국과의 자유로운 왕래가 무엇보다도 큰 변화임은 말할 것도 없고 그 다음으로 지적할 것이 경제적 지위 향상이다. 소련시대 동포에 대한 이미지는 '구차한 민족'이었다. 그러나 시장경제가 도입된 이후 상업분야에 진출해 지금은 타민족이 선망과 질투의 눈으로 바라볼 만큼 여유로운 생활을 하고 있다. 최근에는 상가임대, 호텔경영, 건축업, 외식산업으로의 진출도 활발해 사할린주 중소기업을 선도하고 있는 상황이다.

이들의 경제적 성공에 한국도 적지 않은 역할을 한 것으로 판단된다. 1990년대 초 아무런 예고도 준비도 없이 국영기업의 민영화, 자유경쟁시장제도가 도입되면서 국가경제가 거의 마비상태에 빠져 대부분의 국민이 실직 상태에 있을 때 이들은 모국방문단으로 한국을 방문해 자본주의 시장을 목격했다. 아직 타민족들은 외부세계에 눈이 어두웠고 외국에 인맥도 없었다. 한국의 친척들의 도움이나 조언으로 장사를 시작한 사람들이 주변동포들을 시장으로 불러들여 자연히 사할린 소비시장을 선점하게 되었다. 또 모든 소비재를 수입에 의존하고 있는 이 지역에 가까운 한국에서 물품들을 수입해 시장에 내놓았다. 이렇게 초기자본을 형성해 오늘과 같은 대성공을 이루었다. 그리고 한국에서 일을 해서 장사밑천을 마련한 사람도 있고 지금도 부산이나 서울 동대문 일대에서 일을 하는 사할린 한인들이 많다. 모국어를 잊지 않고 있었기 때문에 이런 일들이 가능했다. 따라서 모국어를 잃거나 버린 사람들은 오늘에 와서는 매우 아쉽게 여기고 있다.

"일본인들은 죽은 사람 뼈 같이 찾아가는데 한국은 살아있는 사람들도 버려둔다"라며 2세들은 노인들만 영주 귀국시키는 한국 정부를 원망하지만 사실 섭섭한 감정 못지않게 한국에 대한 자부심도 강하다. 소련시대에는 열등국으로 취급받던 모국이 이제는 러시아인들이 "한국에서 배워야 한다"라는 말을 할 정도로 높은 평가를 받게 되니 이들은 우쭐한 기분이다. 한편 북한과의 관계는 멀어지고 있다. 1950년대 말~1960년대 초 북한당국은 사할린 동포들의 영주귀국을 적극 권유했다. 소수의 동포들이 당국의 선전을 믿고 영주귀국했다. 곧 선전에 불과했다는 것이 알려져 북한으로의 발길은 끊겼다. 소련시대에는 친척방문으로 오가곤 했었으나 최근에는 북한 체제에 대

사할린의 한민족 해외동포 | **225**

한 실망과 친척들과의 관계가 소원해지면서 북한과 사할린동포 사회와는 거의 단절된 상황이다. 한국과 교류가 있기 전에는 유일하게 고향을 느끼게 해주었던 북한이었으나 사할린에 한국이 들어오면서 북한은 슬그머니 빠져나간 형색이다.

(5) 사할린 한인 사회단체 및 민족문화 교육활동

사할린 한인사회에는 한인회, 노인회, 여성회, 이산가족회, 이중강제징용 피해 광부유가족회, 유가족영주귀국촉진회, 정의복권재단 등의 단체들이 있다. 목적이나 사업 내용은 대동소이하다. 명칭으로도 짐작되듯이 대부분 대일 배상청구나 영주귀국사업에 매달리고 있다. 대외적으로 동포사회를 대표하는 단체는 한인회이다. 사할린 동포들의 역사를 대변하듯 최초의 동포단체는 1989에 설립된 '사할린주 이산가족회'였다. 한러 수교 이전에 이미 급물살을 타게 된 일시모국방문을 전담할 현지 조직이 필요해서 서둘러 조직되었고, 1, 2세들의 영주귀국 및 일시 모국방문 관련사업을 담당하고 있으며, 적십자사의 현지 사무소의 성격을 지닌다. 한인회는 1990년 3월에 조직되었다. 대외적으로 동포사회를 대표하고 있다.

젊은 세대들의 단체로는 '카레이스키 클럽'이라는 조직이 있다. 3세들의 주도하에 다민족사회의 일원으로서의 민족문화전통의 유지 및 발전을 모색하고 있다. 아동을 대상으로 한 여름캠프, 초빙강좌, 민족 간 원탁회의 등의 행사를 기획 · 실시하고 있다. 젊은 세대는 물론이고 기성세대들의 관심이나 지원이 아직은 미약해 재정부족으로 사업을 활발히 전개치 못하고 있는 실정이다. 거의 모든 단체가 재정을 한국이나 일본 정부 등 외부에 의존하려하는 경향이 있는 것이 큰 문제이다.

사회단체들이 주관하는 주요 행사로는 광복절 기념행사와 음력 설잔치, 국제부인절 축하행사를 들 수 있다. 가장 규모가 큰 행사는 광복절 기념행사인데 음력설과 같이 도시별로 치르고 있다. 주도(州都)인 유즈노사할린스크시의 경우 수천 명 이상이 모이며 언제나 주지사와 시장 등 주정부인사가 참석해 축하인사를 한다. 이는 동포들의 현지사회에서의 위상을 가늠하게끔 한다. 한국에서도 매해 축하공연단이 오고 있다.

행사에 참가하는 동포들은 거의 1, 2세 동포들이다. 젊은이들은 이 동포사회의 행사에 거의 참가하지 않는다. 1990년부터 계속되고 있는 광복절 기념행사는 1세들이 한국으로 영주귀국을 하기 전에는 타향살이의 서러움을 달래주는 자리였다. 그러나 1세들 인구가 줄면서 행사장이 점차 썰렁해지고 있었는데 작년은 예년과 달리 행사장이 대성황을 이루었다. 한국으로 영주귀국한 사실상의 2세들도 참가했기 때문이다. 2006년 이후 한국의 여러 도시로 분산되어 영주귀국한 2세들이 여름 더위를 피해 사할린에 와서는 이곳에 모였다. 1세들은 고향인 한국을 그리워하며 사할린에서 살았고, 2세들은 역으로 태어나고 자란 사할린을 그리워하며 한국에서 생활하고 있다.

민족문화교육활동과 관련해서는 '새고려신문'과 '우리말방송'을 들 수 있다. 새고려신문은 1949년부터, 우리말방송은 1956년부터 모국어로 신문발행과 라디오 방송을 해왔다. 2004년에는 주 4시간의 TV방송도 시작했다. 러시아어를 모르는 동포들의 소비에트화와 당 정책을 선전하기 위해 존재했던 기관들이었으나 페레스트로이카 이후에는 민족문화 재생을 위해 활동하고 있다. 그러나 독립과 함께 찾아온 재정난으로 새고려신문은 일간에서 주간신문으로, 우리말 방송은 1년 전부터 라디오 방송은 중지하고, TV방송만 주 2회 15분씩 30분 한인사회 소식을 전하고 있는 상황이다. 한국 정부나 기업의 지원으로 명맥을 유지하고 있다고 해도 과언이 아니다.

이 외에 2006년 11월에 개관한 '사할린 한인 문화센터'가 있다. 동 센터는 일본 정부의 잔류한인들에 대한 지원의 일환으로 건설된 것으로 한인회가 운영을 맡고 있다. 사할린한국교육원(1993년 12월 설립)이 시설의 일부를 임대해 한국어 교육을 실시하고 있으며 문화교육활동은 주로 교육원이 주관하고 있다.

그 외에 에토노스 예술학교를 지적할 만하다. 소련 해체 후 러시아민족문화 재생을 목적으로 1991년에 설립되었는데 한민족과는 설립 당시부터 개설

사할린의 한민족 해외동포 | *227*

되었다. 주로 동포학생들이 방과 후에 민족전통무용과 악기를 배우러 다니고 있는데, 초기에 북한에서 강사를 파견해 지도했기 때문에 북한색이 짙다. 최근에 한국과의 교류가 활발해져서 남북한의 색깔이 균형을 이루어가는 듯하다. 또 러시아 초·중·고등학교에서 외국어로 한국어를 가르치고 있으며 사할린국립대학에 한국어과가 개설되어 있는데 동포학생들이 많은 비율을 차지한다.

3. 사할린스키카레이츠 외 교민사회

1) 교민사회

일반적으로 교민으로 불리는 한국 국적의 한인 인구는 150~200여 명 수준이다. 2007년 주블라디보스토크 한국총영사관 유즈노사할린스크 출장소가 사할린에 설치되었는데 이는 사할린 동포들의 모국 관련 업무를 원활히 수행하기 위해서라는 측면이 더 강하다.

한국인들은 주로 3개월 내지는 1년 체류기간의 비자로 한국을 오가는 생활을 하고 있다. 현지에 뿌리내린 교민으로 볼 수 있는 사람들은 선교사들로 1990년대 초 이들이 먼저 사할린에 들어오기 시작했다. 그러나 이들도 10여 세대에 불과하다. 이들과 비슷한 시기에 개인 사업가들이 들어오기 시작했으나 당시에 들어온 사람들은 대부분 사업에 실패하고 귀국했고 현재 머물고 있는 사람들은 5~10여 년 전에 들어온 사람들이다. 이들 외에 20여 명의 주재원들과 30여 명의 건설노동자들이 체류하고 있다. 수적으로는 개인사업가라 불리는 한국인들이 가장 많지만 실제로 이들이 어떤 사업을 하고 있는지는 잘 알려져 있지 않다. 식당, 민박, 여행사, 운수, 건축 등 업종별로 한국인 개인사업가가 1~2명씩 있는 수준에 그치고 있다.

개인사업가들이 시장을 개척하기가 무척 힘들다. 러시아의 투자환경이나 사업환경이 외국인이 진출하기에는 매우 불리하며 한국 관련 사업들은 이미 사할린 한인들이 거의 선점하고 있어 한국인들의 활동 영역이 매우 좁다. 대부분이 남성들로 가족을 한국에 두고 혼자 와서 지내고 있는데 주재원들조차도 현지 교육환경 등 제반조건이 양호하지 못해 단신부임하고 있는 것으로 보아 한국인 사회가 양적으로 발전할 기미는 거의 보이지 않는다.

2) 북한사람들

1980년대 중반부터 사할린에 파견오기 시작한 북한 건설노동자들의 인구는 약 3,000명으로 알려져 있다(새고려신문. 2008. 12. 5). 석유가스개발사업에 따른 석유자본으로 건축과 집 수리 붐이 일면서 북한 인력회사를 거쳐 사할린 인력회사가 고용하는 형식으로 현지에 파견된다. 그러나 실제로는 이들이 현지에 도착하면 각자가 스스로 일을 찾아 돈을 벌고 매달 일정한 금액을 회사에 상납하는 형식을 취하고 있다. 군인, 의사 등 건축과는 무관한 직업의 사람들이 높은 경쟁률을 뚫고 사할린으로 나오고 있고, 이들은 주로 30~40대의 남성들이다. 파견기간은 1년에서 5년이며 보통 1년에 한번 겨울에 고향을 다녀온다. 2~3명이 팀을 짜서 상가나 별장, 아파트 수리 등을 하고 있는데 노동력만 제공하기 때문에 큰 돈벌이는 못한다. 일감을 찾지 못한 사람들은 매달 상납금 내기도 힘들어한다. 일감의 제공자는 주로 사할린 한인들이다.

한국인들과는 일체의 접촉이 금지되어 있으나 비밀리에 함께 일을 하기도 한다. 2~3년 사이에 싼값에 노동력을 제공하는 중국인이나 중앙아시아 출신 노동자들이 늘고 있어 북한 사람들은 점점 일거리를 구하기가 어려워지고 있다.

3) 중국조선족

중국조선족들의 인구는 100여 명으로 추정된다. 이들은 대부분 중국시장이라고 불리는 중국인 상권에서 현지인을 대상으로 의류소매업을 하고 있다. 러시아와 국경을 접하고 있는 동북 3성 출신들이 대부분이며 현지인을

상대로 하기 때문에 한국인이나 북한사람들과 비교하면 러시아어 구사능력
이 가장 뛰어나다. 1990년대 초 사할린에 진출해 중국상권을 형성하였으나
한족들의 진출이 활발해지면서 이들에게 상권을 빼앗겨 귀국하거나 한국으
로 다시 돈벌이를 나갔다. 2000년대 초 1,000여 명에 달하기도 했다. 중국인
들 속에 섞여 있어 동포인지 아닌지 구분하기 힘들고 현지 동포들과의 사적
교류도 거의 없어 존재감이 가장 약한 한인이다. 최근에는 사할린 동포들을
판매원으로 고용하는 자본력이 있는 중국조선족들이 나타나고 있고 건설 분
야로도 진출하고 있다.

4. 한인 간의 관계

한인 상호 간의 공식적 교류는 거의 없다. 사적 교류도 활발하지는 않으나
상대적으로 사할린스키카레이츠와 한국인들과의 교류가 가장 많고 그 다음
으로 북한사람 순이다. 한국인들과 북한사람들은 러시아어를 거의 구사하지
못해 현지동포와의 교류는 불가피한 상황이다. 한국인들은 대부분 크든 작
든 자본을 투자하는 입장으로 사할린 한인을 통역원이나 직원으로 고용하거
나 사업파트너로 함께 일을 하고 있는 한편 북한사람들은 이들에게서 일거
리를 제공받는 관계다. 이러한 입장 때문에 한국인은 사할린 한인과 우월하
거나 동등한 위치에 있는 반면 북한사람들은 상대적으로 약자의 입장에 처
해 있다. 이들은 자신들의 경제적 이익을 무엇보다도 우선시하면서도 상대
방에게는 같은 민족으로서의 배려를 기대하기 때문에 상호 불만과 갈등 관
계를 초래하기도 한다. 이들은 함께 일하면서도 서로를 믿지 못하는 경향이
있다. 사할린 한인들과 한국인들과의 법정 논쟁 사례도 있다.

5. 한인사회의 문제점

1) 사할린 한인 사회의 고령화

현재 사할린 한인 사회에는 현지에 적응하지 못한 1세들의 영향으로 문화나 풍습 면에서는 민족성을 강하게 유지하고 있는 반면 민족의식은 매우 미약한 경향이 있다. 이는 소비에트 이데올로기 교육을 받은 2세들이 사할린 한인 사회의 주류세력을 이루고 있기 때문이기도 하다. 단체들의 사업내용이 대일청구나 영주귀국 사업에 편중되어 있는 것 또한 이 때문인 듯하다. 동포사회 관련행사에는 1.5세와 2세들만이 참여하고 있고 단체활동의 경우 기성세대들이 자신들의 이권을 지키기 위해 젊은이들의 참여를 유도하기는커녕 배제하는 양상을 보이기도 한다. 모국과의 교류 사업 역시 쌍방향이 아니고 일방적인 지원 형태로 이루어지고 있는 경향이 있다. 과거사 청산도 중요하지만 동포사회의 미래를 위해 젊은 후계자 양성 또한 등한시해서는 안 될 것으로 여겨지며 동포사회에 대한 젊은이들의 관심과 참여를 적극 유도하는 노력이 필요한 것으로 판단된다.

2) 인구 감소

사할린스키카레이츠의 인구는 점차 줄어들고 있고 한국인이나 중국 조선족 등 새로운 이주 한인은 현지에 뿌리내리지 못하고 돌아가고 있거나 단순히 돈벌이를 위한 임시체류지로 여기고 있다. 기후나 교육환경, 투자환경 등의 제반 여건들이 이주를 촉진하기보다는 타 지역으로의 이주를 불가피하게 하는 상황으로 사할린 한인 사회 전체의 미래가 불투명한 상황이다.

제3장 _ 영주귀국이 사할린 한인 사회에 미친 영향

임 엘비라

1. 영주귀국 사업의 연혁

한민족 해외동포 역사의 시작은 일제 강점기와 밀접한 관계를 맺고 있다. 현재 전 세계에 퍼져 있는 700만 해외동포 중 약 3만 명은 사할린 한인이다. 그들은 1세, 2세, 3세로 나뉘는데, 1세는 강제 모집, 강제 징용 그리고 자발적으로 사할린에 들어 온 사람들이다.

사할린 한인의 망향의 한을 풀기 위한 노력의 일환으로 한국과 일본 정부가 영주귀국사업을 적극 전개된 지 20주년이 되었다. 구소련과 한국 간 국교 수립 이전부터 모국방문사업이 있었지만, 한러 수교가 수립된 후 1990년부터 본격적인 교류가 증가하였다.

1988년 말에 사할린주 이산가족회가 창립됐다. 그 당시 전면에 내세운 목적과 과업은 이산가족찾기와 모국방문이었다. 1990년부터 사할린 한인은 연고자 친척방문, 무연고자 친척방문, 부모사망 2세 모국방문, 동반자와 함께하는 1세 모국방문을 시작했다. 현재는 친척방문보다는 7박8일 일정의 일시 모국방문을 더 많이 한다. 일본은 일시 모국방문 차수를 점점 줄이고 있다(배순신 2009.6.19).

사할린주 이산가족회가 주한인회와 함께 일본 정부와 한국 정부를 상대로

영주귀국이 사할린 한인 사회에 미친 영향 | *233*

강제징용 사할린 한인의 영주귀국 사업을 추진해온 결과, 1994년 한일 간 영주귀국 시범사업으로 아파트 및 요양원 건립에 합의하고 1997년 인천에 100가구의 임대아파트를 제공하고, 1999년에는 인천에 100병상의 사할린동포 복지회관이 개원하였다. 1세 노인-노약자들의 '사랑의 집' 영구 입주, 인천 복지관, 대창양노원 등에 사업을 해왔다.

2000년부터는 안산 '고향 마을'에 사할린 한인 1세 노인들을 500세대 영주귀국시켰다. 하지만 1세 노부부 한인들만을 영주귀국시킴으로써 새로운 이산가족을 낳고 있다. 1945년 8월을 기준으로 그 이전 출생자만이 영주귀국의 대상이 됐다. 1990년대에 사할린에 거주하던 약 4만 명의 한인 중, 대략 2,500명이 영주귀국대상에 해당되었는데, 배우자가 있는 이들이었다. 이와 같은 안산시 영주귀국은 사할린 한인뿐만 아니라 누가 보기에도 UN이 정한 국제인권법 위반이고 비인도적이고 비인간적이다. 그럼에도 대한민국 외무부와 적십자사는 이와 같은 조건을 개선하지도 않고 2007년 이후 추가 영주귀국사업도 그대로 진행 중이다.

2007년 인천에 611명, 2008년 아산·청원·화성·부산 등지에 647명, 2009년 경기 파주와 오산·충북 음성·충남 천안·경남 양산과 김해에 874명의 사할린 한인이 영주 귀국했다(1세 588명, 2세 249명). 2009년에 귀국을 못한 한인들이 2010년에 영주귀국하게 되었다. 2008년부터는 '1세와 함께 2세' 또는 러시아인 배우자(타민족)의 특별귀환이 허가됐고 생계비도 지원되었다. 현재 사할린 잔류 1세 한인들은 약 1,350명인데, 일본이 아닌 한국이 그들의 문제를 맡아서 해결하려는 중이다. 2007~2010년에는 3,750여 명의 1세 노인들이 고국 20여 개 지역에 자발적으로 영주귀국했다. 그 중 80%가 한국생활에 만족할 만하게 적응했다는 조사가 있다.

하지만 가정의 사정에 따라 영주귀국을 하지 않고 자녀들과 함께 사할린에 남아서 살겠다는 사람들도 적지 않다. 너무 나이도 많고, 남편이 없어서 영주귀국을 포기한 이들도 있다. 한국으로 영주귀국을 하면, 가족과 헤어지는 또 다른 생이별을 겪어야 하기 때문이다.

현재 사할린 한인은 '사할린 한인 지원특별법'의 제정에 적극 참가한다. 사할린 한인문화센터에서 2010년 4월 20일 대한적십자사 특수복지사업본부의 주최하여 소집된 제7차 사할린동포단체 대표자 회의에서 5가지 사항이 포함된 결의문을 채택했다. 결의문은 다음과 같다. 2004년 1월, 2007년 3월, 2009년 3월부터 사할린 한인동포단체 대표자 회의에 일본 정부에 대한 요구가 정당함을 다시 한번 확인하고 아래와 같은 문제를 조속히 해결하도록 재차 촉구한다. 첫째, 2010년 이후에도 희망자가 있을 경우 아파트(임대료 없이)를 제공하는 조건에서 사할린 한인 1세들의 영주귀국을 계속해야 한다. 둘째, 현재 1세 한인들만 영주귀국시키고 있는 것은 또 다른 형태의 이산가족을 발생시키고 있다. 그 때문에 2세들의 영주귀국 문제를 해결해야 한다. 셋째, 사할린 1세 한인 잔류자들에게 매월 미화 300달러의 물질적 지원을 하고, 1세들의 집단적 일시 모국방문, 부모사망 2세들의 한국방문을 연 350명 정도 증원하여 해마다 추진할 것을 요구한다. 넷째, 일제시기 사할린 한인들의 미지급임금, 우편저금을 65년 동안의 이자와 함께 현 화폐가치로 환산하여 그것으로 사할린 한인특별기금을 조성할 것을 요구한다. 다섯째, 이 결의문이 조속히 이행되도록 러시아 및 한국 정부에도 적극적인 협조를 요청한다.

이 결의문은 2010년 7월 대한민국에서의 한일 적십자사 회의에서 검토되었다. 사할린 한인 영주귀국사업은 시작한 지 20년이 됐지만 해결해야 할 문제는 산재해 있다. 예를 들면 유감스럽게도 일본은 1세 노인들의 일시적 모국방문 차수도 점점 줄이고 있는 실정이다. 사할린 잔류 한인이 요구하는 이중국적 발급과 배상금 지급의 문제도 아직 미해결의 과제로 남아 있다.

2. 한인사회의 영향

영주귀국사업은 사할린 한인 사회 전반에 영향을 미치고 있는데 장점도 있지만 그 부작용도 적지 않으니 문제를 파악하여 조속히 대책을 마련해야

겠다. 특히 사할린 한인 정체성 문제나 한국문화 및 한국어 교육 문제에 관심을 쏟아야 한다.

2002년 러시아 인구조사에 따르면 사할린 한인은 약 3만 명이다. 그 중 약 1만 2,000명이 30세 이상의 사할린 한인 3세이다. 주지하다시피 현재 1세들뿐만 아니라 2세들도 영주귀국 대상자로 인정해 달라는 요구가 있다. 그 요구가 수용된다면 사할린 한인 수가 줄어들어 결국 소수민족이 될 가능성이 높아진다.

2010년 11월에 사할린 한인 3세의 민족 의식에 대한 설문조사를 했다. 특히 한국어와 민족의식의 정도를 조사했는데 그 결과가 다음과 같다. '한국어를 아는가?' 라는 질문에 '한국어를 잘 안다'(11%), '이해할 정도로 안다'(24%), '전혀 모른다'(15%)라고 응답했다. '한인임이 자랑스러운가?' 라는 질문에 '자랑스럽다' 는 응답이 48%이었지만 '그런 생각을 해본 적이 없다' 에 40%가 응답했다. 어떤 젊은이들은 유년기에 한인으로서의 자신의 정체성과 부모들이 한인임을 부끄러워했다고 대답했다. 이와 같은 결과를 보면 사할린 한인 3세의 민족의식이 얼마나 부족한지 가늠할 수 있을 것이다. 사할린 한인 영주귀국 사업으로 소수민족이 되면 그 결과로 가뜩이나 약화된 한민족의 정체성이 더욱 약화될 것이다.

2010년 통계에 따르면 중산층 이상 러시아인의 63%는 자녀들이 외국에서 입학하기를 원하고, 35%는 자녀들의 외국 이민을 희망한다는 조사 결과가 나왔다(www.rf-agency.ru/acn/stat_ru). 주로 섬에 사는 사람들은 육지로 이주하고 싶다는 의식을 늘 갖고 있다. 2010년 사할린을 떠난 이민자는 2009년보다 302명 늘어난 1,821명이었다(www.sakhalin.info/stat/64584/). 이처럼 한국으로 이주하고 싶은 사할린 한인들의 경우 현지에 대한 적극적인 사회 참여 및 고향에 대한 애정이 약화될 것이다.

사할린 한인은 한국과 마찬가지로 예로부터 대가족으로 살아왔다. 현재 사회가 변함에 따라 사할린 한인 3, 4세들도 핵가족을 많이 이루고는 있지만 어른들이 지켜온 전통을 보고 배우면서 가정의 풍습을 지켜 왔다. 하지만 사할린 한인 1세들이 대부분이 영주귀국을 한 까닭에 특히 장례식이나 제사를 지낼 때 절차를 몰라서 많이 혼란스러워 한다.

현재 3, 4세가 한국어를 모르는 것이 제일 큰 문제이다. 언어를 통하여 민족교육, 민족의식을 갖게 하는 것이 제일 빠르고 확실하다. 옛날에는 젊은 사할린 한인들이 한국어를 못해도 할머니와 할아버지와 가까이 살았기에 다만 몇 마디라도 일상적 한국어를 구사할 수 있었다. 하지만 점점 그런 기회가 없어지고 1990년대에 비해 한국어 교육기관 수가 점차 줄고 있는 추세이다. 그 여러 가지 이유 중 모국어 교육에 대한 한인 부모들의 열의나 학생들의 의지 박약이 가장 큰 원인이다.

하지만 '전화위복'이란 말이 있듯이 영주귀국 덕분에 사할린 한인 3, 4세들이 한국 및 한국어에 대해 관심을 갖기 시작했다. 예를 들면 개원한 지 10년이 된 사할린한국교육원에서 2010년 한국어 강좌 수강생이 전년 대비 2배 늘었다. 교육원을 통하여 여러 지원 프로그램으로 한국 대학으로 유학 가는 젊은이들도 많아졌다. 1995년부터 지속적으로 사할린한국어교육원을 위시하여 한국어 교육 기관이 한글날 행사를 실시한다. 한국에서처럼 글짓기 대회가 아니라 주로 장기자랑 같은 행사이다.

2003년에 사할린국립대학이 최초로 한국 대학과 자매결연을 맺었다. 2003년에 부산 동서대학, 2008년에 부산외국어대학, 2009년 제주관광대학, 2010년 서울 성신대학, 경주 동국대학, 부산 동서대학교와 벌써 몇 년 동안 여러 교류를 한다. 동서대학교는 2004년부터 지속적으로 사할린동포 인재양성 프로그램(2~4년)을 실시해 왔다. 그동안 이 프로그램에 28명(현재 재학중의 13명 학생 포함)의 사할린 젊은 동포들이 참여했다(배순신 기자 "동서대학교 졸업한 사할린 젊은이들 좋은 회사 취직" 새고려신문 2009년 7월 24일). 대부분 전공으로는 사할린에서는 배우기 어려운 '국제관계, 관광, 건축, 영상학'을 택한다. 해마다 프로그램 장학생으로 사할린 한인 3세를 5명 선발하는데, 그 졸업생들은 대부분 사할린 귀환 후 한국과 관련 있는 업체에 취직한다.

사할린국립대학 한국어과에서는 2008년 8월부터 한국어 여름 연수 프로그램을 실시하여 자매 결연을 맺은 대학으로 매년 약 20명을 연수 보낸다.

한민족 의식을 높이기 위해 사할린국립대학을 비롯하여 사할린주한국어교사협회, 사할린한국교육원, 사할린 한인문화회관, 사회단체들이 여러 가지 문화 활동 프로그램을 실시한다. 한국어말하기 대회, 한국어교사 연수, 한글날 행사, 한복쇼, 한국문화에 대한 강좌 등이다.

2006년 11월 4일 유즈노-사할린스크 시에 설립된 '사할린 한인 문화회관'에서 현재 다양한 연령의 동포들이 한국어뿐 아니라 사물놀이, 태권도 등 한국의 전통문화와 스포츠를 배우고 있다. 한국의 전통문화 유지 발전을 위해 사할린 문화센터에 한국예술위원회에서 강사를 파견해 주고 있다. 또 예술학교 '에토노스'에 한민족과가 있어 가야금 등의 전통악기와 노래, 춤을 가르치고 있다. 이러한 한국과 관련된 교육기관의 학생들은 대부분이 교포 젊은이들이다.

2007년부터 지속적으로 사할린국립대학 한국어과에서 한국어말하기 대회를 실시하고 2010년에 처음으로 극동지역 한국어말하기 대회를 실시했다. 사할린국립대학생들뿐만 아니라 극동지역 하바롭스크 대학과 우수리스크 대학에서도 한국어과 학생들이 참여했다. 2010년에 극동지역 한국어 말하기 대회 대학생부에서는 '한국인의 교육열'이라는 주제로 사할린국립대 손인나가 1등을 하였다. 2007년 사할린주 한국어 말하기 대회 대학생부에 1등 수상자인 이진실 학생은 서울에서 진행된 세계 웅변대회에 참석하여 외국학생부에 우수상을 받았다. 발표 주제는 '우리가 한국어를 배워야 하는 이유'였다. 2008년에 사할린주 한국어 말하기 대회 대학생부에 1등을 받은 정그리고리 학생이 말라지아에서 진행된 제13회 세계 웅변대회에 '제가 먹는 한식에 대한 자랑과 자부심'이란 주제로 참가하여 외국학생부 최우수상을 받았다.

한러 수교 20주년을 기념하기 위해 2010년 9월에 사할린국립대와 서울 성신대학이 한복쇼를 개최했다. 한국에서 온 92명과 사할린국립대 한국어과 학생을 비롯하여 여러 학과 학생들이 참여하여 행사를 실시했다.

2010년 12월 11일에 사할린 한인여성회가 세계한인여성재단에서 지원을 받아서 사할린국립대학 한국어학과 교수와 같이 한국문화 관혼상제에 대한 강좌를 개최되었다. 이 주제를 선택한 것은 영주귀국 사업과 관련이 있다. 1세들이 영주귀국을 해나가자 사할린에 남은 젊은이들은 한국 풍습을 지키고 싶어도 아는 것이 거의 없다. 강좌 주제를 선정하기 전에 어떤 정보가 필요한지를 조사하자 특히 돌상, 환갑상, 제사상 등에 대한 언급이 많았다. 그 외에 한국 음식 특징, 한국 다도문화, 한국 세시풍속에 대해 관심이 있다고 했다. 앞으로도 그런 강좌를 지속적으로 열 계획이다. 이러한 교류 프로그램에의 참가는 모국에 대한 관심이나 모국어 학습의욕 면에서 매우 긍정적인 결과를 낳고 있다.

교육기관 이외에도 사할린에는 한국어 TV방송이 있다. 사할린 전체에 한류열풍을 일으켰고 1세들에게는 고향에 대한 그리움을 덜어주며, 3, 4세들에게는 한국어와 문화를 가르치고 다른 민족에게는 문화를 보급하는 역할을 한다. 이를 통해서 한국에 대한 이미지가 높아진다. 그 외에 러시아에서는 유일하게 한국어 신문 '새고려신문' 이 발행되고 있다.

3. 영주귀국에 대한 한인 3세의 관점

사할린에는 100여 민족들이 살고 있다. 2010년 1월 1일 사할린주 총인구는 51만 800명이다. 그 중 84%는 러시아인, 5.4%는 한인, 4%는 우크라이나인이다(www.worldgeo.ru/russia/lists/?id=33&code=65). 민족이 다양하듯이 영주귀국 사업에 대한 의견도 다양하다. 사할린 한인 영주귀국 사업을 하는 것이 중요하지만 사할린에서 남는 후손들을 위한 정책의 수립이 절실하다. 만약 모든 사할린 한인이 영주귀국하게 된다 하여도 3, 4세들은 대부분 사할린에 남을 가능성이 높다. 한국이 아닌 다른 나라에서 자라고 교육을 받았고, 한국어가 아닌 러시아어가 국어이기 때문에 조사 결과[1]를 보면 한국에 가고 싶은 사람은 채 30%도 안 된다. 사할린에서 살면서, 다민족 중에 '한민족' 이란 의식

〔표 1〕 사할린 한인 3세 설문조사 결과

설 문 내 용		한국어과	일본어과
한국에 영주귀국을	하고 싶다	15%	0%
	하기 싫다	33%	57%
	앞으로 갈 예정이다	7%	0%
사할린 한인은 한국어를	꼭 알아야 한다	26%	7%
	알면 좋을 것이다	67%	71%
	몰라도 된다	7%	21%
내 자녀들이 한국어를	꼭 알아야 한다	52%	14%
	알면 좋을 것이다	41%	43%
	몰라도 된다	7%	43%
나는 한인이라서	자랑스럽다	66%	21%
	자랑스럽지 않다	4%	8%
	생각해본 적 없다	30%	71%

을 키우는 것이 중요하다. 즉, 한국어와 한국민족의식 교육이 얼마나 중요한지 조사 결과에서 알 수 있다.

물론 조국이 아닌 해외에 살며 한민족 정신을 키우기 위해서는 많은 노력이 필요하다. 이를 위해 세계화 추세에 맞추어 세계 한민족 네트워크를 형성하기 위해서는 지속적 협력이 필요하다. 이를 실천에 옮기기 위해서는 서로가 힘이 되어 주고 한민족의 인식을 더욱 강화시켜야 한다. 조국이 세계적으로 널리 알려지고 많이 발전하며 잘사는 것이 해외 동포들에게는 무한한 힘이 되고 자부심을 갖게 하는 것임은 두말할 나위 없다.

---

1) 총 210명(한인 3세 70명 및 한인 2세 30 명 포함)을 대상으로 2010년 11월에 실시한 설문조사 결과에 바탕하였다.

참고문헌

공노원 (1994.11.4). 사대 학생들 실습에 전력. 새고려신문, p. 3B.

배순신 (2009.6.19). 이산가족찾기, 모국방문, 영주귀국 등 사업을 중심으로. 새고려
신문, p. 3B.

성점모 (2008). 사할린한인의 역사. 제2차 사할린 한인 역사회복을 위한 국제워크숍
자료집, 7월 29일~8월 3일. 사할린국립대학. 사할린.

임 엘비라 (2006). 사할린국립대학 및 민족교육. 제5회 동북아 코리안네트워크국제
회의. 12월 2~3일. 대한한의사협회.

임 엘비라 (2007). 사할린국립종합대학 경제 및 동양학부 한국어과. 8월 16~23일.
재외동포 교육자 초청연수. 국제교육진흥원.

Bok, Zi Kou (1993). *Sakhalin Koreans.* Yuzhno-Sakhalinsk.

Lim, S.Ch. (1999). *The system of School Education in Sakhalin region (1855-1945),*
Moscow.

Kostanov, F.I., & Podlubnaya, I.F. (1994). *Korean School on Sakhalin: historical
division.* Yuzhno-Sakhalinsk.

Kuzin, A. (1993). *Far-East Korean: life & tragagy.* Far-East publisher.

제4장 _ 러시아 고려인의 역사와 민족 간 교류

전광근

1. 머리말

고려인의 러시아 극동지방으로의 이주는 연해주 지방정부의 후원 아래 1864년부터 시작되었다. 1864년 1월에 14세대 총 65명의 고려인이 두만강 국경을 넘어 러시아 영토로 이주하여 지진(신)허에 마을을 세워 모여 살았다. 러시아 황제가 1861년 3월 26일 임시 칙령에 서명함으로써 남-우수리스크 (Уссурийск) 주로의 이주가 허가되기도 하였다.

2. 간략한 역사

한 국가 국민의 해외이주는 그 국가의 중요한 국제정치적인 문제 중 하나이다. 이는 국내외의 지정학적 또는 사회경제적 상황에 따라 형성되기도 한다. 국제정치적인 문제 중 하나인 해외이주의 문제를 조정하는 것은 대외적인 정치상황뿐만 아니라 국내정치적으로도 중요한 하나의 과업이라 할 수 있다. 특히 정치 및 경제시스템, 법률개정 등 사회 상황의 변화가 빈번한 국가에서의 인구 이주와 그 조정의 문제는 매우 중요한 사안이라 할 수 있다.

러시아가 바로 이런 상황에 있다.

국가 문제로서의 이민은 다음과 같은 두 가지 측면에서 논의되어야 한다.

첫째, 정부의 외국인 이민에 대한 관심과 시민들의 이민용량 허용치, 이민의 구성을 국가권익(경제 및 정치적 등등 권익)을 위해서 조절하는 것이다.

둘째, 입국하는 이주민의 모국 정부의 정치적, 경제적 및 지역적 권익을 고려해야 한다는 점이다.

극동지방으로의 이주특징은 그 지역의 정착 및 개발과정과 밀접하게 연관되어 있다. 특히 고려인과 중국인의 극동지방으로의 이주는 인접국인 중국 및 한국과 밀접한 관계를 맺고 있으며, 역사 또한 깊다. 러시아 이주 역사에서도 드러났듯, 고려인과 중국인의 극동지방으로의 이주 특성과 형식은 해당 지역의 경제 및 여러 분야의 통합에 있어 특별한 특성이 있다.

19세기말, 고려인과 중국인의 이주에서 특징적으로 드러나는 차이를 살펴보면 고려인 이주의 경우, 중국인보다 그 수가 더 많고, 영주를 주 목적으로 함을 알 수 있다. 고려인은 소련 국적을 취득하고 주로 농업에 종사하면서 합법적인 경제활동을 했다. 반면 중국인의 경우 이민자 수와 관계없이 이주해온 뒤 임시로 거주하면서 최대한의 경제적 이익을 얻고자 하였다.

1876년 블라디보스토크(Владивосток)시에는 35명의 한인이 거주했지만 불과 10년 후인 1886년에는 1천 명이 넘는 한인이 거주하였다.

한편 1860년대 초반부터 1937년 가을 중앙아시아로 강제이주 될 때까지 조선 지역에서 연해주로 이주한 한인은 17만 2천 명에 달했다(赤羽, ワシリエバ 編 2006:43).

1937년 인구조사 결과에 따르면 극동 지방에 살고 있던 고려인이 중앙 아시아로 강제 이주를 당한 후 거주지 이전 제한을 받았다. 이후 1956년 흐루시초프(Никита Сергеевич Хрущёв)에 의해 거주지 이주 제한이 철폐됨에 따라, 고려인은 카자흐스탄과 우즈베키스탄 이외의 지역으로 이주를 시작했으며, 일부는 다시 연해주로 재이주해 갔다.

소련 붕괴 이후 연해주 지역으로 한인 이주가 본격화 되었는데 그 원인은 소련 연방에서 독립한 중앙아시아 각국이 자민족 중심의 차별정책을 실시하면서, 중앙아시아 각 지역에 흩어져 살던 일부 고려인들이 마음의 고향인 연해주로 이주하기 시작하였기 때문이다.

1896년부터 러시아 국적을 취득하기 시작하여 1905년경에는 러시아 국적을 취득한 한인이 무려 2만 명에 달하였으며, 한인 학교도 설립되었다. 1886년 최초로 한인학교가 생긴 이래 1897년에는 19개, 1916년에는 46개교로 증가했고, 학생 수는 2만 5천 명에 달했다.

3. 1990년대 러시아 연방에서의 고려인 이주

1990년대 CIS(Commonwealth of Independent States) 지역의 고려인 인구수는 약 50만 명이었다. 그 중 러시아 연방 13만 명, 우즈베키스탄 약 20만 명, 카자흐스탄 약 10만 명(이 3개국에 거주하는 고려인 인구가 전체 소련에서 거주했던 고려인의 97%였다), 타지키스탄 1만 3,000명, 키르기스탄 1만 8,000명이 거주하였다. 그리고 나머지는 기타 CIS 지역에 흩어져 살았다.

러시아연방 내의 고려인 대부분은 북 캅카스(Кавка́з)지역, 크라스노고르스크(Красного́рск)주(약 3,000명), 다게스탄 공화국(Респу́блика Дагеста́н)(800명)과 극동지역에 거주했다(사할린 약 4만 3,000명, 연해주 지방 3만명, 하바로프스크주 약 1만 4,000명, 캄차카 주 1,952명이 거주하는 것으로 추정된다).

4. 역사적 자료

러시아에서 연해주는 정책적으로 많은 이주민들을 받아들인 주(州)로, 한때 극동(DB)지방 정부는 이주민들을 관리하는 법무기관의 감독강화에 주력하기도 했다.

1861년부터 1917년까지 연해주로 26만 8,820명의 농민과 카자흐 민족들이 이주해왔다. 이들은 503곳의 농촌과 16개 마을에 정착하였으며, 이 시기 고려인의 수는 2만 279명이었다.

한편 소련 붕괴 후 한국과 러시아 종교단체와의 활발한 상호교류가 이루어지기 시작했다. 러시아 주재 한국인 목사들과 러시아 종교인들 간의 직접적인 교류가 이루어지기 시작했으며, 한국에서는 러시아에서 활동하는 종교단체들을 위한 자금 및 다양한 형태로 여러 분야의 지원을 통해 상호교류를 하였다.

1990년대 초반 CIS의 중앙아시아(우즈베키스탄, 카자흐스탄, 키르기스스탄, 타지키스탄) 고려인의 연해주로의 이주가 가속화되었다. 독립(소연방 해체) 후 자민족중심 정책으로 말미암아 현지에서 더 이상의 안정된 삶을 영위하기 어려워졌으며, 또한 이 지역의 정치적 혼란 등이 이주를 촉진했다.

가까운 친척이나 고려인 공동체의 지원을 받지 못한 대다수의 고려인은 자신들 스스로 가족을 지원하며, 본래 그들이 살던 농촌에 거처를 마련하여 농업에 종사했다.

현재 극동지방이나 연해주 지역에 사는 고려인 중 비록 고등교육을 받았으나, 사회적 지위가 높은 사람은 드물다. 그 이유는 이러한 특수한 정치적 상황에서 물질적 성공과 높은 사회적 지위는 양립이 불가능하기 때문이다.

5. 러시아의 고려인들과 민족 간의 교류 : 이념적 측면

다민족 사회 러시아, 이는 러시아 문화의 풍부함과 독특성의 원천이다. 1999년 9월 13일에 승인된 UN 세계문화선언서 '평화의 문화'에서는 차별과 외국인 혐오를 단절하고, 모든 민족과 문화 간의 상호이해, 나아가 일치와 조화 속의 공동체 추구를 필수요소로 규정하고 있다. 따라서 무엇보다 전 세계의 국가들은 UN 세계문화선언서에 입각하여 '평화의 문화'를 적절하게 분배하고 통합하는 데 역량을 기울여야 할 것이다.

러시아는 이제 고려인은 물론 자국 내 176여 개 민족의 유일한 모국이 되었다. 따라서 176여 개 민족의 문화를 보유한 다민족 국가 러시아에서의 민족 간 교류는 문화, 정치, 사회 및 경제적 요소들의 총체라고 할 수 있을 것이다.

그러므로 러시아 정부는 다문화 사회라는 자국의 특성상 민족 간 '문화교류'와 '개발'이라는 목적을 달성하고, 정부차원에서 문제를 적합한 방법으로 해결하고자 하는 정책적 의지가 있어야 한다.

이러한 민족 간 문화교류는 러시아 연방 내 민족정치 구상안의 목적 중 하나로, 1996년 5월 1일 러시아 연방정부 결의서로 합의되었고, 같은 해 6월 15일 러시아 연방 대통령의 명령서로 승인되었다.

한편 러시아 연방구성체간의 조화를 이루기 위해서는 연방구성체 각 산하 집행기관의 역할이 크다. 예를 들어 연해주 지방과 사할린에 거주하는 각각 민족들 간의 관계 개선과 화합을 위한 프로그램이 추진 중인데, 이 프로그램에 러시아고려인 커뮤니티가 연방 구성체 중 하나로 기능하며, 민족간 문화교류라는 대의를 위해 노력하고 있다.

고려인 전통축제는 민족 간 문화교류를 위해 시행되는 정책의 일환 중 좋은 예로 볼 수 있다. 고려인은 각 지역별로 고려인 전통축제를 기획하고 진행하는 시스템이 체계적으로 준비되어 있어 이에 준하여 행사에 임한다. 이러한 시스템의 성과는 다음에 제시한 민족-문화협회들의 보고서에 잘 요약 및 정리되어 있다(연해주 블라디보스토크 시 법무부에서 등록된 협회들, 고려인협회, 고려인민족-문화협회, 고려인민족문화발전 센터, 고려인민족-문화자치권센터 보고서 등).

6. 맺음말

고려인 협회의 실제활동에 대해 평가해보면 최근 몇 년간 극동 및 연해주 지역 고려인의 적극적인 참여로 진행된 민족축제의 활성화를 빼놓을 수 없다. 그러나 모든 협회나 기관들이 활동에 적극적이지만은 않다. 소극적인 활동의 원인이 자금부족이라는 이유도 있을 수 있으나, 무엇보다 관련 협회 관리자들의 소극적인 태도 때문이기도 하다.

연해주 지역의 고려인 대부분은 북한과 남한의 평화적 한민족 통일을 희망하고 있으며 또한 지지하고 있다. 더불어 연해주 지역의 고려인 사회가 분열하지 않고 서로 협력하고 우호적인 경쟁 속에서 각자의 발전을 도모하는 좋은 관계가 지속되기를 기원한다.

|제4부| 베트남·호주

제1장 _ 베트남의 한국 이민 실태

이희승

1. 한국인 동남아 해외이주 역사

한국인의 동남아 국가로의 이주는 1960년 말부터 시작되었다고 해도 무방하다. 당시 한국 정부가 각국의 종합무역상사 설립을 권장하였고 세계시장 개척을 위해 개도국으로의 상사 진출이 본격화되었기 때문이다. 이 국가들과의 외교관계수립으로 외교관의 이주 역시 적극적으로 실시되었다. 외국어 대학의 열기는 동남아시아로의 유학이주 또는 KOTRA(대한무역진흥공사) 및 사업 이주로의 길을 개척하기도 하였다. 현재는 한국의 경제적 성장을 토대로 한 투자와 사업 확대를 위해 이주가 더욱 적극적으로 진행되고 있다. 처음에 섬유, 신발봉제와 같은 노동집약적 산업이 중국에 대거 진출하였으나, 중국의 인건비 상승과 불합리한 세제로 업체 다수가 베트남을 비롯한 동남아 국가로 이전했다. 앞으로 이 추세는 계속될 것이며, 이 때문에 관련 사업을 추진 중인 한국인의 이주는 계속 늘어나리라고 전망한다.

한국 내에서도 농촌 총각의 국제결혼으로 코시안(Kosian)이라는 새로운 유형이 탄생했고, 수많은 노동자가 유입되면서 한국을 다민족 국가로 재탄생시켰다. 쌍방향 이주가 더욱 활발히 늘어날 전망이어서 한국 정부도 미래를 대비해 준비 중이다. 한국인은 갈수록 세계화되어 나가는 민족이 될 것이며,

한반도 또한 글로벌 코리아(Global Korea)가 될 전망이다.

필자는 여기서 최근에 활발히 진행 중인 한국인의 베트남 이주를 중심으로 아시아 국가로의 한국인 이주를 간략하게 살펴보고자 한다.

2. 한국과 베트남 관계의 역사적 배경

한국과 베트남은 문화적인 측면에서 유사한 점이 많다고 볼 수 있다. 과거 두 나라 모두 한자를 사용했다는 점, 그리고 지식층들이 유학을 숭상했다는 점 등이 그 증거라 할 수 있다. 한국과 베트남의 첫 접촉은 1226년 베트남 리(LY) 왕조의 왕자인 이용상이 리 왕조의 멸망으로 고국의 떠나 표류하던 중 강화도 근처의 옹진에 도착하며 이뤄진다. 당시 고려가 몽골의 침략을 받았었는데 이용상이 몽골군과 싸워 이겨 그 공로로 고려 임금으로부터 화산군에 봉해졌고, 한국의 화산 '이' 씨의 시조가 되었다고 한다. 근대사에 이르러서 베트남과 한국이 직접 관계를 맺게 된 것은 1956년에 남 베트남과 외교관계를 수립하면서부터이다. 그 후 베트남전쟁을 통한 베트남 남북통일 후 1992년 12월 22일 한국과 베트남은 대사급 외교관계를 수립하였다. 수교 후 두 나라의 관계는 경제적으로 문화적으로 급속도로 발전을 이루었고, 특히 사회문화적 측면에서는 베트남 여성들이 한국 남성과의 결혼이 급증하고 있다.[1] 경제적 측면에서는 한국 기업의 베트남 투자가 매년 세계 1, 2위를 기록하고 있다. 한국인들이 베트남 이민 및 진출이 급속도로 늘어나는 것은 이상과 같은 역사적 배경과 사회문화적 친근감 그리고 경제적 투자 급증에 따른 복합적인 원인과 무관하지 않으며 이 때문에 한인들의 베트남 이민수도 해마다 늘어나고 있다.

---

1) 통계에 의하면 보통 한해 베트남 여성 5,000명 정도가 한국 남성과 결혼을 하고 있다. 현재 한국에 체류 중인 베트남인은 10만 명 정도이다.

3. 베트남에 거주하는 한국인들의 실태

근대사에서 한국인의 베트남 이주의 역사를 설명하려면 1965년에 시작된 한국군의 파병을 간과해서는 안 될 것이다. 한국인의 베트남 이주의 발판이 되었기 때문이다. 1975년 베트남이 월북에 의해 통일되었을 때 한국인 200 명 정도가 53번지 판딘풍(Phan Dinh Phuong) 주변에 집단거주하고 있었으나 1977년에 베트남 통일정부의 지시로 185번지 하이바쭝(Hai Ba Trung)[2]으로 이주하였으며 3년여 동안 거주하다가, 그 후 각자의 사정 등으로 뿔뿔이 흩어졌다고 한다. 뒤이어 1992년 한국과 베트남 간의 정식 외교관계가 수립되면서 본격적인 한국인들의 베트남 이주가 시작되어 오늘날에 이르게 되었다.

1) 베트남에 거주하는 한국인 수와 추세

현재 베트남 전 지역에 거주하는 한국인은 약 10만 명으로 추정(단기거주자 포함)되며, 2009년 대사관의 공식 통계로는 8만 명 정도로 파악된다. 근대에 와서 한국인들의 베트남 이주의 시작은 1992년 한국과 베트남의 공식수교 이후 과거 월남전에 참전하였던 한국군인들이 월남전 당시 결혼하거나 교제하였던 베트남 여자를 찾고자 베트남에 다시 들어오면서부터라고 봐야 할 것이다. 이때 거주하기 시작한 지역이 '팜반하이(PHAM VAN HAI)'라는 곳이었으며 그 후 점차 한국인들의 수가 늘면서 한국인 집단촌으로 형성되어 갔다. 이는 이 지역이 공항과 근접하였고 당시 이 지역에 동네로 형성되어 있는 유일한 곳이 팜반하이였기 때문으로 추정된다. 그러나 그 후 인접한 다른 지역(슈퍼볼를 위시한 탄롱 지역)이 개발되면서, 팜반하이에 거주하던 한국인들과 이후 베트남에 들어온 한국인들이 점점 슈퍼볼 지역으로 이주하기 시작하여 현재의 대표적인 한국인 집단촌을 형성하게 되었다. 현재 베트남에 한국인들이 거주하는 대표적인 지역은 크게 남부의 호찌민 지역과 북부의 수도 하

---

2) 당시 주월 한국군 사령부였던 자리.

노이로 나눌 수가 있는데 호찌민 지역에는 8만~9만 명 정도, 하노이 지역은 1만 명 정도가 거주하는 것으로 파악된다. 특히 수도 하노이 거주 한국인 수는 최근 들어 점차 증가하고 있는데, 이는 하노이에 한국 대기업들의 진출 러시로 관련 협력기업들의 진출 수가 동반 상승하고, 그에 따른 식당, 학원, 여행사, 숙박업 등 부대적으로 발생하는 자영자들의 수가 증가한 데서 그 원인을 찾을 수 있다. 특히 1998년 한국의 외환위기 이후부터 2007년까지 베트남의 한국인 이주는 급증하였지만 호찌민 지역은 2008년 미국발 글로벌 금융위기 이후 전반적인 베트남경기의 침체 탓에 증가 추세가 다소 주춤하고 있다고 볼 수 있다.

2) 종사 업종

베트남에서 한국인들이 주로 하는 사업은 개인들이 직접 자영하는 제조업(주로 건설, 전기 자재, 섬유봉제가 주를 이룸)이 주를 이루며, 베트남인의 명의를 빌려 개인 식당을 운영하는 한국인 수도 상당한 비중을 차지한다. 예를 들면 현재 베트남 전 지역의 한국인 식당 수는 250개 정도인데, 그 중 호찌민 지역에 150개 정도(푸미흥 지역 50개, 탄롱 지역 50개, 기타 지역 50개)이고 북부의 하노이 지역에 70개 정도, 그리고 기타 지역에 30개 정도의 한국인 식당이 있는 것으로 파악된다. 무역업을 포함한 유통업 분야와 관련하여 사업하는 한국인들도 큰 비중을 차지한다고 볼 수 있다.

3) 거주지역 및 실태

현재 베트남에서의 한국인 거주 지역은 위에서도 잠깐 언급했듯이 크게 북쪽 수도인 하노이와 남쪽의 호찌민 지역으로 나눌 수 있다. 물론 그 밖에 까밧짬, 떵빈공업단지, 12군 지역과 호찌민 근교의 빈중, 동나이 지역에도 일부 한국인들이 거주하고 있으나, 그 수가 많지 않다.

(1) 호찌민

호찌민의 한국인 밀집 거주 지역은 크게 두 개 지역으로 나뉜다. 하나는 슈퍼볼 인근 탄롱 지역이다. 이 지역은 한국인이 베트남에 진출하는 초창기부터 형성되기 시작한 한국인 거주 지역으로, 그 형성 원인을 굳이 찾자면 공항과 근접해 있다는 지리적 특성에 의해 형성된 것이 아닌가 추측된다. 이 지역은 주로 전형적인 베트남 단독주택으로 이루어져 있으며, 베트남에서 상대적으로 오래 거주한 한국 이주자들과 최근 이주자들의 복합적인 거주 형태를 이루고 있다.

다른 하나는 푸미홍 신도시이다. 2000년쯤 한국인의 거주가 시작되어 현재는 약 1만 명 가까이 거주하는 것으로 추정된다. 특히 이 지역은 아파트와 빌라로 구성된 소위 호찌민에서 부유층들이 거주하는 지역이며, 이 지역에 사는 한국인들은 대기업 주재원을 포함한 경제적으로 여유가 있는 사람들이 대다수를 이루고 있다.

(2) 하노이

하노이도 한국인 밀집 거주지역이 있다. 하노이에 거주하는 한인들은 원래 자영업을 하는 사람보다는 대기업과 정부기관에서 파견된 주재원들이 주를 이루었지만 최근에 와서는 한국 대기업(삼성 등)의 진출 러시로, 그와 관련된 협력기업들의 동반 진출이 증가하면서 하노이 거주 한인들의 수가 급증하고 있다. 한인들의 급증으로 그에 파생되는, 예를 들면 식당, 학원, 여행사 등 거주 한인들이 필요로 하는 자영업을 하고자 하는 한국인들의 수도 점차 늘어나는 추세라고 볼 수 있다.

현재 하노이지역의 한인타운은 쭝화와 미딩송다 두 지역이며, 하노이 도심에서 좀 벗어난 아파트가 많은 신도시 지역이라고 볼 수 있다. 호찌민의 푸미홍 지역과 거의 유사하다.

베트남의 한국 이민 실태 | *255*

4) 한인사회 조직과 종교활동

외국에서의 생활은 고국에서의 생활보다는 고단하고 외로울 수밖에 없다. 그래서 베트남에 거주하는 한인들도 그 외로움과 고국에 대한 향수를 조금이나마 위로받고, 서로의 사회적 · 경제적 정보를 교환 · 공유할 목적으로 작게는 각자의 학연, 지연 중심으로 그리고 좋아하는 취미생활을 중심으로 해서 각기 동아리(모임)를 만들어 나름대로 생활하고 있다. 예를 들면 고등학교, 대학교를 중심으로 한 학연모임과 축구, 배드민턴, 골프, 볼링, 산악 등을 중심으로 한 스포츠/레저 모임이 있으며, 지연을 중심으로 한 지역모임도 있다. 좀 더 규모가 큰 민간 사회조직으로는 호찌민 한인회, 하노이 한인회가 있고, 기업인들의 모임인 베트남 상공인 연합회가 있으며, 60세 이상의 노인들로 구성된 대한 노인회가 있다. 그 외에도 부인들의 모임인 호찌민 부녀회 모임도 있으며, 최근 들어 중부지역 대기업들의 진출로 인한 한인들의 수가 늘어남으로써 중부 한인회도 생겨났다. 또한 한인들이 정보를 수집할 수 있는 언론매체도 있는데 현재 교민신문이 하나, 교민잡지가 7개 정도 있다.

다른 나라와 마찬가지로 베트남에서도 한국 이민자들의 종교활동이 활성화되고 있는데 현재 교회는 호찌민에 30여 개와 하노이에 5개, 성당은 호찌민과 하노이에 각 1개씩, 사찰은 호찌민에 1개 있다. 단 베트남은 아직 공산주의국가이기 때문에 한인들끼리의 종교활동은 묵인하되, 베트남인에 대한 선교활동(특히 개신교)은 엄격히 규제하고 있다.

5) 생활실태

생활실태는 결론부터 말하자면 대기업 주재원 및 베트남 진출 초창기에 와서 성공한 몇몇 기업인들을 제외하고는 생활수준이 그리 높다고는 할 수 없다. 한국과 베트남이 수교한 1992년 후 한국인의 베트남 이주는 매년 조금씩 증가하다가 2000년에 이르러서 그 수가 점차 급증하는 추세를 보였다. 특히 2005년 당시 3만~4만 명 수준이던 한국인 거주자들이 2005년부터 기하급수적으로 늘어나 현재 약 10만 명에 육박하고 있다. 한국도 1998년 IMF,

2004년부터 불기 시작한 기업들의 구조조정으로 비롯된 대량 실업사태로 경제적 어려움을 겪기 시작한 사람들의 상당수 베트남에서 경제적 기회를 찾고자 대거 베트남에 진출했다고 해도 과언이 아니다. 이들은 진출 당시 한국에서의 재산을 정리한 자본을 가지고 베트남에 진출했으나 베트남에서의 외국인 사업제도와 법률의 어려움 그리고 2008년부터 베트남에서도 시작한 부동산을 비롯한 경기 침체로 적지 않은 수의 한국인들이 사업에 실패하고, 한국으로 돌아가거나 현지에서 경제적 어려움을 겪고 있다.

최근 들어서는 한국인들의 베트남 비자 취득[3]이 점점 어려워짐으로써 한국인들의 베트남 이민 생활은 이중고를 겪고 있다고 해도 과언이 아니다. 이상과 같은 경제적·사회적인 어려움 때문에 최근 들어서 인근 국가(캄보디아·라오스 등), 특히 캄보디아로의 재이주하는 현상도 다소 보이고 있다.

6) 앞으로의 추세 및 과제

한국인의 베트남 이주역사는 중국, 러시아, 일본보다는 매우 짧은 편이다. 따라서 베트남에 사는 한국이민자들에 대한 연구와 자료가 현재까지는 매우 부족한 것도 사실이다. 그러나 필자의 소견으로는 앞으로 베트남을 비롯한 그 밖의 동남아 국가에 한국인 이민자 수가 계속 증가할 것으로 판단된다. 그 이유 중 하나가 앞으로 베트남의 경제발전과 이를 발판으로 삼아 제2의 경제적 도약을 꿈꾸는 한국의 이민자들이 증가할 것으로 보기 때문이다. 이는 그동안 베트남이 사회주의 국가이면서 또 비자문제 등 외국인이 생활하기에 다소 어려운 점이 있었음에도 한국이민자의 수가 계속 증가해오고 있다는 점이 이를 뒷받침한다고 볼 수 있다. 따라서 앞으로 보다 가치 있는 연구를 위해서는 이에 대한 꾸준한 관심과 정확한 자료 및 정보 수집이 수반되어야 할 것으로 생각된다. 간과해서는 안 될 사항으로는 베트남에서의 초창

---

3) 현재 베트남에서는 영주권 발급은 안 되고 있으며, 단지 베트남에 투자한 기업체에 한해 3년 정도의 거주증 발급과 베트남 배우자를 둔 외국인에 한해 5년짜리 비자면제증을 주고 있다.

기 이민자들이 있다. 이들은 1992년(한국-베트남 공식외교수립)을 전후한 한국이
민자들(보통 15년 이상 거주한 이민자)을 말할 수 있는데 사실 이 초창기 이민자들
이 있었기에 현재의 베트남 한국이민자들이 있게 되었다고 해도 과언은 아
닐 것이다. 이 초창기 이민자들은 당시 각자가 희망을 품고 베트남에 왔으나
여러 가지 이유로 대부분 사업이 실패하여 현재는 경제적인 어려움을 겪고
있다. 그러나 이들이 베트남 한인사회에 끼치는 영향은 상당히 크다 할 수
있다. 따라서 앞으로 이들에 대한 연구도 필요할 것으로 본다.

4. 기타 아시아에 거주하는 한인들의 실태

현재 한국의 재외동포 수는 약 700만 명에 이르는 것으로 추산되고 있다.
이 중 대다수는 미국, 일본, 중국에 살고 있으며, 나머지는 동남아시아를 비
롯한 세계 곳곳에 펼쳐져 살고 있다. 그 중 아시아에 살고 있는 한국인들의
실태를 간략하게 살펴보고자 한다.

- 캄보디아에 거주하는 한국인은 2008년 현재 5,000명 내외인 것으로 알
  려지고 있다. 특히 2008년 미국발 세계금융위기 이후 캄보디아의 경제
  침체로 2009년 다수의 한국인들이 캄보디아를 떠났으나 2010년 들어 또
  다시 늘어나고 있는 추세이다. 주로 수도인 프놈펜과 시엠리아프에 많
  이 살고 있으며 섬유봉제, 건설업, 요식업 및 관광서비스업에 종사하는
  사람이 많다.
- 현재 라오스에 거주하는 한국인은 1,300명 정도이며 수도 비엔티안에
  집중적으로 거주하고 있다. 종사업종은 자동차중개업, 관광, 요식업이
  주를 이루며, 특히 최근에는 광업과 조림사업과 관련된 업종에 종사하
  는 사람들이 늘어나고 있다.
- 미얀마에 거주하는 한국인은 900명 정도이며, 주로 섬유봉제와 광업 및

산림분야에 종사하는 사람들이 많다

- 인도네시아의 한국인은 6만 명 정도이며, 이 중 2만여 명이 수도인 자카르타에 살고 있다. 베트남과 마찬가지로 봉제(신발, 완구, 섬유) 및 건설 관련업 그리고 무역, 관광서비스업에 많이 종사하고 있다. 인도네시아도 베트남과 비슷한 추세로 점점 거주 한국인이 늘어나고 있는 실정이다.

- 태국에 거주하는 한국인은 2만 5,000명 수준이며 종사업종의 70%가 관광서비스분야이다. 이는 태국를 찾는 한국인이 많기 때문인데 한 해에 태국을 찾은 한국관광객은 약 100만 명이라 한다. 이는 중국, 일본, 미국에 이어 세계 국가 중 4번째로 많은 숫자이다.

- 말레이시아에 거주하는 한국인은 2만 명 정도이며, 최근 들어 조기유학의 붐도 일고 있는 나라 중 하나다. 한국교민들은 수도 쿠알라룸푸르에 인접한 암팡과 몬키아라라는 신도시에 1만 명 정도 거주하고 있다. 그리고 주된 종사업종은 여행, 무역, 건설업이다. 한국인이 운영하는 식당은 50여 개에 이른다

- 싱가포르에 거주하는 한국인은 7,000명 정도이며, 상당수가 한국공관과 기업체의 주재원이며, 장기 체류자들은 주로 무역, 해운, 건설, 식당 및 관광서비스에 종사하고있다.

- 필리핀에 거주하고있는 한국인은 15만 명 내외인데, 필리핀은 한국인들을 상대로 한 범죄발생이 빈번하여 한국인들이 장기 거주하길 좀 꺼려하는 국가이다. 그러나 불법 체류 한국인들이 엄청 많다는 것도 사실이다. 이는 주로 한국에서의 신변상 문제로 필리핀으로 도피한 사람들이 많다는 것인데 그 이유를 굳이 들자면 거리상으로 가깝고 노비자로 쉽게 입국할 수 있다는 것과 영어권 국가이기 때문이라 할 수 있다. 필리핀도 태국과 마찬가지로 현지 한국인들이 관광서비스분야에 많이 종사하고 있다.

- 중국에 거주하는 한국인은 2008년에 약 80만 명으로 추정되며 현재는 약 100만 명에 육박하고 있다고 한다(재중국한인회의 자체통계). 그리고 55개

에 달하는 지역한인회가 있다. 중소기업 운영자, 자영업자, 대기업 주재원이 주를 이루는 중국 거주 한국인들은 수도인 베이징(대기업주재원, 유학생)을 비롯하여 톈진, 칭다오, 선양, 연타이, 상하이(대기업 주재원, 중소기업 운영자) 등 여러 곳에 거주하고 있다.

- 인도에 거주하는 한국인은 1만 명 정도이며, 이 중 거의 반수 이상인 5,000명 정도가 수도인 뉴델리에 살고 있으며, 그 밖에 벵갈루루, 첸난이, 뭄바이 지역에서 살고 있다. 뉴델리에는 주로 한국의 대기업에서 파견된 주재원들이 많이 살고 있다. 그 외 한인들의 주된 종사업종은 무역업 및 요식/숙박업이다. 인도 또한 한국의 대기업 진출 러시로 인해 앞으로 교민수가 점점 증가할 추세이다.

- 몽골에 거주하는 한국인은 700여 명이며, 이 중 대다수 교민이 수도인 울란바토르에 거주하고 있으며, 이 중 150여 명이 선교사들이다. 최근에는 한국에 문제가 있는 한국사람들이 도피처로 몽골로 선택하는 수가 점차 늘어나고 있는 실정이다. 현지 한국인들은 건설/인테리어, 무역, 요식업에 많이 종사한다.

- 파키스탄에 거주하는 한국인은 300여 명이며, 이 중 80%가 수도가 아닌 제1도시인 카라치와 제2도시인 라호르에 살고 있다. 절반 이상이 공관원과 선교사들의 가족들이며, 그 외에는 대기업 주재원과 무역, 식당, 봉제업에 종사하는 한국인이 대다수다.

- 네팔에 거주하는 한국인은 320명 정도이며 이 중 절반 정도는 선교활동으로 거주하는 한국인이다. 네팔에 거주하는 한국인들은 건설업, 숙박업, 요식업, 여행업 등에 종사하고 있다.

제2장 _ 호주 한인사회의 네트워킹

– 시드니 한인사회를 중심으로 –

조양훈

1. 머리말

호주에 대한 한국인들의 인식은 호주의 한국전 참전을 계기로 형성되기 시작하였고, 이는 시대에 따라 흥미로운 변화를 보여주고 있다. 한국을 지켜준 '혈맹의 나라' 라는 인식은 1960년대에 들어서면서 백호주의를 내세우는 시건방진 나라로 바뀌었고, 1970~80년대에는 천연자원이 풍부한 '럭키 컨트리(lucky country)' 로 인식되었으며, 1990년대 들어와서는 이민, 유학 그리고 관광 대상국인 동시에 한국과 경제적인 보완관계에 있는 주요한 교역 국가였다. 2000년 시드니 올림픽 이후에는 양국 간의 인적 교류 역시 활발하여 워킹홀리데이 비자 프로그램을 중심으로 한국 젊은이들이 호주에 크게 관심을 두게 되었을 뿐만 아니라, 이제는 지리적으로 가장 가까운 영어사용 선진국으로서 매력적인 이민대상국의 하나로 인식되고 있다.[1] 그러나 2007년 호주이민 50년과 2011년 한·호 수교 50주년을 각각 기념하고 있음에도 불구하고, 2010년 한국에서 개최된 G20 정상회담의 홍보과정에서 호주(오스트레일리아)와 오스트리아를 구분하지 못하는 실수를 범할 만큼 아직도 한·호 간의

---

1) "에필로그," 호주한인50년사, 도서출판 진흥, 2008, p. 608.

이해 증진을 위한 노력이 더 필요한 것이 사실이다.[2]

2010년 5월 시드니의 한 동포신문에 호주시민권을 처음으로 받은 한인에 대한 기사가 실렸다. 이름은 곽묘임(2010년 현재 77세, 남편 Garret과 시드니 거주 중), 1933년 대구 태생인 그녀는 3살 때 부모를 따라 일본으로 이주하였고, 1954년 한국전 참전 후 일본에서 근무하던 호주 군인 가렛(Garret)과 사귀게 된다. 1956년 11월 그녀는 결혼을 전제로 한 가렛의 초청으로 호주로 건너왔고 이듬해 호주시민권을 받았다.[3] 이 기사가 주목 받은 이유는 2008년 1월 출간된 『호주 한인 50년사』(672쪽, 국배판)가 호주 공식기록에서 확인되는 사실, 즉 한인이 처음으로 시민권을 받은 1957년을 호주 한인사의 시작으로 보았고, 이 기사에서 그 한인이 바로 곽묘임이었음이 밝혀졌기 때문이었다.

이러한 연구가 가능했던 요인 가운데 하나는 이민사 편찬을 통해 한인사회의 역사를 체계적으로 정리할 수 있었을 뿐만 아니라 주요한 연구 테마들이 제시되었기 때문이라고 볼 수 있다. 실제 대양주 지역 한인들에 대한 연구 활동은 각 지역 이민사 편찬을 전후하여 그 질적 변화를 겪고 있다. 2007년 말 『뉴질랜드 한인사』[4]와 『호주 한인 50년사』가 편찬되었고 피지, 사모아 등 남태평양 일부 지역에서도 이민사 편찬작업이 진행되고 있다.

이 논문은 우선 호주 한인사회에 대한 연구성과와 경향을 검토한 후,『호주 한인 50년사』에서 나타난 연구 성과를 기반으로, 호주 한인 개인들과 한인사회단체들의 네트워킹 노력을 역사적 관점에서 분석하여 호주 한인사회

---

2) 정상회담을 홍보하기 위해 서울시는 세계 정상들이 자기 나라의 고유의상과 국기를 들고 있는 모습의 인형을 만들어 전시한 바 있다. 그러나 호주 Gillard 총리에게 오스트리아의 전통의상을 입혀 놓음으로써 호주정부가 이를 수정토록 요구하는 해프닝이 있었다. *Sydney Morning Herald* (2010년 11월 1일자). 한국인들이 영어 표기가 유사한 호주와 오스트리아를 혼돈하는 것은 초대 이승만 대통령의 부인 프란체스카 여사가 오스트리아 출신임에도 불구하고 호주인으로 착각했고, 한국전쟁 당시 호주공군의 무스탕 비행기가 프란체스카 여사의 나라에서 보내온 것으로 오해하는 경험으로부터 유래했지만 지금도 상당수의 한국인이 두 나라의 명칭을 혼돈하고 있다.

3) 한국신문, 5월 21일자.

4) 뉴질랜드 한인사발행위원회, 2007년 12월.

의 특징을 고찰해 보고자 한다. 필자는 연구자이기 이전에 호주에서 20년 이상 거주하였고, 시드니 한인회 사무총장과 이민사 편찬위 간사를 역임한 경험을 살려 좀 더 실제적 논의를 펴고자 한다.

2. 호주 한인사회에 대한 기존의 연구경향

호주 한인사회에 대한 본격적인 연구는 1980년대 중반 이후 시작되었고, 주제는 주로 한국과 호주 간의 관계, 즉 호주의 한국전 참전과 양국 간의 외교 및 경제협력에 관한 것이었다. 이러한 시작은 참전 호주군인들과 인연을 맺게 된 소수 한인의 호주 이주 동기와 정착과정을 밝혀보려는 노력으로 이어졌고, 호주 한인사회의 선교를 위한 목회자들의 연구들과 한편으로는 1890년대 시작된 호주 Uniting교회의 경남지역 선교사업에 대한 연구 역시 큰 비중을 차지하고 있었다.[5]

1990년대 들어서면서부터는 연구자들이 주로 호주 한인사회의 형성과정을 구명하고자 노력했다. 거주지역의 변화, 신앙과 개인 생활의 관계, 부족한 언어능력으로 인해 초래된 폐쇄적인 생활 방식 등이 주된 과제였다. 어린이들을 위한 한글교육이나 호주 주류 사회를 대상으로 하는 한글 보급 등에 관한 논문들이 있었고,[6] 호주 정부나 학계 등 주류사회의 시각에서 한인사회를 분석한 연구들 역시 일정한 중요성을 가지고 있다.[7] 그러나 이러한 연구들은 호주 한인사회의 특성을 밝혀낼 수 있는 수준에 미치지 못했던 것이

---

5) 한호협회 역, 『호주의 사정』 서울, 1957; 주한호주대사관 홍보실, 『호한관계-바람직한 협력의 동반자』, 서울, 1992; 변조은, 『변두리에 계신 예수에게로』, 도서출판 늘빛, 1993; 외교통상부 편, 『호주개황』, 서울, 2006.
6) "후세들을 위한 한글교육,"과 "한국학의 발전," 호주한인50년사
7) BIMPR, "Community Profile 1991 Census," Australian Govt. Publishing Service, 1995; Coughlan, JE, "Korean Immigrant in Australia," Asian in Australia, Macmillan Education, 1997.

사실이다. 그 이유는 무엇보다 한인사회에 대해 지속적인 관심을 두고 조사를 수행했던 연구자나 연구단체가 거의 없었기 때문이었다. 또한 이민사와 같은 개론적 연구서가 없었던 것도 단편적인 연구를 극복하지 못한 중요한 요인이라고 볼 수 있다.

1990년대 중반 이후 한인 유학생들의 진출과 젊은 한인들의 이민, 그리고 한국기업들의 호주 진출 등으로 호주 한인사회가 양적으로 크게 확대되었고, 이에 따라 한국어 연구나 한인사회를 연구하는 주류사회 학자들과 학생들이 늘어나면서 한인사회에 대한 연구도 점차 활기를 띠기 시작했다. 이러한 움직임은 곧 한국학연구센터 설립과 연구협회로 조직화하기에 이르렀다.

1989년 Swinburne 공대을 필두로 이어서 Monash, Griffith, Queensland, Australian National University, University of New South Wale 등이 한국어 교육을 시작하였고 이후 한국학연구소가 여러 곳에 설치되어 연구의 중심축이 되고 있다. 한국에서도 중앙대학과 최근에는 연세대학에 호주학연구소가 설치되어 호주연구를 본격화하고 있다. 그러나 이들 연구소는 주로 한·호관계 연구에 주력해왔고, 한인사회 자체에 대해서는 최근 들어서야 관심을 두기 시작하였다. 한국어를 전공하는 학자들과 한국어 교육 종사자들에 의해서 한국어 교육 증진을 위한 한인사회 연구 역시 늘어가고 있으며, 1989년 설립된 한·호 재단과 호·한 재단이 재정지원을 통해 이러한 연구활동을 뒷받침해 오고 있다.

2000년대에 들어서면서 한인사회에 대한 연구는 우선 호주 한인사회의 활동을 정리해보려는 노력이 있었다.[8] 그리고 이를 바탕으로 다양한 분야로

---

8) Han, Gil-soo, "Immigrant Life and Work Involvement: Korean men in Australia," *Journal of Intellectual Studies* vol. 20, no.1, 1999; 설병수, "해외이민의 명암: 호주 내 한인들의 이민 동기와 실제상황" 『재외한인연구』, 재외한인학회, vol.11, 2001; Seol, Byung-soo, "The Sydney Korean Community and IMF Drifting People," *People and Place*, vol. 6, no. 2, 1999; _____, "Ethnicity in the process of acculation and socio-economic assimilation: A case study of Koreans in Sydney and Melbourne, PhD Thesis, Monash University, 2000; 김병석, "호주이민의 배경과 사회적 적응에 관한 연구-NSW

그 연구 영역이 확대되었다. 조기유학생을 중심으로 한 유학생 문제,[9] 종교 활동과 이민자들의 생활,[10] 거주지역에 대한 분석,[11] 여성이민자들의 노동 문제,[12] 워킹홀리데이 비자 소지자들의 문제,[13] 타일기능공을 중심으로 한 시드니 건설노동자의 노동문제,[14] 해외동포의 참정권 문제[15] 등 그 연구범 위가 크게 확대되고 있고, 최근에는 이를 기반으로 다른 나라 한인사회와의 비교 연구로 발전하고 있다.[16]

거주 한인이민자들을 중심으로," 경상대학교, 석사학위논문, 2000; 김영호, "Adolescents' perceptions with regard to health risks, health profile and the relationship of these variables to a psychological factor: a study across gender and different cultural settings," PhD thesis, University of Wollongong, 1997; 김영성, "한국 인의 호주이민과 정착,"『상명대학교 사회과학연구』vol.10, 1997; 김영성, "시드니 한 인의 거주유형,"『지리학연구』, 국토지리학회, vol. 32, no. 2, 1998, pp.39-59.

9) 이혜경, "호주 한인학생의 적응: 교민과 조기유학생을 중심으로(Adjustment of Korean Immigrant and Overseas Students in Australia)"『한국인국학』, 한국인구학회 2005, p. 63-95.

10) 정효진, 호주 한인교회와 이민자들의 사회 문화적 적응: 시드니 'S' 교회 사례를 중심 으로," 전남대학교 대학원 석사학위논문 2003.

11) 김영성, "호주 한국인의 사회, 문화적 적응과 거주이동,"『지리학연구』, 국토지리학회 vol. 40, no. 4, 2006, pp. 497-513; _____, "시드니 한인의 이주와 주거이동,"『지리학 연구』, 국토지리학회, vol. 42, no. 4, 2008, pp. 513-526.

12) Lee, Gyung-sook, J, "The Narrative Analysis of Labour Market Experience of Korean Migrant Women in Australia," PhD thesis, Faculty of Economic and Business, The University of Sydney, 2005; Lee, Gyung-sook, J, "The Korean Migrant Women's Perception of Domestic Violence," Honours Thesis, Unpublished, the University of Sydney, 2000.

14) 신연경, "호주 워킹홀리데이를 통해본 한국 청년들의 글로벌 노동 경험" 연세대학교 대학원, 석사학위논문, 2008.

14) Shin, Jun-sik, "Immigrant Workers, the Labour Market and Skill Formation in the Sydney Construction Industry: A case Study of Korean Tiling Workers" PhD thesis, University of Sydney, 2009.

15) 조우만, "재외국민 참정권보장을 위한 제도 방안 연구: 재외선거인명부 작성 및 투표 관리를 중심으로," 한양대학교 자치대학원, 석사학위 논문, 2008.

16) 이영심, "해외거주 한인의 주공간 사용 및 주생활 분석을 통해 본 주거문화의 비교 고 찰-호주(Australia)와 캐나다(Canada)를 중심으로-"『대한가정학회지』, 대한가정학회, vol. 46, no.1, 2008, pp. 47-61.

특히『호주 한인 50년사』의 출간은 한인사회의 집단적 지적 욕구가 결집된 의미 있는 성과였다. 무엇보다 이 책이 호주 한인사회 전체의 공식이민사내지 기본서로 빛을 보게 됨에 따라 연구자들이 한인사회에 대해 체계적으로 접근하는 것이 가능하게 된 것이다. 실제 이 책의 발간을 전후하여 한인사회에 대해 여러 편의 학위논문들이 쓰였고, 지금도 쓰이고 있다.

호주 한인사회 연구에 관련된 자료는 무엇보다도 각 지역 한인회의 서류가 중요하다. 시드니 한인회의 경우 1972년부터 부정기적으로 발행된 한인회보들과 한인회 자체 소장 자료, 언론 및 출판된 자료들이 있다. 한인회 자체 소장 자료로는 문서수발철, 한인회소식철, 한국의 날 관련철, 전화번호부사업철, 그리고 재무관계철 등이 있고, 그 밖에 비디오 및 사진과 개인들이 소장하고 있는 사진이나 스크랩들 역시 유용하다. 또한 각 지역의 언론매체가 있다. 현재 시드니에는 2개의 일간지(호주동아일보, 호주한국일보), 3개의 주간신문, 그리고 10여 개의 주간 광고잡지들이 있고, 각 주에도 1~5개씩의 한인잡지들이 있다. 호주정부의 자료로는 통계청과 이민부 그리고 각 주정부 및한인들이 많이 거주하고 있는 각 카운슬(서울특별시의 구청에 해당) 자료 등이 있다.[17]

3. 호주 한인들의 네트워킹: 시대적 특징

한인사회의 네트워킹을 분석하기 위해서는 무엇보다도 한인사회의 시대적 특징을 찾아내는 것이 필요하다. 이러한 점에서 호주 한인사회에 대한『호주 한인 50년사』의 평가를 주목할 필요가 있다. 즉, 호주 한인사회는 초기 정착시기부터 지금까지 역동성을 가진 새로운 인적 요소가 끊임없이 유입됨으

---

17) 호주 국립 전쟁기념관에 한국전쟁 관련 자료들이 집결되어 있고, 국립문서보관소에는 한·호 양국간의 공식문서자료들이 보관되어있지만, 한인사회 자체에 관한 자료들은 그리 많지 않다.

266 | 한민족 해외동포의 현주소

로써 발전해오고 있다고 평가하고 이를 역사적인 관점에서 분석하고 있다.

1960년대에 들어서면서 소수 한인이 기술이민으로 호주에 발을 딛게 된다. 이들은 광산기술자, 농업전문가, 헬기 조종사, 교육자, 태권도 사범, 보석세공사, 그리고 호주의 아시아 국가 지원 프로그램인 콜롬보 플랜(Colombo plan)의 일환으로 호주에서 공부한 한국 공무원 연수생 등 당대 한국의 최고급 인력들이었다. 특히 이들 대부분은 백호주의가 시퍼렇게 살아있던 당시, 호주에 입국하기 전에 이미 합법적인 거주 지위와 직업을 확보하였고, 실현가능한 미래를 꿈꾸었다는 점에서 1905년 사탕수수밭 노동을 위해 비통한 심정으로 하와이행 배에 올랐던 미국이민 1세대들과는 사뭇 대조를 이룬다. 이들의 네트워킹 기반은 자신들의 전문지식과 기술이었고 한인사회를 호주에 건설하겠다는 강한 자부심과 꿈이었다. 이들 대부분은 자기 전공분야에서 활발하게 활동하였으며, 한편으로는 한국전에 참전했던 호주군 출신들의 적극적인 지지를 받으면서 그들의 사회적 기반과 네트워킹의 범위를 확대해나갈 수 있었다.

1970년대에 들어서면서 월남전 종식이 가시화되자 현지 제대군인과 파월기술자들이 대거 호주로 입국하기 시작하였고, 1970년대 중반부터는 남미, 독일, 인도네시아, 이란 등 이미 제삼국에서 일하고 있던 기술자들이 호주로이주하게 된다. 이들 역시 당시 한국사회에서 최고의 활력과 기술력을 가진젊은 그룹이었다. 가족을 데리고 오기 위해 그들은 길게는 10여 년씩 홀로생활하면서 동시에 직업을 두 개, 세 개도 마다하지 않고 열심히 일해 삶의기반을 닦았던 강인한 세대들이었다.

특히 이들은 호주거주의 합법적 조건을 얻기 위해 1974년부터 400여 명이집단으로 자금을 모아 당시 집권당이었던 노동당의 핵심부를 대상으로 영주권 획득을 위한 로비활동을 추진하였고, 결국 1976년 호주정부의 사면령을이끌어내는 데 결정적인 계기를 제공한 것으로 평가되고 있다.[18] 이 사례는

---

18) 『호주한인50년사』, pp. 9-61, 201-202.

호주 주류사회에 대한 당시 한인들의 진취적인 네크워킹 노력과 특성을 보여준 것으로 여러 연구자의 주목을 받을 것으로 생각된다.

1980년대에 들어서는 컴퓨터 기사, 제도 기술자, 전기·전자 기술자 등을 중심으로 한 젊은이들이 자신의 기술로 해외에서 부딪쳐 보겠다는 두둑한 배짱으로 호주 땅을 밟았고, 1988년 올림픽 이후에는 상당한 재력을 가진 장·노년층들이 이른바 '투자이민'이라는 이름 아래 장성한 자녀의 교육을 위해 호주로 이주하였다. 또한 호주가 한국과 지리적으로 가장 가까운 영어 사용 선진국이라는 인식이 확산되면서 호주 이민을 염두에 둔 유학생들이 진출하기 시작하였다.

1990년 중반 이후 호주 정부는 영어 구사가 가능한 젊은이들에게 문호를 크게 개방하는 방향으로 이민 정책을 전환하였다. 우선 '457'이란 장기 사업 비자를 가진 비교적 젊은 사업가들이 이주하기 시작하였고, 이들은 2000년 대에 들어서도 매년 1,000~1,500명씩 증가하여 가장 인기 있는 호주이민의 경로가 되어 왔다. 중국 국적의 소수 한인들이 호주로 이주하기 시작한 것도 이때의 일이다. 이들은 합법적인 거주 신분을 갖추지 못하고 영어 구사 능력 도 매우 한정되어 있기에 호주 정착에 큰 어려움을 겪고 있으며 한인이나 중 국인 사회에 편입되지 못한 채 1,000여 명의 소수 그룹으로 살아가고 있다.

1990년대 후반부터 뉴질랜드에서 이미 시민권을 확보한 5,000명 이상으로 추정되는 한인들이 호주로 이주하기 시작하였다. 뉴질랜드 시민권자에게는 호주 영주권이 큰 문제 없이 부여되는 호주정부의 정책을 이용한 것이었다. 뉴질랜드라는 나라가 자녀의 미래에 기회가 적다고 판단한 한인들이 또 한 번 호주로의 이주를 결행한 것이었다. 이러한 한인들의 대거 이주 이후 호주 정부는 2001년부터 뉴질랜드 시민권자가 원하면 영주권을 허용하던 정책을 폐지하였고, 호주 거주 뉴질랜드인에 주어져 왔던 호주의 사회보장 혜택마 저 전면 폐지하는 특단의 조치를 취하기도 했다. 한인들의 유별스러운 대거 이주가 호주정부의 뉴질랜드인들에 대한 특혜조차 폐지하는 결과를 초래한 것이었다. 한편 미국에 비해 저렴한 교육비로 인해 영어연수생들과 조기 유학생들의 메카로 호주가 각광을 받는 시기도 바로 이때부터였다.

2000년대에 들어서면서 호주정부는 계속해서 젊은 이민 문호를 개방하고 있고, 동시에 인구가 적은 지역에서 공부하고 거주하고자 하는 지원자들에게 더 나은 혜택을 주고 있다. 이는 호주 정부가 지역 발전과 교육사업을 이민과 직접 연계한 정책을 폈다. 이로 인해 한국 젊은 세대들의 이민수는 계속 증가하고 있다. 교육 분야에서도 정규 대학 과정과 영어연수는 물론이고, 호주 이민을 목표로 하는 요리사, 미용사 등 직업교육 분야로 확대되어 2009년 6월 현재 호주이민부는 한국유학생의 수를 2만 2,152명[19]이라고 밝히고 있다. 이러한 추세는 이민을 원하는 직업교육 수료자에 대해 영어성적을 상향 조정하는 등 이민조건을 크게 강화한 2010년 중반까지 지속되었다.

특히 1995년 한 · 호 간의 워킹홀리데이 비자 협정에 따라 상당수의 30세 미만 젊은이들이 워킹홀리데이 비자 제도를 통해 호주에 입국하고 있다. 2005년 이후 그 숫자가 급증하였고, 호주의 방대한 농장지역과 도시 일용근로자로서 1∼2년간 일하면서 영어를 공부할 수 있도록 허용함으로써, 그 숫자가 2010년 현재 4만여 명(2008년 6월부터 2009년 6월까지 1년간 3만 9,056명에게 이 비자가 허가되었다)[20]을 상회할 것으로 추산되고, 이들과 유학생을 합치면 현재 15만 명으로 추정되는 호주 거주 한인의[21] 40%에 달할 것으로 보인다.

이렇듯 호주 한인사회에는 시대에 따라 각기 다른 역동성을 가진 그룹들이 지속적으로 활력을 불어넣어 주고 있다. 또한 개인적인 네트워킹도 그들이 이주한 그룹과 시대 상황 및 개개인의 여건에 따라 현저하게 달라진다고

---

19) DIAC, *Country Profile; South Korea*, 2010년 1월 기준의 통계자료 p.2
20) Ibid.
21) 한국 외교통상부는 2009년 5월 기준으로 호주한인의 수를 125,669명으로 공식통계를 잡고 있다. http://www.mofat.go.kr/consul/overseascitizen/policy/index.jsp. 재호주 재외동포 105,429명(영주권자 34,367명, 일반체류자 32,959명, 유학생 38,103명)과 시민권자 20,240명을 합하여 전체 호주거주 한인의 수로 잡은 것이다. 그러나 4만여 명에 달하는 워킹홀리데이 비자를 가진 젊은이들이 이 통계의 어느 부분에 포함된 것인지는 불분명하고 유학생의 경우 호주 측 통계와도 차이가 있다.

볼 수 있다. 즉 이주 당시의 나이, 직업, 혼인 여부, 동반 가족의 유무 및 자녀들의 나이, 종교생활 여부 등에 따라 네트워킹이 달라질 수밖에 없고, 이러한 네트워킹의 중요한 기반 가운데 하나가 결국 개개인의 영어구사 능력이라고 해도 과언이 아닐 것이다. 타 민족그룹에 비해 상대적으로 영어구사 능력이 떨어지는 한인들의 네트워킹은 결국 개인 단위보다는 한인사회의 단체단위를 통해서 이루어질 수밖에 없는 이유도 여기에 있다. 특히 직업선택의 문제에서도 한계를 가질 수밖에 없다. 현재 수만 명의 한인동포들이 청소와 타일과 용접으로 대표되는 건설업에 집중되어 있는 것도 영어구사 능력의 한계 때문이라는 것은 잘 알려진 사실이다.

한편 영어구사에 문제가 없는 이민 1.5세와 2세들이 이제 50대에 진입하고 있기에 이들을 중심으로 한 한인사회의 네트워킹 시스템은 크게 변화하고 있다. 호주 동포사회가 이제 질적인 발전을 기대하고 있는 것도 영어구사가 자유로운 차세대들이 점차 전면에 나서고 있기 때문이다. 그러나 1990년대 말 이후 이민 온 많은 젊은 층들은 아직도 영어구사 능력에 한계를 가지고 있고 결국 단체활동을 통해서 그 네트워킹을 넓혀갈 수밖에 없는 상황이다. 이러한 두 개의 젊은 그룹의 조화로운 협력과 이를 통해 얻어질 수 있는 시너지 효과를 최대화하는 것이 현재 호주 한인사회에 주어진 중요한 과제이다.

4. 한인사회 단체들의 네트워킹: 한인회의 운영과 재정

한인사회의 단체는 한인회를 중심으로 하여 크게 종교단체와 일반사회단체로 나뉜다. 우선 종교단체는 기독교, 가톨릭, 불교, 원불교 등이 활동하고 있는데 대부분 한인끼리만의 종교활동이라는 공통점이 뚜렷이 보인다. 기독교의 경우 호주 전체에 적어도 200개 이상의 한인교회가 있고 가톨릭성당은 각 주에 한두 곳씩 있으며 대부분 호주인 사제를 거쳐 현재는 한인 사제들이 사역하고 있다. 불교와 원불교 역시 각 지역에서 활동하고 있다. 이러한 종교활동은 사실상 초창기 한인사회부터 이민생활에 필요한 정보교환과 특히 인적 교류의 중심이 되고 있다는 점에서 종교활동 이상의 의미를 지니고 있는 것은 다른 나라의 이민사회와 크게 다르지 않다.

일반 단체의 경우 호주나 한국에 연결된 조직이 있는 단체와 그렇지 않은 단체로 구분할 수가 있다. 연결된 조직을 가진 단체들은 상위 조직에서 재정 지원을 받는 동시에 운영의 측면에서 보고나 승인을 받아야 할 사안들이 있기에 그렇지 않은 독립 단체와 구분되는 것이다. 『호주 한인 50년사』는 시드니에서 활동하고 있는 단체들을 성격에 따라 구분하여 역사와 활동을 기록하고 있다. 우선 영향력이 큰 단체인 한인복지회, 파월동지회, 민주평화통일자문회의, 여성네트워크(Kowin) 등이 있으며 나머지 단체들은 다음과 같이 구분하고 있다; 경제 및 전문가단체, 군 단체, 체육 관련 단체, 복지단체, 노인단체, 문화 예술 및 학술단체, 사회단체, 향우회 및 기타 단체. 이 단체 목록에는 적극 활동하고 있는 학교 동문회를 제외하고도 100여 개가 활동하고 있다.

호주에서 활동하고 있는 각 주의 한인회는 대략 한인들의 수가 100여 명선에 달하는 1960대 말과 1970년대 초 각 주의 수도인 시드니, 멜버른, 브리즈번, 퍼스, 애들레이드에서 시작되었고 캔버라와 골드코스트는 후에 결성되었다. 현재 7개의 지역에서 한인회가 운영되고 있으며, 그 기본적인 활동은 다른 나라의 경우와 크게 다르지 않으나 새롭게 편입되는 이민자 그룹에 대한 기존 그룹들의 수용 태도에 따라 한인회 활동에 굴곡이 있었다는 것은 특기할 만하다. 따라서 한인회 활동에 대한 평가가 다양할 수밖에 없었고, 생존하고 있는 한인회 관계자들의 입장 차이들로 인해 이를 정리하는 작업은 대단히 어려운 것이었다. 이러한 관점에서 볼 때 『호주 한인 50년사』 발간을 통해 각 주 한인회의 전체적인 모습을 공식적으로 정리되었다는 점은 매우 큰 의미를 가지는 것이라 할 수 있다.

2007년 발행된 시드니 한인전화번호부에 의하면 시드니한인회의 기본 활동은 ① 교민들에게 필요한 정보제공과 상담, ② 정기 행사 주관(한국과 호주의 국경일), ③ 한국의 날 행사 주관, ④ 호주 시드니 한인회 전화번호부 제작, ⑤

각 단체의 행사지원, ⑥ 호주정부와의 관계, ⑦ 한국 정부와의 관계, ⑧ 한인회 웹사이트 관리 등이다. 각 한인회는 창립 이후 줄곧 한국 정부와 호주정부 기관과의 관계에서 한인동포들의 공식적 대표기관으로서 활동해 왔고, 이것이 한인회 존립의 든든한 기반이 되어왔다. 따라서 한인회는 양국 정부와의 관계를 유지하기 위해 양국에서 일어나는 천재지변과 같은 불행한 사태에 한인사회 대상의 모금운동을 통해 참여해왔고 이것이 한인회의 가장 중요한 대외적 네트워킹의 방식 가운데 하나였다.

대내적인 네크워킹이란 결국 한인회의 운영방식을 의미한다. 대부분의 한인회가 한두 번씩 파행적인 운영을 경험한 바 있다. 그 주된 요인 가운데 하나로 기존 그룹(old comers)과 새롭게 편입되는 그룹(new comers)이 한인회 운영, 즉 네트워킹의 방식과 범위를 놓고 치열하게 경합했기 때문이라는 사실을 꼽을 수 있다. 즉 한인사회 내의 여러 그룹들의 다양한 요구를 어떻게 조정하고 합의를 도출해야 하는가의 문제가 한인회 운영의 핵심적인 문제 가운데 하나였던 것이다. 그 단적인 예는 한인회장의 선거철마다 재론되는 한인회의 회원 자격, 특히 선거권의 범위와 관련한 논란이 해당 한인회의 성격을 뚜렷하게 반영해 왔다고 볼 수 있다. 이렇듯 한인회와 각 단체 간의 내부 네크워킹은 물론이고, 한인회와 본국 정부, 한인회와 호주 주류사회 간의 네트워킹의 범위와 성격을 결정짓는 것이 바로 한인회 운영의 핵심이었던 것이다.

그러나 한인회 운영과 관련한 네트워킹의 실질적인 이슈는 한인회의 재정 문제 그 자체였다고 해도 과언이 아니다. 초창기 한인회의 재정은 대부분 개인이 내는 한인회비에 의존해 왔기에 한인회 운영자체 기여금을 많이 내는 개인들에 의해 한인회의 운영이 주도되는 경향이 있었다. 1970년대 베트남, 남미, 독일, 이란, 파푸아뉴기니 등에서 한인들이 이주하면서 인원이 많은 그룹, 즉 회비를 많이 내는 그룹의 입장이 한인회 운영에 반영되곤 했던 것이다. 1990년대에 들어서면서 기술이민, 가족이민, 투자이민 등 그룹이 다양화되면서 오히려 한인사회의 세력판도는 구포(old comers) 와 신포(new comers)로 양분되는 경향을 보이는데, 실제 그 배경에는 두 집단의 경제력 차이가 깔려 있었다고 보아도 좋을 것이다.

한편 1990년대 이후 한·호 간 경제교류가 활성화되면서 한국 및 호주정부의 지원이 확대되자 한인회 네트워킹의 방향도 양국 정부기관과의 관계개선에 더욱 공을 들이는 경향이 두드러졌는데, 이것은 결국 한인회 재정확보라는 과제와 맞물려 있었다. 사실상 1990년대부터 시드니 한인회의 목표는 재정 자립에 맞추어져 있었고, 특히 지속적인 수익구조를 확보해야 했다. 이를 위해 처음 시도된 사업이 한인전화번호부 제작이었고, 이 사업을 통해 이후 한인회들이 재정적으로 큰 혜택을 받았지만, 신문잡지가 쏟아져 나오기 시작하는 2000년대 중반 이후 이 사업의 효율성은 크게 떨어질 수밖에 없었다. 이것조차 여의치 않게 되자 2000년대에 들어서면서 몇몇 한인회장들이 개인 재원으로 한인회 운영비용을 충당하고자 시도함으로써 오히려 한인회의 기존 네트워킹이 둔화되는 결과를 초래하기도 했다.

그러나 한인회의 운영자금이 연간 30만~40만 달러에 육박하고, 회비납부가 전 회원의 5% 선에 불과한 현 상황에서 이제 더 이상 개인이나 정부기관의 재정 지원만으로는 그 운영이 어렵게 되자, 한인회가 스스로 재정 독립을 조속히 이루어내야 한다는 절대적 필요성이 대두하기 시작하였다. 2007년과 2009년 시드니 한인회장 선거에서 모든 입후보자들이 한인회의 재정자립을 이루겠다고 공언했고, 현재 시드니 한인회는 한인업소 가맹점에서 일정 부분 할인을 받을 수 있는 멤버십 카드를 발행하는 사업을 전개하고 있다. 2011년 5월에 실시될 시드니 한인회장 선거에서도 역시 입후보자들의 한인회의 재정자립을 위한 능력과 정책이 당락을 가름하는 기준이 될 것으로 예상된다.

한인회의 재정과 운영, 즉 네트워크를 위한 시스템이 제대로 작동하고 있는가를 평가하는 것도 매우 중요할 것이다. 이를 위해서 홈페이지의 운영 상황이나 한국의 날 행사 및 전화번호부 사업과 같은 대규모 사업의 결산보고를 분석하면 비교적 객관적인 판단 기준을 마련할 수 있을 것으로 본다. 우선 얼마나 많은 업체, 단체 혹은 개인이 재원마련에 참여했는가, 행사 주최

호주 한인사회의 네트워킹 | *273*

측은 얼마나 수익을 내었는가, 행사 참석 한인들의 수는 얼마나 되며 주류사회에서는 어떤 인사들이 참여했는가 등을 비교 분석함으로써 이를 특정 한인회 활동을 평가하는데 객관적 기준의 하나로 사용할 수 있을 것이다. 전화번호부 사업의 경우 참여업체의 수로 쉽게 평가할 수 있을 것이고, 홈페이지의 경우는 방문객이나 참여네티즌의 분석을 통해서도 유용한 기준들을 세워 나갈 수 있을 것이다.

이처럼 한인회들은 한인사회 내의 여러 단체는 물론이고, 최근에는 한국 기업의 호주 현지 법인 및 호주의 일반 기업들과의 협력 관계를 확대해 나가고 있으며, 한·호 양국 정부기관에 대한 로비활동 등 재정 확보를 위한 네트워크 활동 범위와 대상을 적극 확대해가고 있다.

맺음말

해외동포사회에 관한 연구는 결국 그 동포사회의 특징과 실체를 구명하는 과정이며, 이를 통해 동포사회 발전에 실질적으로 기여하겠다는 뚜렷한 목적의식이 필요하다. 이를 위해서는 한 지역의 연구들이 다른 지역 해외 동포사회의 역사적 경험과 비교될 필요가 있고, 제대로 된 비교를 하기 위해서는 해당 동포사회의 특성과 역사적 경험에 대한 충분한 이해가 전제되어야 할 것이다. 호주 동포사회의 경우 『호주 한인50년사』의 출간을 계기로 이제 호주 한인사회가 어떤 역사적 과정을 거쳐 현재에 이르렀고, 호주 한인사회만이 가지고 있는 성격과 특징이 무엇인가를 심도 있게 이해하기 시작하였다는 점에서 다행스러운 일이 아닐 수 없다.

일반적으로 네트워킹이란 사회적 조직이나 개인의 발전을 위한 노력(network to win)의 과정이라고 일컬어진다. 이를 위해서는 능력 있는 네트워커(networker), 즉 지도자도 필요하고, 재정이나 지식과 같은 기반도 필요하지만 더욱 중요한 것은 네트워킹(networking)의 목표와 방향이 서 있어야 할 것이다.

그러나 다양한 경험과 욕구를 가진 개인들로 구성된 해외동포사회에서 네크워킹의 목표와 방향을 정한다는 것은 용이한 일이 아니다. 구체적으로 말한다면 동포사회의 구성원들의 사회적·경제적 배경이 얼마나 다양한지, 그들의 욕구가 무엇인지에 대한 구체적인 자료와 연구가 필요하다. 호주의 경우역시 대부분의 연구가 호주 이민부의 정기자료나 5년마다 이루어지는 호주통계청의 센서스 결과에 의존하고 있을 뿐, 실제 연구에 꼭 필요한 자료를 제대로 확보하지 못한 상황에서 많은 부분을 추측에 의존하고 있는 것이 사실이다. 따라서 해외동포사회에 대한 심도 있는 네크워킹의 목표와 방향을 설정하기 위해서는 광범위하고 전문적인 인구학적 조사활동을 통해 백서와 같은 기초자료를 만들어내는 작업이 선행되어야 할 것이다.[22] 또한 이러한 기초작업이 다른 해외 한인사회에 비해 중간 규모의 한인 수를 가진 호주 한인사회에서 우선 이루어진다면, 여러 다른 나라의 한인사회에 관한 연구에도도움이 될 것으로 생각한다.

---

22) 2008년 5월 1일부터 7월 31일까지 한국 외교통상부는 "미국 내 한인들을 대상으로 전국 규모로는 최초로 실시하는 실태조사를 통해 한인들의 생활상을 파악할 수 있는 기초 자료를 구축하고, 이를 통해 실효성 있는 재미 한인 지역사회 정책을 수립하기 위함" 이라는 목적을 내세우고 미국에 거주하는 만 15세 이상의 한인 3,898명을 대상으로 재미 동포사회 실태조사를 한 바 있다. http://www.mofat.go.kr/consul/overseascitizen/policy/index.jsp. 그러나 200만 명 이상이 거주하는 미국 한인사회에서 0.2%에 불과한 표본조사로 도출된 결과라면 그 신뢰도에 의문을 가질 수밖에 없다. 호주에서는 2006년 멜버른 한인회가 주도하여 멜버른 거주 한인사회에 대한 실태조사를 한 바 있는데 당시 표본조사 대상은 전체 한인의 10%가 넘는 1,988명이었다.(2009년 외교통상부 자료에 따르면 멜버른 거주 한인수는 16,188명이었다),『호주한인50년사』, pp. 633-634.

제3장 _ 창업을 중심으로 본 한인사회
- 호주, 베트남, 미국의 사례 비교 -

가와카미 사치코(河上幸子)

1. 머리말

베트남 호찌민에서 무역업에 종사 중인 이희승과 시드니 한인회에서의 활동을 기반으로『호주 한인 50년사』편집에 관여한 조양훈 박사의 논문은 모두 1990년대 이후 한국기업의 진출과 개인사업의 전개가 해외 한인계 사회의 확대에 기여했음을 시사한다. 그 배경에는 동시기 한국 정부가 외환 · 자본 거래의 자유화를 추진하여 해외 한인의 창업을 지원했다는 사실과 관련되어 있다. 이로 인해 이민자가, 예를 들어 정착한 나라의 은행에서 융자를 받기 어려운 상황에 처하더라도 창업이 쉬워진 것은 확실하다. 한국에서 융자를 기대할 수 있게 되면서, 자신과 가족의 예금, 혹은 '계'와 같은 이민집단 내의 상호부조 조직에 의존해서 자본금을 마련할 수밖에 없는 상황도 과거의 일이 되어가고 있다(Abelmann and Lie 1995).

한편으로 1999년에 성립된 '재외동포의 출입국 및 법적 지위에 관한 법률'(통칭 '재외동포특별법')에서 보이듯 한국 정부가 해외 한인의 창업을 지원하는 움직임은 동시에 해외 한인이 한국에 투자하기를 기대하는 움직임과 맞물려 있다.

이렇게 자본이 순환하는 듯한 세계화의 움직임은 해외 한인의 이민기업가

활동에 대한 시각에 변경과 수정, 다양화와 확대화를 요구하고 있다. 왜냐하면 종래 정착국으로의 문화 적응이라는 측면만으로는 이민이 지역(로컬), 국가(내셔널), 세계(글로벌) 규모에 얽혀 있는 지금의 정치경제적 역동성(dynamism)의 양상을 파악할 수 없기 때문이다. 이 복잡다단한 시대에 해외에 이주한 한인들이 어떠한 경위로 창업을 하고, 어떠한 환경에서 사업(비즈니스)을 전개하고 있는가? 그리고 세계화라는 규모가 거대한 과정을 어떠한 방법과 시점으로 인류학의 지역 내 미세한 관계성으로부터 파악해 갈 수 있는가? 이러한 물음을 고민하기 위해서 이 논문은 이민 기업가에 관한 연구가 축적된 미국 사례를 선행연구와 필자의 현지조사에 기반하여 소개하고, 그 도달점과 앞으로의 전개 가능성에 대하여 논한다.

2. 왜 한인 이민은 창업하는가

재미 한인은 3~4명 중 1명은 뭐든 사업을 한다는 높은 자영업률로 관심을 모아왔다. 왜 한인 이민자는 창업을 할까? 선행연구는 크게 해당 집단의 독자적인 민족 특성을 문화적응의 관점에서 강조하는 실증주의적 접근과, 이민 기업가를 둘러싼 외적 항력이나 계층구조에 역점을 두면서 그 구조에 변혁을 더하는 에이전시(agency)에서 가능성을 살피는 정치해석학적 접근으로 나뉜다.

1) 미국 사회에 적응하기 위해서

높은 창업률, 도시 중심부의 흑인 및 라틴계 저소득층 밀집지구에 점포를 여는 사업 방식, 그리고 기독교에 소속함으로써 구축된 상호부조적 네트워크는 1965년 미국 이민법 개정 이후 도미한 재미 한인의 미국사회 적응 형태를 가장 현저하게 드러내는 특징으로서 연구자들의 주목을 모으면서 재미 한인의 사회적 이미지를 만들어 왔다.[1]

여기서 논의의 초점은 왜, 그리고 어떻게 가족경영 중심의 식료잡화점과 의료품점, 술집, 세탁소 같은 소매 서비스업을 주체로 한 소규모 사업에 많은 재미 한인이 종사하여 성공해 왔는가 하는 질문으로 집약되는 경향이 있었다. 이 경향은 여러 선진국의 다양한 이민 민족집단 사례의 비교검증에 기반한 민족 사업 및 이민기업가에 관한 일련의 사회학적 연구와의 상호관련성을 반영하고 있다(Bonacich 1973; Bonacich and Modell 1980; Light 1972, 1979, 1980; Light and Bonacich 1988; Portes and Bach 1985; Waldinger, Ward and Aldrich 1985; Wilson and Martin 1982; Zhou 1992). 예를 들면 라이트(Light)와 보나시치(Bonacich)의 연구(1988)에 따르면 소규모 사업(small business)에서 한인 이민자의 성공은 계층 자원과 민족 자원의 상호작용에 따른 것이다. 계층자원이란 한인 이민의 다수가 모국에서는 고학력이고 상당한 자금을 가지고 이민을 왔다는 점, 또 사회계층으로 중류나 중상류 계층 출신자인 점을 의미한다. 한편 민족 자원이란 동포들 간에 공유하는 사업 정보라든가, 가족경영, 보수가 적어도 만족하며 긴 시간 노동에도 군말 없이 고용자에 순종하는 노동 윤리관, 동창회나 친족·교회 등과 같은 조직적 네트워크, 연고 채용을 중시하는 점, 일시 체재자라는 의식, '계'와 같은 상호부조 시스템 등을 예로 들고 있다.

시대의 흐름이라는 측면에서 보면 가족 혹은 동포 종업원에 의한 운영이 강조되어 온 1970년대부터 1980년대 중반까지와 비교할 때, 1980년대 후반

---

1) 한반도에서 미국으로의 공식적인 이민은 1903년부터 시작되었는데 현재 미국에서 한반도에 조상의 뿌리를 가진 사람들의 태반은 1965년 이후 도미해 온 폭넓은 연령층의 한국계 이민 1세와 그 자녀, 손자들이다. 1965년에 존슨(Lyndon B. Johnson) 대통령이 나라별 할당제도를 폐지하고 미국시민과 이민의 가족을 최우선으로 한 기준을 포함한 신이민법을 제정하기 이전에는 미국에 공식적으로 입국한 이민은 해방 전의 정부계약 노동이민이나 정치망명자, 해방 후의 전쟁고아나 미군과 결혼한 '전쟁 신부', 그리고 극소수의 유학생과 의사, 간호사를 비롯한 전문직 종사자에 한정되어 23,000명이 채 되지 않았던 것으로 되어 있다. 한국으로부터의 이민의 절정은 1970년대부터 1980년대였는데 현재도 일정한 비율로 증가추세에 있다. 2010년 센서스에 따르면 재미 한인의 수는 1,423,784명이며 미국 총인구의 0.5%를 점하고 있다. 여기에는 일제 식민지배와 제2차 세계대전, 한국전쟁을 실제 경험하고, 미국으로 이민하기 이전에도 북한에서 한국으로 이주하거나 중국과 일본 등지에 거주한 경험을 가진 사람들도 포함되어 있다.

부터는 멕시코인을 중심으로 한 라틴계 이민자의 고용이 지적되었다(Kim Dae Young 1999). 또 사업 전개의 초기 단계에는 민족 자원이 중요한 역할을 차지했지만 사업이 점점 발전단계에 도달하면서 이제는 개인의 자본력이 문제가 된다는 점도 지적되었다.

근년에는 집단편성 원리로서 창업을 보는 관점이 눈길을 끌어 왔다(Light and Gold 2000). 이것은 이민집단의 내부에서 창업이 민족의 정체성을 드러내는 상징적 행위로서 평가된다는 점 때문에 민족 자원이 창업을 촉진하는 형태로 재편성되고, 동포가 창업을 선택하기 쉬운 순환 과정이 탄생된다는 것이다. 달리 말하면, 동포 이민 서로의 관계 맺기나 민족 유지, 강화하는 구조로서 창업을 파악하고 있다고 말할 수 있다.

한편 이민의 창업은 일반 고용시장의 차별구조가 전제 조건이다. 그 중에서도 민병갑(Pyong Gap Min)은 한인 이민이 창업이라는 방향으로 나아가는 이유를 정착사회로부터의 차별에 직접 직면한 결과로 보는 대신에, 이민자 자신이 창업 이외의 직업에 종사했을 경우를 상정하여 스스로의 입장에서 불리함을 인식한 것이 소규모 사업으로 몰려가게 한다고 보았다(Min 1988). 이 견해는 전후 한국에서 도미해 창업가가 된 사람들을 둘러싼 사회적 배경과 사회적 차별의 특성이 아시아계 이민기업가 연구의 고전적 사례로서 다뤄져 온 19세기 후반부터 20세기 초의 일본계, 중국계 기업가들의 그것과는 큰 변화가 보인다는 지적에 기반을 두었다. 살기 위해 어떠한 노동일이라도 기피하지 않는 각오를 하고 있으나, 인종차별이 정책적으로 시행되어 고용시장에 들어가는 것조차 물리적으로 허락되지 않던 시대의 이민 창업과, 본국에서 비교적 고학력으로 중산층 이상의 전문직에 종사했던 사람들이 미국에 와서 언어와 관습의 다름을 장벽으로 느끼고 같은 직종에서 성공하기 어렵다고 판단하여 사업을 시작하는 것은 근본적으로 상황이 다르다고 한다.

더욱이 민병갑은 미국에서 재미 한인의 사회적 경제적 적응형태를 총체적으로 이해하고자 할 때 중간 소수민족 이론(미들맨 마이너리티 이론)의 유효성을 강조해왔다. 이 이론은 보나시치의 연구(1973)에 영향을 받은 것이지만, 민병갑의 실증주의적 접근과 보나시치의 비판해석적 연구자세는 기본적으로 다르며 상충하는 부분도 많다(Bonacich 1989; Min 1989). 어느 쪽이든 간에 이 중간 소수민족 이론을 통해서 가난한 소수집단을 억압해 배제하는 미국 전체의 사회경제 구조 아래서 재미 한인이 백인 자본가 및 구매처인 대기업, 그리고 고객인 주변 소수집단의 사이에 끼는 구조가 있어서, 마찰을 피할 수 없는 상황에 놓여 있다는 점이 지적되었다(Min 1996; Yu 1993).

나아가 민병갑은 흑인의 사례와 일본계 등의 이민집단과의 사례를 비교한 라이트(Light 1972)와 마찬가지로 개인주의 대신에 사람들을 소규모 사업으로 끌어들이는 원리로서 민족 결속력에 주목해 왔다. 중간 소수민족 이론에 의거한 민병갑의 연구는 인종, 민족관계에 관한 연구와의 관련 때문에도 재일 한인의 경제활동에 관한 논의에서 반드시 인용되는 연구이다. 그러나 중류층 출신 재미 한인의 역할이 어떻게 민족 결속력을 높이는 원동력이 되어왔는가에 관심을 집중시킨 나머지 백인 자본가나 구매처를 거치지 않는 사업형태나 상거래를 둘러싼 초국적 움직임, 창업하는 재미 한인의 사회경제적 계층의 다양성 등 어제 오늘의 재미 한인 사업이 미국 및 세계적인 자본주의 경제에 포섭되는 과정에서 발생하는 다양한 측면을 보기 어려워진다는 비판적 지적도 보인다(Abelmann and Lie 1995; Lie 1998).

또한 한인 이민자가 기업가로서 성공하거나 경제적 지위가 상승하는 경향, 또 그 결과로서 미국 사회에 대한 공헌을 강조한 관점은 국가권력이 소수집단을 기존 구조에 편리하게 포섭하는 '모델 마이너리티(모범적인 소수민족)' 언설과 논리적으로 관련된다. 모범적인 소수민족으로서 한인 이민기업가는 열심히 하면 누구든 성공할 수 있다는 이데올로기인 '아메리칸 드림'이 가진 능력주의나 민주주의로 체현되는 존재가 된다(Park 2005). 클레어 진 김(Claire Jean Kim)은 이 '모델 마이너리티'로서의 이미지가 아시아계 미국인을 열등한 자로 보는 사회적 타자화 과정과 이어져 있다는 점을 지적했다(Kim Claire Jean 2000). 그리고 클레어 진 김은 이 타자화 과정이 기존 구조 유지에 공헌하고 있다고 주장했다.

또한 '미국화' 되지 않는 이민집단의 창업을, 일시 체재자라는 이민으로서의 의식이나 민족 정체성에 기반한 결집성으로 환원하는 접근은 이민사회를 경제면 이외에서는 주류사회의 바깥에 존재하는 내부완결적 사회로서 묘사해 왔다. 즉 완전하게 흡수되었다고 하든, 부분적으로 포섭되었다고 하든, 여기서는 이민이 미국사회의 구조를 바꾸는 가능성을 가진 정치적 주체로서는 인식되지 않는 것이다.

2) 미국 사회에 참여하기 위해

기술한 문화적응의 관점에서 창업을 자리매김하는 접근은 이민의 집단편성을 강조한 나머지 이민기업가를 둘러싼 보다 큰 구조나 사회적 위계에 대한 비판적 분석이 누락되어 있다고 지적해 왔다(Bonacich 1993; Park 2005). 특히 1992년 로스앤젤레스 폭동을 경계로 하여, 이민의 정착사회로의 적응을 실증적 자료로 모형화하여 포괄적으로 다루고자 하는 사회학적 이민사회 연구에서, 이민을 둘러싼 이야기나 언설이 어떻게 문화적으로 상징적으로 구축되어 왔는가에 주목하는 해석학적, 구조주의적 정치학 연구로 이동하고 있다. 이러한 변화의 배경에는 LA 폭동을 계기로 어떻게 기존 구조에 적응해 갈 것인가가 아니라 어떻게 새로운 구조를 만들어가는 움직임에 참여해나갈 것인가를 묻는 의식적 전환이 관련되어 있다. 즉 미국에서 태어나고 성장한 세대를 중심으로 '코리안 아메리칸' 이라는 미국시민으로서의 자각적 정체성이 생겨나 정치적인 조직화가 진행되었다고 생각한다.

이 연구를 시작한 연구자는 낸시 에이블만(Nancy Abelmann)과 존 리(John Lie)이다(Abelmann and Lie 1995). 에이블만과 리는 흑인과 재미 한인의 대립을, 재미 한인을 근면한 '모델 마이너리티' 로 이미지화하고 흑인을 위험하고 나태한 사회의 저변층으로 간주하는 미국의 인종차별적 이데올로기의 산물로 보았다. 면밀한 인터뷰와 민족지적 관찰에 기반한 연구를 수행했다. 그리고 민족결속력이라는 '낭만주의' 식 강조로는 잘 보이지 않던 로스앤젤레스의 재미 한인에게 보이는 다양성과, '모델 마이너리티' 라는 성공 이미지의 배후에 있는 경제적 갈등을 오늘날 재미 한인을 둘러싼 초국적 상황도 고려하면서 사회계층의 분화라는 현실적 측면에서 묘사해냈다. 실제로 해방 후 한국에서 미국으로 이민온 사람들은 일본이나 중국 등에 거주하는 한반도 출신자와 비교하면 비교적 중상류 계급의 고학력이라는 점이 강조되어 왔지만 그것은 1970년대에 현저하게 확인되는 상황이며(Min 1989), 1980년대 이후 이민은 오히려 한국에서 생활이 쉽지 않던 사람들이 미국에서 새로운 생활을 시작하는 사례가 증가하고 있다(Abelmann and Lie 1995).

또한 패트릭 조이스(Patrick D. Joyce)는 인종 간에 잠재적 긴장관계가 똑같이 있더라도, 예를 들어 로스앤젤레스처럼 폭동으로 표면화된 형태로 발전한 지역과 뉴욕처럼 발전하지 않은 지역이 있다는 점에 주목했다. 그리고 그 지역차를 해명하는 기제(메커니즘)의 원인을 사회학적 인종, 민족 관계론이 아니라 정치조직의 형태나 배치의 차이에서 찾아 연구를 전개했다(Joyce 2003). 클레어 진 김도 조이스와 마찬가지로 정치학적 관점에서 연구를 했다(Kim Claire Jean 2000). 이 연구에서 보이는 독창성은 인종을 주어진 것이 아닌 사회적으로 구축된 것으로서 간주하고 그 구축과정에서 움직이는 권력작용의 씁쓸한 산물로서 흑인과 한인의 대립을 다룬 점이다. 이 구축주의적 관점을 채용함으로써 클레어 진 김은 자신이 한인이라는 인종적 종족의 근원을 연구자로서의 당사자성에 자동적으로 결부시키는 견해를 지지하지 않았다. 그리고 상황의존적인 행동사회심리학적 연구가 빠지기 쉬운 말하기 방법, 즉 한인 이민기업가에 대한 흑인의 집단적 거부나 로비활동을 이성적이지 않은 행동이라고 일방적으로 말하는 것으로 귀결시키지 않았다. 오히려 미국의 인종주의에 저항하는 정치투쟁으로서 흑인의 집단 행동을 이해하는 관점을 끌어내고 있다.

한편 한국에서 이민 온 부모가 저소득층 흑인거주 지구에서 점포를 연 경험을 가진 2세 제니퍼 리(Jennifer Lee)는 일상적 차원의 점주-고객 관계라는 관점에 주목했다(Lee 2002). 뉴욕과 필라델피아에서 흑인, 유대인, 한인의 관계성을 비교 고찰하여 미디어 보도나 연구자가 주목해온 비일상적인 폭동이나 분쟁을 통한 구조적인 인종 간 긴장·대립관계에서는 보기 어려운, 매일의 업무와 역할이 각각의 상식적인 노력으로 평온하게 이루어지고 있는 현실적 측면을 가시화했다.

이상과 같이 젊은 연구자이거나 중견 연구자에 의한 근년의 연구는 공통으로 종래 이민사의 개요로부터 시작하는 게 보통이던 재미 한인연구의 출판물 형식을 계승하지 않고 로스앤젤레스 폭동에 얽힌 에피소드나 그것을 어떻게 해석하는가 하는 서사성의 문제에서 시작하고 있다. 이것은 곧 이민의 정착사회로의 적응을 실증 자료로 모형화하고 포괄적으로 다루려 한 사회학적 이민 사회 연구(Hurh and Kim, 1984)로부터 이민을 둘러싼 이야기나 언설이 어떻게 문화적으로 상징적으로 구축되어 왔는가 하는 인식론적 주목을 통해서 은폐되어온 권력성을 발견해 가는 쪽으로 방향을 전환함을 의미한다고 볼 수 있다.

3. 왜 재미한인 이민자는 '니혼마치'에서 창업하는가-앞으로의 전개에 관하여

지금까지 살펴본 것처럼 선행연구에서 재미 한인 이민의 창업 활동은 미국사회로의 적응이라는 분석 시각과 미국사회 참여라는 문제의식을 가지고 미합중국이라는 국가 틀에서 연구가 수행되어 왔다. 이 가운데 새로운 조류도 생겨나고 있다. 그것은 한쪽으로는 글로벌한 틀을 강조한 연구이며(Kim Nadia 2008), 다른 한쪽으로는 소비와 상품화 과정에 주목하는 연구이다(Park 2005). 예를 들면 나디아 김은 미국, 한국에서 한 인터뷰조사를 근거로 재미 한인이 일본인이나 중국인으로 오인되는 경험을 일상적으로 겪는 점을 지적한다. 나디아 김에 따르면 조사대상자들은 재미 한인의 국내에서의 불가시성 원인을 중국의 긴 역사와 전반적 우위를 점유한 일본 사이에서 보이지 않는 한국이라고 하는 세계적 위치 관계에서 추구했다고 말한다(Kim Nadia, Ibid.).

즉, 미국 내에서 일본계 미국인과 중국계 미국인이 보다 긴 이민사를 가지는 것, 그리고 한국 요리보다도 일본 요리나 중국 요리가 미국사회에서 인지도가 높다는 것에서부터 경험하는 소외감이, 전반적 수준에서 한국이 갖는 주변성에 결부되어 해석된다는 것이다.

이 관심은 자본주의가 의식적으로 깊게 생각해서 드러낸 차이에 근거하는 정체성의 정치 무대가 아니라 상황에 따라서 오히려 차이가 애매해지는 상업영역을 매개로 서열적 인종 위계를 재편하는 것을 시사하고 있다. 그리고 소규모 사업의 성공을 이끌어내는 주변성의 문맥, 혹은 성공의 언설의 그늘에서 빈곤과 차별이 생겨나는 틀을 밝힌다는 데 의의를 찾고 있다.

필자 자신도 이 관심에서 미국 서해안 캘리포니아주 샌프란시스코 일본거리(니혼마치, 日本町)를 거점으로 한인 이민자의 기업 활동을 조사해왔다. 샌프란시스코 일본거리(이하 니혼마치)는 미국 내에서 인종차별적 정책과 이민배척 기운이 현저했던 19세기 후반에서 20세기 중반에 걸쳐 일본 이민자들이 다수 집주하고 있던 지역이다. 도시 재개발사업을 계기로 1960년대 말에 일본 회사자본이 세운 쇼핑센터를 중심으로 한 시가지로 새롭게 태어났지만, 100주년을 맞이한 2006년에는 니혼마치의 상업시설의 과반수를 소유하고 있던 일본계 회사자본도 완전히 철수하고 로스앤젤레스의 개발업자가 그것을 사들였다. 그 한편 1980년대 후반 이후 한반도 출신자를 중심으로 하는 아시아계 이민에 의한 사업 경영이나 부동산 소유가 눈에 띄기 시작했다.

니혼마치에서의 창업은 종래 연구가 강조해온 흑인과 히스패닉계 주민의 집주지구에서의 기업활동과는 다른 모습을 나타내고 있다. 왜냐하면 여기서는 한인 이민이 동포 간 관계를 이용하는 측면도 있지만 장사의 측면에서는 후천적으로 획득하거나 이어받은 문화적 혼합성을 자원화하면서 1970년대 이후 니혼마치를 소비생활과 장사의 거점으로 해온 경험이 있기 때문이다. 예를 들면 니혼마치에서 사업을 하는 재미 한인은 한인회와 퇴역군인회, 한국계 교회라는 조직적 유대를 가지며, 한글 간판을 걸고 동포를 고용과 고객 대상으로 하는 한편, 필요에 따라 한국어뿐 아니라 일본어와 영어를 쓰며 로

컬 일본어 텔레비전방송에 광고를 내고 한인록(한인 전화번호부)과 일본계 옐로페이지(일본인 전화번호부) 양쪽에 광고를 내면서 고객을 확보하고 있었다. 그리고 인터뷰에서는 동포 기업가와의 제휴보다도 개인 사업주로서의 입장을 강조하여 이야기하는 사람이 적지 않았다. 종업원과 가족, 교회 같은 민족 자원과 조직을 문화자본으로서 이용하면서도 니혼마치에서 창업을 선택한 배경에는 일본계 이미지의 지역 및 세계 사회적 우위성을 역으로 이용한 창업 전략을 엿볼 수 있다. 또 거시적 수준에서는 집단 차원에서 한인이라는 민족성을 표상하거나 민족 결속력을 지지기반으로 삼는 움직임을 드러나지 않게 하는 복수의 힘이 작용하고 있다. 그 배경에는 니혼마치라는 장소를 둘러싼 표상의 정치와 어쨌든 '아시안' 다운 것을 찾아 니혼마치에 찾아오는 주류사회 고객층의 요구, 또 신자유주의의 침투에 따른 개인화 경향 등(塩原 2005) 지역적·국가적·세계적 수준에서 다양한 프로세스가 교차하는 것을 엿볼 수 있다.

요컨대 니혼마치에서 일하는 그들에게 창업이란 한인으로서 민족집단의 일원으로 갖는 정체성을 확인하는 수단임과 함께 세계 시장경쟁에 내던져진 개인으로 살아나가기 위해서 옛날 식민지 지배를 당했던 일본과의 연계도 동원하면서 벌이는 생활의 기술인 것이다. 그런 까닭으로 현대 니혼마치의 상업적 맥락 속에서 아시아계라는 것, 한인이라는 의미를 탐구하는 과정은 미국사회와의 상관성 차원으로 규모를 제한하지 않는다. 한인 이민자의 창업이 지역, 국가, 세계적 수준에서 어떻게 다양한 이미지를 만들어내며, 그것이 서로 어떠한 관계성을 가지고 있는가, 또한 어떻게 한인 이민자들이 그 이미지를 소비와 상품화의 대상 및 지표로서 이용해 왔는가에 대해서 논의를 진전시켜 나가고자 한다.

참고문헌

塩原良和(시오바라 요시카즈)

   2005 『ネオ・リベラリズムの時代の多文化主義―オーストラリアン・マルチカル
      チュラリズムの変容』, 三元社.(『신자유주의 시대의 다문화주의: 호주적 멀티컬철리즘
      의 변용』, 산겐샤.)

Abelmann, Nancy and John Lie

   1995 *Blue Dreams: Korean Americans and the Los Angeles Riots.* Cambridge and
      London: Harvard University Press.

Bonacich, Edna

   1973 "A Theory of Middleman Minorities." *American Sociological Review* 38: 583-
      594.

   1989 "The Role of the Petite Bourgeoisie within Capitalism: A Response to Pyong
      Gap Min." *Amerasia Journal* 15(2): 195-203.

   1993 "The other side of ethnic entrepreneurship: A dialogue with Waldinger,
      Aldrich, Ward and Associates." *International Migration Review* 27(3): 685-692.

Bonacich, Edna and John Modell

   1980 *The Economic Basis of Ethnic Solidarity: Small Business in the Japanese
      American Community.* Berkeley: University of California Press.

Hurh, Won Moo and Kwang Chung Kim

   1984 *Korean Immigrants in America: A Structural Analysis of Ethnic Confinement
      and Adhesive Adaptation.* Cranbury, NJ: Fairleigh Dickinson University Press.

Joyce, Patrick D.

   2003 *No Fire Next Time: Black-Korean Conflicts and the Future of America's Cities.*
      Ithaca and London: Cornell University Press.

Kim, Claire Jean

   2000 *Bitter Fruit: The Politics of Black-Korean Conflict in New York City.* New

Haven and London: Yale University Press.

Kim, Dae Young

1999 "Beyond Co-ethnic Solidarity: Mexican and Ecuadorean Employment in Korean-Owned Businesses in New York City. *Ethnic and Racial Studies* 22 (3): 581-605.

Kim, Nadia

2008 *Imperial Citizens: Koreans and Race from Seoul to LA.* Palo Alto: Stanford University Press.

Lee, Jennifer

2002 *Civility in the City: Blacks, Jews, and Koreans in Urban America.* Cambridge and London: Harvard University Press.

Lie, John

1998 "Review: Caught in the Middle: Korean Communities in New York and Los Angeles, The Korean American Dream: Immigrants and Small Business in New York City, On My Own: Korean Businesses and Race Relations in America." *Journal of Asian American Studies* 1: 193-195.

Light, Ivan

1972 *Ethnic Enterprise in America.* Berkeley, Los Angeles, London: University of California Press.

1979 "Disadvantaged Minorities in Self-employment." *International Journal of Comparative Sociology* 20: 31-45.

1980 "Asian Enterprise in America." in *Self-help in America: Patterns of Minority Economic Development*, Scott Cummings(ed.), Pp. 35-57, Port Washington, NY: Kennikat Press.

Light, Ivan and Edna Bonacich

1988 *Immigrant Entrepreneurs: Koreans in Los Angeles1965-1982.* Berkeley, Los Angeles, London: University of California Press.

288 | 한민족 해외동포의 현주소

Light, Ivan and Steven Gold.

    2000 *Ethnic Economies*. San Diego: Academic Press.

Min, Pyong Gap

    1988 *Ethnic Business Enterprise: Korean Small Business in Atlanta*. New York: Center for Migration Studies.

    1989 "The Social Costs of Immigrant Entrepreneurship: A Response to Edna Bonacich." *Amerasia Journal* 15(2): 187-194.

    1996 *Caught in the Middle: Korean Communities in New York and Los Angeles*. Berkeley, Los Angeles, London: University of California Press.

Park, Lisa Sun-hee

    2005 *Consuming Citizenship: Children of Asian Immigrant Entrepreneurs*. Palo Alto: Stanford University Press.

Portes, Alejandro and Robert Bach

    1985 *Latin Journey: Cuban and Mexican Immigrants in the United States*. Berkeley: University of California Press.

Waldinger, Roger; Robin Ward and Howard Aldrich

    1985 "Trend Report: Ethnic Business and Occupational Mobility in Advanced Societies." *Sociology* 19: 586-597.

Wilson, Kenneth L. and Allen W. Martin

    1982 "Ethnic Enclaves: A Comparison of the Cuban and Black Economies in Miami." *American Sociological Review* 88: 135-161.

Yu, Eui-young

    1993 "The Korean American Community." in *Korea Briefing, 1993*. Donald N. Clark (ed.), San Francisco: Westview Press.

Zhou, Min

    1992 *Chinatown: The Socioeconomic Potential of an Urban Enclave*. Philadelphia: Temple University Press.

|제5부| 한국

제1장 _ 한국에서의 해외 한인 연구 동향

고정자

1. 머리말

한국사회에서 지식인들이 해외에 사는 한인에 관심을 두게 된 것은 1960 년대 이후 일이다. 해외 한인 연구의 첫 시작은 역사학적 접근이었고 이민사 연구가 그 주를 이루다가, 1990년대 이후 해외 한인에 대한 다양한 연구가 활발해진다. 그 이유는 소련을 비롯한 사회주의국가 체제가 붕괴됨으로써 그 동안 왕래가 어려웠던 중앙아시아 거주 한인에 대한 관심이 높아졌고, 1992 년에 이루어진 중국과의 수교 후 많은 조선족이 한국에 건너왔기 때문이다. 조선족 여성들이 농촌에 사는 총각들의 아내로, 출가 노동자로 유입됨으로써, 한국사회에서는 중국 조선족이 좀 더 가까운 존재로 인식되기 시작되었다. 이는 동시에 다문화접촉에 따른 다양한 사회문제를 야기시켰다. 이러한 조선족의 존재는 다른 해외 한인에 대한 관심사로 확대되었고, 1997년 IMF 외환위기 이후에는 국가의 국제화 전략 속에서 해외 한인 연구가 진행됐다. 이 글에서는 한국에서 진행되는 해외 한인 연구 동향을 개관하고자 한다. 특히 해외 한인의 생활문화에 주목한 문화인류학자들의 연구에 초점을 두고 검토하겠다.

지금까지 한국에서 한국 외에 사는 한인에 대한 연구분야는 크게 두 가지로 나눌 수 있다. 하나는 북한연구[1]이고, 또 하나는 북한 이외 외국에 사는 한인에 대한 연구였다. 한국에서의 북한연구는 오랜 기간 국가안보라는 차원에서 정부의 전문기관들이 진행해 왔지만, 최근에는 전문기관은 물론이고 대학에서도 '북한학'이라는 독립된 학과가 설치될 만큼 활발한 연구활동이 이루어지고 있다. 한편 해외 한인에 관한 연구는 '재외한인연구'라는 학제적 연구분야가 확립되었다.[2] 이 글에서 다루는 해외 한인 연구 동향은 전자의 북한연구가 아니라 후자의 외국에 사는 한인 연구의 동향이라는 것을 여기에서 밝혀 두고자 한다.[3]

이 글에서는 우선 한반도에서 해외로 이민한 역사를 개관한 후에 1960년 후반부터 연도별로 2000년까지 연구 동향을 개관하고자 한다.

2. 연도별 연구 동향

1) 해외 코리안 이민의 상황

한국인의 해외 이민 과정을, 인류학적 시각에서 해외 한인 연구를 진행해 온 이광규는 3가지로 시기를 나누어 정리한다.

제1기는 한반도에서 이민이 시작한 19세기 중엽부터 식민지 시기까지이다. 1860년대 한반도 북부지방에서 일어난 기아로 인해 농민들은 두만강을 건너 연해주로 출가농민으로 일하러 갔다. 당시 연해주에는 개척할 광대한 토지가 있어서, 농민(남성)이 단독으로 씨를 뿌리는 계절인 봄에 연해주에 가

---

1) 물론 북한을 해외 한인이라는 규정에 대한 의문이다. 그러나 필자는 남북 분단 이후 북한사회를 한국과의 연결상에서 인식하는 것이 아니라 전혀 다른 체제 밑에서 이루어진 사회라고 규정하여 여기서는 일단 한국사회연구와 구별하여 논했다.

2) 1990년에 재외한인학회가 창립되고, 학회지로서 『재외한인연구』가 매해 발간되어 2011년 현재 23호까지 발간되었다.

3) 이 논문은 2010년 12월 26∼27일, 이틀간 개최된 '동아시아 코리안 네트워크-그 동향과 실천'(국제심포지엄)에서 발표한 내용을 가필 수정한 것이다.

서 가을에 수확을 마치고 돌아오는 일을 매해 거듭하고 있었다(環流型移民). 당시 조선왕조가 이민을 허용하지 않았기에 이러한 방법을 선택했다고 한다. 중국으로의 이민이 1880년대에 시작되었는데, 농민들은 중국관리에게 과혹한 착취를 당했으나 중국에는 개척할 땅이 많아서 유민의 수는 늘어가기만 했다. 20세기에 들어서면서는 육지를 따라서가 아니라 바다를 건너 이동하는 이민들도 생겼다. 말하자면 정부의 허가를 받아 출국하게 된 것이다. 1903년부터 1905년까지 이루어진 하와이 농민 이민이 그 첫 실례였고, 약 7천 명의 농민이 사탕수수밭에 이주하였던 것이다.

제2기는 1910년 이후 식민지 시기이고, 이 시기에는 중국으로의 이주가 증가한다. 1920년부터는 중국으로 가는 이민이 감소하고, 대신 일본으로 가는 이민이 증가한다. 1937년에는 연해주에 거주하는 20여 만 명의 한인이 중앙아시아로 강제로 이주당했고, 현재 카자흐스탄이나 우즈베키스탄 등 중앙아시아에 사는 '고려인' 이라고 불리는 사람들은 이 시기에 생겨났다. 1941년 태평양전쟁 시기에는 200만 명이 넘는 한인이 탄광이나 군사시설 등에 노동자로 동원되어 일본으로 건너갔다.

제3기는 일제식민지로부터 해방된 후의 시기이다. 한반도의 정치적 혼란이나 남북분단으로 인해 일본으로 재도항이 시작된다. 1948년 제주도에서 일어난 4·3사건을 전후하여 제주도를 떠나 '밀항' 이라는 형태로 도항이 있었고, 소수이기는 하지만 한국전쟁에서 포로가 된 군인이 제3국으로 이민을 희망한 소위 '중립국 포로' [4]가 있었다. 1960년초에 계약노동자(광부나 간호사)들이 서독으로 보내진 것을 계기로 서독에는 재독 코리안이 형성되었고, 그 외 유럽 지역으로 이민이 이뤄졌다. 그리고 1965년 미국에서 이민법 개정된 것을 계기로 미국으로의 이민이 본격화된다.

---

4) 1953년 7 월에 조인된 한국전쟁 휴전협정 이후 포로 교환이 이루어졌다. 포로 중에는 북한으로의 귀환을 거부한 88명(중공군 12명 포함) 중 중립국위원회가 조직되어 이 위원회의 알선으로 중립국으로 이송되었다. 1954 년 2월 8일에 인도로 보내졌고, 1956년 2월 4일에 55명의 청년들이 브라질, 아르헨티나로 보내졌다(全京秀 1996: 50).

1960년대 이후에는 한국 정부의 정책으로 남미에 이민이 보내졌고, 1970년대에는 베트남에 파견된 노동자가 계약 만료 후 이란에 있는 미국회사에 취직함으로써 중남미로의 이민이 시작된다(李光奎 1997).

2009년 현재 정부 통계에 따르면 이민 국적보유자를 합쳐 재외국민수는 140개국에 682만 2천 명이다. 이러한 현상이 한국에서 해외 한인 연구를 촉진시키는 요인이 되었다고 볼 수 있다.

2) 1960년대부터 1970년대의 연구 동향

한국에서의 해외한인연구에 대해 '재외한인연구학회' 전 회장인 윤인진(尹燐鎭)은 '해외에 거주하는 한인에 관한 체계적이고 경험적인 학술연구' 이라고 정의하고 있다(尹燐鎭 2010: 2). 여기서 말하는 '재외한인' 이란 한국국적을 가진 국민만이 대상이 되는 것이 아니라 '한민족의 혈통을 이어받거나 아니면 그렇게 생각하는 모든 법적 지위' 를 가진 코리안을 일컬어 재외한인이라고 규정하고, 그것은 바로 국적이나 국가이라는 틀에서 뿐 아니라 한반도에 뿌리를 가진 사람들을 포함한 연구라고 명시하였다.

그러면 1960년대부터 1970년대까지 해외 한인연구의 동향을 살펴보기로 한다. 전술한 바와 같이 지식인이 해외에 사는 해외 한인에 관심을 돌리는 것은 이 시기부터이다. 연구 초창기에 해당하는 이 시기 연구는 주로 해외 이민의 배경이 되는 역사학적 접근이었고, 그 대표적인 연구 결과가 1967년에 현규환(玄圭煥)이 저술한 『韓國流移民史 上』(語文閣)이며 1976년에 『韓國流移民史 下』(三和印刷(株)出版部)가 발간되었다. 1973년에는 고승제(高承濟)가 『韓國移民史研究』(章文閣)를 저술했다. 한편 이 시기에 정부의 해외이민정책에 대한 제언을 목적으로 한 『韓國海外移民研究』(韓國開發研究院)가 출간되었다(林史樹 2007).

이 시기의 해외 코리안 연구 대상 지역으로서는 재일 코리안 연구가 주류였다. 그 이유는 이 시기 미국으로의 이민이 막 시작되었고, 중국이나 구소련은 사회주의권이었기에 연구대상이 되기 어려웠기 때문이다. 나아가 재일 코리안 연구자가 쌓은 연구축적이 많았던 것, 북한을 지지하는 재일본조선인총연합(在日本朝鮮人總聯合, 이하 조총련)이 존재하기에 정책적으로도 재일 코리안에 대한 연구 비중이 높았다. 이러한 두 가지 이유 때문에 이 시기 해외 코리안 연구의 주류는 일본이었다.

3) 1980년대부터 1990년대의 연구 동향

1980년대에 접어들면서 미국에 사는 코리안을 대상으로 하는 연구가 많아진다. 한국인의 미국 이민은 20세기 초, 말하자면 1903년부터 1905년 하와이의 사탕수수밭으로 농업이민이 간 것이 그 시발점이었지만, 그 후는 한국전쟁과 그로 인해 주둔한 미군과의 혼인으로 주로 한국여성들과 그 가족들이 이민하였다. 본격적인 미국으로의 이민이 증가는 1965년 이민법 개정과 함께 이루어졌으니 비교적 최근 일이었다. 미국으로의 이민 간 한인들의 특징은 식민지 시기 이민과 달리 유학생이나 기술자 등 지식인층이 많다(李光奎 1997)는 점이다. 미국에서 학위를 취득한 사회학, 인류학, 교육학, 정치학 분야의 재미 코리안 연구자들이 주축이 되어 재미 코리안 연구가 이루어진다.

이 시기 연구 동향에서 특기할 점은 1980년대에 처음으로 인류학자가 종합적인 재일 코리안 연구를 실시한 것이다. 1983년 이광규가 저술한『在日韓國人 ―生活 實態를 中心으로』(一潮閣)는 그 이전까지의 "정치적 · 정책적 차원에서 다루어 왔던 재일교포 문제를 학문적 차원으로 끌어올린 최초의 시도"(鄭炳浩 1996: 133)였다.

1988년에는 이광규를 중심으로 재일 코리안 문제를 다루는 연구자와 교육계 연구자가 모여 '재외한인연구회'를 발족되었고, 1990년에 재외한인학회지인『재외한인연구』창간호를 간행하여 해외 코리안 연구 기반이 구축되었다.

1980년대 후반부터 1990년대에 걸쳐 동유럽 제국에서 사회주의 체제의 붕괴와 중국의 개방정책 등 세계적 규모로 큰 변화가 일어났다. 이러한 동서냉전체제의 종말로 그 전까지 연구가 어려웠던 사회주의권에 사는 코리안에 대한 연구가 가능해졌다. 나아가 1990년대에는 한국사회 내에도 큰 변화가 보였다. 1980년대까지 이민 송출국이었던 한국이 1990년대 이후에는 이민 수입국으로 전환한 것이다. 서울올림픽 이후 한국에서는 소위 3D 직종에 대한 젊은이들의 기피가 보여지고, 그로 인한 노동력 부족을 보완하기 위하여 중국조선족을 외국인 노동자로 받아들였기 때문이다. 또한 농촌에서 신부 부족 등으로 국제결혼이 장려되고 그 상대로 조선족이 선택되었다. 그 결과 한국 내 조선족이 증가하였다(尹燐鑛 2010). 이러한 상황에서 이 시기에는 재중 코리안 연구, 말하자면 중국조선족 연구가 많았다. 또한 세계에 산재된 해외 코리안에 대한 학술회의가 개최되고, 그 결과물로서 『세계 속의 한국문화 : 재외한인의 생활과 문화』(1992, 韓國精神文化研究院)가 간행되었다. 이 논문집은 세계에 흩어져 사는 코리안 연구자들이 각자의 입장에서 집필했다는 뜻에서 의의가 있다.

1996년에는 통일원에서 전10권에 이르는 『세계의 한민족』(世界韓民族叢書)이 간행되었다. 이 총서는 당시 해방 50주년을 맞이하여 세계 140개국에 거주하는 코리안의 민족적 정체성을 확인하는 작업의 일환이었다. 이 총서는 제1 권에서 이광규가 이민의 역사적인 배경을 기술한 총괄을 쓰고 제2권부터 9 권까지는 중국, 북미, 일본, 독립국가연합(CIS), 중남미, 유럽, 아시아·태평양,[5] 중동·아프리카에 이르는 지역에 흩어져 사는 코리안에 대해 기술하고 있다. 편람인 제10권에는 해외교포문제연구소가 수집한 각 지역에 조직된 동포 관련 조직에 대한 정보와 문헌표, 연표 등이 게재되고 있다. 다만 총서는 이민사부터 시작하여 해외 코리안사회와 한국과의 관계를 주로 다루고 있어 지역에 따라 내용에 차이가 있다. 예를 들어 남미지역은 전경수(全京秀)가 담당하여 1986년부터 1987년의 약 8개월간 남미에 체재하면서 수집한 자료에 기반을 두고 있다. 남미로의 이민이 시작은 1905년 멕시코 메리다에 내

---

5) 아시아·태평양 지역으로 여기서 다루고 있는 지역은 대만·홍콩·대만·싱가포르·말레이시아·인도네시아·호주·뉴질랜드 지역의 코리안을 다루고 있다. 저자는 문화 인류학자인 한경구(韓敬九)이다.

려선 1,000명을 넘는 이민, 브라질로의 이민은 식민지 시기에 일본인 이민 속에 포함한 조선인 이민,[6] 한국전쟁 후 중립국 포로로서 이민의 생활사 등의 조사에 기반을 두고 기술하고 있다. 또한 일본 부분을 집필한 이문웅(李文雄)도 1988년부터 1989년까지 일본에서의 인류학적 조사로 얻은 자료를 기반으로 집필하고 있다. 이에 반해 아시아·태평양 지역이나 중동·아프리카 등의 지역은 역사나 이민의 수도 적고 자료가 적음으로, 연구자가 방문하여 자료를 수집하여 집필하는 지극히 초기적인 단계였다.

나아가 이 시기 특징으로 간과할 수 없는 것은 1990년에 재외한인학회지로서 『재외한인연구』가 간행된 일이다. 이 학회지가 창간됨으로써 두 가지 연구의 진전이 보였다. 하나는 해외 코리안 연구가 연구분야의 한 장르로 자리 잡고 있다는 것, 둘째는 연구발표의 장이 넓어졌다는 것이다. 본 학회지의 연구동향에 관해서는 2010년에 발표[7]되었다.

4) 2000년대 연구 동향

2000년대의 연구 동향을 논할 때 제일 중요한 것은 국립민속박물관이 한국인류학회에 위촉하여 한국문화인류학회가 중심이 되어 진행된 '재외동포 생활문화조사 연구' 성과이다. 이 조사는 1996년 『중국 길림성 한인동포의 생활문화』(대표 金光億)부터 시작하여, 2005년 『관동지역 한인 동포의 생활 문화』(대표 文玉杓)에 이루는 10년간의 프로젝트로 총 10개 지역에 대한 조사보고서를 산출했다.[8]

이 보고서의 특징은 문화인류학 전공 연구자들로 구성된 조사라서, 지금까지 해외 코리안 연구와는 달리 일상생활에 관한 조사항목이 더해진 것이

---

6) 전경수의 브라질 이민에 관한 논문으로서는 '브라질 한국이민과 그 전개과정' 『재외한인연구』 창간호, 1990, 在外韓人學會編, 단행본으로는 1991년 『브라질 한국이민/인류학적 접근』 서울대학교출판부가 있다.

7) 尹燉鎭 2010 「『재외한인연구』(1990年 創刊號~2010.8 第22號) 내용분석」, 『재외한인연구와 한국학-연구와 통합의 모색』 pp. 1~57.

8) 보고서가 간행한 연도는 〔표 1〕에 정리했다.

한국에서의 해외 한인 연구 동향 | *299*

〔표 1〕『한인동포의 생활문화』국립민속박물관 학술총서

연도	지역	비고	연도	지역	비고
1996	중국 길림성(吉林省)	김광억 외	1997	중국 요녕성(遼寧省)	김광억 외
1998	중국 흑룡강성(黑龍江省)	김광억 외	1999	우즈베키스탄	전경수 외
2000	카자흐스탄	전경수 외	2001	러시아 사할린·연해주	전경수 외
2002	일본 간사이(關西)	문옥표 외	2003	미국 하와이	최협 외
2004	멕시코	김세곤 외	2005	일본 간토(關東)	문옥표 외

다. 본 조사연구 보고서에서는 중국, 독립연합국, 사할린, 일본, 미국 하와이, 멕시코 등에 거주하는 코리안의 이민사나 그 사회적 배경뿐만 아니라 가족이나 친족, 직업(경제생활), 의식주, 의례와 신앙, 언어생활과 교육, 제사와 놀이 등 인류학적 항목이 조사되어, 각 지역을 한 덩어리로 일괄하여 논하지 않았다. 예를 들어 중국조선족인 경우에도 동북 3성 지역이라고 불리는 길림(吉林)·요녕(遼寧)·흑룡강(黑龍江)성으로 나누어 각 지역에서 조사가 진행되었다. 중국지역 조사를 담당한 김광억은 조사에 앞서 중국에서 한국에서는 찾아볼 수 없는 전통문화의 원형을 발견하려는 고고학적인 방법을 택하지 않겠다며 현재까지 중국사회의 변화 속에서 구축된 '조선문화'로, 현재 문화로 간주하고 과학적으로 분석하려고 했다(金光億 1996). 이러한 문화인류학자의 자세는 지금까지의 해외 한인 연구에서 보여진 '민족성'을 강조하는 연구와 선을 그은 것이었다.

그러나 이러한 조사보고서는 열흘부터 길어도 두 주간이라는 아주 짧고 한정된 일정 내에서 증언자를 찾고 인터뷰하는 방법을 선택할 수밖에 없었다. 이러한 단기간의 조사에서는 증언자와의 충분한 신뢰관계 구축이 어려웠다고 보고서 작성자인 김병철(金炳徹) 자신이 지적하고 있다(金炳徹 2005). 주어진 기간 내에서 얻은 자료로 보고서를 썼기 때문에 증언자가 갖고 있는 사회적인 배경이나 증언 배경에 대한 분석 없이 증언만이 기술되는 경향이 보인다. 이러한 사례는 증언에 대한 충분한 검토 없이 정보만이 독보하는 위험성을 지닌다. 나아가 해당 지역에서의 장기조사 경험이 있는 연구자들, 예를 들어 브라질에서 1980년대에 8개월 동안 조사를 한 전경수나 일본에서 1년간 조사를 한 이문웅이 조사자로 참여하지 않았다는 점이 안타깝다. 연구의 심화라는 뜻에서 인맥이나 경험이 많은 연구자의 참여가 있으면 보다 깊이 있는 보고서가 작성되지 않았겠느냐는 생각이 든다.

한편 2000년대는 지금까지 구축되어 온 연구의 틀이 확대된 것도 특징의 하나이다. 국가의 세계화전략 중에서 해외 한인 문화를 문화콘텐츠로 간주하려는 연구, 재외동포법 채택에 관한 국제법과 관련해서 연구하려는 연구 등도 보였다.

3. 지역별 해외 한인 연구의 동향

1) 해외 한인 연구의 주제별 연구 동향

RISS학술지 검색 사이트에서 문헌검색을 기반으로 해외 한인 연구에 관한 연구 동향을 검토한 윤인진(尹燐鎭)[9]은 연구주제가 다음의 5개로 집약된다.

① 문학에 관한 연구(동포문학, 이민문학, 디아스포라 문학)(17%)
② 언어와 한국어교육에 관련된 연구(14.6%)
③ 재외동포법이나 이중국적문제, 참정권문제 등 정부의 해외 한인정책에 관련된 연구(9.1%)
④ 민족 정체(ethnic identity)나 민족의식에 관한 연구(5.2%)
⑤ 남북관계와 남북통일에 관한 연구(4.0%)

상기 다섯 주제 외에도 여성, 가족, 청소년에 대해 언급한 논문이나 예술,

---

9) 이 장은 2010년 12월 23일에 고려대학에서 개최된 '재외한인학회 · 한국학중앙연구원 공동학술회의'에서 발표된 논문에 의거하고 있다.

〔표 2〕 지역별 학술지와 논문 출판 건수

지역	건수	비율(%)	지역	건수	비율(%)
전체 해외 한인	223	16.6	재미 한인	87	6.5
조선족	790	59.0	在캐나다 한인	4	0.3
재일 한인	167	12.5	고려인	42	3.1
그 외 아시아지역	11	0.8	남미지역 한인	7	0.5

출전 : 尹燐鑛 2010.6「在外韓人集團別 學術誌 論文 出版 件數 表」를 인용

재외동포 역할, 사회문제, 이민사 등의 역사, 경제신문 방송, 주택/건축/공학 등의 주제가 연구되고 있다. 이 분석 결과로 알 수 있듯이 한국에서의 해외 한인에 대한 관심은 한국인으로서의 민족성을 확인하는 일이었다고 할 수 있다.

다음에 해외 한인 연구의 대상지역에 대해 보면 중국 조선족(59.0%), 재일 한인(12.5%), 재미 한인(6.5%), 고려인(3.1%), 아시아지역(0.8%), 다음에 재캐나다 한인(0.3%), 해외 한인 전체(16.6%)이다. 해외 한인 연구는 전체적인 연구보다는 개별 지역 한인에 관한 연구가 많았다. 이것은 해외 한인이 수적으로 많은 지역에 대한 연구가 많고, 또 이민 역사가 긴 해당지역 연구자가 많은 지역 연구가 연구업적도 많아 그에 비례한다.

한국학과 지역연구의 학제적인 연구라는 뜻에서 주목할 만한 활동이 보인다. 재외한인학회는 2010년 12월에 심포지엄을 개최하여 지금까지의 해외 한인 연구 동향을 분석하였다. 윤인진은 창간호부터 22호까지 『재외한인연구』지의 연구 동향을 살폈으며, 지역별 연구 동향에서는 최우길이 "국내 중국조선족연구 동향의 추이 분석과 향후 과제"를, 송동기가 "고려인 연구사정리"를, 임영언이 "재일 코리안 연구사정리"를, 민병갑이 "재미 한인에 관한 한국어 문헌정리"를 분석했다.

2) 지역별 해외 코리안 연구 동향

『재외한인연구』지 내용을 분석한 윤인진은 연구 동향에 대해 세 가지 점을 지적했다. 첫째, 초기에 이광규(李光奎)의 재일 한인에 관한 논문을 비롯한

소수 연구자에 의해 해외 한인 연구가 이끌어졌다는 점, 둘째는 창간호부터 1995년까지는 논문 게재자의 층위가 다양했지만 1995년 이후에는 주로 전문 연구자들의 논문이 게재되었다는 점, 셋째로는 중요한 행사 여부가 게재 논문 수에 영향을 주었다. 예를 들어 멕시코 이주 90주년 등 기념 행사 심포지엄이 개최되자 그에 따라 발표논문이 늘어나는 경향이 있어서 부족한 논문이 보였다고 한다(尹燦鎭 2010).

중국 조선족 연구의 경향에 대해서는 최우길이 분석하고 있다. 최우길은 중국조선족에 관한 연구로 정치학, 문학, 언어학, 심리학, 사회학, 문화인류학, 경제학, 교육학, 의상·의류학, 지리학, 역사학, 가정학, 아동학, 건축학, 예술, 행정학, 법학 등 다양한 분야에서 연구가 진행되고 있다고 지적한다. 한국 내에서의 중국조선족 연구는 1982년 김광억의 논문[10]을 위시하여 연구가 시작되고, 1990년대부터는 한중 국교수교가 이루어지면서 압도적으로 많아진다. 앞서 논한 바와 같이 지역별 연구논문 건수도 중국연구가 제일 많다는 결과에서도 알 수 있을 것이다. 2000년대에 들어 주제나 연구 방법 등에서도 양적, 질적 의미에서도 큰 전진이 보인다고 한다(최우길 2010).

중앙아시아나 연해주 사할린 등의 지역에 사는 코리안을 '고려인'이라고 간주하여 이 지역의 코리안에 대해 손동기가 정리하였다. 손동기는 1991년 구소련, 카자흐스탄, 우즈베키스탄에 있는 '고려인' 집거지에 연구지역이 한정되어 있다는 것, 우즈베키스탄의 '고려인' 연구자로 인해 강제이주 등의 과거 역사가 본격적으로 알려지게 되고, 그들의 손으로 쓴 연구가 참고 문헌 역할을 한 점을 지적했다. 2000년대에는 지금까지의 연구 축적으로 인해 연구가 세분화되고 역사뿐 아니라 생활 문화나 그들의 특징적인 농업시스템인 고본질,[11] 사회, 예술, 정체성 등 다양하다. 그러나 이러한 연구를 할 때 언어가 문제시된다. '고려인'들은 러시아어가 더 유창하며, 기초 문헌도 러

---

10) 金光億 1982 「中国大陸의 韓人社国」 『社国科学科政策研究』 第4卷 2号.

11) 중앙아시아로 강제이주된 한인은 농번기에 집을 떠나 생산지로 가서 수확할 때까지 일하다 오는 시스템을 '고분질'이라고 칭한다.

시아어이기에 현지조사도 통역을 쓰는 등 어려움이 뒤따른다. 최근에는 한국 연구자와 러시아나 우즈베키스탄, 카자흐스탄 등에서 학위를 받은 연구자, 역으로 한국에 온 '고려인' 유학생들과 함께 공동 연구를 행하는 것이 특징이다(손동기 2010).

해외 한인 연구는 재일 한인 연구부터 비롯되었다고 해도 과언이 아니다. 앞에서 언급했듯이 재일 한인은 식민지시기부터 현재에 이루기까지 중국 조선족이나 '고려인' 과는 달리 비교적 이른 시기부터 연구대상이 되었다. 그것은 일본에는 북조선을 지지하는 재일조선인총련맹이 존재하고 있었으므로 정부 차원에서도 연구가 행해지고 있었고, 이른 시기부터 재일 한인 연구자가 연구를 하고 있었기 때문이다. "재일 코리안 연구사 정리"를 맡은 임영언이 제시한 연대별 특징을 간단하게 소개하면 1945년부터 1960년까지의 연구는 재일 한인의 법적 지위나 이승만 라인, 재산청구권, 북조선으로의 귀환문제 등이 주된 주제였다. 1964년에 '해외교포문제 연구소' 가 만들어지고, 이 연구소를 통해 재일 한인의 실태조사 및 현황 조사가 행해졌다. 1970년대는 서울대의 재외국민교육연구소, 고려대의 아시아문제연구소 등에서도 재일 한인의 교육문제나 조총련 연구가 시작되고 민단과 조총련의 대립 격화문제나 재일 한인 기업인에 대한 연구 등도 보였다. 1980년대에는 정책 연구와 문화인류학자들에 의한 연구가 시작되었다. 그 시초는 이광규가 행한 재일 코리안 연구(1983, 『在日韓國人 : 生活實態를 중심으로』, 一潮閣)이었고, 이어서 1988년에는 이문웅[12]이 행한 연구가 있다. 또 이 시기는 민족차별 등에 대한 문제도 언급되었다. 1990년대는 민족교육에 관한 연구가 제일 집중되어 행해졌다. 문화인류학을 중심으로 생활문화 연구가 행해지고 정체성, 재외동포법이나 재외국민 참정권 문제, 재일 코리안기업가의 네트워크, 이중국적 등 주제의 다양성이 보인다(임영언 2010).

마지막에 민병갑이 "재미 코리안에 관한 한국어 문헌 정리"를 통해 연구

---

12) 李文雄 1988 「在日濟州人의 儀禮生活과 社會組織」『濟州島研究』5.

동향을 분석하고 있다. 민병갑은 근현대사의 일환으로 식민지시대 독립운동가나 독립운동 연구로서의 역사적 연구와 재미 한인을 대상으로 하는 다양한 주제를 다룬 것으로 이분한다. 재미 한인 사회를 다룬 주제 중에서 가정, 여성, 노인을 취급한 것이 제일 많고, 다음으로는 경제활동이 많았으며, 비즈니스와 관련한 한인과 흑인 간 갈등, 그리고 어린이 교육이나 정신 문제, 정체성, 종교 등이다. 민병갑은 한국과 미국에 있는 연구자들의 공동연구가 보다 질 높은 연구를 이루어 내리라고 전망한다(민병갑 2010).

4. 맺음말

여기까지 한국에서의 해외 한인 연구동향을 개관해 왔다. 한국에서 해외 한인에 관한 연구는 주로 세계에 분산하여 사는 한인을 한민족공동체를 구축하는 일에 기여할 것을 목적으로 하여 국제화 시대에 들어서면서 한국을 지원하는 존재로서 자리매김하려고 한 측면이 있다.

이러한 한국사회의 해외 한인에 대한 시선에 대해 정병호(鄭炳浩)는 1996년에 게재된 '재일 한인사회' 중에서 해외에 거주하는 한인을 국제화의 발판으로 삼으려는 도구적인 존재로 보고 있지 않느냐며 지적하고, 한국사회가 자문화 중심적인 자세로부터 주변부에 위치한 해외 코리안을 보고 있지 않느냐고 자성한다. 이러한 지적 후 15년이 지난 현재, 여전히 한국에서는 해외 한인에 대한 혈연주의적 동족의식을 전제로 한 접근 방식을 극복했다고 할 수는 없지만 많은 진척이 있었다. 문화인류학자가 연구에 참여함으로써 생활문화에 대한 관심이 높아졌고, 숫자는 적지만 장기간 참여관찰을 통한 논문이 나오고 있다. 민족 정체성 문제뿐만 아니라 정주국과의 문화접촉 문제 등을 의식한 조사도 진행되고 있다.

한편, 현재도 진행형으로 세계 각국에 흩어진 한인들에 대해서도 현단계에서의 기초적인 자료를 모으는 단계이고, 해외 한인의 생활사 연구가 압도적으로 부족하다. 이는 중요한 주제로 앞으로의 연구가 기대되고 있다. 보다 중요한 것은 국가나 민족이라는 틀에서 해외 한인을 보는 시각에는 한계가 있다는 것이다. 해외 한인의 실태는 기존의 국가나 민족에 한정된 일이 아니라 국경을 넘나들며 다양한 양상을 보이고 있다. 이 상황을 분석하려면 여러 사람들의 증언이나 다양한 시각에 귀를 기울일 필요가 있을 것이다. 그를 위해서 민병갑이 제시한 질적 연구를 위해서도 해당지역 연구자들과의 공동조사나 연구가 무엇보다도 요구된다.

〔표 3〕 해외 코리안의 인구동태 (통계표명: 재외동포 추이, 단위 : 천명)

	1992	1995	1997	1999	2001	2003	2005	2007	2009
계	4,944	5,229	5,541	5,645	5,654	6,337	6,638	7,044	6,822
아주지역	2,714	2,724	2,798	2,811	2,671	3,240	3,590	4,040	3,710
- 일본	713	697	700	660	640	899	901	894	912
- 중국	1,927	1,940	1,986	2,044	1,888	2,145	2,439	2,762	2,336
- 기타	74	87	113	108	143	196	250	384	461
미주지역	1,697	1,965	2,209	2,271	2,376	2,433	2,393	2,341	2,432
- 미국	1,534	1,802	2,000	2,058	2,123	2,157	2,087	2,017	2,102
- 캐나다	70	73	110	111	141	170	198	216	223
- 중남미	93	90	99	103	111	106	107	108	107
구주지역	519	527	523	551	595	652	640	645	655
- 독립국가연합	459	461	450	487	522	558	533	534	537
- 유럽	60	66	72	64	73	94	108	111	117
중동지역	12	9	7	6	7	7	7	9	13
아프리카지역	3	3	3	4	5	5	8	8	9

출전 : http://www.index.go.kr 2011년 5월 3일 현재

〔표 4〕 주제별 학술지 논문 출판 건수

주제	건수	비율	주제	건수	비율
동포문학	228	17.8%	여성/가족	47	3.5%
언어/한국어교육	131	9.8%	청소년	46	3.4%
조선족교육	40	3.0%	이주/이민	31	2.3%
재외동포교육	24	1.8%	경제/경영	27	2.0%
재외동포정책	35	2.6%	소수민족정책	14	1.0%
선거권	20	1.5%	사회문제	23	1.7%
법적지위	29	2.2%	재외동포의역할	30	2.2%
국적, 국적법	10	0.7%	역사	20	1.5%
재외동포법	15	1.1%	예술	38	2.8%
정체성/민족의식	70	5.2%	신문방송	7	0.5%
주택/건축/공학	0	3.0%	남북관계/남북통일	53	4.0%
합계	1,340				

출전 : 尹燦鎬, 2010, "재외한인연구의 동향과 과제", 348

참고문헌

김병철(金炳徹)

　　2005 「제4장 가족 및 친족생활」, 『일본 관동지역 한인동포의 생활문화』, 국립민속
　　　　박물관, 93-115.

민병갑

　　2010 「재미한인에 관한 한국어 문헌정리」, 『재외한인연구와 한국학-연구와 통합
　　　　의 모색』 21, 재외한인학회, 118-132.

성동기

　　2010 「고려인 연구사 정리」, 『재외한인연구와 한국학-연구와 통합의 모색』 21, 재
　　　　외한인학회, 84-95.

윤인진(尹燦鎭)

　　2010 「재외한인연구의 동향과 과제」, 『재외한인연구』 21, 재외한인학회, 326-356.

　　2010 「『재외한인연구』(1990年 創刊號～2010.8 第22號) 내용분석」, 『재외한인연구
　　　　와 한국학-연구와 통합의 모색』 21, 재외한인학회, 1-57.

이광규(李光奎)

　　1996 『세계의 한민족』, 통일원.

　　1997 『在外韓人의 人類學的 研究』, 集文堂.

이문웅(李文雄)

　　1988 「在日濟州人의 儀禮生活과 社會組織」, 『濟州島研究』 5.

　　1996 『세계의 한민족-일본』, 통일원.

임영언

　　2010 「재일 코리안 연구사 정리」, 『재외한인연구와 한국학-연구와 통합의 모색』
　　　　21, 재외한인학회, 96-117.

전경수(全京秀)

　　1990 「브라질의 한국이민과 전개과정」, 『재외한인연구』 창간호, 재외한인학회편,
　　　　155-219.

1991 『브라질의 한국이민/인류학적 접근』, 서울대학출판부.

1996 『세계의 한민족—중남미』, 통일원.

정병호(鄭炳浩)

1996 「재일 한인사회」, 『民族과 文化 第四輯』, 106-144.

최우길

2010 「국내 중국 조선족 연구의 경향추이 분석과 향후 과제」, 『재외한인연구와 한국학—연구와 통합의 모색』 21, 재외한인학회, 58-83.

在外同胞指標(統計資料)

林史樹(하야시 후미키)

2007 「リーディング・ガイド」, 『民博通信』 No.118, 16-17. (「리딩가이드」, 『미파쿠통신』 No.118, 16-17.)

김경학

「인도에 정착한 중립국 포로의 이야기」 user.chollian.net/~indology/data/09-1-03.pdf

제2장 _ 연구자가 찾아왔다

- 시점의 전환과 지식의 재귀성에 관한 메모 -

오타 심페이(太田心平)

이렇게 하면 내 상황만 곤란해진다는 것은 나도 알고 있다.
하지만 그래도 참다못해 그것을 하게 되는 이유는 바로 내
가 일본인이기 때문이다.
—요시다 쇼인(吉田松陰, 1830~1859)

이 책에서는 다양한 지역에 사는 해외한인의 모습을 소재로 연구자들과
당사자들이 다채로운 분석과 주장을 펼치고 왔다. 그 마지막에 해당하는 이
글에서 필자는 지금까지 거론된 해외한인 사회를 그 밖에 있는 사람들, 특히
지식인 사회가 바라보는 양식에 착안하여, 거기에 숨어 있는 문제점에 대해
필자 자신이 이전에 경험한 실수를 바탕으로 정리해보고자 한다.

동시에 필자는 이 책에 실린 글들의 내용을 몇 가지 소개하며 발전적으로
재논의해보고자 한다. 단, 이 글의 목적은 이 책의 논의들을 정리, 보충하겠
다는 것과 다르다. 이 글에서 다루고자 하는 문제의식들은 이 책뿐만 아니라
해외한인을 조명한 기존 연구와도 깊이 관련된다고 생각된다. 이 글의 목적
은 해외한인 연구가 선행연구의 충분한 축적에 힘입어 이미 학술분야로서의
제1단계에 달성했다는 견해에 바탕을 두고, 제2단계에서 이 분야에 어떤 사
항을 기대할 수 있는지를, 이 책의 논의들을 활용함으로써 검토, 제안하는 데
에 있다.[1]

---

1) 이 글에 앞서 진행한 조사연구에서는 한국, 중국, 미국, 일본에 거주하는 많은 해외한인
분들이 필자에게 기꺼이 협력해주셨다. 특히 의미있는 시간을 함께해주신 K씨, B.B. 씨,
R.H. 씨, M.N. 씨, J.P. 씨에게는 깊이 감사의 말씀을 올리고 싶다. 아울러 이 글의 바탕이

1. 나도 해외한인인가?-트랜스내셔널리스트

먼저 이 책에서 다루고 있는 '해외동포' 혹은 '해외한인' 이라는 개념을 짧게 재검토해보겠다. 이 개념은 '한국의 민족적 뿌리를 가지고 해외에서 생활하는 사람들' 이라는 의미로 통용되고 있다. 이 개념을 채용함으로써 다양한 지역의 한인들을 포괄적으로 논할 수 있고, 그들이 서로 지닌 차이점을 밝힐 수도 있다. 그 의미에서 이 개념에는 충분한 유용성이 있다 하겠다.

그런데 과연 유용성만 있을 뿐일까? 해외한인이라는 개념에 별다른 의문을 품어본 적 없었던 필자는 어느 한국인 여성의 한마디를 듣고 스스로의 모습을 반성하게 되었다. "나도 해외한인인가?" 라는 발언이다.

중국 다롄에서의 일이다. 1965년생 한국 여성 J는 당시 아들을 중국에 있는 고등학교에 보내고 있었다. 아들은 어릴 적부터 말을 더듬어서 한국에서는 어떤 학교로 전학을 가든지 늘 심각한 따돌림을 당했다. 어떻게 할지 고민하다가 평소 다니던 교회의 지인이 자녀들을 중국유학 보냈다고 듣자, 본인의 아들에게도 그것이 좋은 방법으로 여겨졌다. 다른 외국에 보내는 것보다 비용이 적게 든다는 장점도 있었고, 한국에서 가깝다는 점도 안심 요소였다. 그러나 정작 본인은 아들을 혼자 보내는 데에 거부감을 느꼈다. 그렇다고 남편이나 다른 자녀들을 생각하면 한 아이만 데리고 본인까지 중국에서 살 수도 없었다. 결국 그녀는 한국에서 가까운 다롄에 아이를 보냈고, 보름마다 다롄과 인천을 왕래하면서 생활하게 되었다. 그런 생활이 3년에 접어들던 무렵이었다.

우리 아이는 앞으로도 중국에서 대학을 다닐 거고, 아마 중국에서 쭉 살 거야.

된 아이디어는 이주 및 이민의 문제를 전문적으로 연구하는 동학들과 대화를 나누는 과정을 통해 필자의 마음 속에 완성된 것임을 고백하겠다. 특히 Renato Rosaldo 선생님, Laurel Kendall 선생님, 고이즈미 준지(小泉潤二) 선생님, 노고운 선생님, 강주원 선생님에게 사의와 존경의 뜻을 표하고 싶다.

그렇다면 애는 아마 해외한인이지. 아니, 아직 해외한인 예비군인가? 근데 그럼 나는 뭐야? 나도 해외한인인가? [FN20090727]

해외한인이라는 말을 쓸 때 우리는 인간이란 한곳에 머물며 생활해야 한다는 전제하에서 해외에 체류하는 한인을 그렇게 부르고 있는 것이 아닌가? 더 역동적인 인간의 삶을 머릿속에서 배제하고 있지는 않은가?

그녀의 아들은 앞으로도 중국에서 살아간다면 J의 말대로 해외한인에 해당될 것이다. 그런데 엄밀히 따지면 아직까지는 해외한인이 아닌 유학생에 불과하다. 대학졸업 후 생활의 무대를 한국에 옮긴다면 해외한인이 아니라 귀국자녀다. 또 J 자신의 경우에는 다른 복잡한 사연이 있다. 실생활 기반의 반을 중국에 두고 있고, 이제 일상생활에 지장이 없을 정도로 중국어도 구사한다. 다롄의 한인 사회에서도 활동하기에, 그 일원으로 충분히 인식되고 있다. 그럼에도 아들의 경우와 달리 다롄 거주 한국인의 통계에 포함되지 않는다. "나 자신은 해외한인이라고 불리는 것보다 '신조선족' 2)이라고 불리는 게 더 좋은데. 그리고 나는 나야." J는 유연하게, 또 늠름하게 살고 있다.

조선족은 중국 사람인지 한국 사람인지 애매하지만 …… 그것을 자기들의 이익으로 바꾸면서 사는 든든한 사람들이잖아? 나한테도 그런 든든한 부분이 필요해. [FN20090728]

다른 사례도 소개해보자. 일본 오사카에 위치한 한 작은 한국음식점 이야

---

2) 한중 수교 이후 중국에 생활의 장을 옮긴 한국인을 중국에서는 '신조선족'이라고 부르는 경우가 있다. 수교 이전부터 중국에 거주하고 중국 국적을 가진 조선족과 구별하면서도 서로 공통점이 보이기 때문에 이러한 세칭이 쓰인다고 말할 수 있다. 그 인구는 이 책에서 최선화가 제시한 유학생의 수에서도 추측할 수 있듯이, 중국 거주 외국인 중에서도 상당한 숫자를 자랑하고 있다. 그러나 실제로 몇 명인지 통계로 확인할 수 없다. 왜냐하면 J의 경우처럼 여행자나 단기체류자와 구별 안 되는 경우가 굉장히 많기 때문이다.

연구자가 찾아왔다 | *313*

기다. 이곳에서는 두 명의 한국인이 항상 시간직 웨이터로 근무한다. 음식점 주인에 따르면 한류 이후 일본에서는 한국음식점을 찾아오는 손님들이 보다 한국다운 한국요리와 보다 한국적인 분위기를 선호하기에, 웨이터들로는 필요 이상으로 일본어를 하지 않는 '한국인다운 한국인'이 가장 바람직하다고 한다. 이런 이유로 주인은 단기비자로 일본어연수 중인 한국의 젊은이나, 일본에 있는 친척을 방문하는 명목으로 온 이들을 임시직원으로 고용하고 있다. 웨이터 후보자들은 당시 아홉 명 정도였는데, 그 중 두 명이 교대로 오사카에 와 근무한다. 웨이터가 부족한 경우 그들 소개로 유학생 친구를 임시 채용하기도 하며, 웹사이트의 게시판을 통해 단기 임시직원을 모집한 적도 있다. 문제는 어느 웨이터도 일본의 특별영주자격[3]이나 장기체류 비자를 가지지 않았기 때문에 해외한인의 통계에서는 빠져 있다는 점이다. 다만 모두 일본에서 간단한 일을 할 수 있는 정도의 언어능력과 생활지식은 지녔으며, 오사카의 뉴커머 코리안들을 둘러싼 크고 작은 유형/무형 커뮤니티의 일원이기도 하다.

이러한 사례는 실제 매우 많다. 우리가 해외한인이라고 부르는 이들 중에도 실제 이런 사람들이 무시할 수 없는 정도로 포함되거나 아니면 빠져 있는 것으로 생각된다. 해외의 이주사회와 한국의 뿌리 사회를 왕복하면서 양쪽에 깊이 관여하는 사람들이다.[4] 반대의 사례도 마찬가지다. 한국 국내로 유턴하고 때로 귀환자라고 불리는 사람들 중에는 외국의 영주권자로서 해외한인 통계에 포함되면서도 사실상 한국 국내에 서주하는 이들도 있다.

---

3) 특별영주자격은 1945년 당시 현재 일본 영토에 살고 있던 구 식민지 (한반도 및 대만) 출신 사람들과, 전쟁 후에 일본으로 밀항한 후 그들과 섞어 살게 된 사람들에게 일본 정부가 부여한 일본 재류자격이다.

4) 이러한 사람들의 생활 양식을 가능케 하는 요인 중 하나로 이 책에서 가와카미가 논하고 있는 이주 사회에서의 가족경영적 창업과 해외한인끼리의 상호부조적 비지니스 모델을 지적할 수 있을 것이다. 가와카미가 지적한 대로라면 사업자들은 한정된 모집단을 기반으로 사업을 일으키고, 부족한 노동력을 한인 네트워크 안에서 확보하게 되기 때문이다.

해외한인이라는 개념에 집착하면 이러한 사람들이 살고 있는 삶, 만들어 가는 문화, 안고 있는 문제들을 사회적 이슈로 만들 수 없게 될 위험이 있다. 그리고 이러한 사람들이 맺는 해외한인 사회와의 관계나, 한국 사회와의 관계도 간과해버릴 위험성이 있다.[5] 그렇다면 우리는 이들을 어떻게 다루어야 하는가.

트랜스내셔널리즘(transnationalism), 즉 '나라 넘나들기' 라는 개념이 그 대답 중 하나다. 근대 이후의 세계에서는 사람들의 이동이 비약적으로 활성화되며, 동시에 경제활동과 통신수단도 광역화되었다. 이것이 진행됨에 따라 특정한 국가의 틀에 속박받지 않고 사람들이 활동하게 되었다. 때로는 외국인 노동처럼 경제적으로 유리한 타국에 노동시장을 찾거나, 생산기반의 해외이전으로 대표되는 형태로 타국에 진출하는 등 국가 간의 경제격차를 개인 레벨에서 이용하는 경우도 당연한 일이 되었다. 이민이나 해외이주라고 할 정도까지 평생을 이국에서 보낼 각오가 없어도, 일시체류라고 보기에는 현지 사회와 너무 길고 깊은 관계를 맺는 사람들도 많아졌다. 혹은 이민한 나라나 지역의 사회에 깊이 뿌리 내렸음에도, 이민 이전에 살던 사회와의 연락망를 단절하지 않고, 반대로 이민 전후의 두 사회의 인간관계를 일상적으로 유지함으로써 이익을 취하는 사람도 많다. 이처럼 나라를 넘나드는 각종 움직임을 종합하고 기존 개념으로는 다룰 수 없었던 다양한 동향을 포괄하는 개념. 그것이 트렌스내셔널리즘이다.[6]

이 트랜스내셔널리즘이라는 개념은 현대 세계의 한인 사회를 논하는 데

---

5) 이 책에서 안성호는 "한국인과 조선족의 관계에 대한 연구가 구지연의 연구를 제외하면 거의 없는 상황" 이라고 지적하는데, 다른 한편으로는 해외한인과 한국 사회와의 관계성을 다루는 작업은 원래 해외한인 연구 전체에서 뒤로 미루어진 점이라고도 지적할 수 있다(太田 2003).

6) 이러한 제반 현상을 현대인의 새로운 자세나 철학의 문제(-ism)에 한정시키지 않고 보다 넓은 의미에서 새로운 흐름이라고 생각할 수 있다. 그러한 경우에는 '트랜스내셔널리티(transnationality)' 라는 표현을 쓰는 데에도 유용성이 있다. 이러한 현상은 국경을 넘을지 안 넘을지(trans-border)의 문제가 아니라 오히려 국경과 상관없이 "장을 넘나드는 흐름" 이라고 더 광범위하게 일반화시킬 가능성도 있다(小泉 et.al. eds. 2003).

연구자가 찾아왔다 | **315**

에, 다른 어느 민족의 경우 못지않게 적절하지 않을까. 그것은 첫째로 해외한인들은 이 책에서 박승권이 논하였듯이, 그들이 현재 생활하는 지역이나 그곳에 있는 한인 커뮤니티, 혹은 이주 사회와의 관계에서만 존재하지 않고, 한국 국내의 사회나 사람들과의 관계도 깊으며, 동시에 왕래도 잦기 때문이다. 또 둘째로 이애리아가 소개해주고 있는 북한 국적의 러시아 영주권자들처럼 국가와 국민의 관계를 따지면 매우 이해하기가 복잡해지는 사람들에 대해서도 이런 개념을 바탕에 깐다면 또 다른 시각에서 눈에 비칠 것으로 상상되기 때문이다. 그리고 셋째로 해외한인이라고 부르기 어려운 사람들 중에도 해외한인과 긴밀한 관계를 유지해 장을 넘나들며 활동하는 이들이 많으며, 그러한 사람들과 해외한인 그리고 '순수한 한국 국내의 한국인'과의 경계가 애매하기 때문이다. 오사카의 한국음식점에서 일하는 웨이터들이나 J가 그 좋은 사례일 것이다. 해외한인들을 현대인의 세계적 경향인 트랜스내셔널리즘을 뚜렷하게 실천하고 있는 사례로 본다면 우리는 이들에게서 인류사, 이민/이주현상, 그리고 인간에게 국가란 무엇인가에 관한 학문적 교훈을 얻을 수 있을 것으로 생각된다.

단, 물론 모든 해외한인들이 반드시 나라를 넘나드는 인생을 살고 있지는 않다. 이민 3세 정도가 되면 이미 이주 사회에 포섭되어 한국 사회와도, 심지어는 현지의 한인 사회와도 관계맺음이 드문 사람들이 아주 많다. 다음으로는 이러한 사람들을 둘러싼 논의에서 포착되는 허점을 검토해보자.

2. 우리는 유대인이 아니야!-디아스포라 재고

한국계 미국인이며 이민 2세인 B(1974년생, 남성)의 구술을 소개하겠다. 미국 대학에서 한국연구를 전공한 B는 해외한인에 대해 학자나 기자가 쓴 글을 많이 접했다고 했다. 대화 도중 필자가 '코리안 디아스포라'라는 말을 쓰자 그가 조용하게 그러나 강한 어조로 보인 반응은 다음과 같다.

우리는 유대인이 아니야! '코리안 디아스포라' 라고 말하는 사람들은 있어. 특히 기자들과 학자들. 근데 디아스포라는 유대인에 대한 이야기지, 우리는 유대인과 사뭇 다르잖아. 그래서 해외한인의 증가는 디아스포라와 구별해야 해!
[FN20100923]

'디아스포라' 라는 단어 용법의 문제점은 해외한인의 증가를 논할 때 지식인들이 아무런 회의나 주석도 없이 쉽게 사용하는 경향에 있다는 점이다. '디아스포라' 는 애초 식물의 씨가 확산되는 것을 가리켜 사용한 그리스어 단어였다. 인간에 대해서 세계적으로 사용하게 된 것도 원래 자신들의 땅에서 쫓겨나 수천 년에 걸쳐서 확산, 세계 각지에서 토착화에 토착화를 반복해 온 유대인들의 상황을 표현하기 위해서였다. 게다가 현재에도 인문사회과학에서는 좁은 의미로는 유대인들의 상황에 한해서 사용되는 용어다. '디아스포라' 라는 말이나 그 함축 의미는 주위에서의 박해, 그것을 이겨낼 전략, 그리고 귀환에 대한 열망이라는 유대인 사회문화에 깊은 영향을 주고 있는 제반 문화요소들과 무관할 수가 없다.[7]

한편 한인들은 그들의 땅에서 쫓겨나서 세계로 나간 것이 아니다. 또 유대인들의 경우보다 훨씬 더 단기적으로, 그리고 급속히 확산했음을 알 수 있다. 아울러 박해의 역사와 그에 대한 대응으로서의 네트워크 형성, 그리고 귀환 의지도 해외한인의 문제에서는 뚜렷하지 않다. 위에서 B는 이 점을 지적해낸 것이다. 그리고 '디아스포라' 라는 말을 사용하여 일부 지식인층이 생산하고 세계에 유포시키고 있는 해외한인에 관한 지식에 이의를 제기하는

---

7) 더 일반적인 지식인층 사이에서도 '디아스포라' 라는 말은 사용되는 경우가 있으며, 그럴 때에는 훨씬 더 넓은 뜻으로 쓰이고 있는 것도 사실이다. 그러나 그러한 사용법에서도 이 단어에는 고향에서 추방당해 억울한 삶을 산다든지, 장대한 계획을 세워 치열한 이주를 한다는 뉘앙스가 깔려 있는 것을 확인할 수 있다. 예컨대 이간(G. Egan)의 SF소설 『디아스포라』(1997년), 가쓰타니 마사히코(勝谷誠彦)의 SF소설 『디아스포라』(2011년) 등이 그 구체적 사례다.

연구자가 찾아왔다 | *317*

것이다.

그렇다면 이런 문제점을 내포하고 있는 '디아스포라'라는 용어는 다른 어휘로 대체할 수 없는가? 앞서 소개한 '트랜스내셔널리즘'의 경우 기존 어휘로 지칭할 수 없는 개념이기에 새로운 단어가 만들어졌고, 또 '나라 넘나들기' 정도의 말로 풀어서 번역할 수도 있는데, '디아스포라'의 경우도 대부분은 기존의 어휘로 대체할 수 있거나, 혹은 정확하게 대상을 표현하기 위해서는 오히려 다른 어휘로 수정하는 것이 더 바람직한 것으로 보인다. '국제이주', '해외진출', '대량이민'이라는 단어가 그 예다.

물론 지극히 소수이지만 특별한 목적을 달성하기 위해서 '디아스포라'라는 말을 의도적으로 쓰는 경우도 있다. 예를 들어서 해외한인들이 처한 상황에도 깊고 추상적인 의미로는 유대인들의 경우와 유사한 면이 있음을 지적하는 경우라면 마땅한 사용법이라고 볼 수도 있다. 중요한 것은 그 단어를 사용해서 어떠한 논의를 구축할지이다. 논의의 구축을 위해 필요하다면 어떤 단어의 사용법이라도 그 유용성은 부정할 수 없기 때문이다.

그런데 우리가 '디아스포라'든 '트랜스내셔널리즘'이든 학술용어를 쓸때에는 그래도 유의해야 할 사항이 있다. 이 사항 또한 B의 구술로 확인할 수 있다. B가 필자에 이렇게까지 강한 반발을 보인 이유는 따로 있으며, 이는 시사하는 바가 매우 크다고 필자는 생각한다.

> 디아스포라라는 말은 영어로도 한국어로도, 그리고 일본어로도 …… 아마? …… 조금 전문적인 용어야. 더군다나 무척 드라마틱하고 센세이셔널하게 들려. …… 그들(=기자들과 학자들)은 자신의 글에서 이것을 쓰고 싶은 거야. 글이 멋져 보이니까. …… 게다가 이것을 쓰면 아마추어들을 상대로 설득력을 과시할 수 있으니까. [FN20100923]

B의 지적처럼 '디아스포라'는 일반인이 이해하기 어려운 전문용어이며, 읽기도 힘든 외래어다. 따라서 설사 학문적으로 타당한 용법일지라도 이것

을 쓴 순간 조사자와 조사대상자의 권력관계, 조사자와 독자의 권력관계가 노골적으로 드러나서, 심한 경우에는 B의 말처럼 조사자의 조사태도마저도 문제시될 수 있는 것이다.

B의 지적은 굉장히 예리하지만, 아무리 지식인층의 해외한인일지라도 결코 모두 이런 의견을 공유하지도, B 자신도 항상 이런 비판적 자세를 견지하지도 않는다. 하지만 이것은 이 때의 B만의 예외라고도 할 수 없다. 필자는 다른 이로부터도 똑같은 의견을 들은 적이 있기 때문이다. 중국 대학에서 공학을 전공한 조선족 회사원 H(1980년생, 남성)와 대화 중이었다. 그는 이전에 현지조사로 중국에 찾아온 한국인 학자들과 한국어로 이야기하던 중 조선족이 처한 상황을 그들이 '니아스포라'라는 말로 표현하는 데에 당혹스러웠다고 했다. H에게는 처음 듣는 생소한 단어였다.

사전을 찾았는데요. (디아스포라는) 중국어로 '유산'이라고 하거든요. '流散'(한자로 적어줌). …… 그 교수님들은 조선족이 한국에서 유산했다고 생각하는 거예요. 너무 웃겨 정말. 왜 '이주민'도 '이민'도, 어 …… '체류자'도 아니고, '유산'은 무슨 '유산'이에요? 그렇게 말하면 조선족이 너무 불쌍한 사람 같잖아요! …… 한국 사람들은 조선족 사람들을 한국에서 멀리 떨어져서, 떨어져버려서 발전이 늦은 사람들, 그러니까 '불쌍한 사람들'이라고 생각하고 싶은 거예요? …… 그래서 그렇게 하면(=학자들이 디아스포라라는 말을 쓰면) 한국 사람들에게 잘 먹히는 거겠죠. [FN20090814]

이와 비슷한 서술은 인류학자 정병호를 소개하면서 이 책 안에서 고정자도 보여주고 있다.[8] 그런데 이 문제는 비단 한국인 조사자에게만 해당하는

---

8) 이 외에도 정병호는 1977년부터 1995년까지 한국 국내 정기간행물을 정리하고 흥미로운 분석 결과를 보여주고 있다. 재일한인을 다룬 연구논문은 총 343편인데 그 중 40% 정도가 재일한인이 시달리고 있는 인권문제와 재일한인이 향후에 가야 할 방향성을 기술하는 데 치우쳐, 내용이 쏠려 있다는 것이다(정병호 1996: 132-133).

문제가 아닐 것이다. 제3자인 필자도 B에게 똑같은 실수를 해버렸고, 또 B는 미국인 연구자들과 언론인들에게까지 비난의 소리를 높이고 있지 않은가.

물론 이 책에서 한경욱이 정리한 탈북자들의 상황처럼 심각하고 긴급한 문제들을 많이 안고 국제사회, 특히 한국으로부터의 도움을 필요로 하는 해외한인들이 있음도 인정해야 한다. 그러나 B와 H가 느끼고 있듯 해외한인 일반을 노골적으로 치우친 시점으로 보고자 하는 경향이 실제로 조사자들에게 있다면 그 부분을 심각하게 고민해봐야 할 것이다.

해외한인에 관한 이야기뿐만 아니라 어떤 조사나 취재에서도 대부분의 조사자들은 조사대상자들을 지나치게 센세이셔널하게, 혹은 독자시장에서 잘 팔리는 상품으로 보고자 하는 경향이 있다. 이것은 단지 그 학자나 기자가 편견을 가지고 조사지에 가기 때문이라고도 말할 수 없는 문제이다. '조사해준다', '대변해준다', '사회에 알려준다'라는 사고에는 원칙적으로 그렇게 해줄 수 있는 사람의 우월감이 숨어 있다. 그러나 그러한 우월감을 때로 조사대상자들은 간파한다. 그리고 그 우월감을 간파하였다면 조사대상자들이 조사자에게 보이는 모습 또한 어떤 식으로든 달라질 수밖에 없다(太田 2008; 冨山 2008).

예로 들어 H는 한국 학자들과의 인터뷰 조사에서, 인터뷰가 진행됨에 따라 현재 중국에서 조선족이 상대적으로 얼마나 고학력이고, 조선족 중에 성공한 이가 얼마나 많은지를 점차 강조하게 됐다고 한다.

그런데 이때 H의 시도는 안타깝게도 최악의 시나리오를 맞이하게 된다.

근데요. 그것(H가 조선족의 성공을 강조한 이야기)도 조선족이 내가 조선족이라는 것을 자랑스럽게 생각하고 있다고, 그 증거라고 그렇게 생각하시잖아요. 조선족은 불쌍한 사람들인데 그래도 자부심이 세다고 말입니다. 그분들이 되게 좋아하셨거든요. …… 조선족이 대학에 많이 간다고 했잖아요. 돈도 많이 번다고 했잖아요. 그랬더니 "역시 우리 민족은 우수해"라고 그러셨거든요. 기분 좋게 한바탕 웃으셨어요. …… 더 이상 아무 말도 하고 싶지 않았어요. 도망 나왔어요 저.

그냥 화가 나더라고요. [FN20090814]

즉, 드라마틱하고 센세이셔널하고 불쌍한 비극의 주인공으로서 조선족을 다루고자 하는 학자들의 시점을 조사대상인 H는 간파했고, 이에 대응하기 위해 발언 내용을 바꿨지만, 역설적으로 그러한 H의 노력도 역으로 학자들의 시점을 강화시키는 결과를 초래하였다. 학자들 입장에서는, 불쌍한 존재로 묘사하고 싶던 조선족이 그래도 자존심을 잊지 않고 노력하고 있노라고 당사자 입에서 들을 수 있어서 다행이었을 것이다. 왜냐하면, 그러한 구술은 조선족을 더욱 드라마틱하고 센세이셔널하고 불쌍한 존재로 연출하기에 아주 좋은 재료가 되기 때문이다. 이때 H는 이야기를 이렇게 마무리했다. "조선족도 보통 사람인데."

물론 이것은 매우 극단적인 사례다. 하지만 해외한인에 대해 조사하고 논의하고자 하는 이들은 먼저 어느 누구라도 "나는 해외한인에 감정적인 편견을 가지고 있지 않은가"를 고민해볼 필요가 있지 않을까. 그 감정을 반드시 억제해야만 하는 것은 아니라고 해도, 적어도, 본인이 그 감정을 간직함으로써 어떠한 조사와 논의가 가능하게 되고, 반면 어떤 조사와 논의가 불가능해질지는 생각해봐야 한다고 할 수 있다. 그것을 통해 정치적 주관성이 개입하고 있음을 깨달았다면, 그리고 동시에 그것이 과학자나 언론인으로 해야 할 객관적 논의가 아니라고 판단되었다면, 학술지, 중앙지 등보다 더 적절한 사상매체와 독자대상을 찾아, 거기를 향해 발언하는 것이 더 바람직하지 않을까 싶다. 국민의 세금으로 마련된 연구비나 일반독자들의 구독료로 구성된 취재비가 아니라, 그 논의에 더 알맞는 지원기구를 따로 구할 수도 있을 것이다.

한국계 미국인 B는 다음과 같은 이야기를 해준 적도 있었다.

나는 내 전공에 만족하지 못했어. 교실에서 한국계 미국인 이야기를 많이 듣고, 책도 영어 책, 한국어 책 제법 많이 읽었어. 하지만 제일 분명히 알게 된 것은 바로 이거였어. 한국계 미국인을 팔아서 생계를 세우는 사람들은 많다는 것. 그리고 다는 아니지만, 많은 교수들은 완전히 바보 같다는 것.…… 나는 학술적 훈련이 필요해서 과학서들을 골라서 읽었는데 그 책들은 마치 쇼핑 카탈로그나 정치적 선전이더라고. "이 나라에 대해서 알고 싶다면 제 책을 사서 읽을 수밖에 없어요." "이 문제에 관심이 있으시면 저를 연방위원으로 추대해주세요." "저를 응원해주세요. 이 단체에 기부해주세요. 그러면 제가 연구비를 받을 수 있습니다."
[FN20100423]

3. 귀환자가 왜 불행해!

앞에서는 "조선족도 불쌍한 사람이 아니다"라는 H의 구술을 소개했다. 필자는 이것과 유사한 구술을 전혀 다른 입장에 있는 별도의 인물에게서도 들은 적이 있다. 일제 식민지 하 1930년대에 사할린에서 태어나 그곳에서 살아온 한인 남성 K에게서 들은 구술이다.[9] 그는 어린 시절 일본어로 교육을 받았고 청년기에 들어서는 러시아어로 사회생활을 했으며, 70세에 가까운 연령이 되고 나서 처음으로 한국에서 살게 되었다. 이 책의 임 엘비라의 논고에서 자세하게 설명된 '영주귀환'의 한 사례다.

그는 유창한 일본어로 "소련은 좋은 나라였어요. 그런데 이제 없잖아요? 집도 돈도 이제 그냥 주지 않잖아요?"라고 하면서 보드카를 삼켰다. 그와 대화할 때에는 인제나 이야기가 왔다갔다 한다. 이때도 그는 아직 취하지도 않았는데 갑작스레 사할린 귀환자를 자꾸 찾아오는 학자나 기자들에 관한 이야기를 시작했다. 그리고 다시 "집도 돈도 그냥 주는 소련은 정말로 좋은 나라였는데"라고 한숨을 쉬며, 조사자인 필자에게 이렇게 말하였다.

죄송합니다. 나는 여기(한국)에 살고 싶어서 사는 게 아닙니다. 저런 좋은 아파

---

9) K에 관한 정보는 그의 프라이버시를 보호하기 위하여 여기에서 자세히 소개할 수는 없다.

트에 공짜로 살 수 있고, 그것도 모자라서 돈까지 주니까 여기에 있는 겁니다. 그래서 말입니다. 더 이상 (나를) 도와주실 필요는 없어요. 그래서 나 같은 사람에 대해서 취재하실 필요도 없는 거예요. [FN20080526]

그가 전달하려던 말을 이해하기 위해서 독자들은 긴 해석이 필요할 것이다. 그는 소련과 사회주의 체제가 동시에 붕괴한 시대를 경험했다. 그때까지 소련에서는 주택은 당국에서 대여받을 수 있고, 최종 급여의 60% 이상을 정년퇴직 후 연금으로 보장받을 수 있었다. 사람들은 그 연금과 함께 몇십 년 동안 쌓은 예금을 조금씩 쓰기만 하면 대부분은 비교적으로 편하게 노후를 지낼 수가 있었다. 병원이나 양로원의 비용도 걱정할 필요가 없었다. 그런데 그런 사회제도가 눈 깜짝할 사이에 무너지고 만 것이다. 주택은 자조노력으로 마련하게 됐고, 연금제도도 악화됐고, 예금의 가치가 폭락해 의료비나 노후 자금이 막대한 부담으로 사람들을 덮쳤다. 러시아에서도 물가가 비싼 극동지역에서 노후를 보내기는 이제 특히 쉽지 않은 일이다.

그런 마당에 K는 한국으로 건너왔다. 그는 지금 경기도 안산시, 전철 안산선 한대앞역 바로 앞에 위치하는 '고향 마을'이라는 아파트단지에 살고 있다. '고향 마을'은 한일 양국 정부가 출자해서 2000년에 준공됐다. 안산시가 지금과 같이 인구 75만의 도시로 성장하기 전, 안산시 내에서도 가장 편리한 요지 중 하나에, 동(棟) 간 거리도 충분히 두고 건설된 아파트단지이다. 그 후 수도권 부동산 가격까지 등귀하자, 안산 시민들에게 선망의 대상이다.[10] K가 "저런 좋은 아파트"라고 하는 이유는 여기에 있다.

한편, 그가 "돈까지 준다"라는 것은 영주귀국자에 대한 생활보조금을 말

---

10) 예를 들어 안산에 사는 한국인 부부(남편 1953년생, 부인 1960년생)의 대화를 소개해 보자. 남편 "거기('고향 마을')에 사는 노인네들이 다 죽으면 거기도 주택공사가 팔겠지? 우리도 기다려볼까?" 부인 "그런 말 하면 안 돼요." 남편 "왜? 당신도 그 자리라면 살고 싶지?" 부인 "그건 그렇지만. 뭐, 다른 아파트보다 이거저거 좋은 게 많잖아." [FN20090209]

한다. 필자와 자주 이야기를 나누던 당시 K는 한국 정부에서 매달 100만원 정도 생활보조금을 받고 있었다. 이 금액은 한국의 물가를 생각한다면 결코 많다고 할 수는 없지만 그의 경우에는 시간제 노동에 종사하고 있기도 해서 생활은 넉넉한 편이다. 그 위에 자녀들이나 손자손녀들과 지내기 위해 한 해에 몇 개월 사할린에 체류하는 데 드는 비용도 염출할 수 있다고 한다.

이러한 구술은 그러나 K를 비롯해 귀환자들은 그다지 하고 싶어하지 않는다. 아무리 그들이 "취재할 필요가 없다"라고 해도 많은 조사자들이 그 '취재'를 하러 찾아오지만 그들은 보통 다른 이야기를 들려준다고 한다.

> 예를 들어서 물가가 올라서 생활비가 부족하다든지, 사할린에 두고 온 식구들을 보고 싶다든지, 가족을 불러서 같이 사는 것은 (법적으로 허가되지 않아) 불가능하다든지, …… 차별당하고 있다든지……. 그런 이야기를 (조사자들에게는) 하는 거야. [FN20110730]

즉, 조사자들을 만나면 사할린 귀환자들은 자신들을 둘러싼 상황의 문제점만을 이야기한다는 것이다. "왜 취재를 거절하지 않으세요?" "왜 귀환자 분들의 삶의 좋은 점은 이야기 안 하세요?" 그렇게 묻는 필자에게 K는 "그렇게 하면 다른 (귀환자) 사람들과 사이가 안 좋아진다"라고 대답했다. 그 이유는 다음과 같다.

> 내가 그런 말을 해서 신문에라도 나오면 어떡해. 나 때문에 나라(한국 정부)가 돈을 적게 주게 되면, 우리가 사할린에 놀러 갈 수 없게 되면, 어떡하느냐고. 다 여기('고향 마을')에서 쫓겨나면, 어떡하느냐고. [FN20110809]

지금도 사할린 귀환자들은 가족과 떨어져 살아야 하는 상황이다. 만약 그들이 스스로가 얼마나 혜택을 받고 있는지를 공연히 이야기해서 그 혜택을 잃어버리게라도 되면 그들은 가족의 얼굴을 보러갈 경제적 여유가 없어질지도 모른다. K는 이어서 말했다.

상대(조사자)도 그런 이야기는 듣고 싶지 않겠지? 듣고 싶은 이야기는 우리가 얼마나 불행한지야. …… 나만의 탓이 아니야. [FN20110809]

여기에서 우리는 사할린 귀환자들을 둘러싼 여론의 형성 과정에서 당사자들과 조사자들 사이에 말하자면 일종의 '암묵리의 합의' 가 성립돼 있음을 인식할 수 있다.[11]

이러한 '암묵리의 합의' 는 사실 해외한인이나 코리안 트랜스내셔널리스트들에 관한 다양한 상년에 똑같이 숨어 있다고 생각된다. 다른 시레를 소개해보자. 미국에서 한국에 온 지 2년차로서 친한 친구 사이인 남성 두 명, P(1972년생)과 L(1973년생)이다. 둘 다 한국 태생의 한인이지만 P는 생후 몇 개 월째에 미국인 가족에게 입양되었고, L은 초등학교 2학년 때에 미국으로 이민해서 지금은 둘 다 미국 국적이다. 둘은 한국어 연수를 겸해서 한국에 와서 친해졌고 그 후로 룸메이트 사이다. P는 영상편집의 전문가이고 한국에서도 그 기술을 살려서 취업했다. L는 영어강사직과 동시에 P의 보조직도 겸하고 있어, 통상의 룸메이트 관계보다 훨씬 더 서로를 깊이 있게 이해하고 있는 사이로 보인다.

국제양자라는 스스로의 입장에 대해 P 의견은 매우 냉정하다.

나를 보고 "불쌍하다"며 우는 사람이 많아. 기가 막혀 정말. 내 부모님은 백인이야. 나는 부모님을 진짜 부모님이라고 생각하고 그 부분을 고민한 적도 없어. …… 근데 (주변의 한국인에게) 그렇게 말하면 "그럼 왜 너는 한국에 왔느냐? 미

---

11) 필자는 이 '암묵리의 합의' 의 좋고 나쁨을 판단할 입장이 아닐 뿐더러 또 스스로 판단할 수도 없다. 왜냐하면 앞서 설명한 것처럼 귀환자들이 가지고 있는 혜택은 그들이 가족과 자유롭게 살지 못한다는 제한을 가미했을 때 상쇄요인에 불과할 수도 있으며, 그 계산은 법적 판단과 인도적 판단 사이에 놓여진 매우 민감한 문제이기 때문이다.

연구자가 찾아왔다 | *325*

국에서 일하고 있으면 되는데"라고 짜증 내는 거야. 그때마다 (왜 왔는지) 설명하기 귀찮잖아. 그래서 이렇게 말하는 거야. "한국에는~ 저의~ 아이덴티티를~ 찾으러~ 왔어요~. 부모님도~ 꼭~ 찾았으면~ 좋겠어요~." [FN20110423]

P는 마지막 부분을 마치 초등학생이 인터뷰에 응할 때 하는 것과 같은 어조로 말해 장난스럽게 웃었다. 나중에 L이 가르쳐준 이야기에 따르면, 미국에 살던 당시 P는 LA에 있는 영상제작업자들을 떠돌아다니면서 쭉 영상편집을 직업으로 삼고 있었지만, 항상 직장환경에 만족 못 한다는 이유로 그것을 그만두고서는 몇 개월씩 칩거하는 생활을 반복했었다고 한다. 그런 P를 걱정한 친구들이 한국으로의 어학연수를 제안했는데, 서울에서 연수를 마치려던 무렵에 영상제작 관계자를 만나서 임시직으로 일하다가 결국 그 회사에 취직하게 됐다. 한국의 직장에서는 미국에서 온 전문가로 존경을 받는다며 P는 만족스러운 모양이라고 L은 말했다. 아울러 국제양자 출신이라는 이유로 사회에서 주목받는 것이 P를 기쁘게 만드는 것으로 보인다고 L은 생각하고 있었다. 이러한 P의 사례 또한 한국 사회의 시점과의 '암묵리의 합의'를 맺은 관계이며, P는 그 관계를 통해 전략적으로 스스로 '있을 자리'를 확보한 것으로 볼 수 있다.

"P 이야기는 100% 맞아"라고 한 것도 유턴 이민인 L이다. L도 한국 사회의 시점이 기존의 틀로 L을 규정하려는 것을 느낀다고 한다. 그 기존의 틀에 대해 거부감은 느끼지미는 L은 그 틀을 자주 이용한다고 했다. "반항하려면 힘들지만 반대로 이용하면 편리해. 돌아온 사람들(유턴 이민자들)이 왜 불행해? 사실, 알고보면 우리는 꽤나 씩씩하게 살고 있는데.[12]"

---

12) 한국 사회가 L을 바라보는 시점이 어떤 것이며, L이 한국에서 어떤 대우를 받았는지는 L과의 약속으로 인해 이 책에 쓸 수는 없다.

4. 나 대한 사람 관둘래요!

여기까지 필자는 몇 가지 용어와 개념을 학술적으로 사용할 때 야기될 문제점을 정리했다. 동시에 해외에 거주하거나 나라를 넘나드는 한인들을 그 밖의 사회가 바라보는 시점이 센세이셔널리즘을 중심에 두고 고착화되어 있는데, 그것을 당사자들이 모르지 않으며, 당사자들이 때와 경우에 따라 그러한 주위의 시점을 이용해 전략적으로 사회생활을 영위하고 있음을 논하였다.

여기에서 '전략적으로 사회생활을' 이라는 말은 괜한 표현이 아니다. 우리는 해외한인의 문제를 논할 때 자주 그들이 지닌 아이덴티티를 언급한다. 그런데 그러한 아이덴티티 논의는 이 책에서 시마무라도 지적하고 있듯이 옥석혼효다. 아이덴티티는 지극히 다루기 어려운 논의대상이며 한국어로 진행되고 있는 논의에도 다른 언어의 경우와 마찬가지로 어려운 점이 있는 것으로 보인다. 그 중 한 가지 이유를 들자면 아이덴티티는 한국어로 '정체성' 이라고 번역되어 마치 '그 사람의 정체, 즉, 내면 깊숙한 곳에 숨어 있는 진짜 모습은 무엇인가' 라는 문제라고 오해받는 경향이 있지 않을까. 그래서 해외한인의 아이덴티티에 관한 논의들은 사회생활과 격리된 개인의 내면만의 문제라고 여겨지는 추세가 있지 않을까 싶다. 사회생활에 전략적으로 관여하는, 혹은 사회생활을 전략적으로 멀리한다는 행위들(이 점이 이 절의 중요한 부분이다)은 해외한인의 아이덴티티 문제에서도 매우 중요한 요인인 데다가, 다음에 논하는 것처럼 아이덴티티는 지극히 사회적인 과정을 통해서 형성되는 것이기도 하다.

원래 아이덴티티란 사회적 사항일 수밖에 없다. 이 책에서 김광민이 재일한인의 아이덴티티를 당사자로서 논하는 부분에서도 이것이 확인된다. 그는 "어떠한 위치에서 어떠한 사회적 역할을 짊어져 나갈 것인가" 라는 문제를 아이덴티티와 직결된 문제라고 하며, 일본 사회에서 재일한인의 아이덴티티가 긍정받아야 함을 논설하고 있다. 그의 이러한 주장은 당사자 및 운동가로서의 식견을 논하는 것은 물론 아이덴티티를 생각할 때 지식인들이 결코 잊어서는 안 되는 원칙을 재확인시켜 줄 것이다. 개인이 원하는 본인의 위상과 역할과, 사회가 그 사람에게 요구하는 위상과 역할이 서로 조화를 이루어서 처음으로 아이덴티티라는 것이 생긴다는 원칙이다.[13] 이러한 아이덴티티 승인(recognition)은 실패로 끝날 때도 잦다. 김광민이 보고하고 있는 재일한인과 일본 사회의 상황도 안타깝게도 현재까지 아이덴티티 승인이 실패하고 있는 상황을 보여주는 한 사례로 보인다.

그러한 아이덴티티 승인의 실패를 경험하는 것은 해외한인만이 아니다. 한국에 있는 한인들도 스스로의 아이덴티티가 순조롭게 승인되지 않음으로써 한국에서는 살기 힘들다고 느끼는 경우가 있다. 아이덴티티 승인이 실패하여 살기가 어려워지자 한국을 떠나 해외한인이 되었다는 사람들도 있다. 여기에서는 "나 대한 사람 관뒀어요"라는 한인을 소개하며 그러한 사례에서 이 글의 내용을 조금 더 보충하겠다.

나는 친구랑 이야기하고 있으면 이 이야기를 너무 자주 하는 것 같애. …… 근데 친구가 아닌 한국 사람한테는 절대 안 해. 왜냐하면 (보통 한국인에게 이 이야기를 하면) 아주 나쁜 인간, 진짜 나쁜 인간이 돼서 최악의 취급을 받으니까. [FN20120107]

뉴욕에 사는 한인 여성 N(1966년생)은 이 이야기를 필자에게 벌써 세 번째 하였다. 그는 고교 시절부터 대학 시절까지 운동권에서 활동했으며 '민주화' 이후에도 서울의 한 NGO 단체에서 근무하던 인물이다. "미제 타도를 외

---

13) 이러한 원칙에 아이덴티티 개념의 핵심이 있다고 지적하며 아이덴티티 연구의 기반이 된 연구자로 철학자 찰스 테일러(Charles Taylor, 1931~)가 있다. 특히 그의 주장에서는 타자와의 대화를 통해 자아의 규범을 인식하는 것(Taylor et.al. 1994)과 그 결과 확립된 자아의 규범이 사회에서도 승인된다는 것(Taylor 1992)이 중요시된다. 그리고 그러한 개인과 사회와의 승인이 완료해서 처음으로 아이덴티티는 기능한다고 한다(Taylor 1996). 개인이 '나는 나다' 라든지 '나는 이렇게 살고 싶다' 라고 생각하는 것은 아이덴티티가 아니라 단지 그 사람의 자아와 욕망에 불과하다(Taylor 1985).

치고 있었어." 그러한 그가 지금 왜 미국에 살고 있을까?

> 지친 거야. 한국에서 여자가, 가정이 아니라 사회에, 남편도 아이도 아니라 국
> 회에 너무 관심을 보이면서 사는, 저 삶에 지쳐버린 거야. [FN20120105]

그는 한 여성으로서 삶을 주위에서 기대받고 결혼과 육아의 역할도 요구
받았지만, 본인은 그것을 본인다운 삶이라고 생각할 수 없었다. 이 부분에서
이미 그에 관한 아이덴티티 승인은 실패였다.

> 식상에 지지면 관두면 되잖이? 나는 어느 날 미칠 것 같은 기분이 들어서 모두
> 다 관두기로 한 거야. 활동가를 관두는 걸로는 해결이 안 돼. 한국인을 관둬야 해.
> 다 관두는 거야! …… 그래서 (이전과는) 정반대(의 방향)로 가기로 결심했어.
> [FN20120105]

지금까지 필자는 1990년 후반 이후 한국 사회에 애착을 갖지 못 한다는 이
유로 해외에 이민하는, 혹은 이민한 한인을 조사연구해 왔다. 여기에서는 N
의 경우만 소개하지만, 가끔 '절망이민' 이라고 불리는 이러한 사람들은 성
별에 관계없이 특히 386세대 사람들을 중심으로 2000년 이후 급속히 증가했
다고 한다.[14]

더 젊은 세대에 눈을 돌리자면 그 중 일부가 노골적으로 "한국인을 그만두
고 싶다"라고 말하는 것을 들을 수 있다. 그들이 내세운 이민동기로는 "한국
인은 한국인이라는 데에 자부심을 가지라고 강요받아서요." (1986년생, 남성, 미

---

14) 예로 들어『문화일보』2000년 12월 8일 (03판): 28면;『국민일보』2001년 1월 1일 (05
판): 27면. 이 연구에서 필자가 밝힌 것은 이러한 사람들의 '절망' 은 이데올로기 문제
가 아니라는 점으로 요약된다. 그리고 한국 사회에서도 본인 자신에서도 탈각되어 다
른 아이덴테티를 확립할 사회와 자아를 새로 찾고자 한다는, 일종의 '희망' 이 '절망이
민' 을 발생시키는 사회적 심리적 요인으로 무시할 수 없다고 할 수 있었다(太田 2012).

국 생활 3년차), "한국인은 도덕적. …… 근데 도덕이 하나밖에 없잖아요. 개성이 없어요. 저는 그런 건 안 좋아해요."(1979년생, 남성, 중국 생활 7년차), "결혼을 억지로 시키는 사회가 싫어요. 자꾸 간섭하는 사회도 싫고요. 한국은 좋은 부분도 많지만 나쁜 부분이 더 많이 보이거든요."(1973년생, 여성, 일본 생활 12년차) 등 다양하다. 같은 인물이라도 때와 경우에 따라 다른 동기를 설명할 때도 있고, 또 한국 사회를 비판하면서도 한국 사회가 가지고 있는 수많은 장점에 대해서도 적극 인정하는 사람이 대부분이다. 그런데 이상에서 소개한 누구의 경우에라도 이야기의 기저에 깔려 있는 사고방식은 "한국 사회는 X이지만, 나는 X가 용납이 안 된다"라든지, "한국인의 삶은 Y인데, 나는 나의 삶이 Z이기를 원한다"라는 형식의 한국 사회에 대한 지나친 일반화와 그 일반화된 한국 사회에 대한 강렬한 거부반응이다.

이러한 젊은이들은 N의 구술에서도 볼 수 있듯, 대부분 다른 한국인에게서 맹렬히 비난받는다. 민족주의와 내셔널리즘이 강한 한국 사회에서는 당연한 일이라고도 볼 수 있을 것이다. 그런데 그러한 민족주의와 내셔널리즘이 강한 사회가 같은 인물들의 눈에는 또 "강요하는 사회", "도덕이 하나밖에 없는 사회", "간섭하는 사회"로 비추어진다. 개인과 사회 사이에서 이루어져야 하는 아이덴티티 승인에 지장이 생기는 것이다. 아이덴티티 승인의 실패는 거기에서 도망 가고 싶다는 동기를 또 증폭시키고 결국 악순환으로 빠져버린다.

문제는 이런 악순환에 빠져 "한국인을 그만둔" 사람들이 한국 사회에서 눈에 잘 띄지 않다는 점에 있다. 그들 중 적지 않은 이들이 해외에서 생활하게 된 후에는 한인 사회와 특이한 형태로만 관계를 맺으려고 한다. 그들은 인터넷상으로 현지에 사는 다른 한인들과 정보를 주고받기도 하고, 한국계 상점에서 필요한 한국제품들을 구입하기는 한다. 그러나 그러한 행위들은 모두 익명으로 이루어지기 때문에 그들은 한인 커뮤니티의 일원이나 한인 네트워크의 일부라기보다 그것을 그저 대중적으로 소비하는 이에 불과한 존재가 된다. 어떠한 커뮤니티나 네트워크에도 그것을 작성, 유지, 운영하는 데 적극적인 행위자들과, 그 혜택을 받기만 하는 소극적인 행위자들이 있게 마련인데, 그 커뮤니티나 네트워크를 대표하는, 눈에 띄는 존재는 항상 적극적인 행위자들이다. 이런 까닭에 "한국인을 그만둔" 그러나 여전히 한인임에 변함없는 그들의 존재는 잘 알려지지도 않고, 자주 무시당하게 된다.

어느 날 한국인 기자가 뉴욕에서 활약하는 올드미스를 취재하고 있다며 N에게 전화를 걸었다. N는 아무 말도 하지 않고 전화를 끊었다고 한다.

나를 소개할 필요는 없잖아. 난 그냥 숨어 있을래. …… 무슨 말을 하라는 거야? 내가 이야기("한국인을 그만두겠다"라는 이야기)를 해도 한국 사람들은 재미있어 하지 않을 거야. …… 이제 되도록이면 한국 사람하고 만나고 싶지 않아. [FN20120208]

이런 이유로 N에게는 조사자가 찾아오지 않는다.[15] 그와 비슷한 경위로 해외에 나간 해외한인은 이미 해외한인으로서 이 세상에 존재하지 않는 것처럼 인식되고 있는지도 모른다.

5. 해외한인 연구와 지식의 재귀성

조사자가 인간의 사회와 문화를 조사하고 글을 쓸 때에는 본인도 주변도 착각하기 쉬운 점이 있다. 그것은 그 조사자가 조사대상자(이 책의 논고들의 경우 해외한인들)과 다른 차원 내지 다른 세상에 살고 있는 것처럼 생각하는 착각이다.

---

15) N에게는 고교시절부터 친하게 지내는 그룹이 있는데 필자 역시 그 그룹과 10년 이상 친밀한 관계를 유지하고 있다. N은 필자를 그 그룹에서 유일하게 같은 뉴욕에 살고 있는 친구로 인식하고 있다. 그럼에도 불구하고 N은 필자를 외국인인데도 한국인과 한국 사회를 좋아한다는 점에서 "정반대의 사상을 가진 친구"라고 말하기도 하고, 또 자신에 관한 이야기를 글로 써서 발간한다면 그 원고를 반드시 미리 자신에게 보여주고 내용에 대한 승락을 받아야 한다는 약속을 맺은 관계이기도 하다.

그 착각이 그르다는 것을 문화인류학자를 위시한 문화이론 전공자들은 자성적 태도에서 자주 지적해 왔다. 첫째로 조사대상자는 조사자에게 조사를 받고 있는 뿐만 아니라 조사자를 관찰하고 조사하고 있기도 한다(Stocking 1983). 조사자에 대해 조사대상자가 보이는 모습은 때로 그 관찰과 무관하지 않다. 조사자가 조사대상자의 어떤 부분에 관심을 갖고, 그 부분에 관하여 어떤 예비지식을 가지고 있으며, 또 이번 조사를 통해서 무엇을 재발견하려는지는 조사대상자도 어느 정도 알고 있는 바이다. 그 역-조사의 결과는 조사대상자가 보이는 모습에 반영되기도 한다. 예컨대 사할린 귀환자 K나 국제양자 P에 관하여 이 글에서 소개한 이야기가 바로 그런 사례였다. 한편 조선족인 H의 이야기는 반대로 조사대상자가 조사자의 편견을 간파하고, 그것을 타파하고자 한 사례였다. 그리고 이 어느 쪽에도 속하지 않는 '절망이민' N의 경우에는 조사자의 눈에서 누락하기 쉬워 조사 자체가 매우 어려운 경우였다. 이 모두의 경우에 조사대상자는 조사자를 관찰하고 있거나, 이미 관찰한 후였다.

조사자와 조사대상자의 관계에는 이러한 문제가 있게 마련이기 때문에 그것을 강하게 의식하는 조사자(주로 문화인류학자)는 보통 이런 문제를 넘어서 보다 심층적인 조사를 하고자 노력한다. '취재'라고 불리는 한두 번의 인터뷰로 조사를 끝내는 것이 아니라 몇 개월, 때로는 몇 년이나 조사대상자와 함께하는 시간을 두고 그 사이에 조사대상자와 신뢰관계를 갖춘 후에 조사를 시작한다. 그래야 조사대상자의 생활이나 사고, 그리고 그 다양성이 열린 각도에서 보인다. 때로는 조사자 자신의 시점을 가능한 한 없앰으로써 조사대상자의 시점을 중층적으로 밝히기도 한다.

그러나 다양한 지역에 사는 해외한인들을 포괄적으로 조사대상으로 삼고자 하는 경우에는 아무리 조심스러운 조사자라도 그러한 시간적 여유를 갖지 못하지 않나 싶다. 필자는 최소한 여기에서 소개한 여섯 명(J, B, H, K, L, N)과 충분한 신뢰를 바탕으로 친밀관계를 구축한 후에 조사를 시작했고, 인용한 구술들도 자연스러운 잡담을 나누면서 모은 후 충분히 검토하고 인용했다고 스스로 여기고 있다. 그럼에도 불구하고 조사과정에서 필자는 여기에서 고백하듯이 그들에게 자주 실패를 하고 있으며, 조사 도중에 시간의 제약을 항상 느꼈고, 아직 조사대상자들의 구술에 충분한 심층성과 다양성과 중층성이 나타나지 않았는지를 항상 거듭 고민하고 있다.

이러한 조사대상자와의 관계 이외에도 조사자가 조사대상자와 같은 차원, 같은 세계에 있음을 의식하면서 조사를 실시하기 위해서는 조심해야 하는 사항이 또 한 가지 있다. 그것이 바로 지식의 재귀성(再歸性, reflexivity)이다.

조사의 결과물, 즉 조사자가 쓴 논문이나 기사의 내용은 사회를 돌아서 조사대상자에게도 직접적 또는 간접적으로 영향을 줄 수 있다. 직접적이면서 상한 영향을 준 사례는 한국계 미국인 B의 사례인데, 이런 사례에서 조사대상자는 조사의 결과물 자체를 읽어 그 내용을 스스로 검증하며 영향을 받기도 한다. 물론 그런 경우는 지극 드물다. 그런데 지식의 재귀성은 눈에 안 보이는 형태로 훨씬 더 널리 작동하고 있기에 무시할 수 없다. 조사 결과물의 내용이나 분석이 사회적 담론을 형성함으로써, 혹은 관련되는 정부기관이나 민간조직의 활동에 반영됨으로써 조사대상자들의 사회문화에 반사적으로 영향을 주는 것은 아주 흔한 일이다. 아무리 다롄에 있는 J의 경우처럼 사회에서 쓰이는 해외한인이라는 단어와 스스로의 관계를 다시 생각해보는 정도의 작은 반응이었다고 해도 특정한 사람의 집단에 관해 사회에서 보급되는 지식은 두고두고 그 특정 집단이나 거기에 속하는 특정 인물에게 반작용한다.

조사자가 해외한인이라고 부르고 조사대상자로 삼고 있는 사람들은 해외한인에 관해 조사자가 만들거나 사회에서 막연하게 형성된 지식의 바다 속에서, 즉 조사자와 같은 장에서 오늘도 생활하고 있는 것이다.

참고문헌

정병호(鄭炳浩)

1996 "재일 한인사회," 『민족과 문화』 4: 106-151.

小泉潤二(Koizumi, Junji) et.al. eds.

2003 『場を越える流れ』, Toyonaka: 大阪大学21世紀COEプログラム「インターフ
ェイスの人文学」.(『장을 넘나드는 흐름』, Toyonaka: 오사카대학 21세기COE프로그램
"인터페이스의 인문학")

太田心平(Ota, Shimpei)

2003 「蜜柑のシニフィエ―北済州における開発の記憶と在日同胞の存在について
の試論」, 小泉潤二 (J. Koizumi) et.al. eds. 『場を越える流れ』, Tokyonaka: 大阪
大学21世紀COEプログラム「インターフェイスの人文学」: 183-195.(「밀감의 시
니피에: 북제주에서의 개발의 기억과 재일동포의 존재에 대한 시론」, 小泉潤二 (J. Koizumi)
et.al. eds. 『장을 넘나드는 흐름』, Tokyonaka: 오사카대학 21세기COE프로그램 "인터페이스
의 인문학": 183-195.)

2008 「センセーショナリズムへの冷笑―移行の言説としての韓国「民主化」と元労
働運動家たちの懐古」, 石塚道子・田沼幸子・冨山一郎 (M. Ishizuka, T. Tanuma,
I. Tomiyama) eds. 『ポスト・ユートピアの人類学』, Kyoto: 人文書院 : 161-
186.(「센세이셔널리즘을 비웃다: 이행의 담론으로서의 한국 '민주화' 와 전 노동운동가들
의 회고」, 石塚道子・田沼幸子・冨山一郎 (M. Ishizuka, T. Tanuma, I. Tomiyama) eds. 『포
스트 유토피아의 인류학』, Kyoto: 진분쇼인)

2012 「国家と民族に背いて―アイデンティティの生き苦しさ, 韓国を去りゆく人
びと」, 太田好信 (Y. Ota) ed. 『政治的アイデンティティの人類学』, Kyoto: 昭
和堂: 304-336.(「국가와 민족에 등지어: 아이덴티티의 답답함, 한국을 떠나는 사람들」, 太
田好信 (Y. Ota) ed. 『정치적 아이덴티티의 인류학』, Kyoto: 쇼와도: 304-336.)

Stocking, George W. Jr. (ed.)

1983 *Observers Observed: essays on ethnographic fieldwork*, Madison, Wis.:

University of Wisconsin Press.

Taylor, Charles

1985 "The Person," M. Carrithers et.al. (eds.) *The Category of the Person: Anthropology, Philosophy, History*, Cambridge, Cambridgeshire: Cambridge University Press: 257-281.

1992 *Multiculturalism and the Politics of Recognition: An Essay*, Princeton, NJ: Princeton University Press.

1994 *Multiculturalism: Examining The Politics of Recognition*, Princeton, NJ: Princeton University Press.

1996「多文化主義・承認・ヘーゲル」『思想』865: 4-58.(「다문화주의, 승인, 헤겔」『사상』865: 4-58.)

冨山一郎(Tomiyama, Ichiro)

2008「ユートピアたち―具体に差し戻すということ」, 石塚道子・田沼幸子・冨山一郎 (M. Ishizuka, T. Tanuma, I. Tomiyama) eds.『ポスト・ユートピアの人類学』, Kyoto: 人文書院: 341-376.(「유토피아들: 구체로 다시 돌려보기」, 石塚道子・田沼幸子・冨山一郎 (M. Ishizuka, T. Tanuma, I. Tomiyama) eds.『포스트 유토피아의 인류학』, Kyoto: 진분쇼: 341-376.인)

나오며

오타 심페이(太田心平)

이 책의 시작점은 해외한인이 지닌 문화에 대해 한일 양국에서 활동하는 연구자들과 당사자인 해외한인들이 한자리에 모여 함께 대화를 나눠보자는 아이디어였다. 그 제안에 담겨진 의의는 아사쿠라 교수님께서 서론에 쓰신 대로다. 한국 사회에 살고 있으면 흔한 특별한 존재로 보이지 않는 해외한인이 가까운 이웃 나라 일본의 사회에서는 놀라운 존재이고, 아주 궁금하고 또 알아야 하는 존재이다. 그러한 일본 사회에 사는 연구자들이 현지 사회에 사는 연구자들이나 해외한인 당사자들과 이야기를 나누면 모두가 새로운 시야에서 해외한인의 문화를 재발견하리라는 것은 필자도 기대했다.

취합된 모든 원고를 거듭 읽은 후, 필자는 또 다른 차원의 의의를 강하게 느꼈다. 이미 필자 본인의 논고에서도 언급했지만, 그것은 이제 제2단계로 크게 도약하려는 지점에 이른 해외한인 연구에서 이 책은 미력하나마 해외한인 연구가 하나의 전환점에 이르렀음을 보여주는 새로운 연구물들의 일각에 속할 수도 있다는 데 의의가 있다.

해외한인 연구는 한국에서 이미 전문 잡지까지 정기 간행되고 있는 정도로 활발하고, 한국을 중심으로 수많은 연구 모임이 활동하고 있기도 하다. 그러한 잡지나 연구회에서는 주로 지역별, 주제별로 해외한인에 관한 개별적 기술을 축적하고 있다. 이러한 축적은 학문의 단계로 빼놓을 수 없으며,

어느 하나를 읽어도 인류의 영지로서 또 인간의 기록으로서 귀중한 재산임을 알 수 있다. 우리는 이러한 개별적 지역, 개별적 주제에 관해 세밀한 기술을 축적하는 일을 '기술적 박물학(記述的博物學, descriptive natural history)'이라고 부를 때가 있다.

기술적 박물학은 몇십 년 전까지만 해도 현재보다 훨씬 더 인류에게 중요한 의미를 지녔다. 인문사회과학에서는 물론 동물학과 식물학, 광물학과 지질학에 이르기까지 개별적인 사물을 자세히 기술하는 작업은 그 자체로 소중한 지적 생산이라고 여겨졌었다. 그 이상 아래에서 미국과 유럽 등 선진국의 지식인들이 세계 각지에서 현지조사를 하고 막대한 기술을 남겼다.

그런데 주지하다시피 인류의 앎의 흐름은 그것을 넘어섰다. 지금도 기술적 박물학은 과학의 과정으로 여전히 중요하지만, 지식인 사회는 그것을 분석하고 비교하고 종합하고 해석해야만 지적 생산이 마무리된다고 여기게 되었다. 더불어 동시에 기술적 박물학은 선진국의 지식인들만이 할 수 있는 일이 아니어서, 현지인이 스스로 하는 경우도 많아졌다. 때로는 이전처럼 선진국 지식인들이 주도하는 기술적 박물학은 선진국 사람들의 오만이라고까지 비판하는 사람들도 나타났다.

해외한인에 대해 생각해도 이 흐름을 고려해보는 것은 매우 유용해 보인다. 해외한인에 관한 기술적 박물학도 당사자, 특히 해외한인을 둘러싼 제반 문제들과 평소 씨름하고 있는 현지 실무자들이 스스로 담당할 수도 있다. 이 책에 실린 김광민 선생님, 전광근 선생님, 이희승 선생님, 조양훈 선생님, 최선화 선생님의 훌륭한 보고서가 그 움직이지 않는 증거들이다. 또 당사자이기도 한 연구자들이 그 작업을 함께할 수도 있다. 한경욱 교수님, 이애리아 교수님, 박승권 교수님, 남혜경 교수님, 임 엘비라 교수님, 안성호 교수님, 고정자 박사님의 논고는 그들이 가진 장점을 최대한 살려서 완성된 글들이다.

이에 대해 당사자 출신이 아닌 연구자들은 기술적 박물학을 같이하면서도 그 다음의 흐름을 의식하려고 노력하고 있다. 안성호 교수님께서도 지적하신 것처럼 현재까지 해외한인 연구에는 이론적 탐구가 부족했지만, 이 책에서는 연구자들이 이론적 탐구에 도전하는 모습을 확인할 수가 있다. 하야시 교수님은 유형론과 수치를 사용해서 연구대상을 가시화시키고자 노력했고, 시마무라 교수님은 논의를 높은 차원으로 승화시키는 조류를 분석했으며, 가와카미 교수님은 이유를 설명한다는 이 분야의 작업으로서는 매우 어려운 과제에 도전했고, 오카다 교수님은 인간이란, 사회란 무엇인가라는 문제에 향해 논술을 전개할 가능성을 보여주고 있다.

각각의 글은 글쓴이 개인의 생각에 기반하였으므로 책으로서의 통일성보다 의견의 다양성을 보이는 것도 사실이다. 그러나 여기에 글을 올려준 각 저자의 생각은 모두 각자의 막대한 경험과 노력과 지식에 근거를 두었다고 엮은이들은 믿는다.

말미에서나마 이 책을 출판하는 데 도서출판 학연문화사 여러 선생님들께서 어마어마한 협력을 해주셨음을 밝히고 싶다. 특히 권혁재 대표님과 윤석우 실장님이 아니었으면 이 책은 출판할 수 없었을 거라고 생각된다. 그리고 제3자 입장에서 이 책의 원고를 객관적으로 교열하는 일을 한 신진기예의 인류학자가 기꺼이 맡아줘, 성심성의껏 모든 저자들을 도와주셨다. 또 마지막의 교정은 조성우님께서 정성껏 해주셨다. 편자를 대표하여 모든 분들께 깊이 감사의 말씀을 올리고 싶다.

저자 프로필

가와카미 사치코(河上幸子)

일본 오사카에 출생했다. 일본 종합연구대학원대학에서 박사학위를 취득하고 교토외국어대학에서 재직하고 있다. 박사논문으로 「在米コリアンのサンフランシスコ日本町―マルチカルチャーのエスニックタウン(미국 거주 코리안의 샌프란시스코 재팬타운(Japantown): 멀티컬처(mullticulture)의 에스닉 타운 (ethnictown))」(2008년)이 있다.

고정자(高正子)

일본 오사카 태생. 일본 종합연구대학원대학 박사. 현재는 고베(神戸)대학에 출강하고 있다. 주요 연구업적으로 『食からの異文化理解―テーマ研究と実践(음식을 통한 이문화 이해: 주제별 연구와 실천)』(공저, 時潮社, 2006년), 『ろうそくデモを越えて―韓国社会はどこに行くのか(촛불시위를 넘어서: 한국사회는 어디로 갈 것인가)』(공저, 東方出版, 2009년) 등이 있다.

김광민(金光敏)

일본 오사카에서 출생. 일본 오사카(大阪)시립대학에서 석사학위 취득. 현재 비정부기구인 코리아NGO센터에서 사무국장으로 활동하며 류코쿠(龍谷)대학에 출강하고 있다. 주요 연구업적으로 『日本の民族差別(일본의 민족차별)』(공저, 明石書店, 2005년), 『日本国籍を取りますか?(일본국적을 취득합니까?)』(공저, 新幹社, 2007년) 등이 있다.

남혜경(南惠瓊)

경상북도에서 태어났으며, 오사카(大阪)대학에서 박사학위 취득. 현재는 한국학중앙연구원에서 파견되어 사할린국립대학 한국어과에 파견교수로 재직하고 있다. 주요 연구업적으로 『고려인 인구 이동과 경제환경』(공저, 집문당,

2005년), 『고려인 기업 및 자영업 실태』(공저, 북코리아, 2006년), 『한러 유의어사전: 동사편』(사할린국립대학출판사, 2009) 등이 있다.

박승권(朴承權)

중국 연변 태생. 서울대학교 인류학과에서 박사과정을 수료한 후 중국 중앙민족대학교에서 부교수로 재직하고 있다. 주요 연구업적으로 『韓国巫俗文化考察(한국 무속문화에 대한 고찰)』(民族出版社, 2007년), 『朝鮮民族的民俗(조선민족의 민속)』(民族出版社, 2010년) 등이 있다.

시마무라 다카노리(島村恭則)

일본 도쿄에서 태어나 일본 쓰쿠바(筑波)대학에서 박사학위를 취득. 간세이가쿠인(關西學院)대학 사회학부 교수로 재직하고 있다. 주요 연구업적으로 『「生きる方法」の民俗誌—朝鮮系住民集住地域の民俗学的研究("삶의 방법"의 민속지: 조선계 주민 집주 지역의 민속학적 연구)』(関西学院大学出版会, 2010년), 『日本より怖い韓国の怪談(일본보다 무서운 한국의 괴담)』(河出書房新社, 2003년) 등이 있다.

아사쿠라 도시오(朝倉敏夫)

일본 도쿄에서 태어나 일본 메이지(明治)대학에서 박사과정을 수료했으며, 일본 국립민족학박물관에서 문화자원연구센터장 겸 교수로 재직하고 있다. 주요 연구 업적으로 『グローバル化と韓国社会—その内と外(글로벌화와 한국사회: 그 안과 밖)』(國立民族學博物館, 2007년), 『世界の食文化1 韓国(세계의 음식문화1 한국)』(農文協, 2005년) 등이 있다.

안성호(安成浩)

중국 흑룡강성에서 태어나 일본 고베(神戸)대학에서 박사학위를 취득하였고, 중국 절강(浙江)대학에서 전임강사로 재직하고 있다. 주요 연구업적으로 「1945~1948年における中国共産党の朝鮮人政策(1945~1948년 중국 공산당의 조선인정책)」(『国際文化学』 15, 2006년), 「中国朝鮮族の国民化への道—朝鮮族形成の歴史的背景に関する考察(중국조선족의 국민화의 길: 조선족 형성의 역사적 배경에 관한 고찰)」(『アジア遊学』92, 2006년) 등이 있다.

오카다 히로키(岡田浩樹)

일본 기후(岐阜)현 출생. 일본 종합연구대학원대학 박사. 일본 고베(神戸)대학 교수. 주요 연구업적으로 『両班─変化する韓国社会の文化人類学的研究(양반: 변용하는 한국 사회의 문화인류학적 연구)』(風響社, 2002년), 『やもめぐらし─寡婦の文化人類学(홀어미의 삶: 과부의 문화인류학)』(공저, 明石書店, 2007년), 『可能性としての文化情報リテラシー(가능성으로서의 문화 정보 리터러시)』(ひつじ書房, 2010년) 등이 있다.

오타 심페이(太田心平)

일본 오사카에서 태어났으며, 서울대학교 인류학과 박사과정을 수료한 뒤 일본 오사카대학에서 박사학위 취득. 일본 국립민족학박물관 조교수 및 미국 아메리카자연사박물관 연구원(Research Associate)으로 재직하고 있다. 주요 연구업적으로 "료한: 일본에서의 한국문화 표상양식에 관한 지식인류학적 연구"(『한국문화인류학』39-2, 2006년), 『人類学で世界をみる(인류학으로 세계를 보다)』(공저, ミネルヴァ書房, 2008년) 등이 있다.

이애리아(李愛俐娥)

전라남도 광주 태생. 일본 교토(京都)대학에서 인간·환경학 연구로 박사 학위 취득. 일본 도쿄대학 대학원 정보학환 현대한국연구센터 특임교수. 주요 연구업적으로 『中央アジア少数民族社会の変貌─カザフスタンの朝鮮人を中心に(중앙아시아 소수민족사회의 변모: 카자흐스탄의 조선인을 중심으로)』(昭和堂, 2002년), 『동북아 한민족 사회의 역사적 형성과정 및 실태』(공저, 한국통일연구원, 2004년) 등이 있다.

이희승(Lee Hee Seung)

서울 태생. 동국대학교 농업경제학과 대학원 수료. 베트남 호찌민한인회 사무장 직을 맡고 있다.

임 엘비라(Lim Elvira)

러시아 사할린 주 홈스크 시 출생. 모스크바국립사범대학에서 박사학위를 받았으며, 사할린국립대학 한국어과 부교수로 재직하고 있다. 주요 연구업적으로 『한국 학교교육사(1945~2005)』(사할린대학출판사, 2006년), 『교재—다문화교육』(사할린대학출판사, 2011년) 등이 있다.

전광근(Ganggun Den)

러시아 유주노사할린스크에서 태어났다. 블라디보스토크극동대학 아프리카조선학과 졸업. 알촘 시 국제담당국장, 알촘 시장 국제담당특보, 민주평화통일자문회의 극동러시아협회 회장으로 재직하고 있다.

조양훈(Cho Yang Hoon)

대구에서 태어났으며, 호주 Griffith대학에서 박사학위를 받았다. 현재 호주 시드니한인회 사무총장. 주요 연구업적으로 『호주 한인 50년사』(공저, 진흥출판, 2008), "현대 한국에서의 역사학과 정치의 관계: '역사학적 정치'의 시론으로," 『동서연구』10-1(연세대학교 동서문제연구원, 1998년), "Korean Unification in the 1990's: Historiographical Prospects," Korea Observer 27-1(Institute of Korean Studies, 1996년) 등이 있다.

최선화(崔鮮花)

중국 길림성에 태어났다. 중국 길림대학 동북아연구원에서 박사과정을 밟으면서 동 대학 국제협력처에서 근무하고 있다.

하야시 후미키(林史樹)

일본 오사카 출생. 일본 종합연구대학원대학에서 박사학위를 취득한 뒤 일본 간다(神田)외어대학에서 부교수로 일하고 있다. 주요 연구업적으로 『韓国サーカスの生活誌(한국 서커스의 생활기)』(風響社, 2007년), 『韓国のある薬草商人のライフヒストリー(한국의 어느 약초상의 생활사)』(御茶の水書房, 2004년) 등이 있다.

한경욱(韓景旭)

중국 길림성에서 출생했고 일본 주쿄(中京)대학에서 사회학 박사학위를 받았으며, 일본 세이난(西南)학원대학에 교수로 재직하고 있다. 주요 연구업적으로 『韓国・朝鮮系中国人 = 朝鮮族(한국·조선계 중국인 = 조선족)』(中國書店, 2001년) 등이 있다.